KB215545

지식인의 탄생

드레퓌스부터 현대까지

지식인의 탄생

드레퓌스부터 현대까지

파스칼 오리 · 장-프랑수아 시리넬리 지음

한택수 옮김

당대

지식인의 탄생: 드레퓌스부터 현대까지

© 도서출판 당대 2005

지은이/파스칼 오리·장-프랑수아 시리넬리
옮긴이/한택수
펴낸이/박미옥
펴낸곳/도서출판 당대

제1판 제1쇄 인쇄   2005년 12월 12일
제1판 제1쇄 발행   2005년 12월 22일

등록/1995년 4월 21일(제10-1149호)
주소/서울시 마포구 연남동 509-2, 3층 ☎ 121-240
전화/323-1316 팩스/323-1317
e-mail/dangbi@chol.com
ISBN 89-8163-129-3   03300

※ Cet ouvrage, publié dans le cadre du Programme de Participation à la Publication, bénéficie
du soutien du Ministère des Affaires Etrangères et de l'Ambassade de France en Corée.
이 책은 프랑스 외무부와 주한 프랑스대사관 지원하의 출판프로그램으로부터 일부 지원을
받아 출판되었음을 밝힌다.

지식인의 정의

지식인이라는 어휘는 공간적으로는 프랑스문화를, 시간적으로는 드레퓌스사건을 배경으로 해서 만들어진다. 이 기회에 몇 가지 잘못된 인식을 바로잡을 필요가 있을 것이다.

지식인의 명명

작가 에밀 졸라가 새로운 일간지 『로로르』(*L'Aurore*)의 첫 페이지에 "대통령 펠릭스 포르에게 보내는 편지"를 게재한 것은 1898년 1월 13일(목요일 87호)이다. 편집장 조르주 클레망소는 에밀 졸라의 이 편지에 "나는 고발한다!"라는 제목을 달았다. 탄핵문은 드레퓌스사건을 둘러싼 침묵의 벽을 뚫기 위해 씌어졌고, 정도의 차이는 있지만 정의(正義)를 부정하는 민간과 군 고위층을 고발하기 위해 씌어진 것이었다. 또한 이 글은 드레퓌스 옹호자들이 진범이라고 판단한 에스테라지 소령이 무죄석방된 데 대한 응답이기도 했다. 편지를 쓴 졸라와 편집장 클레망소는 자신들이 법적으로 어떤 위험을 감수해야 하는지 잘 알고 있었다. "열정적인 나의 저항은 내 영혼의 외침일 뿐이다. 내가 중죄재판소에 소환되고, 사건에 대한 조사가 공명정대하게 이루어졌으면 좋겠다. 기다리겠다." 그들에게 중요한 것은 공개적인 논쟁을 벌이는 것이었고, 진실이 완전히 은폐되는 것을 막는 것이었다.

다음날부터 20여 호가 계속되는 동안, 『로로르』에는 성명서가 아닌 짤막한 항의서 두 개가 실리고 수백 명이 잇따라 졸라의 글을 지지하는 서명을 한다. 항의문은 다음과 같은 내용을 골자로 하고 있다. "아래 서명자들은 1894년 재판의 법률형식 위반과 에스테라지 사건을 둘러싼 의혹에 항의하며, 재심을 요구하는 바이다."

어느 경우에도 '지식인'이란 단어는 사용되지 않는다. 그러나 대학 교수와 학위소지자들이 명단에서 중요한 위치를 차지한다. 특별한 지칭이 없는 이름들은 일반적으로 예술가들이다. 작가 아나톨 프랑스에서부터 마르셀 프루스트(그의 이름은 첫번째 항의문에서부터 등장한다)나 앙드레 지드 같은 젊은이들 그리고 음악가 알베릭 마냐르에 이르기까지, 하지만 이들 예술가들은 극히 소수이다. 자유업에 속하는 사람들(건축가, 변호사, 병원인턴)이 포함되기는 했지만, 명단에서 주를 이룬 것은 교수와 학생들이다. 교수들 이름에는 학위가 병기(倂記)되는데, '문학학위 소지자'(예컨대 샤를르 페기), '이학학위 소지자'(예컨대 장 페랭), '교수자격증 소지자'(지리학자 엠마뉘엘 드 마르톤) 등이 가장 많이 눈에 띈다.

서명운동으로부터 탄생하였고, 정기간행물 『백색리뷰』(Revue blanche) 그리고 특수전문대학과 소르본대학을 중심으로 구성된 탄원자집단을 지식인이라는 어휘 아래 맨 처음 집결시킨 사람은 조르주 클레망소이다. 1월 23일, 마침내 클레망소는 드레퓌스의 무죄를 주장하는 대열에 합류하고, 낯설음을 나타내기 위해 '지식인'이라는 어휘를 이탤릭체로 표기하며 다음과 같이 쓴다. "한 가지 이념을 위해 사방에서 몰려든 **지식인들**, 이것은 하나의 징후가 아니겠는가?" 그렇다고 지식인이란 단어가 금방 대중화된 것은 아니다. 그로부터 일주일 후, 이 단어는 젊은 세대들 사이에서 가장 존경받는 작가이자 졸라와 더불어 사람들의 입에 가장 많이 오르내리는 모리스 바레스에 의해 다시 사용된다.

2월 1일, 바레스는 『로로르』보다 판매부수가 훨씬 많은 일간지 『르 주르날』(*Le Journal*)에 "지식인들의 항의!"(La protestation des intellectuels!)라는 제목으로 글을 쓰고 제목에 감탄부호까지 찍는다. 이 글에서 바레스는 드레퓌스를 옹호하는 언론이 '항의자들'이라고 불러온 사람들의 거만함을 비웃으면서 이렇게 결론짓는다. "결국 유대인과 신교도들을 제외하고, 이른바 지식인이라 불리는 명단은 대부분 멍청이 아니면 외국인 그리고 일부 선량한 프랑스인들로 이루어져 있다." 표현은 이렇게 세상에 알려졌고, 문화사의 고전적 방식에 따라 경멸적인 의미로 사용된 이 수식어는 당사자들에 의해 자랑스럽게 계승된다. 며칠 후, 윌름가(街)에 있는 파리고등사범학교의 서사이자 드레퓌스 옹호운동의 주동자 가운데 한 사람인 뤼시앙 에르는 『백색리뷰』에 기고한 「모리스 바레스 씨에게」(À M. Maurice Barrès)라는 공개서한에서 이 단어를 다시 꺼낸다. 이때부터 전위적인 이 단어에 이데올로기적 균열이 생겨난다.

전위, 바로 그것이다. 지식인이란 어휘는 19세기 말에 이미 감지되었다. 그것은 '지성'이란 단어의 뜻과 크게 다르지 않은 의미로 이미 철학언어에 슬그머니 끼여들었다. 예컨대 르누비에는 1864년부터 이 단어를 사용하였으며, 1845~46년에 씌어진 에르네스트 르낭의

『젊은 날의 일기』(*Les Cahiers de jeunesse* 1906) 중 한 글에서 사용된 것이 가장 오래된 듯하다. 지식인이 오늘날과 같은 의미로 사용된 것은 1890년대부터이며, 이때부터 무정부주의 성향의 작가와 예술가 그리고 기존사회에 저항하는 운동가들 속에 뿌리내리기 시작했다. 1892년 7월, 이 표현은 레옹 블룸이라는 젊은 무정부주의 문학가의 펜을 통해 『백색리뷰』에 등장한다. 그런데 이 '퇴폐적인' 집단에 등대와 같은 역할을 한 작가가 바로 모리스 바레스이다.

1892년 모리스 바레스는 자신의 최초의 3부작 『자아숭배』(*Le Culte du moi*)를 '젊은 프랑스지식인'의 견습기에 관한 전문적 연구로서 내어놓았다. 그리고 5년 뒤, 민족주의 3부작의 첫 작품인 『뿌리 뽑힌 자들』(*Les Déracinés*)에서 그는 자신의 대변인으로 설정한 스튀렐을 통해, '진정한 영웅'을 '삶의 모든 맛을 갈구하는 지식인'의 특성으로 정의하게 된다. 그 사이에, 바레스는 「지식인들의 문제」(1894. 9. 20)라는 제목을 붙인 글에서 자신의 정치적 입장을 개진한다. 이 시기는 일명 30년소송으로 알려져 있는 무정부주의자들의 소송이 있은 바로 직후이고, 지식인이라는 단어가 특히 『르 주르날』의 기사에서 여러 차례 언급되었다. 이 시기에 바레스에게 중요한 것은 이 표현을 조롱하는 것이 아니었다. 반대로 자신의 일간지 『라 코카르드』(*La Cocarde*)와 함께 "사회당원들과 지식인들이 모인"(1894. 9. 5) 체제에 대항하는 축을 만드는 것이었다. 그러므로 1898년에 바레스가 격렬하게 퍼부은 비난 속에는 작가 자신의 이미지 또는 이미 낡은 자신의 논리와 결별하려는 무엇인가가, 그리고 내적인 단절로부터 생긴 일종의 분노가 담겨 있었다고 봐야 할 것이다.

단어가 전파되는 속도와 의미의 폭 역시 중요한 요소이다. 이 점은, 자신들을 "지성의 당"(『르 피가로』 *Le Figaro*지에 실린 탄원서. 1919. 7. 10)이라고 소개한 우파민족주의 진영의 대변자들이 이 단어를 어느 정도 사용하였는가를 통해서 가늠할 수 있다. 그해 바레스 역시 『라인강의 호소』(L'Appel du Rhin)에서 본의 아니게 '우리 지식인들'이라는 표현을 한다. 한편 자신을 탄생시킨 계층을 분열시키려는 듯 지식인 개념은 대학에서 연구대상이 되기 시작하는데, 1914년 『지식인의 심리적 · 도덕적 연구』(Une Etude psychologique et morale de l'intellectuel)를 발표한 카르토는 이와 같은 지칭이 현대인에게 낯설지 않은 현상을 다음과 같이 설명한다. "타인에게 이 단어를 적용하는 표현 속에는 간혹 빈정거림이 없지 않다. 그런데 자신에게 그러한 표현이 거부될 때 사람들은 모욕감을 느낀다. 그리고 그렇다는 것을 너무 노골적으로 드러내지 않는 것은, 행여 드러냈을 때 거만하다고 비난받을까 봐 두려워서이다." 그런데 에두아르 베르트, 다니엘 알레비, 샤를르 페기, 조르주 소렐 같은 이들이 독창적이고 혁명적인 관점에서 이 단어와 대상을 부르주아의 배신 그리고 이데올로기적 보수주의와 동의어로 사용한 것은 20세기 초부터이다.

이러한 변화를 통해서 개념의 차후역사를 기록하게 될 본원적 특징을 확인할 수 있다. 이 개념은 모든 것을 갖고 태어난다. 이 개념의 탄생을 1898년으로 하든, 아니면 조금 앞당기든 탄생의 무대는 바로 논쟁의 장 그곳이다. 지식인의 이미지와 본질적으로 연결된 개념들이 있다면 다름아니라 논쟁과 가치이다. 왜냐하면 찬성과 반대는 대부분의 경우 양 진영에서 진실/오류, 선/악으로 해석되기 때문이다.

이 단계에서 중요한 것은 이러한 특별한 상황으로부터 지식인의 극단적인 의미가 태어났다는 사실이다. 첫번째는 넓고 사회적이며, 좀더 정확하게 표현하면 직업적이다. 이는 『로로르』에 실린 탄원서의 형태와 연관된다. 두번째는 한정적이고 이데올로기적이며, 좀더 정확하게 표현하면 비판적이다. 이는 이른바 탄원서에 대한 해석과 관련된다. 첫번째의 경우, 지식인은 한 직종에 속한다. 두번째의 경우, 지식인은 소명에 답한다. 우리는 이 두 가지 정의 가운데 어떤 것도 받아들이지 않는다. 우리는 두번째에 좀더 가까우면서도 둘 사이의 제3의 경우를 제안하고자 한다.

범주

첫번째 의미는 '사회·직업적 범주'라는 표현으로 추론하기를 즐기는 사회학자들이 부여한 것이다. 그렇기 때문에 그들은 지식인에게 교육, 정당성 부여의 과정, 개략적인 경력, 서열 등에 관한 질문을 던진다. 많은 이론가와 조합운동가들 또는 마르크스적 사회주의 운동가들이 같은 방식으로 사고한다. 이 의미는 공식적인 소비에트헌법의 전문(제4항)뿐 아니라, 분석적 사회과학(세이머 립셋)이나 자유주의 사상가(레이몽 아롱)들의 개념에서도 발견된다.

좀더 좁은 의미의 모든 정의가 이것과 관련하여 명확해지는 만큼, 어떤 사회적 활동이 문제가 되는지 확실히 하는 것이 좋겠다. 여기서 사회적 활동이란, 고전적 계통학에 따라 분류한 '예술' '문학' '과학'에서 공통적인 창조적 활동에만 한정되지 않는다. 이보다는 훨씬 더 많은 인적 자원을 포함하는 영역——즉 엄밀한 의미에서의 정보분야와 교육분야 같은 거대한 분야들로 대표되는 영역——과 연관성을 가진다.

폭넓은 정의에서 주로 제기되는 문제는 내적 구조의 문제라기보다 필연적으로 외연적 성격과 관계가 있다. 밖으로 확장시켜 보면 우리는 소비에트연방의 통계수치(인텔리젠트는 러시아어로 학위를 가진 사람을 뜻한다)와 만나게 되는데, 이 통계에 따르면 전문기술관리집단에 종사하는 전체 인구의 1/3이 이런 사회적 활동을 하고 있다. 물론 자의적일 수 있는 위험과 일관성을 잃을 우려, 그렇기 때문에 무의미해질 가능성은 상대적으로 높아진다. 자신들의 가치를 높이기 위해 스스로를 그렇게 분류하는 수많은 직업군을 고려할 때, 범위가 광대해지는 것은 어쩌면 당연한 결과이다. 반대로, 예술가들처럼 지극히 창조적인 작업에 종사하는 사람들이, 수(手)작업에 대한 애착 때문에 혹은 극단적인 독립성을 주장하기 위해 지식인이라는 수식어를 거부하는 일도 드물지 않다.

드레퓌스사건의 발단에서, 우리는 관점을 묘하게 바꿔놓는 엄격한 기준을 도출해 낼 수 있다. 더 이상 지식인은 자신의 존재, 즉 직업이나 사회적 지위에 의해 정의되지 않고 그 행위, 다시 말해 '국가'와 관련된 논쟁의 의미가 포함된 정치적 문제에의 참여로 정의된다. 이로부터 문제의 본질뿐 아니라 개입의 본질과 관련된 두 가지 성격이 나오며, 이 두 가지는 상호 뚜렷이 구별된다.

지식인의 개입은 곧바로 선언적이어야 한다. 지식인은 '생각하는' 사람이 아니라(혹은 논쟁을 좋아하는 사람들이 말하듯이 더 이상 그런 사람이어서는 안 될 것이다), 개인 상호간의 영향, 탄원행위, 법정, 저술, 논설 등을 통해 자신의 생각을 표명하는 사람이어야 한다. 그리고 내용과 관련해서 지식인의 표명은 개념적이고, 그러한 의미에서 추상적인 개념의 조작을 전제로 한다. 문제가 되는 개념을 만들어낼 필요성은 전혀 없다. 관용(慣用)으로 충분하다.

따라서 문제 역시 명확히 한정되는바, 그것은 반드시 동시대적이어야 한다. 그리고 반드시 가치판단이 들어가야 한다. 본질적으로, 문제는 화자와 그 화자가 호소하려는 사회 전체(또는 일부)가 서로 공유하는 확신을 전제로 한다. 예컨대 화자의 권위에 대한 확신 또는 '교사'의 학생에 대한 특권의 일반화가 그것이다. 확신 또한 이상주의적인 동시에 사회적인 역사개념을 토대로 한다. 이에 따르면 이념은 사회를 이끌고, 이념의 추진력은 확신의 강도 및 그 이념을 표현하는 사람들의 자질과 관계있다. 하지만 또 한편으로 숫자에 의존하는 것, 즉 정신적 지도자들에 의해 계몽된 많은 수의 국민들에게 호소하는 것도 나쁘지 않다.

이러한 논리의 끝에 지식인을 선교사──필요에 따라서는 이방인들 속에 파견된 굳건한 신조의 순교자──로 바라보는 좁은 의미의 지식인 정의가 있다. 이 정의는 드레퓌스 지지자인 장 프시카리가 1898년부터 『시대』(*Le Temps*)지에서 개진하고, 오귀스텡 카르토가 다시 취한 것이다. 그리고 쥘리앙 방다의 『지식인들의 배반』(*La Trahison des clercs*)에서 가장 엄밀한 의미로 표현된다. 쥘리앙 방다에 의하면, 지식인은 '추상적 관점에 대한 집착'과 '즉자적인 것에 대한 경멸' 그리고 원칙의 고수와 상황적 열정의 부재 사이에서의 극도의 균형감각 등으로 구별된다.

이와 같은 극단적인 해석은 지식인을 모든 보수주의에 대항하는 비판정신의 화신, 훼방꾼으로 만든다. 한술 더 떠서, (장 폴 사르트르 자신이 그랬고, 그렇게 말했듯이 사회나 기존질서와) 전혀 타협하지 않고, 오직 반대로 생각하는 것밖에 모르며, 그러한 방식으로 시대를 판단하는 사람으로 그린다.

지식인의 투쟁은 곧 '휴머니즘'의 가치를 짓밟는 모든 것에 대한 영원한 투쟁이라고 인식하게 된 것은 아마 지식인이란 단어가 출현한 상황과 무관하지 않을 것이다. 대부분의 정치적 사건들과 달리, 드레퓌스사건은 자체적으로 검증할 수 있는 요인을 내포하고 있었다는 점을 잊어서는 안 된다. 드레퓌스 대위는 자신이 비난받고 있는 명확한 범죄행위에 대해 유죄인가 아니면 무죄인가? 법정진실을 둘러싼 투쟁에서 정의와 진실을 위한 투쟁으로의 전환이 불가피해졌다.

그런데 이러한 의미가 깨질 수밖에 없는 상황이 존재한다는 것을 사람들은 알게 된다. 다름아니라 지키고자 하는 가치들의 본질과 그 구체적인 해석에 대해 전혀 의견의 일치가 이루어질 수 없다는 것이다. 우리는 인텔리겐치아를 비판적일 뿐 아니라 소송까지 하는 지성과 동일시하지 않을 것이다. 필시 역사는 상반된 단순한 주장을 위해 수많은 논거들을 제시할 수 있을 것이다. 예컨대 이집트의 서기라든가 중국의 특권적 지식인을 제시하면서 '지식인의 전통' 가운데서 보수주의 전통만을 보려는 주장이 그 한 예이다.

그러므로 이 책에서 지식인은 **정치적 인간의 상황에 처한 창조자 또는 매개자로서의 문화인, 이데올로기 생산자 또는 소비자이다.** 지식인은 단순히 사회·직업적 범주도 아니고, 확고부동하게 단순한 인물도 아니다. 사회학적 정의에서처럼 **위상**이 문제된다. 다만 여기서 위상이란 윤리적 정의 차원의 개인적 **의지**를 넘어서는 것이며, 집단적 **규범**에 관한 것이다.

그래서 이 정의에 포함되는 모든 개인은 하나의 유기적 전체, 굳게 결속된 '지적인 힘', 나아가 (논쟁적 용어로) 외적인 이데올로기 분열을 넘어선 은밀한 공범으로 취급될 수 없다. 왜냐하면 거기서 각자의 태도는 이런 동질성을 배척하기 때문이다. 동질성을 받아들인다는 것은 사실 지적 대립에 '위선'——어떤 증거도 제시될 수 없는 피상성——을 부여하는 것이 된다. 반대로 우리가 제안하는 의미에 따르면, 자신들의 고유한 도구, 자신들의 고유한 네트워크를 만드는 '지적인 사회'가 분명히 존재한다. 그리고 이런 지적 사회의 형태에 관한 분석이 우리의 한 가지 목표가 될 것이다. 여기서 중요한 것은 이념의 역사가 아니라 사회의 역사이다.

자칭 지식인에 대한 고찰을 배제하는 것, 특히 이런 수식어를 기피하는 것은 극단적인 해석을 거부하는 것과 같은 맥락이라고 볼 수 있다. 그렇기 때문에 지식인이라는 어휘를 비웃었다는 이유로, 에르네스트 라비스나 귀스타브 랑송 같은 이들만 포함시켰던 범주에서 샤를르 페기를 배제해야 할 것 같지는 않다. 오히려 그 반대일 것이다. 노동자계급에 대한 지식인들의 왜곡된 영향력을 가장 혹독하게 고발했던 사람은, 이러한 유형의 '상황'에 가장 잘 어울리면서도 정치적 이론과 논쟁에 빠져든 파리이공과대학 출신의 조르주 소렐이다.

공간과 시간

이상에서 살펴본 바와 같이, 모든 유명론이 우리의 선택에서 배제되기 때문에 20세기 역사와 프랑스의 문화적 공간에 주의를 기울이는 연구가 지니는 한계는 정당화되어야 할 것이다.

역사에서 '시대착오적' 어휘의 사용을 반대하는 것은 아무것도 없다는 것을 우선 짚고 넘어가자. 한 어휘가 일정한 시기에 일관성 있게 사용된 하나(혹은 여러 개)의 개념과 조금이라도 결부될 수 있다면 대상의 지적 연속성이 강조되기 때문에, 그것은 가능하다. 이렇게 해서 한 역사가는 『르네상스의 발명가』(*Les Ingénieurs de la Renaissance*)에 자신의 연구를 바칠 수 있었다. 반대로 『앙시앵레짐과 혁명』(*L'Ancien Régime et la Révolution*)의 저자 토크빌의 사상을 전혀 곡해하지 않고, 그의 글 속에 나오는 '문인들'에서 40년 후에야 개념화되는 인간적이고 언어적인 범주의 명확한 특징들을 인지하는 것이 가능하다.

이와 같은 관점에서, 자크 르 고프가 중세성직자의 신분을 집대성한 글에 『중세의 지식인』(*Les Intellectuels au Moyen Age* 1957)이라는 제목을 붙였을 때 문제는 결정적으로 해결되었다. 최근에 재판된 이 책의 서문에서 저자는 자신의 대담성을 좇아준 사람들이 있었다고 만족스러워하며 쓰고 있다. 그러면서 이탈리아인들의 몇 가지 중세연구와 더불어 제노바에서 열렸던 고대 **지식인**에 관한 학회를 인용했다.

이 연구들이 이탈리아 사료편찬에 포함됐다는 것은 매우 중요한 사실이다. 이 연구들은 다음과 같은 물음을 던지게 하기 때문이다. 즉 지식인 개념은 번역되거나 다른 문화로 이식될 수 없을 만큼 오직 프랑스적이어서, 가장 신뢰할 만한 프랑스문화의 속성 가운데 하나라고 주장하는 논문들이 과연 타당성을 가지는가?

언어의 현실은 더 복잡하다. 현시점에서 지식인의 개념은, 그 정의와 무관하게 모호하지만 보편적이면서 조작적인 의미를 부여할 수 있을 정도로 모든 국가의 사회과학에서 폭넓게 사용되고 있다. 그래서 이 주제와 관련된 서지학은 20여 년 전부터 미국과 라틴아메리카, 아랍, 인도, 일본의 '지식인'에 관한 연구로 풍성해졌다.

하지만 앞선 시대의 어느 것도 19세기 말의 프랑스가 한――어원조차도 이 시대를 인정하고 있는――기본적인 역할을 빼앗을 수는 없다. 확인되었듯이, 국제적으로 지식인이란 어휘의 운명이 특히 앵글로색슨 문명으로 옮겨간 것은 프랑스에서이다. 인텔리겐치아의 요람인 러시아의 전통이 풍요로움에도 불구하고 그러하다. 특히 인텔리겐치아라는 단어는 프랑스 계몽주의 시대에 프랑스어에서 파생된 것이다.

그리고 이 분야에서 프랑스문화의 전파자적 역할은 이 시기에 극단적인 결과로 귀결되는 두 가지 문화적 특징과 관계있다. 그 하나는 정치적·문화적 중앙집권주의인데, 중앙권력은 필연적으로 성직자 계급과 밀접한 관계를 가진다. 또 하나는 1789년부터 시작된 급진적이고 풍성한 정치경험이며, 이로 인해 프랑스문화는 유럽의, 다시 말해 세계의 모범이 되는 민주주의를 이룩한다. 그리고 머지않아 서구사회 속에 근대 '대중문화'가 정착하게 되고, 대중매체와 의무교육을 통해 대중적·학술적 표현이 양적으로 확산된다.

이러한 시각에서 1890년대 프랑스 지식인사회는 새롭게 정립되어야 한다. 어원적인 의미에서 지식인이 다음과 같은 환경 속에서 만들어 졌다는 데 대해 너무 놀랍게 생각해서는 안 된다.

첫째, 정치적 환경이다. 성직자들은 일찍부터 권력에 정당성을 부여하는 역할을 했고, 그것은 늘 그렇듯이 전략적인 면에서 결정적이었다. 예컨대 최근의 연구들은 프랑스왕족의 신화형성에 생 드니 수도원의 수도사들이 끼친 영향력을 밝혀냈다.

둘째, 사회적 환경이다. 자유주의 이론이 승리하면서 한편으로는 한 세기 동안 지식과 관련된 정책을 통해 새로운 학교(교사)와 대학 (교수) 공동체가 형성·발전되었고, 또 한편으로는 근대의 사제들이 그랬듯이 후원자로부터 자유로워진 예술가와 학자들은 고무되었다. 또 다른 변화로는, 19세기 후반은 특히 인간사회 진입의 지표로서의 세례가 '교육'으로 서서히 대체되어 나가는 시기였다.

마지막으로, 시대적 환경이다. 공화주의적 자유 덕분에 민주적 토론은 표현의 자유를 결정적으로 보장받게 되었다.

인텔리겐치아의 러시아에는 적어도 마지막 요소가 부족하고, 그 시대 지식인의 주된 원동력이었던 영국과 독일에는 같은 형태의 정치적 역사가 부족하다. 영국과 독일 사회가 지식인들에게 제한된 영향력만 인정한 이유를 설명해 줄 수 있는 요소의 하나가 바로 이 점일 것이다. 그러므로 앞으로 전개되는 내용은 프랑스적 모험의, 총체적이며 논쟁적인 역사이자 소설에 가깝다.

Les intellectuels en France

차 례

Les intellectuels en Fran

제1장
프랑스 지식인사회와 드레퓌스사건

드레퓌스사건은 단순히 개념이 그 이름을 획득하는 순간만을 지칭하는 것은 아니다. 드레퓌스사건은 그 자체가 지식인논쟁의 완벽한 예이기도 하다. 그리고 드레퓌스사건의 전개과정을 좀더 면밀히 들여다보면, 지식인사회의 기능에 관해 많은 것을 시사해 주고 있는 것을 알 수 있다. 우리는 드레퓌스사건의 출발시기에 관해 얼마간 지면을 할애할 것이다.

지식인들의 사건?

겉으로 보기에는 금방 해결될 것 같은 법정사건이 전형적인 사건으로 변질되면서 문제를 제기한다. 흔히 사람들이 말하듯이, 이 사건은 '프랑스를 두 조각 내지'는 않았지만 정치적 변화 나아가 문화적 변화까지 극도로 좌경화시켰다.

드레퓌스사건의 두 이야기

엄격히 사건에 대해서만 기술한다면 이야기는 세 시기로 나눌 수 있는데, 우리는 이야기의 세밀한 부분까지 다루지는 않을 것이다. 첫번째 시기는 1894년 가을부터 대략 1897년 가을까지이며, 이 시기에는 몇 주일 동안의 조사 끝에 비공개로 재판을 받은 첩보사건에 관한 소문이 은밀히 떠돈다. 이 사건의 공식적인 해석에 대해, 우선 유죄선고를 받은 사람의 가족을 비롯하여 프랑스정보부의 고급장교 피카르 소령 등 몇몇 개인들이 반대하고 나선다. 특히 피카르 소령은 이 사건을 윤리적 측면에서 접근할 것을 결심한 최초의 사람이다. 그 스스로 무죄를 충분히 논증할 수 있다고 확신했기 때문에 결코 침묵하려 들지 않았다. 하지만 우리의 기준에서 볼 때, 피카르 소령은 지식인으로 분류되지 않는다.

범인일 가능성이 있는 또 한 사람, 에스테라지 소령의 신분이 밝혀지자 문제는 밖으로 분출된다. 이때부터 드레퓌스사건의 재심청구는 정치토론의 중요한 요소가 되며, 두번째 시기인 1898~99년에는 드레퓌스사건을 둘러싸고 드레퓌스의 지지파와 반대파 진영이 서서히 형성된다. 그리고 이 기간 동안에 두 진영 내의 극단주의자들은 드레퓌스사건이라는 새로운 영역에서 민족주의와 권위주의에 관한 논쟁을 벌인다. 이는 10여 년 전 불랑제 장군 지지운동을 둘러싸고 벌어졌던 논쟁의 재판(再版)이라 할 수 있다. 뿐더러 이들 극단주의자들은 1898년 10월 프랑스 최고법원에서 수리될 수 있다고 선고한 재심청구에 대한 반대운동을 체제전복이라는 실질적인 기도로 증폭시켜 나간다. 이와 같은 이유로, 렌의 군사회의에서 심리가 재개되기 두 달 전인 1899년 6월 22일에, 논쟁은 피에르 발데크 루소가 주재하는 공화국 국방부의 조각(組閣)과 함께 주목할 만한 정치적 변화로 떠오른다.

세번째 시기는 한마디로 사건이 모호하게 타결되어 나가는 시기라 할 수 있을 것이다. 1899년 9월 9일, 알프레드 드레퓌스는 묘한 정상참작이 받아들여져 새로운 유죄판결을 받으며, 이어 며칠 후 대통령의 사면이 뒤따른다. 그리고 7년 후, 최고법원의 원심파기로 세번째 과정은 매듭지어진다. 1906년 7월자로 드레퓌스 대위가 군에 복귀하여 레지옹 도뇌르 훈장을 받았을 때, 내무장관은 다름아니라 조르주 클레망소였다. 몇 달 후 클레망소는 대통령이 되고, 피카르를 전쟁장관으로 임명한다. 그리고 드레퓌스를 변론한 두 명의 변호사 중 한 사람인 페르낭 라보리는 국회의원으로 당선된다. 또 몇 달 후에는, 1902년에 애매하게 죽은 에밀 졸라의 시신이 성대한 예를 갖추어 팡테옹으로 들어간다. 정치적인 차원에서 승자였던 1899년의 드레퓌스 지지파의 연합(좌파연합이기도 하다)은 이 사이에 붕괴되기 시작한다.

일반적으로 받아들여지고 있는 이 사건의 재구성은 사건의 핵심적 측면을 간과하고 있다. 이 사건은 무엇보다도 여론과 관련된 사건이었다. 그리고 전적으로 여론의 추이를 토대로 해서 사건의 전개과정을 구성할 수도 있다. 이 사건이 아직 첩보사건에 불과했던 시기에, 드레퓌스의 재판은 오로지 언론 때문에 가능했다. 그리고 그때까지 수집된 자료는 빈약하기 짝이 없었다. 특히 반유대주의 일간지 『라 리브르 파롤』(*La Libre Parole*)과 편집장 에두아르 드뤼몽이 10월 29일부터 앞장서서 이 사건을 알렸고, 마침내 정부와 군부의 참모부는 소송을 받아들일 수밖에 없었다. 마찬가지로, 두번째 시기 역시 드레퓌스의 형 마티유 드레퓌스가 1897년 『르 피가로』지에 에스테라지를 비난하는 글을 기고함으로써 가능했다.

이때부터 주요 언론들은 어느 한쪽을 지지하거나 아니면 이 사건에서 물러서는 이유를 밝혀야 했다. 어쨌든 「나는 고발한다!」가 저널리즘의 역사에 커다란 획을 그었다면, 1894년 이후 최초의 민간출신 전쟁장관인 고드프루아 카베냑이 1898년 7월 7일에 드레퓌스의 유죄를 확신하는 서류들을 공개하는 것을 기점으로 해서 논쟁은 공론화되기 시작한다. 또한 이것은 기자와 국회의원, 시민들이 '재판관이 되는' 논쟁적 민주주의라는 거대한 움직임으로 옮겨가는 전환점이기도 했다. 더욱이 이 에피소드에서 흥미로운 사실은, 서류가 공개되면서 처음으로 위조문서가 발견되었다는 점이다. 렌 재판소의 소송은 판결보다는 오히려 사건을 설명하는 갖가지 논평과 이것들의 사교적 측면으로 인해 오늘날 한층 더 흥미를 끈다.

이상과 같은 문화적 여건에 비추어서, 드레퓌스사건은 다시 검토되어야 한다. 즉 정치적 장의 재구성과 대응하는 차원에서 지식인을 동원하는 거대한 계획이었지, 그 역은 아니었다.

드레퓌스를 지지하는 지식인들의 결집

연대순으로 최초의 결집은 드레퓌스 지지자들의 입장과 일치했다. 왜냐하면 이들은 첫 재판 때, 모든 중재자들의 일치된 의견으로 공식적인 발표를 반박했기 때문이다.

드레퓌스 지지자들의 개입유형을 살펴보면, 논쟁의 매 단계를 특징짓는 '지식인의 행위'를 쉽게 구분할 수 있다. 가장 단순하면서도 가장 일반적이고 가장 감지하기 어려운 것은 개인적 확신에서 출발한 운동이다. 드레퓌스가 죽은 후인 1935년에 씌어진 레옹 블룸의 『드레퓌스사건의 회고』(*Souvenirs sur l'Affaire*)는 고유의 웅변술을 지닌 저명인사 두세 명이 이 단계에서 맡은 역할을 매우 잘 묘사하고 있다.

여기서 고유의 웅변술이라 함은 '순교자'의 입장을 옹호하는 것으로서, 특히 동시대의 모든(혹은 일부) 대학생·교수·학자·예술가들에게 지적으로 영향을 끼침으로써 자신을 인정받는 것이다. 이렇게 해서 파리고등사범학교의 사서 뤼시앙 에르(1864~1926)는 당시 프랑스 대학체계 내에서 전략적인 위치에 올라서서, 자기 세대의 파리고등사범학교 졸업생들과 다음 세대 졸업생들에게까지 영향력을 행사하게 된다. 확실한 증거를 제시하면서 블룸의 확신을 허물어뜨리는 사람이 바로 에르이다. 당시 국사원의 젊은 구성원이던 블룸(1872~1950)은 그 시대의 '전위'문학계를 드나들었는데, 『회고』(*Souvenirs*)에서 자기 세대의 사람들에게 우상이었던 모리스 바레스를 자신의 입장에 합류시키지 못함으로 해서 가졌던 실망감을 감추지 않는다. 블룸은 유명작가가 어느 정도의 지적 권위를 누릴 수 있었는지에 관해서도 증언한다. 특히 그 작가가 과거에 저널리스트였거나 정치운동을 했다면, 다시 말해 '참여'예술가일 때는 설령 대학에서 전혀 인정을 받지 못하더라도 충분히 지적 권위를 누렸다.

아무튼 드레퓌스를 옹호한 지식인들에게서 가장 공통적인 활동방식은 출판이다. 결국 여기서 기대되는 것은 공적인 결속행위이다. 표현방식은 크게 세 가지로 나눌 수 있는데, 앞에서 인용한 예들은 신문에 기고하는 방식이다. 주로 일간지에 실렸기 때문에 좀더 여론에 직접 호소할 수 있었다. 발행부수가 40만~50만에 이르는 『르 주르날』은 독자층이 광범위했으며, 대략 6만 부 정도를 발행하는 『르 피가로』는 독자층은 넓지 않았지만 사회적 명성 때문에 영향력이 있었으며, 『로로르』는 정치적 참여가 매우 높았다.

마르크스적 사회주의자인 쥘 게드가 '세기의 가장 혁명적 행위'라고 일컬은 졸라의 『공개서한』(*Lettre ouverte*)은 물론 여기서 가장 좋은 참고모델이다. 쥘 게드 자신은, 드레퓌스 지지운동이 노동자들을 기만하는 행위라고 판단하고 매우 신중한 태도를 보인다. 어쨌든 졸라의 편지 때문에 클레망소 같은 기자들이 덜 요란한 매체를 통해 지속적으로 행동을 전개한 것을 잊어서는 안 될 것이다. 1898년 8월 10일~9월 20일에 『작은 공화국』(*La Petite République*)을 통해 활동한 장 조레스(1859~1914)도 마찬가지이다. 드레퓌스를 옹호하는 입장을 취해 선거에 패배한 조레스는, 이미 몇 년 전부터 클레망소나 바레스가 그러했듯이 『작은 공화국』에 기고하기 몇 달 전부터 새로운 이념의 선동가와 투쟁가로 나선다.

이런 면에서 신문기사와 책, 소책자 간의 경계는 매우 희미하다. 예컨대 조레스의 『증거』(*Les Preuves*)는 10월에 하나의 작품으로 편집되어서 상당 부수가 보급되었다. 물론 드레퓌스사건에는 엄밀한 의미의 소책자, 문서 또는 팸플릿 등이 존재한다. 최초로 드레퓌스를 지지한 텍스트 역시 이 범주에 들어가는데, 1895년 여름부터 작성되어 1896년 9월 6일에 발표된 이 텍스트는 『법률적 오류, 드레퓌스사건의 진실』(*Une erreur judiciaire: la vérité sur l'affaire Dreyfus*)이라는 명확한 제목을 달고 벨기에에서 인쇄되었고, 그만큼 과감했다. 저자 베르나르 라자르는 변호사도 정치가도 아닌, 전형적인 문인이다. 당시 라자르는 "새로운 문학세대의 가장 촉망받는 비평가들 가운데 한 사람"(블룸)으로서 소규모 전위잡지에서나 알려져 있었다. 이 텍스트는 3500부가 보급되었으며, 새로운 논거들이 첨가되어 1897년과 1898년에 파리의 스톡출판사에서 두 차례 다시 출판된다. 마찬가지로 졸라 역시 『나는 고발한다!』(*J'accuse!*)를 발표하기 전에 『젊은이들에게 보내는 공개서한』(*Lettres ouvertes à la jeunesse* 1897. 12. 14)과 『프랑스국민에게』(*À la France* 1898. 1. 6)를 소책자 형태로 대중들에게 소개하였다. 그런데 이미 『르 피가로』는 드레퓌스사건 때문에 판매부수가 줄어든다는 이유로 이 글들의 게재를 거절했었다.

시간이 흐르면서 드레퓌스파 문학은 편지형태의 제한된 논쟁을 일반화시킬 수 있는 에세이나 소설, 시나 '예술작품' 등과 같은 좀더 다양한 개입방식으로 풍부해진다. 화가 에두아르 드바 퐁상이 반계몽주의 앞잡이들을 극복하기 위해, 우물에서 나오는 〈진실〉(Vérité)을 살롱전에 전시했을 때, 동시대인들은 그림이 암시하는 바를 명확하게 감지했다. 그림주문이 감소하는 것은 불을 보듯 훤했다. 그렇지만 가장 빈번하게 구사된 형태는 소설과 논문이 혼합된 장르였다.

아나톨 프랑스(1844~1924)의 『현대사』(Histoire contemporaine 4권) 중 마지막 권 『파리의 베르주레 씨』(Monsieur Bergeret à Paris)는 정치색이 가장 짙은 작품으로서, 전적으로 드레퓌스사건에 초점을 맞추고 있다. 집필환경이 이를 잘 설명해 주는데, 작가가 반대진영을 선택한 『파리의 메아리』(L'Écho de Paris)와 결별한 이후인 1899년 7월부터 1900년 7월까지 이 작품은 『르 피가로』에 실렸다. 법정오류를 다룬 짧지만 유명한 텍스트인 『크랭크비으』(Crainquebille)는 처음에 『르 피가로』에 "크랭크비으 사건"이라는 제목을 달고 시리즈로 연재되었다. 졸라의 『진실』(Vérité) 역시 같은 주제에 대해, 동일한 투쟁을 목적으로 매우 상징적인 방식을 취하는데, 『진실』은 『4복음서』(Quatre Évangiles) 중에서 완성된 세번째와 네번째 작품으로서 1901년과 1902년에 씌어져 1903년에 출판되었다. 작품에서 프랑스 한 마을의 자유사상가인 젊은 교사는 법정오류의 희생자인 유대인의 복권을 위해 투쟁한다. 마침내 그의 승리는 새로운 인텔리겐치아와 각성한 민중의 연대를 예고한다. 그리고 다음과 같은 문장으로 끝을 맺는다. "모든 시민들이 총체적인 교육을 통해 진실과 정의를 실현할 수 있을 때 비로소 국가는 형성되었다."

대결에서 승리한 드레퓌스 지지파는 본보기를 제시하기 위해, 자신들의 상대보다 좀더 기꺼이 이 시기로 되돌아가게 된다. 이런 경향을 띤 주요 정치가들 중 한 사람의 아들이자 이류작가인 가브리엘 트라리외(1870~1940)는 자신의 가장 유명한 소설인 『엘리 그뢰즈』(*Élie Greuze* 1907)를 드레퓌스사건에 초점을 맞춘다. 또 1908년에 아나톨 프랑스는 『펭귄의 섬』(*Ile des pingouins*) 같은 철학단편을 통해 같은 시기로 되돌아간다. 드레퓌스 지지운동은 에드몽 플레그와 장 리샤르 블로크, 게다가 로제 마르탱 뒤 가르 같은 작가들의 문학적 소명에서 결코 적지 않은 비중을 차지했다. 미학적 차원에서 가장 '혁명적인' 그룹의 작가라 할 수 있는 마르셀 프루스트는 허구를 통해 자신의 경험을 묘사하는 데 실패하는데, 아마 사건의 외면성이 그의 내면적 세계에 너무 난폭하게 다가왔기 때문이 아닌가 싶다. 1895년부터 집필하기 시작하여 도중의 상황에 의해 왜곡되면서 결국 1900년 무렵에 중단된 『장 상퇴이』(*Jean Santeuil*)에서도 드레퓌스사건은 비록 중심은 아니지만 매우 중요한 위치를 차지한다. 그러나 새로운 계획, 즉 『잃어버린 시간을 찾아서』(*La Recherche*)에서 드레퓌스사건은 등장인물들에게 전혀 결정적인 영향을 끼치지 못한다.

전형적인 투쟁

다양한 형태의 언어행위는 19세기 말에 모든 근대 민주사회가 제공하는 거대한 대중적 표현방식들을 참고로 한다. 집회의 자유에 발맞추어서 드레퓌스를 지지하는 강연이 조직된다(가령 장 조레스는 1898년 가을에 혼자서 10여 개의 모임을 이끈다). 마찬가지로 결사의 자유에 호응하여 인권과 시민권 수호를 위한 연맹이 창설된다. 결국 드레퓌스 지지자들의 초기의 나약함이 적대적인 경계심과 무관심으로 양분된 여론을 감동시킬 필요성으로 인해 나타난 것이었다면, 이들의 힘은 이들이 온갖 수단을 다 동원하고 논쟁적인 철학용어들을 먼저 제기해야 하는 바로 그 상황 속에서 생겨났다.

드레퓌스 지지파의 이와 같은 선도성과 궁극적인 성공은 상대측뿐 아니라 자신들에게도 오랫동안 지식인의 이미지를 심어주게 된다. 전형적인 드레퓌스 지지파의 주장은 내용과 형식에서 진실과 정의의 가치를 권위와 질서의 가치와 대립시킨다. 뤼시앙 에르는 바레스에게 『백색리뷰』와의 결별을 알리면서 "뿌리 뽑힌 자들, 또는 괜찮다면 공명정대한 사람들, 자기 자신보다 권리와 정의의 이상을 앞세울 줄 아는 대부분의 사람들, 그들의 타고난 자질과 조직 이기주의"에 대해 찬사를 보낸다. 집요한 지식인들에 의해 지속된 드레퓌스 지지담론은 자신들의 오류와 범죄를 인정하지 않는 군 지휘관들에 대한 고발에서 독재의 위험성, 좀더 일반적으로 군국주의에 대한 비난으로 확대된다. 또한 담론은 드레퓌스사건에 대한 성직자들의 시각과 집단적 행동을 검토하는 것에서부터 공화국에 대한 성직자들의 위협이라는 관점에서 드레퓌스사건을 분석하는 것으로 일반화된다(『진실』에서 죄 없는 유대인은 예수회 수도사들과 성 프란시스코파 수도사들로부터 비난을 받는다). 드레퓌스를 지지하는——사회주의 혹은 사회주의 성향의——인텔리겐치아 측에서는 은유적인 이 사례에서 출발하여 사회부조리를 고발하고, 민주주의 전위부대에 맡겨진 의식을 밝히고 그에 필요한 전반적인 행위문제를 제기하고자 한다. 세바스티앙 포르처럼 열정적인 선전활동을 통해 드레퓌스사건에 적극 참여한 무정부주의자들은 이 사건으로부터 군사주의에 반대하는 급진적인 비판을 이끌어내며, 분류하기 힘든 위르벵 고이에 역시 군사주의에 대해 비판한다(『국가에 대항하는 군대』 *L'Armée contre la nation* 1899).

비판의식이란 용어는 드레퓌스 지지자로서의 지식인의 의미를 잘 요약해 주고 있다. 제유적(提喩的)인 의미에서 '의식'은 '이해능력을 갖춘 사람'을 뜻하니 또한 그러하다. 반보수주의자로서의 지식인 개념은 여기에서 나온 것이다. 하지만 불과 몇 년 후에 이 개념은 드레퓌스 지지자들을 분열시키게 된다. 사사로운 감정적 분노와 무관하게 샤를르 페기는 권력을 잡은 '지식인의 당'에 대해 격노하는 한편 왜 정치에서 부패는 필연적인가 하는 논리를 펼치면서 옛 동료들을 향해 그들과 함께 다듬었던 무기를 겨누게 된다.

반대세력의 결집

활동력 있는 소수의 공격에 맞서는 반대진영은 다소 뒤늦게 결집될 수밖에 없었는데, 이는 결국 그들에게 치명적인 상처가 된다. 그들이 보기에, 관할당국에 의해 제대로 재판된 문제를 토론할 이유는 없었다. 외국의 위협(1898~99년에 가장 팽팽했던 긴장은 수단의 파쇼다[1]를 둘러싸고 영국과의 긴장관계였다)에 맞서 국가를 지키는 군대를 비난할 이유는 전혀 없었다. 아마 적어도 초기단계에는 드레퓌스 반대파가 지지파보다 이데올로기적 이질성이 더 컸을 것이다. 그중 헤겔적 사회주의자 뤼시앙 에르는 자유주의자 뤼도빅 트라리외와 어깨를 맞대지만, 『골족』(*Le Gaulois*)지의 왕당파나 『라 크루아』(*La Croix*)지의 가톨릭교도들, 『비타협적인 사람』(*L'Intransigeant*)지의 엄격한 규율을 준수하는 옛 불랑제 장군 지지파와 『라 프레스』

---

1) 1898년, 이집트·수단 남부의 나일계곡에 있는 파쇼다에서 프랑스와 영국이 충돌한 사건. 유럽열강의 아프리카 분할과정에서 영국의 종단정책(縱斷政策)과 프랑스의 횡단정책(橫斷政策)이 충돌한 대표적 사건이다.—옮긴이

(*La Presse*)지의 정부공화파들 사이의 균열은 훨씬 더 크다. 그러나 드레퓌스 반대파의 가장 본질적인 단점은 다른 곳에 있었고, 이는 엄밀하게 문화적인 용어들로 평가할 수 있다. 즉 드레퓌스 반대파 지식인들을 깊은 혼동 속에 빠트린 바로 그 지점에 드레퓌스를 둘러싸고 결집한 조건들이 있었던 것이다. 그 안에서 드레퓌스 반대파 지식인들은 총체적인 표현의 거부와 자신들의 이해관계 회복으로 분열되어 있었다.

문학비평가이자 역사가인 페르디낭 브륀티에르(1849~1906)는 1898년 3월 15일 『리뷰 두 세계』(*La Revue des Deux Mondes*)에 기고한 글에서 자신들의 중심사상을 준비한다(곧 이어 이 글은 『소송 이후』 *Après le procès*라는 제목의 소책자로 간행된다). 이 글을 통해서 바레스의 초기주장은 좀더 적확하고 근본적인 동기를 부여받는데, 즉 "당국과 자기 분야가 아닌 것에 대해 헛소리나 지껄이는 불쌍한 사람들", 지극히 의심스러운 과학자들, 국가조직을 파괴하려는 세력, 한마디로 무정부주의와 의식적으로나 무의식적으로 결탁한 개인들의 자존심을 짓밟는 것을 목적으로 한다. 바레스의 글이 수다스럽지 않은 뤼시앙 에르의 예외적인 설명을 부추겼다면, 브륀티에르의 글 역시 몇 가지 비판적 분석을 불러일으켰다. 그 가운데 가장 중요한 두 편이 대학철학의 최근 두 세대를 대표하는 인물 알퐁스 다를뤼의 작품(『리뷰 형이상학과 윤리』 *Revue de métaphysique et de morale* 5월호에 실린 이 텍스트는 아르망 콜랭에서 소책자로 간행된다)과 같은 시기 『청색리뷰』(*Revue bleue* 7월호)를 통해 '사회학의 해'를 창시한 에밀 뒤르켕(1858~1917)의 작품이다.

그리고 1년 후, 드레퓌스 반대파의 문학비평가이자 브륀티에르에 이어 『리뷰 두 세계』의 최고자리에 오르게 되는 르네 두미크(1860~37)

가 지식인들은 어디 있는가?라는 질문에 대답할 때, 그 답변은 브륀티에르의 주장을 거의 대부분 다시 취하면서 자신들 내부의 동요하는 사람들을 향해 냉정을 되찾을 것을 호소하고 건강한 인텔리겐치아가 존재함을 암암리에 확신시키고자 하는 것이었다.

이러한 문화적 뒤처짐은 이데올로기 영역에서도 발견되는데, 그 이유는 시간이 흐르면서 드레퓌스가 무죄라는 가정과 증거들이 늘어나기 때문이다. 이에 따라 드레퓌스 반대파 지식인들은 재판된 것의 권위를 방어하는 것에서, 일부 선동가들에 의해 위협받는 국가전통과 사회질서를 방어하는 것으로 옮겨가지 않을 수 없게 된다. 그리하여 『라 크루아』의 논설위원은 곧바로 다음과 같은 가설을 내세운다. "사람들은 드레퓌스가 무죄인지 유죄인지 더 이상 질문하지 않는다. 사람들은 누가 군대 또는 군대편의 적을 물리칠 것인가를 묻는다." 바레스는 지식인을 "사회는 논리 위에 세워져야 한다고 확신하고, 사회는 개별적 판단 이전의 필요성 또는 개별적 판단과 무관한 필요성을 바탕으로 한다는 것을 무시하는 개인"이라고 정의한다. 그러면서 이제부터 논쟁은 형이상학적인 것이 되리라고 누차 말한다. "오직 같은 종의 내부에서만 정의가 존재한다. 그런데 드레퓌스는 다른 종의 대표자이다."(『민족주의 무대와 학설』 *Scènes et doctrines du nationalisme*) 자신의 고객이 요구하여 얻어낸 사면으로 상처받은 변호사 라보리 역시 『라 그랑드 리뷰』(*La Grande Revue* 1901. 11. 1)에서 같은 말을 하고 있다. 드레퓌스는 "인류를 사랑하고 사회적 의무의 아름다움을 인식한 사람이 아니라 순수한 개인으로서" 행동했다고 라보리는 단언한다. 이렇듯 드레퓌스사건이 완결되는 것은, 우리의 관점에서 볼 때, 더 이상 사건이 존재하지 않았을 때(1906)가 아니라 드레퓌스가 없었을 때——1906년보다 훨씬 이전에 '대원칙'을 둘러싼 투쟁이 지적 논쟁으로 비화되기 시작했을 때——이다.

인텔리겐치아의 수단

사례연구라 할 수 있는 앞의 분석은 인텔리겐치아의 명확한 기능과
그 형성에 관한 몇 가지 특성을 강조하고 있는데, 이제부터 그것들을
검토해야 할 것이다.

참여의 형태

폭넓은 결집의 분위기 속에서 지식인은 세 가지 형태의 세속적인
시위방식으로 자신들의 존재를 알린다. 지식인은 당연히 참여하고
종종 결합하며 이따금 투쟁한다.

탄원서는 지식인 참여의 출발점이었다. 대중이 공적 권력 인정의
최고결정기관인 시대에, 지식인 참여가 보통선거 출현과 밀접한 관계
가 있는 점 또한 부인할 수 없다. 공적 권력이 아니면 지식인이란
무엇이란 말인가? 19세기의 전형적인 대형 탄원서로는 영국의 인민헌
장 추진운동을 들 수 있는데, 프랑스의 경우 이와 흡사한 지식인의
탄원서는 이미 오랜 역사를 갖고 있다. 잊혀진 전례를 하나 들자면,
1889년 12월 24일 『르 피가로』지는 『하사관』(*Les Sous-offs*)을 썼다는
이유로 중죄재판소에 회부된 뤼시앙 데카브를 옹호하는 작가 51명의
항의를 실었다. 모리스 바레스와 에밀 졸라도 여기에 서명하고 있다.
앞선 세대에서는 지극히 개인적인 차원의 인물들만 볼 수 있다고
말한다면, 다소 지나침이 없지 않다. 적어도 『백과사전』(*L'Encycloédie*)
이래 지식인들은 집단적 계획을 싫어하지 않는다는 것은 잘 알려진
사실이다. 하지만 이제부터, 좀더 노골적으로 '숫자를 헤아리는' 것이

확실히 중요해진다. 정치관습에서, 민주주의의 정착과 함께 출현한 지식인들의 탄원서는 곧바로 숫자의 법칙을 인정하는 독창적이면서도 모호한 모습을 취한다. 탄원서는 이 숫자의 법칙을 엘리트에 적용한 것이다.

『나는 고발한다!』가 발행된 이후에 의미 있는 탄원서들이 속출한다. 1898년 1월 말에 졸라를 지지하는 탄원서에는 이미 3천 명이 넘는 숫자가 서명을 한다. 재판을 받은 피카르를 옹호하는 탄원서는 같은 해 11월 24일에 인권연맹의 도움으로 방법을 숙달한 『로로르』에 다시 실리면서, 이틀 후 11월 26일부터 12월 9일까지 14개의 명단이 출현하고 1만 5천여 명이 서명을 하며 나아가 '지식인의 프랑스'라는 의미에 '자유프랑스'라는 폭넓은 의미를 첨가하게 된다(26일자 『로로르』). 그로부터 며칠 후, 상대진영에서는 『라 리브르 파롤』을 중심으로 해서 '유대인 레나크를 상대로' 소송중인 '앙리 대령의 미망인과 자식을 위한' 탄원서의 변형인 모금운동이 시작되며, 약 2만 5천 명과 익명의 소수로부터 소액기부금이 걷히게 된다.

인권연맹의 피에르 키아르는 기자로서 자신의 능력을 이용해, 1899년부터 "앙리 기념비"라는 제목 아래 '알파벳순으로 분류한 기부자명단'을 발표한다. 기부자의 절반 정도가 직업을 밝히고 있기 때문에, 지식인의 성격을 띤 세 가지 사회적·직업적 범주가 다수를 차지하고 있음을 쉽게 확인할 수 있다. 세 가지 범주는 학생(1893년 인구조사에서 전체 인구의 0.6%인 데 비해 기부자명단에서 중등·대학생의 비중은 8.6%), 자유업(전체 인구의 2.6%인데 8.25%) 그리고 성직자(0.2%인데 3.1%)이다. 이들의 발언이 함께 실릴 경우에는 그 어조가 전체적으로 반지식인주의 경향을 강하게 띠었다. 익명의 기부자 옆에 명시된 직업들, 예를 들어 '유약한 지식인들에게 염증을 느끼는 (의사) L. F.' '너무

똑똑해 지식인이 될 수 없는 대학생' '지식인이 아닌 교육자' 혹은 아주 간단하게 '지식인들의 희생자인 대학교수' 등이 이와 같은 경향을 더한층 잘 보여준다.

기독교 '순교자'의 증언과 유사함이 없지 않은 증언의 단계에 뒤이어 믿음의 '박사', 논증의 단계가 서서히 모습을 드러낸다. 잡지나 일간지의 좋은 자리에 발표된 공개서한들은 『나는 고발한다!』에서부터 출발한 공개서한의 완결된 표현이었다. 하지만 좀더 신중한 입장표명에 익숙한 저명인사들은 강한 도덕적 결심에 떠밀려 마침내 결정하게 되는데, 『역사리뷰』(*Revue Historique*)의 창시자인 역사학자 가브리엘 모노는 이렇게 해서 『세대』지에 '드레퓌스 대위가 법정오류의 희생자라는 확신'에 이르게 된 자신의 지적 여정을 설명하는 편지를 싣는다. 그리고 1년 후에 모노는 피에르 몰레라는 가명으로 「드레퓌스사건의 공평한 분석」(*Exposé impartial de l'affaire Dreyfus*)이라는 의미심장한 제목의 글을 발표한다.

졸라의 재판이 진행되는 동안 저명인사 100여 명이 발표한 졸라를 지지하는 성명과 편지, 기사 들은 『졸라에게 보내는 프랑스인들의 편지기념서』(*Livre d'hommage des lettres françaises à Zola*)에 함께 수록되며, 이듬해에는 목판화 12점이 나오고, 옥타브 미르보가 서문을 쓴 『피카르에게 경의를 표하는 예술가들』(*Hommages des artistes à Picquart*)이 출판된다.

대중들, 흔히 적대자들과 육체적 접촉을 싫어하지 않는 기질들은 다음 단계인 강연이나 미팅으로 넘어가는데, 그때까지 살롱의 웅변가였던 아나톨 프랑스는 1898년 11월과 12월에 피카르를 지지하는 두 모임에서 기탄없이 의견을 개진함으로써 자신의 몫을 다한다. 그리고 그는 우여곡절 끝에 20세기 초에 좌파연합의 유명한 대변인이 된다.

연맹의 공화국

이와 같은 시위들은 개인적 행동을 훨씬 능가한다. 이처럼 지식인의 참여는 종종 단체의 결성으로 이어지는데, 이따금 특별한 그룹의 경우에는 이 방식만으로도 자신들의 독창성을 잃지 않고 표현할 수 있게 된다. 법률사가 폴 비올레가 창시한 '권리수호를 위한 가톨릭위원회' 내의 드레퓌스를 옹호하는 가톨릭신자들의 소모임(회원 약 100명)이 그 예이다.

그러나 일반적으로 단체는 의견수렴과 상호지지 그리고 정치적 확대적용의 장소이다. 구조적으로 단체는 비슷한 의식을 가진 사람들 간의 새로운 관계, 즉 학연이나 직업적 유대관계와는 다른 성질의 관계를 창조한다. 단체는 지식인들이 연구실이나 사무실, 교실에서 '나와' 대중토론의 장으로 '들어가는' 통로 역할을 한다. 그렇기 때문에 단체는 얼마간의 사회적·이데올로기적 이질성을 허용한다. 졸라의 재판이 진행중인 1898년 2월에, 온건파정치가 뤼도빅 트라리외와 상원의원 다섯 명이 참여한 중앙위원회의 지원을 받아 탄생한 '인권과 시민권 수호를 위한 연맹'이 이런 점을 잘 보여준다. 연맹의 논리는 매우 지적이다. 빅토르 바슈의 표현을 빌리자면, 법무장관을 지냈던 트라리외는 '변호사보다 판사'의 '도덕적 기질'을 가진 사람이었고 중앙위원회의 32명 위원 중 약 15명이 대학교수였다.

기능 면에서 연맹은 모범이 되고자 하며(투명한 회비관리, 지부의 중요성), 특히 '살아 있는, 행동하는 의식'으로서의 국가의 역할을 일반화시키고자 한다. 또한 "오늘부터 자유를 위협받고 권리를 박탈당한 모든 사람은 연맹의 도움과 지원을 받을 수 있다"는 것을 원칙으로

34

제시하면서, 재심을 위한 탄원서 서명운동과 회합, 출판을 계획한다. 그리고 1898년부터는 모든 형태의 노동자탄압에 대해 입장을 표명한다. 국가(혹은 최소한 좌파연합)의 '의식'이 된 연맹은 죄없는 사람들을 변호해 주는 단체인 동시에 명확히 '좌파'단체로서의 자신의 복잡한 입장을 결코 버리지 않는다. 이와 같은 연맹의 모호함은 회원수의 변화에서도 읽을 수 있는데, 순수하게 드레퓌스사건이 진행되는 동안에는 서서히 증가하던 회원수(창립 1년 후에 8천 명)가 1904년에는 6만여 명으로 급증한다. 법정 소송문제에 대한 우선적인 관심이 정치적 변화와 관계없이 연맹을 오랫동안 지속시켜 준 요인이라 할 수 있다.

일시적이었지만 좀더 대중적이었던 드레퓌스 반대파들의 단체 '프랑스조국연맹'에게 부족했던 점이 이러한 재정비이다. 1898년 10월 25일에 창설된 '프랑스조국연맹'은 드레퓌스를 지지하는 연맹에 반대하는 모든 특징을 갖추어야 하는 장애를 감수한다. 그리하여 바레스는 "모든 지식인들이 드레퓌스 편이라고 믿는 사람은 더 이상 없다"고 확고하게 말하게 된다. 그럼에도 불구하고 '프랑스조국연맹'의 초기단계 성공은 놀랄 만하다. 1899년 1월과 2월에 나타난 11개의 순수 가입명단에 힘입어 회원수는 2만 명으로 늘어나고 이듬해에는 50만(최소한 30만 명)으로 늘어난다. 구조적으로 1902년 국회의원선거를 겨냥하여 노골적으로 야심을 드러낸 민족적 대중정당의 시작이라고 봐도 무관할 것이다. 하지만 연맹의 연원과 집행부 그리고 그 운명은 전형적인 지식인단체의 모습을 보인다.

1899년 『르 주르날』지에 실린 글을 통해 연맹의 이름을 알리고 연맹의 출범을 가능케 한 것은 바레스이다. 그는 연맹이 '지성을 갖춘 규율'을 제공하기를 원한다. 그리고 연맹은 바레스와 대중시인 프랑수아 코페(1842~1908), 문학비평가 쥘 르메트르(1853~1914)를 집행부(명예회장, 회장, 대표)로 추대한다. 특히 고등학교 선전회람 배포 및 조직의 토대(사무총장, 회계, 부총장)는 루이 도세와 가브리엘 시브통(1864~1904), 앙리 보주아(1864~1916) 등 대학교수자격시험을 통과한 3명의 교수가 맡는다. 맨 처음 11개 명단의 직업구성을 살펴보면 대학생(16%), 교사 및 유사직종(11.3%), 문학·예술 직종(16.6%)이 압도적이다. 아카데미 회원이 최소한 26명, 프랑스학사원과 콜레주 드 프랑스의 회원 12명, 뱅상 댕디 같은 명실상부한 음악가들, 프레데릭 미스트랄 같은 대중작가 등 문화적 명성까지 겸비한다. 이 '아카데미의 지식인들'을 두고 나중에 장 조레스는 '사회수호의 사진첩'이라고 말하게 된다.

비교적 빨리 도래한 연맹의 궁극적인 실패는 연맹의 불확실한 성격에서 그 원인을 찾을 수 있다. 연맹 역시 드레퓌스사건을 뛰어넘어서 사건보다 오래 지속되고, "도덕적인 힘, 여론의 힘"(쥘 르메트르)이 되기를 원한다. 하지만 매우 선동적인 분위기 속에서 1899년부터 정치적으로 극단으로 치달으면서, 당시 페르디낭 브륀티에르 같은 온건한 공화파들은 연맹을 떠나게 된다. '선거 지상주의'에 대한 의혹 역시 바레스를 비롯하여 가장 활동적이고 이론적으로 가장 잘 무장된 사람들이 연맹에서 멀어지는 요인이 된다. 1902년의 선거가 좌파의 성공으로 끝나자 연맹은 급속도로 쇠퇴한다.

전투적 선택

같은 시기에 드레퓌스를 지지하는 지식인들이 가입한 가장 독창적인 단체가 쇠퇴의 길을 걷는 것이 연맹의 회원들에게는 다소 위안이 되었을 것이다. 왜냐하면 '민중대학운동'처럼 드레퓌스 지지 지식인들은 사회적 지위와 정신적 소명 사이에서 일종의 타협을 시도했기 때문이다. 엄밀하게 이와 같은 시도를 드레퓌스 지지자들이 처음 한 것은 아니다. 그 효시는 1896년으로 거슬러 올라가 무정부주의적 조합주의 역사에서 찾아볼 수 있는데, 조합주의는 일련의 강연과 교육행사를 통해 '민중에게 다가가고' 문화적 수단을 매개로 해서 민중해방에 기여하고자 했다.

'민중대학운동' 단체의 폭발적인 비상이 그 퇴조처럼 드레퓌스 지지 운동의 역사와 직접적인 관계가 있는 것은 사실이다. 몇몇 지식인들이 지방의 민중대학을 통해서 마침내 정치에 입문하게 되는데, 당시 로리앙 고등학교 교사이던 젊은 철학가 에밀 샤르티에(1868~1951)가 좋은 예이다. 샤르티에의 급진적 참여는, 드레퓌스를 지지하는 잡지 『로리앙 통신문』(La Dépêche de Lorient 1900~1902)의 도움으로 그 도시의 민중대학 창설에 협력한 일로 거슬러 올라간다. 『로리앙 통신문』에 실린 샤르티에의 초기 글들은 훗날 그를 유명하게 만들어준 『화제』(Propos)의 초안이 된다.

1902년부터 위기징후들이 나타나기 시작하며, 급격한 실패는 드레퓌스 지지연합의 정치적 반목 그리고 주로 고전적 대학교수들로 구성된 민중대학 교수들이 매우 '현학적인' 교수방식을 부활시키고자 하는 경향에서 그 원인을 찾을 수 있다. 공화파와 사회주의자를 가르는 이데올로기적 차이와 행정적 압력들도 일련의 극복하기 힘든 긴장을 초래했다. 좌파연합은 맨 꼭대기에서부터 죽어가기 시작했고, 1905년부터는 대부분의 민중대학이 비슷한 상황에 놓이게 된다. 몇몇 대학만이 좌파연합의 부침에도 불구하고 오늘날까지 지속되었다.

그렇다고 해서 지식인이 항상 정치색을 드러내는 조직 내에서의 투쟁을 싫어한 것은 아니다. 정치단체 '프랑스인의 투쟁'의 출범은 세기말의 양극화된 상태와 직접적인 관계가 있다. '프랑스조국연맹'의 앙리 보주아는 특히 1898년 '프랑스인의 투쟁위원회' 창시자의 한 사람으로 알려졌다. 하지만 그는 자신의 동료 모리스 푸조(1872~1955)와 마찬가지로 '도덕적 투쟁을 위한 연합'의 옛 회원이었는데, 이 단체는 1892년에 훗날 퐁티니의 순간지(旬刊紙)를 주도하게 되는 폴 데자르뎅(1859~1940)이 창설하여 드레퓌스 지지입장으로 돌아서는 휴머니즘 단체이다. 첫번째 결별은 몇 달 후에 이들 보수적 공화파들을 의식 있고 치밀하게 조직된 왕당파로 만드는 또 다른 결별을 예고한다. 구조적인 측면에서 볼 때, 『회보』(Bulletin)와 1899년의 『리뷰 프랑스인의 투쟁』(Revue pour l'action française)은 샤를르 모라스가 모리스 바레스에게 말하듯이 "당신이 꿈꾸는 『백색리뷰』와 명확히 대립적인 위치"에 있다. 한편 모리스 바레스는 『백색리뷰』를 지적 '실험실'이라고 추켜세운다. '프랑스조국연맹'과 반대로, 그리고 그것의 비판적 시험을 거친 후 '프랑스인의 투쟁'이 연맹으로 형성되는 것은 몇 년 후 선행적 이론체계가 완성된 후의 일이다.

좌파진영에서는, 드레퓌스 옹호자들의 적극적 행동주의는 젊은 교사와 학자, 문인 들이 정치에 입문하여 이따금 화려한 경력을 쌓는 계기가 된다. 우리가 모든 사료에서 확인할 수 있듯이, 좌파진영이라고 해서 항상 사회주의에 가입해야 하는 것은 아니었다. 양차 세계대전 사이에 가장 급진적이었던 에두아르 에리오(1872~1957)는 드레퓌스 사건 때 정치적 선택을 한다. 하지만 사실 한 세대의 '드레퓌스 지지 사회주의자'들을 쉽게 찾아낼 수 있는데, 그것은 이들이 이 시기에 정식으로 사회주의에 가입하기 때문이기도 하고 또 당시 상황이 이전의 선택에 큰 영향을 미쳤기 때문이기도 하다. 프랑시스 드 프레상세(1853~1914)의 변화는 첫번째 여정형태의 극단적인 예가 될 것이다.

유명한 개신교 신학자이자 종신상원의원의 아들인 프레상세는 저널리즘에 뛰어들기 위해 외교관 직을 사임한다. 그리고 드레퓌스사건이 끝나갈 무렵 『세대』지를 떠나서 『뤼마니테』(L'Humanité)의 창간에 참여한다. 그 사이에 이 고집스런 기독교인은 사회당 국회의원이 되며, 트라리외 뒤를 이어 인권연맹의 의장이 된다. 또 레옹 블룸이 자신의 『회고』에서 말하고 있듯이, 좀더 신중하고 입장표명에서 덜 극단적인 "쥘 르나르는 드레퓌스 지지운동을 계기로 사회주의로 전향한 그 세대 작가들 가운데 한 사람이었다." 블룸 자신도 이 부류에 속한다. 『백색리뷰』의 참여자들 대부분과 마찬가지로 무정부주의에 이끌렸고 바레스사상의 이기주의적 전제에 매료된 블룸은 뤼시앙 에르의 후원 아래 결정적으로 사회주의 진영에 합류한다. 뤼시앙 에르는 장 알르만이 이끄는 혁명적 사회주의 노동당의 당원이다. 1899년 12월에 두 사람은 인류학자 마르셀 모스(1873~1950)와 경제학자 프랑수아 시미앙(1873~1935) 같은 철학교수자격시험을 합격한 블룸 세대(1872)의 젊은 사범학교졸업생들과 함께, 민중대학처럼 구상된 사회주의자 양성학교를 다닌다.

1873년에 태어난 샤를르 페기는 두번째 그룹에 속한다. 그가 사회당을 선택한 것은 뤼시앙 에르와 무관하지 않지만, 드레퓌스사건이 일어나기 전의 일(1895)이다. 그의 이야기는 1891년에 시작되는 최초의 사회주의 대학생그룹의 창설과 함께 다른 계보에 속한다. 교육보다는 출판과 저널리즘과 문학에 헌신하고자 한 파리고등사범학교 젊은 학생의 결정은 드레퓌스사건과 무관하다. 그가 윌름가에 '사회주의 연구 및 선전 동아리'를 만든 것은 1987년이다. 하지만 1898년부터 1913년의 마지막 텍스트(『돈, 속편』 L'Argent, suite)에 이르기까지 그의 행동과 작품의 대부분이 드레퓌스 옹호운동의 영향을 받았음은 분명하다.

그가 경영한 '서점·출판주식회사'의 역사는 두 가지 접근 사이의 합일을 가장 잘 보여주는 예이다. 1898년 5월 1일 샤를르 페기가 재정적으로 큰 어려움을 겪고 있는 자신의 친구 조르주 벨레의 이름으로 창립한 '라 리브레리'는 1899년 8월 2일 주식회사 형태로 재편성된다. 페기가 편집권을 갖고 있었다면(페기 200주와 벨라 50주), 기부자에 가까운 29명의 다른 주주들은 사회주의를 중심으로 결합된 드레퓌스를 옹호하는 그룹이다. 이들의 사회주의 담론은 경제적이라기보다 도덕적이었고, 대부분 윌름가를 거쳐온 지식인들이 주장한 것이다. 독일어학자 샤를르 앙들레(1866~1933)나 물리학자 폴 장주벵(1872~1946)과 장 페랭(1870~1933) 곁에서 에르(68주)나 블룸(50주), 시미앙을 다시 볼 수 있다. 이들은 양차대전 사이에 심층부까지 사회주의 또는 사회주의화되어 가는 프랑스 인텔리겐치아의 역사를 빛내게 될 이름들이다. 이 '새로운 기업'은 모든 면에서 본보기가 되고자 한다. 1900년 페기가 '최초의 그리고 유일한 서적 생산과 판매를 다루는 생산·소비 협동조합'이라고 소개하는 구조 면에서 그러하고, 1899년 11월 카탈로그의 정의와 '사회, 경제, 정치, 법률학, 현대사, 사회주의' 등을 의미심장하게 열거하는 프로그램을 볼 때 그러하다.

정당으로부터 독립된 프랑스 사회주의의 주요한 잡지 세 권 역시 드레퓌스 지지투쟁의 영향을 강하게 받는다. 1899년 창간된 『사회주의 운동』(Le Mouvement socialiste)과 1900년부터 자사 출판물에 대한 비평 정도로 우선 생각했던 페기의 『문예지 격주』(Les Cahiers de la Quinzaine) 그리고 졸라의 재판 이후 1901년에 사임한 전직장교 샤를르 기에스의 『자유로운 페이지』(Pages libres)가 그것들이다.

이 시기부터 장 조레스는 주로 자신의 이미지를 활용해서, 아직 분열되어 있는 사회주의 운동권 내에서 도덕적 영향력을 획득해 나간다. 사회주의의 중요한 지도자인 장 조레스는 얼마 동안 주저하기는 했지만 결국 드레퓌스를 지지했으며, 다른 누구보다도 게드파의 신중한 태도와 반대되는 입장을 고수했다.

이와 같은 공조는 그 자체가 모호함과 모순점을 안고 있기 때문에, 머지않아 밖으로 폭발하게 된다. 철학박사이며 1898년까지 문학비평을 하였던 조레스는 지식인과 프롤레타리아계층의 완전한 결합을 주장하는 정치지도자의 한 명이다. 그가 1899년 1월의 『작은 공화국』에서 주장하고 있듯이, 프롤레타리아의 "본능적 이상주의는 진정한 지식인계급을 만든다." 중기적으로, 드레퓌스를 옹호하는 사회주의는 정통마르크스주의자들과 혁명적 조합주의자들 그리고 페기가 지원하는 실망한 드레퓌스옹호자들로부터 한꺼번에 공격을 받게 된다. 그럼에도 불구하고 장기적으로는 지속성의 요소들이 소홀히 취급되어서는 안 되는데, 인민전선의 지식인 역사는 특히 35년 전에 나이 많은 회원들 사이에 형성된 연대의식을 간과하고는 이해될 수 없다.

인텔리겐치아의 구조

그런데 우리는 지식인 삶의 이 예외적인 순간에서, 외적인 행동양태만 볼 수 있는 것은 아니다. 여기서는 세 가지 지표——즉 특별한 모집장소, 장소들을 연결시키는 이데올로기적 네트워크, 상황에 부합하는 특별한 역할 등——를 통해 근대 지식인사회의 심층구조를 들여다볼 수 있다.

대학이라는 양성소

사회·직업적 용어로 세 그룹이 인텔리겐치아의 양성소로서 크게 눈에 띄는데, 대학과 언론 그리고 예술계이다. 역설적으로 그 구성이 가장 정확하게 밝혀져야 하는 것은 이중에서도 첫번째 그룹이다. 대학집단이 동시대인들에게 가장 두드러졌으며, 알베르 티보데는 드레퓌스사건이 "교수를 변호사의 적수 혹은 경쟁자로 만들었다"고 말한다. 물론 당시에 여전히 강단공동체에 속한 실험실이나 연구실 사람들도 여기서 말하는 대학세계에 포함된다. 소장 에밀 뒤클로가 열렬한 드레퓌스 옹호자인 파스퇴르연구소의 존재와 명성에도 불구하고, '연구자' 개념은 그 사회적 실체만큼이나 프랑스사회에서 아직 낯설었다. 프랑스사회가 인식하고 있는 연구자란 교수보다 예술가에 훨씬 가까우며, 고독하고 완고하고 영감에 가득 찬 발명가의 모습일 따름이었다. 하지만 이들 연구자에다 적어도 대학교수 주변에 있는 세 가지 범주를 덧붙여야 한다. 주변부의 전문가, 내부의 대학생, 밖의 전직교수가 그들인데, 이들의 역할은 이 경우에 결정적이었던 듯하다.

이 가운데 가장 모호한 집단은 마지막 하위범위인 전직교수들이다. 하지만 정치단체에서 매우 활동적인 인사들이 여기에 포함되어 있고, 대학교수로서의 정당성이 그들의 명성을 확고히 해준다. 윌름가의 파리고등사범학교 졸업생이자 문학박사이면서 저널리즘으로 옮겨간 쥘 르메트르가 이 경우에 속한다. '프랑스조국연맹'은 바레스 대신 그를 주요 대변인으로 세움으로써, 이론가로서 그의 능력을 의심케 한다. 조레스의 경우 또한 그러하다. 의회에서 보이지 않는 동안, 조레스는 철학교수자격시험을 합격한 지식인의 습관을 되찾는다. 1898년 선거의 패배로 정치일선에서 물러나 있는 동안 그는 13권에 이르는 『프랑스혁명의 사회주의 역사』(*Histoire socialiste de la Révolution française*)의 집필에 들어간다.

이러한 스타일의 사람들의 전략적 입장을 샤를르 페기나 가브리엘 시브통보다 더 잘 보여주는 사람은 없다. 이 두 사람은 서로 대조적이면서도 비슷한 인물이라 할 수 있다. 샤를르 페기는 지식인의 증언이라는 예언자적 소명에 몸과 마음을 다 바친 최초의 파리고등사범학교 졸업생이다. 역사교수자격증을 가지고 있고 자의로 휴직하고 있던 가브리엘 시브통은 1899년 7월 파리교육위원회로부터 교육과 현실참여 중 하나를 선택하라는 독촉을 받고 후자를 선택한다. 그리고 도스와 보주아가 파리사범고등학교 입학시험에 실패했다는 공통점이 있다는 점에서, 이들의 참여에는 실패한 자들의 연대의식이 있다는 것을 배제할 수 없다. 게다가 이 두 사람에게 교육위원회 사건은 대학에게 진 빚을 앙갚음할 수 있는 기회를 제공한다(시브통의 『대학과 국가』 *L'Université et la Nation*; 보주아의 『방어』 *Défense* 참조).

당시에 페르디낭 브륀티에르가 르메트르의 행보를 좇고 있었다는 것을 잊어서는 안 될 것이다. 그는 파리고등사범학교의 정교수였지만 실제로 1894년부터는 그의 강의를 다른 사람이 하였고, 그의 영향력은 거의 제로에 가까워진다. 드레퓌스 옹호자들이 승리하면서, 결국 브륀티에르는 1903년 사범학교 개혁을 감행하고 교수직을 떠나게 된다.

좀더 협소한 전문가세계는 주로 고문서보관인과 고문서학자로 구성된다. 드레퓌스사건에서 일종의 '텍스트 해석'과 다름없는 필적 감정 문제 때문에 결국 이들은 직접적으로 사건에 대해 질의를 받는다. 기술적인 역할만 맡고자 했던 그들도 결국 자신들을 둘러싼 이데올로기적 환경에 따라 변화하게 되는 것이다. 경시청의 인류학 담당팀장인 알퐁스 베르티옹(1853~1914)은 드레퓌스 반대파를 과학적으로 보증해 주는 사람들 중 하나가 된다. 반면 프랑스에서 뛰어난 자필감정 전문가이며 공화주의에 해박한 에티엔 샤라베(1848~99)는 절친한 친구 아나톨 프랑스의 영향을 받아 지지진영으로 옮겨간다.

일반적으로 우파로 분류되고 매우 신중한 파리고문서학교 역시 심하게 분열되어, 수적으로 많지 않은 교수와 학교 전체(교수 7명과 학생 40여 명)가 드레퓌스 옹호파와 반대파로 나뉜다. 중세고고학 교수이자 국회의원인 로베르 드 라스테리 백작(1849~1921)은 드레퓌스 반대파의 고문서보관인 및 고문서학자들의 탄원서를 진두지휘하면서(『번개』 *L'Éclair* 1898. 2. 18), 오귀스트 몰리니에와 아르튀르 지리, 폴 메이에 교장 등 3명의 동료가 작성한 드레퓌스에게 유리한 감정서를 궁지에 몰아넣으려 한다. 폴 메이에는 쥘 르메트르에게 보낸 편지에서 이렇게 말한다(이 편지는 1899년 1월 22일 『세기』 *Le siècle*에 실렸고 연구소 주변의 특수층을 대상으로 300부가 배포된다). "관련서류와 가짜 앙리는 비판이 가해질 수 있는 고문서와 같은 문헌일 뿐이다." 폴 비올레 역시 고문서학교 교수였다는 것을 명확히 해두자.

수적으로 훨씬 많은 대학생들도 마찬가지로 분열되었다. 그랑제콜, 즉 특수전문대학을 제외한 대학들에서 대학생들의 자치단체가 빠른 속도로 조직되어 나갔다. 이는 대학생이 수적으로 증가했고, 또 국가가 대학생 자치단체를 공식적으로 인정했기 때문에 가능했다. 탄원서와 모금운동에 대한 대학생 자치단체의 반응은 매우 대조적이었다. 법과대학과 의과대학처럼 전통적인 대학들은 (사회의학을 제외하고는) 드레퓌스 반대파의 성향을 보였으며, 설립된 지 20년이 안 된 문과대학이나 사회과학대학, 특히 역사학과와 철학과는 드레퓌스 지지가 압도적이었다.

드레퓌스재판의 재심청구 지지운동에는 비록 수적으로는 적지만 파리고등사범학교의 참여율이 가장 높았다. 1898년에 재학생의 50%가 탄원서에 서명하며, 모두 드레퓌스를 지지한다. 이듬해 페기가 설립한 '주식회사'의 23명 주주 가운데 18명이 파리고등사범학교 재학생이거나 졸업생이다. 1890년도 입학생들은 저 유명한 에르, 조르주 페로 교장, 학생감이자 드레퓌스사건에 관한 책을 두 권 집필한 폴 뒤퓌, 이학부 주임 쥘 타느리 그리고 조교수 가브리엘 모노 같은 권위 있는 사람들을 모범으로 삼아 그 뒤를 따른다.

이 이름들은 주로 대학교수로 구성되어 드레퓌스사건에 참여한 대학인모임의 핵심을 이룬다. 대학교수의 경우, 자신들의 사회적 지위를 이용하여 훨씬 자유롭게 의사표명을 할 수 있었으며 또 대부분의 교수들이 (드레퓌스를 옹호하는 편에 속하는) 초등학교교사나 (드레퓌스를 반대하는 편에 속하는) 중등교사들의 보증인 역할을 한다. 민중대학의 일부 구성원들의 실패에서 볼 수 있듯이, 초·중등교사들은 공무원으로서의 의무가 부여되어 있었으며 지역사회의 통제를 받았다. 한편 직업에서도 법/의학, 문학/과학으로 확연히 나누어지며, 예외적으로 유일하게 파리의과대학만이 다수가 드레퓌스를 지지한다. 전공학과로 분류해 보면, 역사학과 철학, 물리학과 자연과학은 명확하게 재심청구지지 쪽에 서고, 민법이나 라틴문학처럼 전통적인 학과들은 그 반대편에 선다. 물론 이러한 분류는 학과별 또는 지역별로 매우 다양한 참여율과 함께 고려되어야 한다. 예컨대 수학을 전공하는 학생들은 거의 참여하지 않았으며, 가장 많이 동원된 대학은 가톨릭계 대학에 맞서 지역 차원에서 치열하게 정치적 투쟁을 벌인 대학들이다.

미디어들, 벌써

대학이라는 곳이 좀더 가시적이고 구조가 잘 짜여 있고 특히 명망이 있었다면, 『로로르』와 같은 신문이나 클레망소와 같은 기자들이 사건 초기에 맡았던 결정적인 역할은 상호 대립적인 그룹들의 형성에 있어서 언론의 중요성과 기능을 잘 말해 주고 있다. 특히 언론은 지식인사회와 관련된 모든 사료편찬에 미묘한 차이를 발생시키며, 이에 따라 지식인들의 미디어 활용이 확대되게 된다. 예컨대 레지 드브레(『프랑스에서 지식인의 권력』 Le Pouvoir intellectuel en France, 1979)에게 있어서 지식인은 대학과정(1880~1920)에서 신문사설과정(1920~60)으로, 그리고 여러 미디어의 과정(1968~?)으로 나아간다. 하지만 레지 드브레는 이 시기부터 상아탑에서 일반사회 토론의 장으로 나아갈 수 있는 과정이 생겨난 것을 간과하고 있는 것 같다. 우리가 앞에서 보았듯이, 『세기』가 없는 고문서학교의 드레퓌스 지지학생들이나 『작은 공화국』 없는 장 조레스 혹은 『백색리뷰』 없는 에르를 상상할 수 없다. 다시 말해 편집장·주필·편집위원처럼 매개역할을 한 핵심적인 지식인들의 중요성은 아무리 강조해도 지나치지 않다. 이 집단이 규모가 매우 작고 오늘날 잘 알려져 있지 않다고 해서 무시되어서는 안 된다. 이는 결국 전업기자들의 중요성을 간과하는 것이기도 하다. 왜냐하면 이 운동이 고립된 데모가 아니라 운동의 싹이 트기 시작하는 그 순간부터 이미 현대적 선전수단과 다름없는 기술적·문화적 방법을 동원하여 장기적으로 펼쳐야 하는 '캠페인'이기 때문이다. 1880~90년대에 '기자'라는 직업이 실질적으로 제도화되는 것을 고려할 때 이는 결코 놀라운 일이 아니다. 기자를 뜻하는 옛 프랑스어(publiciste) 대신 오늘날의 어휘(journaliste)가 사용되는 것은 1881년 자유법에서부터이며, 초기 전문직대연맹을 중심으로 사용되기 시작한다. 쥘

샹트롱의 『업종사전』(*Dictionnaire des professions*)을 보면, 1858년 판에서는 '기자' 항목에 '문인'을 참조하라고 씌어져 있지만 1880년 판에서는 특별한 의미를 획득한다.

'프랑스조국연맹'의 초기가입자 명단을 살펴보면, 직종이 명시된 9921명 가운데 기자그룹은 699명으로 대학생 다음으로 많다. 즉 전체 프랑스사회에서 수적에서 훨씬 많은 사회범주들, 예컨대 중등교사(678명), 상인(540명)보다도 많은 수로, 직종 가운데서는 1위이다.

이와 같은 예는 파리와 지방의 주요 일간지 기사와 논설을 분석했을 때 드러나는 언론내부의 힘의 관계를 잘 설명해 주는데, 이 역학관계는 드레퓌스 지지운동에 불리하게 작용한다. 1898년 2월과 1899년 8월에 실시된 여론조사의 경우, 분석된 50여 개의 신문과 이론적으로 가능한 1천만여 독자를 감안할 때 드레퓌스에 대한 적대감은 압도적이다. 『나는 고발한다!』가 발행된 다음날 관련 독자층의 96%가 드레퓌스에 적대적이었고, 렌 재판시기에는 독자층의 85%가 그러했다. 『나는 고발한다!』가 왜 그렇게까지 선동적이어야 했는지 좀더 이해될 것이다. 물론 상당수의 편집진이 신중하고, 불확실하거나 절충주의 성향인 점을 감안해서 이 수치들을 오해의 여지없이 해석해야 할 것이다. 특히 드레퓌스사건은 줄곧 대도시와 중간계층의 쟁점으로 남아 있게 된다. 그럼에도 여론변화의 분석에서 이 수치들이 가지는 의미는, 점차 원칙의 문제로 바뀌어나간 사안들에 대해 지지파와 반대파 각각이 동원할 수 있었던 독자의 수——다시 말해 선동자들의 효율성——를 파악할 수 있게 해준다는 것이다.

이 단계에서 클레망소와 같은 논설위원과 바레스처럼 다소 정기적으로 시평을 쓰는 이들의 역할을 구분하기란 쉽지 않다. 다만 후자는 일반적으로 신문에 발표하기 전부터 혹은 신문 외부로부터 정당성을 얻고 있었다. 특히 '대중신문'과 '정론지'의 전통적인 구분은 의미를 잃은 듯하다. 이처럼 드레퓌스사건은 『르 프티 주르날』(*Le Petit Journal* 1898년 100만 부)로 하여금 에르네스트 쥐데의 편집방침 아래 드레퓌스 반대파 및 민족주의 진영을 매우 극단적인 이 신문의 전문(前文)과 확고하게 결합시키게 한 시기이다. 그리고 이미 보았듯이 바레스는 『르 주르날』의 논단을 통해서 대대적인 공세를 취한다. 성모승천수도회의 『라 크루아』나 『라 리브르 파롤』 같은 신문들은 정론지 외에는 달리 분류할 방도가 없다. 각기 15만 부(여기에 지방에서 발행되는 『라 크루아』의 41만 부를 더해야 할 것이다)와 9만 부를 발행함에도 불구하고, 이 신문들의 기본 틀과 스타일은 '소규모 신문'과 흡사하다.

이 정도의 발행부수와 연속적이고 정기적인 성격을 띤 사설로 미루어볼 때, 이 경우 가장 인기 있는 지식인이 언론사 사람인 것은 의심의 여지가 없다. 드레퓌스 반대파의 에두아르 드뤼몽(1844~1917)이나 앙리 드 로슈포르(1831~1913)가 그 예인데, 로슈포르는 오히려 반대진영에 가까운 『대백과사전』(*La Grande Encyclopédie*)으로부터 1900년에 '프랑스 최고의 기자'라는 평을 듣는다. 드레퓌스 지지자 편에서는 "급진당의 막후실력자, 내각의 조언자, 여론의 조언자"(랑의 장례식에서 조셉 레나크의 말)로 알려진 아르튀르 랑(1831~1908)이나 '반유대주의에 대항하는 국제연맹'의 창시자인 베르나르 르카셰에 의해 사후에 '드레퓌스사건의 훌륭한 제작자'라 일컬어진 세브린(일명 카롤린 레미)을 들 수 있다.

신문사와 편집장의 관계는 출판사와 발행인의 그것과 비교할 수 있을 것이다. 페기가 자신이 운영하는 두 군데 기업체에서 시도한 것이면서, 피에르 빅토르 스톡이 성공적으로 이끌어나간 것이 바로 이 관계이다. 피에르 빅토르 스톡은 『발행인의 수첩』(*Mémorandum d'un éditeur*)의 세번째 시리즈에서 드레퓌스를 지지하는 집요한 투쟁과 3년에 걸쳐 이 문제에 관한 책 10여 권을 출판(1898년 중반쯤에는 30여 권)한 과정을 말하고 있다.

반대로, 이러한 관점에서 신문과 잡지 사이에 그어진 명확한 경계를 지적하지 않을 수 없다. 양자를 연결시켜 주는 지식인의 도구가 거의 없었으며, 양차 세계대전 사이에 비로소 주간지가 생겨난다. 당시 몇몇 신문들은 어떤 저명인사나 소그룹의 논단으로 사용되기 위해 존재하기도 했으며, 또 각 신문에는 대변인이 적어도 한 명은 있었다. 하지만 잡지는 자신의 '노선'을 결정하기 위해 이미 정당성을 획득한 권위자에게 도움을 청해야 했다.

논쟁이 되고 있는 문제에 대해 오랫동안 신중하면서도 약간은 부정적인 침묵을 지켜온 『리뷰 파리』(*Revue de Paris*)는 프랑스대학의 저명인사이자 역사가인 에르네스트 라비스(1842∼1922)의 후원 아래, 드레퓌스 지지투쟁에 협력했다기보다 일부 드레퓌스 반대파의 반공화주의에 놀란 온건한 대학인들이 자신의 생각을 표현한 곳이다. 쥘 르메트르가 인기 있는 시평담당자로 있고 페르디낭 브뤼티에르가 편집 및 경영을 맡은 기관지 『리뷰 두 세계』도 마찬가지인데, '아카데믹'을 대표하고 준엄하면서도 온건한 기구인 이 신문은 편집장이 논쟁의 장으로 내려갈 것을 결정하면서 곧바로 논쟁의 문을 연다. 1898년 3월 15일 편집장은 지식인들을 상대로 전쟁을 선포하였고, 그로부터 한 달 후 졸라의 최근작 『파리』(*Paris*)에 대한 장문의 혹평이 주를 이루는 브뤼티에르의 문학비평과 함께 충돌은 절정에 달한다. 그 몇 해 전에 『자연주의 소설』(*Le Roman naturaliste*)을 집필한 브뤼티에르는 정치적 논쟁에서 자신의 권위를 십분 활용한다. 1898년 드레퓌스 지지자들의 구심점이 된 『백색리뷰』도 마찬가지로, 1891년부터 알렉상드르, 루이 알프레드 형제와 타데 나탕송의 후원을 받아 젊은 전위문학가들을 받아들인 곳이다. 이후 타데 나탕송은 '인권연맹' 창립자의 일원이 된다.

예술가, 왕자인가 하인인가?

이 마지막 예와 함께, 세번째 지식인그룹이 나타나게 된다. 후세에 전해진 몇몇 구성원의 명성 덕분에 오늘날 가장 널리 알려져 있는 이 그룹은 수적으로 가장 적었기 때문에 싸움에서도 비중이 가장 낮았을 것으로 추측된다. 당시의 용어로 '예술가'와 '문인'이라 불리던 창작자들이 그들이다.

졸라나 바레스 같은 인물의 참여가 결정적이었음을 누차 암시하면서, 이렇게 평가한다는 것은 역설적으로 보일 수 있다. 물론 이 두 인물의 역할을 부인하려는 것은 아니다. 두 사람 다 앞서의 다른 투쟁에서 보여주었던 격렬함을 견지하며 논증을 구체화시켜 나간다. 논쟁에 참여한 동시대문학의 세번째 거장인 아나톨 프랑스의 경우에는 한층 더 명확하다. 일반인들에게 중요한 것은, 이들의 참여에 의해 탄생한 작품만큼 이들의 이름이 지니는 유명세이다. 그리고 물론 내용물보다 용기가 더 중요하다.

드레퓌스사건으로부터 직접적으로 탄생한 문학작품은 작가들의 작품목록에서 부차적인 위치에 놓인다. 『진실』은 에밀 졸라의 작품 가운데 가장 알려지지 않았거니와 가장 빨리 잊혀진 작품에 속한다. 바레스는 '불랑제 장군을 지지하는' 3부작 『민족적 에너지의 소설』(*Le Roman de l'énergie nationale*)에 해당하는, 드레퓌스를 반대하는 경향의 작품을 결코 쓰지 않았다. 지프(시빌 마르텔 드 장빌 백작부인)와 같은 대중작가들 사이에서조차 드레퓌스사건이 불러일으킨 반유대주의적 텍스트는 별로 중요하게 취급되지 않는다. 다만 아나톨 프랑스만이 시의적절하게 손을 떼지만, 그의 『현대사』(*Histoire contemporaine*) 제4권은 줄거리보다 일련의 해설을 제시하려 애쓴다. 바레스의 경우에도 드레퓌스사건에 관한 문학작품은 이미 신문에 발표한 글과 르포르타주의 모음집 정도이다. 『사회주의 무대와 학설』이라는 제목이 작품의 폭과 한계를 잘 말해 주며, 특히 첫 문장은 오해의 여지가 전혀 없다. "이 책의 한 페이지 한 페이지를 구성하기 위해 내가 감내해야 했던 혐오감은 그 어떤 문예작업에서도 결코 느끼지 못할 것이다." 바로 그 바레스가 『프랑스인의 투쟁』(*L'Action française*)의 편집장에게 다음과 같이 썼다. "나는 본래의 내 영역으로 돌아가고자 한다. 프랑스사상이 수준을 유지할 수 있도록 일조하는 것이 나의 일이다. 어떻게? 가능한 한 좋은 책들을 만들면서 일조할 것이다."

자신들이 가진 예술적 수단으로 대중활동에 직접적으로 기여한 예도 있다. 드레퓌스 반대파의 카랑 다슈(1859~1909)나 포렝(1852~1931) 그리고 그 반대진영의 앙리 가브리엘 이벨(1867~1936)이나 펠릭스 발로통(1865~1925) 같은 만화가들의 작품은 일종의 이미지로 된 저널리즘을 형성하며, 일반인들의 뇌리에 더 큰 충격으로 각인되었다(이들 각자는 『나는 고발한다!』가 발표된 이후에 드레퓌스를 반대하는 『이봐』 *Psst…*와 드레퓌스를 지지하는 『야유』 *Le Sifflet*라는 정기간행물을 발간한다).

하지만 예술가는 특히 그 이름이 대중들에게 이미 알려져 있거나 성격이 명확한 소모임 속에서 인정을 받음으로써 크게 기여를 한다. 문제의 예술가가 아직 무명이거나 무명으로 전락하는 운명이어서 그와 같은 후광을 제공하지 못한다면, 한 그룹에 소속되었다는 사실만으로 존재할 뿐이다. 드레퓌스 반대진영의 프랑수아 코페, 에두아르

데타이, 프레데릭 미스트랄, 벵상 댕디 등은 이미 알려진 인물들이다. 그러나 드레퓌스 지지자들의 약점 한 가지는 이런 인물들과 맞설 수 있는 인물로 옥타브 미르보나 쥘 르나르처럼 학교를 갓 졸업하여 아직 이름이 많이 알려지지 않은 사람과 트리스탄 베르나르, 알프레드 카퓌, 플레르, 카이아베 같은 무명의 '농담꾼들'뿐이라는 점이었다. 사실 역사가들이 20세기 예술의 위대한 이름들을 거론하면서 이들의 전투적인 활동을 거듭 언급하지만, 이는 '몇몇 행운아들'에 대한 인정의 표시일 뿐임을 상기해야 할 것이다. 재심파 진영에서는 피에르 보나르, 앙드레 지드, 마르셀 프루스트, 폴 시냐, 에두아르 뷔야르가 여기에 해당하며, 반대진영에서는 폴 발레리와 젊은 시인 샤를르 모라스가 그러하다.

사실 이와 같은 나열과 분리, 재편성을 살펴보노라면 지적 증언이라는 일상적인 활동 속에서 형성되는, 소속직업 외부의 네트워크 문제를 제기하지 않을 수 없게 된다.

사교계

한 지식인의 참여를 이해하기 위해서는 그가 한 사회(세대의 현상과 관련된다) 또는 여러 사교계(사귐의 공간과 관련된다)와의 일련의 관계, 이를테면 감정적 습관, 정신적 복잡성, 실질적 도움 등을 고려해야 한다. 물론 환경과 밀접한 관계를 주장하는 결정론을 내세우려는 것은 아니다. 양 진영이 자신들의 대표적 인사인 바레스나 아나톨 프랑스 같은 인물의 변화 앞에서 당혹감을 감추지 못했다는 것은, 이들이 극단으로 치닫기 직전까지 변화의 여지가 많았음을 잘 보여준다. 물론 전기작가가 어떠한 삶의 여정이든 그 내적인 일관성을 재현하는 것은 그의 선택이다.

살롱은 계몽주의 시대에 비해 몰락하기는커녕, 여전히 전략적인 위치에 있으면서 사교계의 방향을 결정하였다. 양 진영 모두 자신들의 살롱이 있었다. 드레퓌스 반대파는 폴 부르제가 주도하는 아당 부인의 살롱이나 쥘 르메트르와 명백히 연결된 루안 백작부인의 살롱을 출입하였으며, 지지파는 아나톨 프랑스의 정부인 카이아베 부인이나 스트라우스 부인 또는 아르코나티 비스콩티 후작부인의 살롱을 즐겨 찾았다. 일부 역사가나 정치가들은 아카데미 프랑세즈를 공식적인 단체라고 오인하고 있는데, 사실 아카데미 프랑세즈는 일종의 대규모 살롱으로서 재심청구 반대운동 편에서 막강한 영향력을 행사했다. 앞에서도 살펴보았지만 대부분의 회원들은 아카데미 프랑세즈가 정치세력화되는 것을 두려워하면서도 '프랑스조국연맹'을 후원하였으며, 다만 1896년에 선출된 아나톨 프랑스만이 예외적인 인물이었다. 3년 뒤 극작가 폴 에르비외는 드레퓌스를 옹호한 것이 이유가 되어 아카데미 프랑세즈에 들어가지 못했으나, 반대로 바레스는 1906년 국회의원선거에서 승리함으로써 아카데미 회원으로 선출된다.

물론 사회적으로 인정받는 이러한 공간들의 역할을 명확히 해야 한다. 우선 이 공간들의 정치적 색채는 뒤늦게 가미된 것으로서 매우 미약했다는 점을 상기할 필요가 있다. 아나톨 프랑스는 카이아베 부인을 합류시키기에 충분할 정도로 확신에 차 있었지만, 그녀는 특히 아카데미 회원들이 그를 냉대하지나 않을까 두려워했다. 이와 달리 아카데미 프랑세즈는 커다란 폭풍우, 무엇보다도 민족주의자들의 정치적인 패배 이후 좀더 신중해진다. 또 생 제르맹의 귀족인 그레퓔 백작부인의 살롱이 드레퓌스를 옹호한 데 반해 '성공한' 여성에 속하는 샹젤리제의 루안 부인의 살롱이 드레퓌스를 반대한 것을 보면, 사회적 신분이 큰 변수로 작용한 것 같지는 않다.

요컨대 네트워크의 형성은 살롱 여주인이나 그 여주인 곁에서 주인 역할을 하는 사람의 문화적 유래와 특히 관계가 있는 것 같다. 카이아베 부인이나 스트라우스 부인은 유대인이고, 기자이자 강베트파 국회의원인 알퐁스 페라의 딸 아르코나티 비스콩티 부인은 무엇보다도 '제정공화파'이다. 막대한 유산을 상속받은 비스콩티 부인은 세기말 급진공화파 인텔리겐치아 역사에서 줄곧 신중하면서도 중요한 역할을 한 듯하다. 그녀는 사람들을 초대하는 목요일에 드레퓌스파 정치와 대학의 정수를 받아들이는 데 만족하지 않고 마침내 1900년 무렵에는 알프레드 드레퓌스가 직접 목요모임에 참석해 줄 것을 설득하는가 하면, 귀스타브 랑송(1904년 소르본에서 강좌개설)이나 가브리엘 모노(1905년 콜레주 드 프랑스에서 강좌) 같은 '좌파'인사들을 위해 대학에도 아낌없이 기부한다. 그리고 『로로르』나 『뤼마니테』를 재정적으로 지원하기도 한다. 루안 백작부인의 유산은 초기 『프랑스인의 투쟁』의 재정을 뒷받침해 준다. 18세기에 그랬듯이 이 시대에도 살롱에서는 상류층 권력의 표상뿐 아니라 지적 권력의 도구도 교환되었던 것이다.

프리메이슨 단체처럼 은밀하면서도 잘 조직된 사상단체의 경우도 설명할 가치가 있을 것이다. 예컨대 '프랑스 프리메이슨 중앙본부'는 1895년 9월 19일 총회에서 군대의 명예를 내세워 항변하면서 성직자 지지자들과 독재자 지지자들의 공모에 대항하여 투쟁할 것을 단원들에게 호소한다. 그리고 가장 선명한 반유대주의 프리메이슨 지부의 숙청을 감행하기 시작한다.

그러나 이와 비슷한 종교적 연대의 경우는 좀더 복잡한데, 여기서는 소수의 입장이라는 특별한 요소가 고려되어야 한다. 이 점은 1880년대 교육개혁 주동자의 한 사람이고 드레퓌스 지지파의 수장이며 1864년부터 콜레주 드 프랑스에서 비교문법을 가르친 미셸 브레알(1832~1915)에서부터 '무위도식하는' 무명의 젊은 마르셀 프루스트에 이르기까지 유대인 지식인들에게서 검증된 것이다. 그리고 이들의 적대자들도 이 나약한 소그룹이 공화국 초기에 훨씬 강력한 소수 지식인들과 개신교 지식인들로부터 얼마나 지지를 받았는지 인정했다. 파리고등사범학교의 페로와 뒤퓌, 모노에게서 간과할 수 없는 공통점 또한 이 점이다.

이 주장은 가톨릭신자들에게도 적용된다. 여기서 말하는 가톨릭신자는 양쪽 진영에서 다수를 이루는 세례받은 지식인들이 아니라, 가톨릭신앙을 표방하는 예술·학문 활동을 하는 사람을 지칭한다. 개종한 지난날의 회의주의자나 이성주의자를 비롯하여 '신앙을 유지한' 가톨릭신자들이 그들인데, 코페나 브륀티에르 같은 드레퓌스 반대파의 지도자들이 회의주의나 이성주의에서 개종한 범주에 속한다. 세기말의 비종교적 지식인들의 주도권——특히 공교육분야(정부부처, 학교, 잡지, 교육단체 등)의 명망 높은 책임자들——이 행한 철학적 선택을 고려할 때, 작가나 예술가·대학인이 가톨릭이라고 명확하게 자처하는 것은 곧 행동하는 소수 편에 서는 것을 뜻했을 것이다.

마지막으로, 이러한 분명한 상황 속에서 정신적 유대——종교적 성격이 아니다——가 가진 중요성을 잊어서는 안 될 것이다. 1871년 프랑스국적을 선택한 가정들이 주축이 된 알자스인들의 공동체는 자신들의 일원인 드레퓌스 대위에게 가해진 부조리에 민감하게 반응한다. 주로 개신교와 유대인들로 이루어진 이 공동체는 공동체의 지적 성격을 정립하며, 특히 학교를 세워서 자신들의 생각을 표현한다. 뒤르켕학파의 초기 사회학자들(뒤르켕과 그의 조카 마르셀 모스나 모리스 알바시)의 작은 결사에서도 이들을 상당수 발견할 수 있다. 하지만 폴 메이에 자신이 말했듯이, 알자스 가톨릭신자인 석학 메이에의 참여가 개신교신자 셰레 케스트너의 논리나 메이에와 같은 출신인 뤼시앙 에르의 논리와 일맥상통한 것은 자명하다. 특히 케스트너는 드레퓌스의 무죄를 확신한 최초의 정치인이었으며, 드레퓌스 무죄의 선전자였다.

지배자/피지배자

그러므로 드레퓌스 지지파와 반대파의 인텔리겐치아가 자신들의 문화적 표현에서도 각각 피지배자의 문화와 지배자의 문화를 표현했을 것이라고 단정하기에는 다소간의 뉘앙스가 있다. 우선, 대학사회보다는 예술가와 작가들 세계에서는 양 진영이 훨씬 더 중첩되기 때문이다. 물론 후자세계에서도 예외적인 경우는 여전히 있다. 다음으로, 상호 대립하는 지식인들 각자가 자기 방식대로 산다 할지라도 '동시대'를 산다는 공통점을 가지고 있기 때문이다. 물론 한 인물의 동시대성을 그의 근대성에 따라 판단하는 신학적 유혹을 경계해야 할 것이다.

『백색리뷰』의 정치적 변화가 보여주고 있듯이, 문학과 회화 분야의 상징주의 전위예술가들 대부분이 드레퓌스 지지파인 것은 의심의 여지가 없다. 1893년 뤼니에 포에의 지휘 아래 문을 연 '테아트르 드 뢰브르' 같은 연극연구 명소들의 경우도 마찬가지이다. 그리고 드레퓌스 반대파 시인들은 흔히 안정된 파르나스파(코페)나 로마학파 신고전주의(샤를르 모라스)의 저명인사들이다. 쉴리 프뤼돔은 예외적으로 '중도파'에 속했다. 반면에 중도 경향의 비평가와 극작가는 자연주의나 상징주의의 '과감성'에서 중도에 위치한 심리적 사실주의 주창자들(에밀 파게, 앙리 라브당, 쥘 르메트르, 에두아르 파이롱, 프랑시스크 사르세 등)이다.

그러나 예외는 많다. 둘 다 상징주의 집단과 연결되지만, 피에르 루이스는 드레퓌스 반대파이고 알프레드 자리는 특별히 입장을 밝히지 않았으나 그의 반유대주의는 명백하다. 또 나비파의 모든 화가들이 발롱통처럼 명확히 참여한 것은 아니다. 그전 세대인 세잔과 드가, 르누아르는 은연중에 재심 반대파 쪽에 선다. 음악가들 경우에는, 늘 혼자인 알베릭 마냐르가 단번에 작품(오페라 〈게르쾨르〉 Guercœur, 〈정의의 찬가〉 Hymne à l'amour)을 통해서까지 참여했다면, 바레스와 나이가 같은 드뷔시는 훨씬 젊은 라벨처럼 완전히 입을 다문다. 미학적 근대성이 반드시 '진보적' 참여를 내포하지 않았던 것과 마찬가지로, 드레퓌스 지지운동은 전위예술가의 특허가 아니었다. 가벼운 에로티즘이 가미된 중간 장르의 소설가 마르셀 프레보는 드레퓌스 지지파이고, 폴 발레리는 앙리의 기념비건립을 위해 모금액을 낸다. 프레보 자신의 표현에 따르면, "사람들이 모금에 참여하도록 부추겼으며" 그가 모집한 사람 가운데는 루이스도 있었다.

드레퓌스사건이 전위로 내세운 중요한 작가 세 명의 미학적 상황이 이와 같은 상대성을 잘 반영한다. 바레스는 '근대적'이며, 아나톨 프랑스와 졸라는 결코 '피지배자'가 아니다. 문화적 힘의 관계에 근거한 해석이 문학계에서 계속 검증된다면, 그것은 이 지배관계에 미학보다는 오히려 이데올로기적 요인이 포함된다는 조건하에서이다. 졸라나 르나르가 피지배 위치에 있다는 것은 아카데미 프랑세즈의 관점에 근거해서 문학적 서열을 매길 때이다. 아카데미 공쿠르의 관점뿐 아니라, 초기에는 정말 그랬다, 하지만 통속극과 코미디 프랑세즈의 관점에서 본다면 힘의 관계는 역전되며, 모든 경우 혼란에 빠진다.

기존의 문화나 혁신에 대한 고찰은 예술창조의 세계에서 해석과 연구의 세계로 들어서는 순간 더한층 신중해져야 한다. 문학사나 일반역사에서 비평적 보수주의를 옹호하는 사람들이 참모부나 재판이 끝났다고 보는 편에 서는 것은 놀라운 일이 아니다. 마찬가지로 역사가들의 세계에서 사립정치학교나 『리뷰 두 세계』와 관계 맺고 있는 '아카데믹한 학자들'(알베르 소렐, 폴 튀로 당쟁, 알베르 방달 등)은 모두 드레퓌스 반대파이다. 반면에 『역사리뷰』(Revue historique)는 다른 편에 선다. 특히 가브리엘 모노는 1898년 9~10월부터 『역사리뷰』를 통해서 조레스의 『증거』를 찬양하는 선언문 성격의 서평을 게재하기를 주저하지 않는다. 그가 1898년 5월에 서문을 쓴 드레퓌스 지지 간행물인 『역사 속의 기정사실』(Les Faits acquis à l'histoire)은 이듬해의 『공정한 분석』(L'Exposé impartial)과 동일한 계열에 속한다. 하지만 후자의 경우 지배/피지배보다는 고전/현대의 구분이 더 적합할 것이다. 창간된 지 약 25년 후에——그리고 샤를르 랑글루아와 샤를르 세뇨보의 『역사연구 입문』(Introduction aux études historiques)이 출판된 직후에, 『리뷰』는 오를레앙 계보에 속하는 아카데믹한 시설과 별도로 정통공화파의 또 다른 '교육기관'을 구상하는 대학구조 속에서 확고하게 자리잡는다.

　　당국에 호의적인 대학 내에서, 대부분의 선배 '내각제공화파들'(옥타브 그레아르, 에르네스트 라비스, 루이 리아르)이 신중한 태도를 취했다면, 후배들은 어떠한 장애도 허용하지 않았다. 이런 측면에서 내부서열을 존중하는 온건한 드레퓌스 지지운동은 경력을 쌓기 원하는 사람들에게 잘 어울리는데, 귀스타브 랑송(1857~1934)이 가장 좋은 예이다. 랑송의 학문적 독창성은 1890년대 후반 들어서 문학사 내에서 뚜렷이 드러나기 시작하지만, 그전까지 파리고등사범학교에서 브륀티에르의 대리교수로 있던 그가 아직도 요원한 승진계단들을 뛰어넘을 수 있었던 것은 드레퓌스 지지를 선택했기 때문이다. 이와 같은 상황에서 특히 정치색이 짙은 학문분야에서 드레퓌스와 '좌파동맹'에 대한 지지를 명확히 선언한 유일한 사람이 바로 랑송이다. 그후 랑송은 1900년에 파리고등사범학교 조교수가 되며, 4년 후에는 소르본의 교수가 된다. 나아가 라비스 뒤를 이어 파리고등사범학교 교장으로 취임하며, 아르코나티 비스콩티 후작부인의 기부금에 대한 유언을 집행하게 된다.

문화적 상황

이와 동시에, 문학사에서 '랑송주의'는 예술창작에서 환경학적 개념을 중요시하는 방법론을 도입한 것으로 특징지을 수 있다. 『프랑스문학사』(*Histoire de la littérature française* 1894) 저자이자 『문학사리뷰』(*Revue d'histoire littéraire* 1900)와 '프랑스문학사협회'를 주도한 랑송의 정치·사회적 선택은 학문의 선택과 일관성이 없지 않다. 사실 드레퓌스사건은 구조적으로 인텔리겐치아의 역사에서 중요한 시기이거니와, 전체적 문화사와 조화를 이룬다. 여기서 전체적 문화란, 서론에서 언급하였듯이 커뮤니케이션의 기술수준, 경제·정치적 상황 같은 외적 요소들과의 관계의 역사뿐 아니라, 이러저러한 정치적 선택, 미적 감수성, 지적 경향이나 정치적 이데올로기 등과 같은 가치들의 동시대적 상태와의 관계의 역사도 포함한다.

이런 각도에서 볼 때, 확실히 드레퓌스 반대운동은 세기말의 대대적인 반이성적주의적·반동적 움직임과 결부된다. 브륀티에르 같은 인물의 전향이 이를 증명하는데, 그는 폴 부르제의 자취를 좇으며 모라스의 추론을 예고한다. 결정주의 철학 속에서 형성된 수많은 사고들이 이제는 이 철학을 사용하여 수세기 동안 이어져 내려온 전통들을 옹호하거나 설명한다. 또 이런 이성적 전통주의는 점차 공개적으로 민주적 가치들의 주도권을 거부함으로써 사회 일각에서 힘을 획득해 나간다. 이 철학은 교황권지상주의의 가톨릭(형이상학적 질문에 대한 대답), 민족주의(정치적 문제에 대한 대답), 반유대주의(사회적 문제에 대한 대답)를 주요 구성요소로 하고 있다. 물론 지식인 개개인이 이 요소들을 취하는 비중은 다양하다. 그렇기 때문에 가톨릭에 호의적이라고 해서 모두 가톨릭에 귀의하는 것은 아니다. 바레스 사상체계의 지적 힘과 저자의 명성은, 그가 지극히 감정적인 원칙들을 귀납적으로 규칙화함으로써 그 과정을 뒤집었다는 데 있었다. 『무대와 학설』 초반부에서 그는 마침내 말한다. "대지와 사자(死者)들, 민족적 에너지… 민족주의는 결정론의 수용이다."

이와 대조적으로 드레퓌스 지지진영은 '사회적 질문'과 접촉함으로써 새로워진 과학만능주의의 강력한 핵심을 제시한다. 이 총론이 역사가 세뇨보——랑송주의와 사회적 사건들에 깊은 관심을 기울였다——의 작품을 결정하며, 랑송의 『프랑스문학사』와 함께 1895년에 출간된 에밀 뒤르켕의 『사회학적 방법의 규준』(*Les Règles de la méthode sociologique*)을 구성하는 것 역시 이 총론이다. 『사회학연보』(*L'Année sociologique*)를 중심으로 점차 모여든 그룹의 특징적인 요소 하나가 뒤르켕의 선명한 드레퓌스 지지 선택이다. 『과학적 방법의 실재』(*La Pratique de la méthode scientifique*)는 브륀티에르에 대한 뒤르켕의 답변의 기초를 제공하며, 사회학자들의 공동체이론은 민족주의와 반유대주의의 사회적 결의 못지않게 장교들의 엘리트정신을 파악하는 데 어려움이 없다.

반대로 자연주의·상징주의 미학그룹들과 드레퓌스 지지투쟁 간의 가치연대는 상대적으로 덜 명확하다. 졸라나 뤼시앙 데카브의 사회비판과 군부——종교와 곧바로 연합했다——에 대한 문제제기 간의 관계는 비교적 쉽게 파악되는 데 비해, 상징주의와의 관계는 덜 분명하다. 하지만 이는 동일한 영역에 위치하는데, 연금술이나 익살 역시 기존의 계산적이고 속물적인 '부르주아'사회를 배척하는 방식들이었다. 사실 대부분의 상징주의자들의 드레퓌스 지지운동은 그 몇 해 전에 문학·회화 전위예술가들이 정치적으로 선택한 무정부주의와 동일한 선상에 있었다(펠릭스 페네옹, 카미으 피사로, 폴 시냐, 펠릭스 발롱통 등).

마지막 예에서 볼 수 있듯이, 모든 대립이 반드시 양립 불가능했던 것은 아니다. 『자아숭배』의 바레스는 그 세대의 샤토브리앙이었으며, 양 진영의 극단은 적어도 무질서를 배척한다는 점에서 일치했다. 그러나 각 진영이 책임을 전가하는 집단은 명확히 다르다. 한쪽은 외국인·유대인·세계인·국제주의자 들에게 책임을 떠넘겼으며, 또 한쪽은 반동세력과 성직자, 편협한 군인, 상층부르주아에게 책임을 물었다. 여기서 우리는 인텔리겐치아의 마지막 특징, 즉 중도적 입장에 대한 혐오감을 지적할 수 있다.

제3지식인의 당을 형성하려는 기도가 실패로 끝나면서, 드레퓌스사건은 그 증거를 제시한다. 1899년 1월 진지한 『시대』지에 실린 연합호소(탄원서의 명단은 1월 24일~2월 9일에 게재됐다)는 에르네스트 라비스나 극작가 빅토리앙 사르두처럼 고위인사들의 서명을 받아냈다. 하지만 빌린 무기를 들고 너무 늦게 싸움터에 도착한 온건파들은 양 진영으로부터 무시까지는 안 당했지만 호된 비난을 받았다. 드레퓌스 지지자들의 최후의 승리에 관해 말하자면, 그 전해부터 제3당의 관점에서 쓴 작품을 통해서——이를테면 그들 자신에 의해서

──'회복'되고 있었다. 로맹 롤랑의 『늑대들』(*Les Loups*)이 한 예인데, 작가는 작품을 통해 형제간 다툼의 모순성을 드러내고자 했다. 이 작품은 뤼시앙 에르의 독려로 리브레리 벨레에서 처음으로 출판되었다.

이렇듯 1899년부터 이데올로기적 주도권에 따라 다양하게 채색된 변화만을 식별해 내는 단체게임의 중요한 규칙들이 제시되었다. 이와 달리 프랑스 지식인사회가 그후 초기대립의 감정적 농도를 되찾았는지는 확실하지 않다. 초기의 격렬한 감정대립은 서로간의 온갖 노력에도 불구하고 상처받은 일들, 즉 명예와 한 개인의 삶을 완전히 잊게 할 수 없었다.

제2장
양 진영 지식인의 대립(1898~1914)

1898년 2월 1일 모리스 바레스는 『르 주르날』에서 '지식인들의 탄원'을 언급하면서 "엘리트를 만들기 위해 사회가 기울인 노력 가운데 불가피한 쓰레기" "중독된 가련한 영혼들"의 주도권에 관해 말한다. 이 글은 드레퓌스사건의 시기에 극단적인 논쟁으로 치달은 상황의 연장선상에서 민족주의 작가에 의해 씌어진 욕설만은 아니었다. 바레스에게 '공화파'지식인들은 사회적 타락과 민족와해의 원흉으로 비쳤다. 그리고 1897~1902년에 세 권으로 출판된 『민족적 에너지의 소설』에서 그는 1890년대의 스캔들로 오물범벅이 된 철학교수 겸 기회주의 국회의원 폴 부테이에라는 인물을 통해 신랄한 초상을 그리게 된다. 제1권의 제목 『뿌리 뽑힌 자들』이 잘 드러내고 있듯이, 이 대학교수는 칸트적 윤리를 유일한 양식으로 제공하면서 제자들을 사회적·지리적 토양으로부터 이식시키고, 그들과 조국을 불행에 빠뜨린다. 한편에는 공화국 가치의 보관인이자 옹호자인 보편주의 지식인이 있고 또 한편에는 국가의 수호자이자 기사인 민족주의 지식인이 있어, 지식인들의 충돌은 오랫동안 이어질 운명이었다!

20세기 초의 지식인신분을 오직 '드레퓌스적 혁명'이라는 특징 아래 놓는다는 것은 역사적 관점에서 오류일 것이다. 물론 드레퓌스사건은 드레퓌스를 지지하는 지식인들의 승리로 끝났다. 그렇다고 해도 그들 앞의 우파지식인들은 결코 무기를 버리지 않았다. 오히려 우파지식인은 수적으로 다수이며 이데올로기적으로 지배적인 위치를 성공적으로 지키고 있었다.

교사공화국의 원사(原史)시대

첫번째 단계에서 이미 폴 부테이에의 과장된 초상은 의미 있는 공격을 유발하였고, 대립된 진영들의 위치를 간접적으로 그려나간다. 게다가 이 과장된 초상은 젊은 모리스 바레스가 1879~80년에 낭시고등학교에서 만난 두 철학교수 오귀스트 뷔르도와 쥘 라뇨를 종합한 핵심적인 인물과 관계있었다.

승승장구하는 장학생들

『민족적 에너지의 소설』의 저자 바레스는 이 두 사람, 특히 오귀스트 뷔르도의 특성을 차용해 와서 부테이에의 초상을 구성해 나간다. 그런데 뷔르도와 라뇨는 공화파지식인의 전형이었다. 리옹의 빈민가에서 태어나 파리고등사범학교를 졸업하고 나중에 하원의장이 되는 뷔르도(1851~94)는 바레스가 멸시하는, 정치에 입문한 교수자격자요 '교사공화국'의 맨 선두에 선 부류였다. 반대로 평생 고등학교 교사로 지냈던 라뇨(1851~94)는 철학자 알랭의 스승이었으며, 『도덕적 행위를 위한 연합헌장』(*Charte de l'Union pour l'Action morale*)의 숨은 주도자로서 주변에서 은밀하게 행동하는 도덕적 교사·지식인의 역할을 창조해 냈다. 또한 보편적 가치와 공화국체제의 도덕적 의식을 옹호하는 지식인을 구현했다. 바레스는 이런 범주의 지식인에게 애정을 보이지 않았다. 그는 부테이에라는 사람을 통해, 태동하고 있는 두 가지 타입의 지식인, "교사공화국의 두 가지 양식"(알베르 티보데)을 묘사하면서 비난한다. 두 가지 양식 모두 민족주의 지식인들이 국가이익을 위협한다는 명분 아래 제거하고자 한 공화파지식인 전당의 대들보들이다.

뷔르도와 라뇨보다 젊은 에두아르 에리오는 승승장구한 제2세대 장학생이다. 그의 경우는 오랫동안 주목할 가치가 있고, 그만큼 잘 설명해 준다. 수공노동자의 증손자이자 하사 출신의 내의류 제조직공의 손자이고 사병 출신 장교의 아들인 에리오는 『오래 전에』(*Jadis*)에서, 60년 전인 1887년의 재무감독관 글라샹과의 운명적인 만남을 이야기한다. 미래의 지도자는 이 시기에 라 로쉬 쉬르 욘의 고등학교 수사학반에서 공부하며, 그의 아버지는 그가 육군사관학교 입학준비를 하기를 원한다. 어느 날 선생님은 그에게 『프로 밀론느』(*Pro Milone*)의 한 구절을 설명해 보라고 하며, 이로부터 모든 것이 이어진다. "설명이 끝나자 글라샹 선생님은 나에게 파리고등사범학교에 들어가기 위해 생트 바르브 고등학교에 갈 수 있는 장학금을 주셨다. …아버지는 나를 장교클럽에 데리고 가셔서, 나와 함께 라루스사전을 뒤져보았다(나에게 파리고등사범학교가 무엇인지 가르쳐주시기 위해서였다). …그리고 아버지는 군인을 만들려던 당신의 계획을 포기하고, 전쟁에서 부상을 입어 수명이 짧아질 염려가 없는 교사직이 가정을 더 잘 돌볼 수 있을 것이라고 생각했다." 다소 미화되기는 했겠지만 그럼에도 이 에피소드는 매우 의미심장하다. 이 이야기는 제3공화국 교육시스템을 옹호하는 것 같으며, 그리고 에리오는 그와 같은 교육시스템의 지적·사회적 산물로 보인다. 파리에 올라온 젊은 장학생은 상이란 상은 다 휩쓸었고, 전국작문경시대회에서 이름을 빛냈으며, 마침내 1891년 파리고등사범학교에 입학했다.

3년 뒤, 문학 대학교수자격시험에 수석으로 합격한 에리오는 화려한 경력을 쌓기 시작한 듯하다. 교직에 몸담은 지 2년째부터 그는 리옹의 앙페르고등학교에서 수사학반을 담당하며, 1901년에 이 도시에 파리고등사범학교 입시준비반이 생기자 당연히 그가 맡게 된다. 그때 학생 가운데 특히 제빵업자 아들인 어린 사범학교준비생이 있었는데, 그가 에두아르 달라디에이다. 달라디에는 1905년 2월에 소르본대학에서 「레카미에 부인과 그 친구들」(Madame Récamier et ses amis)로 박사학위논문을 받으며, 2년 뒤에 리옹문과대학의 부교수로 임명된다. 당시 그의 나이는 35세였으며, 대학에서의 미래가 그의 앞에 펼쳐져 있었다.

하지만 그 사이에 달라디에는 정치에 푹 빠졌다. 그리하여 미래의 부교수는 1905년에 리옹의 시장이 된다. 정치분야에서도 그의 첫 걸음은 같은 세대 일부 지식인들의 출발을 본받았다. 달라디에는 레옹 강베타가 1872년 9월 26일 그르노블에서의 연설에서 '새로운 사회계층의 정치적 출현과 존재'를 알렸던 해에 태어났으며, 19세기 말에 공화국체제를 강화하기 위한 대대적인 투쟁의 시기에 대중토론에 눈을 떴다. 물론 강베타가 말하는 '새로운 계층'은 교사집단만을 지칭하지는 않았다. 하지만 새로운 계층의 한 주축이었던 교사집단은 이념적 유대를 강화시켜 나갔다. 알베르 티보데의 표현에 따르면, 교수와 교사들은 '공화파지식인'을 형성했다. 오귀스트 뷔르도는 제1세대로서 체제를 확립하기 위해 투쟁하며, 제2세대에 속하는 에두아르 에리오는 특히 드레퓌스사건이라는 새로운 사회적 격변을 경험하게 된다. 제2세대의 어린시절은 앞세대의 투쟁을 배경으로 가지고 있었으며, 이들이 정치에 입문할 때는 체제가 안정되어 있었다.

1896년에 젊은 교사 에리오는 이미 리옹 제6구의 급진파위원회에 등록해 있었다. 그러나 그가 적극적으로 참여하여 투쟁하기 시작한 것은 그로부터 2년 후인 앙리 대령이 자살했을 때이다. '인권연맹' 지부에 초기부터 가입한 그는 크루아 루스의 민중대학 강사였고 리옹 좌파의 탁월한 연사였다. 그리고 1904년에는 리옹시의 시의원으로 선출되고 그 이듬해에 시장이 된다. 물론 여러 가지 상황이 결합되어 젊은 그를 프랑스 제2도시의 수반으로 올려놓았다. 에두아르 에리오는 빠른 속도로 지방에서, 또 전쟁 이후에는 국가 차원에서 정치일선에 나서지만, 그는 무엇보다도 승승장구하는 장학생들의 공화국을 잘 구현해 낸다. 정치에 입문한 수많은 젊은 대학교수자격자들과 그를 구별해 주는 것이 전혀 없었던 초기 운동가시절이 특히 그러하다.

공화국의 '핵심그룹'

사회적으로, 에리오는 중산층이 교육을 통해 사회적으로 신분상승을 한 대표적인 경우이다. 물론 에리오는 지식인집단을 벗어나서 신분상승을 이룩하지만, 이것이 졸업장을 통해서 이루어졌기 때문이다. 정치적으로 급진파위원회 소속인 그는 진보적 공화파들로 구성된, 공화국에서 없어서는 안 될 '핵심그룹'에 들어간다. 그러나 여기에서 결정적인 것은 그가 급진파 소속이 아니라는 사실이다. 오히려 그는 칸트주의와 보편적 가치에 의해 양육되었으며 제3공화국을 프랑스대혁명의 상속자로 간주하는 역사시각이 스며들어 있는 문화 · 정치적 유산에 대해 집착했다. 결국 그의 급진주의는 정치적 원칙이라기보다 "좌파성향의 비종교적 공화파들간에 이루어진 일종의 합의"(세르주 번스타인)라고 보아야 할 것이다. 어떤 의미에서 기회주의자 뷔르도는 한 세대 앞서서 급진파 에리오와, 그를 통해 교사공화국의 미래의 지도자들을 예고했다. 이들은 모두 공화국 원사시대의 연이은 두 시기에 속하며, 이들의 공통점은 승승장구하는 장학생이라는 특성 외에도 공화국에 적합한 도덕적 가치——정의와 정치적 평등, '약자'에 대한 염려——에 대해 애정을 가졌다는 점이다. 하지만 이들의 도덕적 가치는 당시 사회주의자들의 도덕적 가치의 연장선상에 있었다고 볼 수 없다. 이제 미래의 리옹시장의 행보는 충분히 이해 가능하다. 1896년 급진파위원회의 가입은 1898년에 촉매역할을 하는 드레퓌스 사건보다 덜 중요하다. 두 진영의 적대적 가치가 충돌하고, '드레퓌스 사건'은 두 진영의 시금석이 되며 에리오와 그 또래의 젊은 공화파지식인들에게는 근본적인 사건이 된다. 그들이 참여하는 투쟁이 정체성의 투쟁이기 때문에 더욱 그러하다.

뷔르도 세대의 기회주의자들과 에리오 세대의 급진주의자들의 접근이 전적으로 인위적인 것은 아니었다. 이와 마찬가지로, 1901년에 탄생한 급진당의 당원이나 그에 가까운 교사들과 사회주의 영향권 아래 있는 많은 교사들이 이론적 다양성을 뛰어넘어 수평적으로 가까워진 점을 지적할 수 있을 것이다. 그들은 모두 드레퓌스사건과 제1차 세계대전 그리고 1906년의 단절에도 불구하고, 프랑스대혁명을 기준점으로 설정하고 위고와 미슐레를 예언자로 삼는 공화주의 좌파의 접착제가 된다. 이러한 측면에서 조레스는 에리오와 멀지 않고, 마르크스적 사회주의라기보다 공화주의자인 레옹 블룸은 에리오와 공통점이 많다. 이렇게 볼 때 1924년의 '좌파연합'은 이론과 토대 면에서 전혀 다른 두 좌파진영의 연합만은 아니었다. 그것은 25년 전 진보적 공화파라는 원천으로부터 자양을 얻는다. 1904년 5월의 민중대학

총회에서, 급진파와 사회주의적 급진파 혹은 사회주의자는 "공화파라는 같은 성을 가진 다른 이름"일 뿐이라고 말한 에리오의 분석은 분명 지나치게 낙관적이었다. 그럼에도 그의 주장은 이들 모두가 공통의 가치를 공유하고 있다는 감정을 반영하고 있었다.

3만 지식인?

세기의 전환점에서 공화파 좌파는 사회적으로나 정치적으로 매우 다양했다. 공화파지식인 가운데 일부만이 교수집단에 속한다. 더욱이 이 시기의 교수집단은 1901년 현재 "3만여 명"(마들렌 르베리우)에 달하는 지식인집단에서 초등학교 교사를 제외하면 몇천 명에 지나지 않는다. 남자중등교육을 담당한 교사는 1898년 6036명으로, 이 숫자는 그후 몇 년 동안 변함이 없다. 중등교육과 대학교육의 교사들 그리고 '공화국 교리문답'의 전파자인 초등교사들이 앞에서 언급한 '공화파 지식인집단'을 형성했다면, 문인과 예술가, 일부 자유업종사자와 기자들은 좌파지식인으로서 자신들의 역할을 담당하였다. 이것은 『백색리뷰』의 젊은 시인들에서부터 아나톨 프랑스에 이르기까지, 명성의 정도와 나이 등 모든 차원에서 그러했다. 1898년 1월 14일자 『로로르』에 실린 탄원서의 두번째 서명자인 아나톨 프랑스는 아카데미 프랑세즈 회원이었으며, 당시 문인세계에서 저명인사였다. 이때부터 전쟁시기까지 아나톨 프랑스는 사회주의에 참여하게 될 뿐 아니라, 『흰 돌 위에』(Sur la pierre blanche)의 초반부와 1904년 4월 『뤼마니테』 창간호에도 상징적으로 참여한다. 그리고 몇 년 동안 공산당과 가깝게 지내게 된다.

급진파분파와 사회주의분파

크리스토프 샤를르가 피에르 부르디외의 개념적 도구에 근거해서 '공화파'지식인들의 사회학적 다양성을 분석한 연구는 지식인들이 각자 영역에서 자신의 위치에 따라 어떤 정치참여의 길을 걸었는지 보여준다. 이 분석에 대한 해석을 둘러싸고 이론(異論)의 여지가 있을 수 있겠지만, 여기서 한 가지 사실만은 결코 부인할 수 없다. '공화파'지식인의 세력권을 지식인의 유일한 사회적 범주로 보기 힘들다는 것이다.

게다가 드레퓌스사건이라는 몸통에서 배출된 지식인들은 정치적으로 단일한 색채를 띠지 않았는데, 특히 급진파분파와 사회주의분파라는 두 갈래가 나타난다. 이는 급진파영역의 지식인들이 수적으로 가장 많을 것이라고 시사하는 피상적인 연구와 전혀 다른 결과이다. 예컨대 1890~1904년 파리고등사범학교 입학생의 정치적 행보를 조사해 보면, 드레퓌스 지지계열의 사범학교 후대는 레옹 블룸보다는 에두아르 에리오의 이미지에 가깝다. 졸업생들의 대부분은 사실 "급진당에 표를 던지는 정치적으로 온건한 중도좌파"(로베르 J. 스미스)이다. 좌파연합이 승리하는 시기에 이들의 나이는 50~55세이며, 급진파 지도자들을 지지하게 된다.

사회학자 셀레스텡 부글레의 참여는 급진파세대의 전형적인 사례이다. 1893년 철학교수자격을 취득한 부글레는 몇 년 뒤 드레퓌스사건을 보고 정치적으로 각성하게 된다. 생 브리외 고등학교의 젊은 교사였던 그는 '인권동맹'의 창립 때부터 참여하여 나중에 부의장이 된다. 1898년부터는 민중대학의 모험에 참여하며, 툴루즈와 함께 파리의 국회의원선거에도 몇 차례 뛰어든다. 『통신문』(*La Dépêche*)의 공동제작자이기도 한 그는 1910년부터 40년까지 매달 약 두 편의 글을

게재하며 평생 동안 급진파의 영향권 안에 머문다. 1924년에 부글레는
『공화정치』(*La Politique républicaine*)의 편집진에 참여하는데, 여기서
'좌파연합'의 유명한 대학인들, 즉 알베르 드망종, 뤼시앙 레비 브륄,
샤를르 리스트, 샤를르 세뇨보, 법학자인 가스통 제즈와 조르주 셀
등은 급진당의 저명인사 에메 베르토, 에두아르 달라디에, 에두아르
에리오와 가깝게 지낸다.

　그렇다고 급진파분파가 지식인집단에서 드레퓌스사건에 참여한
모든 사회주의 후대들의 성장을 억눌렀다는 것은 아니다. 하지만
사회주의가 드레퓌스사건이 종결되는 10여 년 동안 지식인계층에
깊이 뿌리내렸다고 보기는 어려울 것이다. 예컨대 초기에는 대학생집
단에의 침투가 가능해 보이지 않았다. 1891～93년에 출현한 사회주의
성향의 그룹은 처음에는 '한줌'(요랑드 코앙)밖에 안 되었다. 통계수치
로 볼 때, 세기의 전환기에 사회주의의 침투를 전혀 받지 않은 문학계
도 마찬가지였다.

　물론 초기의 오해와 애매한 태도가 사라지자, 드레퓌스사건은 수많
은 젊은 지식인들을 사회주의로 이끌었다. 그렇지만 같은 세대 속에서
도 급진주의가 지배적인 축이고 경쟁대상이었다는 점 이외에도, 사회
주의는 아무런 손실 없이 발전해 나간 것은 아니었다. 페기의 표현에
따르면, 정치에서 일단 드레퓌스사건의 신비가 사라지자 사회주의
지식인계열은 몇 차례 출혈을 겪는다. 일부 대학인들은 자신들의
정치적 소신에 충실하면서도 사회학 같은 새로운 연구의 장에 수혈을
하며 학문의 길로 돌아섰다. 전위적 예술을 향한 예술가들의 재전환
역시 정치적 참여를 포기하고 지적 창조를 지향하는 자성의 과정에
속한다. 한편 참여를 계속할 사람들은 노동자집단으로의 전환을 감행
했으며, 이때부터 반지식인주의가 팽배한 혁명적 조합주의와 복잡한

관계를 맺게 된다.

　자성, 전환…. 지식인들이 사회주의로부터 물러섰다고 결론지어야 할까? 물론 그렇지는 않다. 전쟁 전 15년 동안은 오히려 발전의 시기라 할 수 있다.『뤼마니테』에 실린 글들은 지식인들의 이와 같은 성향을 잘 보여준다. 장 조레스 곁에는 문학적 기사를 쓰는 레옹 블룸, 트리스탄 베르나르, 아나톨 프랑스, 옥타브 미르보, 쥘 르나르의 서명이, 그리고 ('조합운동'과 '협동조합'란에) 알베르 토마와 마르셀 모스의 서명이 등장한다. 그렇지만 그 발전의 정도가, 드레퓌스사건이 가져다준 결과로써 예측할 수 있는 것보다 빠르지는 않았다. 몇몇 사회주의자들의 전환은, 폐기가 그랬듯이 일시적인 현상에 지나지 않았거나 혹은 갈수록 커지는 위험 속에서 살아남지 못했다. 가령 소르본대학의 독일어교수였으며 전쟁 후 콜레주 드 프랑스의 교수를 지낸 샤를르 앙들레(1866~1933)는 1912년에 '현대독일의 제국주의적 사회주의'를 고발함으로써 조레스와 대립하였다. 앙들레의 경우에는 주로 이데올로기적 차원의 논쟁에 머물렀지만, 실제로 독일이 야기하는 위험은 일부 지식인들 사이에 급진주의와 자코뱅파 사회주의를 부활시키는 계기가 되었다. 앙들레에 따르면 범게르만 제국주의를 지향하는 독일사회민주당은 믿을 수가 없었다. 특히 전쟁과 평화 문제에 대한 프랑스 좌파정당들의 공식적인 입장 때문에 급진주의와 자코뱅파 사회주의는 지하에 머물러 있었다. 그러나 이들은 시험의 때가 왔을 때 '신성불가침 연합'을 결합시키는 접착제 역할을 하였으며, '신성불가침 연합'이 끝난 후에는 국가수호진영의 많은 사회주의 지식인들이 존속하는 하나의 이유가 되었다. 물론 그 대가로 '국제노동자동맹 프랑스지부'와 결별해야 했다. 그래서 이들은 드레퓌스사건 이래 자신들이 싸워왔던 민족주의 세력권의 지식인들 편에 서게 된다.

민족주의 지식인들

20세기 초에, 프랑스 우파는 의회주의 공화국이라는 결코 넘을 수 없는 지평과 대립하게 된다. 우파 정당과 단체들이 체제와 연합하는 와중에, 상당수의 우파지식인집단은 반대로 원칙적인 비난에 매달린다. '공화제'를 계속 공격해대는 모라스파에 대한 가차 없는 비난과, 불랑제장군 지지운동을 계승하는 또 다른 지식인집단의 공화국부활이라는 열망이 그것이다.

체제를 공격하는 것은——특히 1871년 패배의 상처를 옆구리에 끼고 있고 알자스로렌 지방을 되찾지 못한 프랑스에서——초기 자코뱅파 좌파에 맞서 복수의 욕망과 의무감을 외치는 것이다. 하지만 불랑제장군 지지운동과 드레퓌스사건을 거치면서 이러한 좌파의 일부가 평화주의와 반군국주의 쪽으로 옮겨갔다. 우파가 민족주의의 횃불을 다시 드는 모습을 보여주게 되는 이 거대한 교차의 결과, 이 시기에 **민족주의 작가**는 거의 우파지식인을 지칭하는 총칭적인 용어가 된다.

민족주의, 이데올로기?

세기의 전환기와 그후 15년 동안의 지식인사회 전체를 드레퓌스 지지운동이라는 표상 아래 놓는다는 것은, 이미 말했듯이 잘못된 시각이다. 같은 시기에 드레퓌스 대위 편에 선 지식인들의 참여 못지않게 중요한 사건이 발생한다. 일부 지식인들과 민족주의의 만남이다. 이 만남 역시 드레퓌스사건과 동시에 발생하는데, 좀더 정확하게 말하면 이 위기는 드레퓌스사건의 종착점을 시사한다.

민족주의? "민족의 이익·권리·이상(理想)의 측면에서 본 정치"(알베르 티보데)라고 해두자. 일찍이 르네 레몽은 『프랑스 우파』(*La*

Droite en France)에서 좌파의 민족이념 주장이 점차 우파에게로 옮겨가는 과정과 이 과정에서 불랑제장군 지지운동과 드레퓌스사건이 한 역할을 분석하였다. 여기서 지식인들은 민족주의집단 전체와 보조를 같이했다. 불랑제장군의 측근에 지식인이 많지 않았던 것과 반대로, 블랑제장군 지지운동이 구체화되어 나가는 동안에 지식인들은 더욱더 깊이 개입한다. 물론 이 분야에서 28세의 나이로 불랑제장군 지지운동파 국회의원이 된 모리스 바레스의 대표성에 대해 좀더 정확하게 평가해야 할 것이다. 어쨌든 우파 전체가 그러했듯이 이 시기 우파지식인들은 민족주의 이념에 다가가기 시작했으며, 이러한 접근은 드레퓌스사건에서도 동일하게 나타난다. 이미 드레퓌스사건에서 보았듯이, 좌파지식인과 마찬가지로 우파지식인들도 이 사건에 개입하는 것이 가능했다. 양쪽 다 탄원서라는 무기를 사용하였으며, 이 과정에서 '프랑스조국연맹'은 많은 작가들을 규합했다.

위급시의 이와 같은 동원보다 더 중요한 현상은 이데올로기의 형성, 즉 티보데가 말하는 넓은 의미의 "정치로서의 민족주의, 종합적이고 구조화된 정치적·사회적 비전으로서의 민족주의의 출현"이다. 민족이라는 이념을 중심으로 하고 나머지를 그에 종속시키는 학설들을 (그 다양성에도 불구하고) 특징짓는 두 가지 요소가 바로 종합과 구조이다. 민족주의 이데올로기는 지식인집단을 뛰어넘어서 형성되어 나가지만, 여기서 지식인집단은 민족주의 세력권에 이론가와 선구자들을 제공하게 된다. 이제는 학설, 이론가, 선구자가 의미하는 바를 명확히 해야 할 것이다.

모리스 바레스, 개인적 자아에서 민족적 자아로
아마 모리스 바레스의 기여를 적절하게 특징짓는 표현은 '민족적 자아'일 것이다. 엄밀히 바레스는 정치학설의 창시자가 아니다. 『자아숭배』에 심취한 1880년대의 젊은 작가는 10여 년 사이에 전통적인 사상가가 되었고, 대지와 사자(死者)들의 연구에 매달리며, 민족주의의 기수가 되어 "개인적 자아의 고결한 표명으로부터 민족적 자아에의 복종"(라울 지라르데)으로 옮겨간다. 이와 같은 정신적·정치적 틀에 대해서는 해석이 다를 수 있겠지만, 한 가지 사실은 분명하다. 바레스식 민족주의는 예컨대 모라스주의와 달리 일관성 있는 사고체계와 폐쇄된 통일성이 아니며, 또 그렇게 되기를 원치 않았다. 바레스는 민족주의 이론가라기보다는 시인이었다.

이 점은 그의 정치적 이념의 탄생과정이 잘 설명해 준다. 무정부주의 경향을 띤 작가이자 예술애호가인 바레스는 먼저 불랑제장군 지지 운동의 시기를 경험하게 되며, 이 시기는 그를 28세의 젊은 국회의원으로 만들어준다. 하지만 그에게 있어서, 불랑제장군에 대한 지지적인 참여는 상처받은 민족주의의 폭발이라기보다 기존질서에 대한 항거의 표현이었다. 이때까지만 해도 자신의 초기방식과의 단절은 실재하는 것보다 훨씬 더 명확했다. 그의 정치적 비전의 장이 만들어지는 것은 그후 10여 년 동안이다. 이미 보았듯이 『뿌리 뽑힌 자들』은 이미 정치체제와 사회조직에 관해 명확한 사고를 드러내고 있다. 그렇지만 이 책은 드레퓌스사건이 폭발하기 이전인 1897년에 출판되었다. 따라서 드레퓌스사건의 폭발은 바레스의 민족주의를 탄생시켰다기보다 구체화시키는 데 중요한 역할을 하게 된다. 민족공동체 의식은 그에 앞서 형성되었고, '드레퓌스사건'은 공동체의 와해라는 위협으로 체험되었던 것이다. 바레스는 이 체험을 훗날 『민족주의 무대와 학설』이라는 책으로 발표하게 되며, 여기서 드레퓌스사건을 "전반적인 상태에 대한 비극적 신호"라고 말한다. "부테이에와 그리고 그가 만든 것으로 가득 차 있는" 프랑스는 "분열됐고, 바보가 됐다." 쥘 수리에게서 차용한 이 표현은 텍스트에서 몇 차례 거듭된다. 바레스로서는, 부테이에와 그 파당을 공격하기 위해서는 기존질서를 수호하는 보수진영에 들어가는 길밖에 달리 방도가 없었다. 이때부터 바레스의 시각은 '위협받고 있는 국가의 수호'를 중심으로 구성된다. 개인은 집단에 복종하고, 반대로 집단은 공간과 시간 속에서 정박할 지점들을 제공하기 때문에 자아숭배는 잊혀졌다, 아니 승화되었다.

『프랑스인의 투쟁』, 이데올로기적 십자군원정

모라스적 이념들의 탄생과 모라스가 차지하는 위상은 매우 다르다. 어쩌면 이 이념들은 종합의 산물이라고 할 수 있다. 샤를르 모라스는 '총체적 민족주의'를 위하여 19세기의 많은 사상가들을 동원, 왜곡했다. 다음 세기의 문턱에서 그는 바레스의 프랑스 민족주의에 일종의 전범(典範)을 제공했는데, 바레스는 프랑스 민족주의에다 서사적이며 불안한 민족운명의 시각을 불어넣었다. 그러나 반혁명적 사상가들의 상속자이자 고전적 휴머니즘의 풍토에서 자라난 모라스는 자신이 '서구철학의 스승'이라고 여기는 오귀스트 콩트로부터 자양분을 얻었으며, 그에 따라 바레스의 서정성과 반대되는 "이성과 중용에 매료된 고전적 사상"(장 투샤르)이 나온다. 한편 이것이 이데올로기의 저장고가 되기 위해서는 이러한 사상을 지원하는 도구 또한 필요했으며, '프랑스인의 투쟁연맹'이 그 도구 역할을 했다. 초기 프랑스인의 투쟁연맹의 역사는 또다시 드레퓌스사건 시기로 거슬러 올라가는데, 이 단체를 창시한 앙리 보주아, 모리스 퓌조, 샤를르 모라스를 연결시켜준 것은 사실 드레퓌스 반대입장이었다. 앞의 두 사람은 처음에는 모라스의 군주제도에 동조하지 않았으며, 특히 모라스는『잡지 프랑

스』(*La Gazette de France*)에 '가짜 앙리'를 애국적 행위라고 옹호하는
글을 썼다.

외젠 웨버가 강조했듯이, 사실 "모라스나 초기 그의 동료들은 이데
올로기적 십자군원정을 떠날 때 자신들이 어디로 가는지 알지 못했던
것" 같다. 엄밀한 의미에서의 '연맹'은 몇 년 후인 1905년부터 일간지
『프랑스인의 투쟁』(1908. 3. 창간)을 통해서 모라스의 이념과 역사가
자크 뱅빌의 분석을 전파하는 역할을 하게 된다. 물론 1905년에 샤를
르 모라스는 『지성의 미래』에 대해 문제제기를 함에도 불구하고
『프랑스인의 투쟁』이 이와 같은 역할을 했던 것은 지식인들이 주도하
는 단체의 일간지였기 때문이다. 더구나 『프랑스인의 투쟁』은 문화적
차원에서 종종 전위적인 태도를 보이기도 했으며, 그리하여 모라스와
그의 동료들은 공화국("머리 없는 여자!") 타도를 꿈꿀 수 있었다.
이들은 스스로 선포한 지식인의 야망을 포기하지 않았다. 연맹 산하의
연구소는 서클과 잡지들을 끌어들였으며, 한편 『프랑스인의 투쟁』의
문학란은 수십 년 동안 문화적으로 큰 영향을 미치는 중요한 도구가
되었다. 그로부터 수십 년 동안 샤를르 모라스의 단체는 민족주의자
세력권 내에서 눈부신 지적 찬란함으로 빛나게 된다.

민족주의자의 정체성?

관련된 지식인집단의 다양성과 관찰된 개인들의 다양한 행로에도
불구하고, 이 세력권의 지식인들 모두를 공통적으로 규정하는 정체성
에 대해 말할 수 있을까? 그들을 서로 접근시켜 주는 요소들의 목록을
만들다 보니, 무엇보다도 기존질서 옹호라는 것이 자주 나왔다. 그렇
지만 지식인들의 민족주의진영에의 참여를 일률적으로 질서 있는
사회를 열망했기 때문이라고 단정지을 수는 없다. 예컨대 초기의

젊은 바레스에게서는 보존보다는 반항의 색채가 강했다. 그럼에도 불구하고 보존에 대한 우려와 무질서에 대한 투쟁이 중요한 역할을 한 것은 분명하다. 또한 지식인에게만 고유한 것이 아니었던 기존질서 옹호는 지식인들 사이에서 콩트주의를 부활시켰다. 물론 이와 같은 콩트주의의 부활이, 오귀스트 콩트의 사상을 좌파 쪽으로 유도한 에밀 리트레 같은 사람들이나 제2제정 말기 10년 동안 콩트사상을 자양분으로 해서 자라난 한 세대의 공화파들을 놀라게 할 수 있다.

하지만 콩트주의의 역할을 과장해서는 안 된다. 또 한 가지 경우로는, 이번에는 특히 지적인 이유 때문에 지식인들이 실증주의에 대한 반동으로 민족주의로 돌아섰다는 점을 들 수 있다. 지브 스테르넬은 모리스 바레스의 경우도 그러했다는 것을 보여주었지만, 이에 더하여 『민족적 에너지의 소설』이라는 제목처럼 바레스가 '에너지'와 '민족적'이라는 어휘를 사용한 것은 의미심장하다. 범주를 좀더 넓혀보면, 19세기 말이 되면 이성주의에 반대하는 본능과 무의식 그리고 생의 비약을 주장하는 모든 사상학파의 반작용이 나타난다. "지적 혁명"(지브 스테르넬)이라고 표현하는 것이 지나칠 수 있고 규모 역시 상대적으로 해석해야겠지만, 이와 같은 현상은 중요하다. 불과 15년 전만해도 이성적 낙관주의가 완전히 정복한 듯했다. 진보의 개념으로 풍성해진 이성은 분명히 믿음을 제압했다. 그러나 20세기의 문턱에서 지적 지평은 특히 베르그송 철학의 영향으로 얼마간 다양해졌고, 이때부터 몇몇 지식인들의 반지식인주의가 이해가 되기 시작했다. 모든 것이 이들을 민족주의로 이끌었던 것과 똑같은 길을 걸었다. 특히 국가가 왕조(王朝)들보다는 사자(死者)들의 육체적 현존에 의해 서서히 결합되고 형성되듯이, 역사는 이성적이라기보다 감정적인 방식으로 이해되기에 이른다. 이와 같은 관점에 다시 놓인 1870~71

년의 전쟁은 지식인들에게 아물지 않은 상처를 남길 수 있었다. 마지막 요소와 함께 우리가 지식인공동체에 고유하지 않은 동기들을 재발견한다면, 그것들은 그 속에서 특히 풍요로운 부식토를 찾았음을 이해할 수 있게 것이다.

뒤에서 다시 보겠지만, 이러한 문화적 · 정신적 상황 속에서 종교적 요소 역시 나름대로의 역할을 한다. 국가와 종교는 어떤 방식으로든 서로 영향을 주고받으며, 일부 지식인들은 그 영향을 매우 강렬하게 체험하는 만큼 거기에 갓 개종한 신자의 믿음을 투사하게 된다.

지적 헤게모니

일반적으로 지식인은 가치체계에 의존해서 참여하고 또 참여를 논리적으로 정당화하는 도구를 가치체계에서 찾기 때문에, 예컨대 드레퓌스사건과 같은 만성적인 첨예한 대립의 단계에서 양극화는 필연적이다. 에밀 콩브와 아리스티드 브리앙의 행위를 둘러싸고 전개된 '추방'과 '조사' 그리고 논쟁형태를 띤 일종의 잠재적인 '프랑스인들간의 전쟁'을 계기로, 핵심적 소그룹을 중심으로 해서 두 세력권이 형성되었다. '공화파'진영에서는 비록 소수이지만 사회주의자들이 점차 분석과 일부 언어에 영향을 미치게 되며, 반대의 '민족주의'진영에서는 '프랑스인의 투쟁'이 역시 소수이지만 지적으로 인정을 받는다.

그러나 모라스 사상은 이 진영의 한계를 뛰어넘어서 지적 토론의 상당 부분에 직접적으로 영감을 주는 영향력을 행사했다. 공화국 내에서 정치적 · 사회적 토대가 확실한 '프랑스인의 투쟁'은 일종의 지적 우위에 놓이게 되었던 것이다. 선거를 둘러싸고 대립하는 장과 달리 이데올로기적 힘의 관계가 형성되는 장에서, 모라스주의는 주요한 축을 이루었다. 그렇다면 이탈리아의 철학가 안토니오 그람시가 말하듯이, 이 모라스주의가 '패권주의적'으로 되었을까? 그것은 평가의 문제이다. 어쨌든 세기초 급진적 공화주의의 프랑스에서 샤를르 모라스의 주장은 주변으로 밀려나기는커녕 이데올로기 논쟁의 중심에 확고히 자리잡는 그룹을 형성했다. 한편에서는 연합의 축이고 다른 한편에서는 거부의 대상이었던 모라스주의는 항상 참조이론이 되었다. 1914~18년을 전후한 절정기의 모라스주의는 문학그룹과 대학생그룹에서 실질적으로 막대한 영향력을 행사했다. 처음에 한 회색빛 정기간행물 주위에 모여든 몇몇 지식인들의 '이데올로기적 십자군원정'에 불과했던 사조로서는 묘한 운명이 아닐 수 없었다. "반공화주의 감성을 재빨리 흡수했던" 이 사조는 그때부터 "공화국을 위해"(피에르 노라) 결정적인 역할을 하게 된다.

민족주의적 자장(磁場)의 축

좀더 넓게, 프랑스 '민족주의' 전체가 이 시기에 주도적인 위치를 차지한 것 같다. 이와 관련해서는, 다른 편의 지식인들을 자신에게 끌어들일 정도로 역량을 발휘한 다니엘 알레비(1872~1962)의 정치적 행보가 매우 중요하다. 그후 전간기(戰間期, 1차대전과 2차대전의 사이)에 그가 지적으로 중요한 역할을 하기 때문에 더욱 그러하다. 특히 그는 베르나르 그라세 출판사의 '초록노트총서' 책임편집자로 있으면서 드리외 라 로셀, 쥘리앙 방다, 알베르 티보데, 장 게노, 앙드레 말로의 책을 만들었다. 이들 대부분이 좌파적 성향을 띤다고 하여 착각해서는 안 된다. 제1차 세계대전 이후에 드레퓌스를 지지했던 다니엘 알레비는 우익지식인들의 세력권에 자리잡는다. 공산주의에 대한 적개심이 이 시기 그의 선택에서 결정적인 역할을 했다면, 그의 정치적 변화는 갈등의 시기보다 훨씬 이전의 일이다. 1897년 11월 14일에 그는 이렇게 쓰고 있다. "드레퓌스사건은 내 삶 속으로 난폭하게 들어왔다. 이제 나는 나의 정치적 견해에 대해 확신한다. 나는 공화주의자이다…." 공화주의자라는 어휘가 정치적인 의미를 내포하게 된 시기에 그는 민중대학의 모험 속에 몸을 던졌고, '생리적 활력이 감소'하고 '사람들이 빈약해지는' 프랑스의 총체적 상황에 대해 우려를 표했다. 그리고 1914년부터 우익과 가까워졌다. 그는 1870~75년에 태어난 지식인세대 중에서 유일하게 이와 같은 변화를 보인 사람은 아니었다.

어쨌든 샤를르 페기(1873~1914)의 행보 또한 초기영역을 뛰어넘는 것을 잘 보여준다. 페기의 행보는 재구성하기가 쉽지 않은데, 그런 만큼 해석학자들은 페기 이전의 페기, 즉 드레퓌스 지지자이자 사회주의자인 '반란자' 페기를 강조했다. 혹은 이와 반대로 1914년 이전 10년 동안 그가 보여준 민족주의자이자 가톨릭신자인 지식인을 강조했다. 그러나 이는 2차대전이 발발하고 얼마 안 되어 전사한 저자가 남긴 유산에 대한 요구와 남용이 전쟁기간 동안 커졌다는 것을 전혀 고려치 않은 해석들이다. 초기에는 모든 것이 샤를르 페기를 좌파로, 좀더 정확하게는 사회주의 계열로 이끌었던 듯하다. 의자의 짚 갈아 주는 사람의 아들인 페기는 『돈』(L'Argent)에서 회상하는 초등학교 교사 M. 노디의 주목을 받았으며, 장학금을 받아서 오를레앙고등학교에 등록하고 파리고등사범학교 입학시험을 준비할 수 있었다. 1894년에 사범학교에 들어갔으며, 이미 보았듯이 당시 그는 윌름가의 '기숙사 유토피아'의 사회주의자가 된다. 1898년에는 라틴가에서 드레퓌스 지지파와 반대파가 충돌한 사건에서 앞장서는데, 이 시기에 일직선으로 나아갈 것 같던 그의 행보는 휘어진다. 샤를르 페기의 도덕적 사회주의는 쥘 게드가 시도한 마르크스주의와의 접목을 참아내지 못한다. 게다가 그는 게드주의에 양보하는 장 조레스에게 실망하여 그를 비난한다. 훗날 그는 "나는 가톨릭에서 예수회 특유의 도덕률을 발견했듯이 사회주의에서 게드주의를 발견했다"고 쓴다. 그는 자신이 원칙주의라고 생각하는 것에 대해 거리를 두고 반발하고, 자신이 분파주의라고 인식한 것에 대해 반항하는 무정부주의자처럼 행동한다.

그의 전기작가 중 한 사람인 제랄디 르루아에 따르면, 이때부터 "상황이 그를 우측으로 걷는 좌파사람으로 만들었다." 1900~14년의 『문예지 격주(隔週)』(Les Cahiers de la Quinzaine)에서, 이중적으로 단절된 이와 같은 변화를 읽을 수 있다. 하나는 노동운동과의 단절이다. 사회주의진영을 떠난 후, 그는 일시적으로 혁명적 조합주의로 기울어졌으나 곧 결별했다. 또 하나는 정치적으로 변질된 드레퓌스 지지운동과의 결별이다. 이때부터 '상황'은 그에게 다른 이데올로기적 기준을 찾게 한다. 1905년 마로크의 위기[1]는 대부분의 옛 친구들과 대립한 외로운 시인을 민족주의자로 만든다. 그는 위협받는 프랑스의 수호를 자신의 분석 중심에 놓고 초미의 관심을 기울인다. 그 어떤 것도 국가수호보다 우선할 수는 없다고 보았다. 가톨릭신앙으로의 회귀가 비록 그와 대조되는 이러한 행보의 원인은 아니라 하더라도, 사회주의 세력권에서 더욱 멀어지는 변화에는 영향을 미쳤다.

---

1) 독일의 기욤II세는 모로코의 탕혜르를 방문하여 프랑스에 반하여 모로코를 지지한다고 선언한다.―옮긴이

공화국의 대학생

'기숙사 유토피아'의 옛 기숙사생은 『우리의 청춘』(*Notre jeunesse*)에서 "우리들의 커다란 수치, 우리들의 민족적 수치, 조레스, 에르베, 탈라마스…"를 회상한다. 이러한 비난이 샤를르 페기의 변화의 폭을 잘 말해 준다. 사회주의자 장 조레스와 귀스타브 에르베 곁에는, 몇 달 전에 '민족주의자들' 캠페인의 표적이 되었던 아메데 탈라마스가 치욕스런 자리를 차지하고 있다. 이 캠페인은 대학생사회에서 확대되어 나가는 민족주의를 잘 보여주며, 드레퓌스 지지파 지식인들의 우파로의 전향과 더불어 민족주의라는 자장(磁場)의 강도를 증명해 준다.

먼저 대학생집단이 제3공화국 초기에 얼마나 변화했는지 다시 강조해야겠다. 사실 이 시기 (문과와 이과 대학의) 대학생은 어떤 면에서 "새로운 얼굴"(앙투안 프로스트)이었다. 예컨대 1846년에 테오필 고티에는 "파리의 대학생들, 즉 법과와 의과 대학생들"이라고 쓸 수 있었다. 그리고 문과와 이과 대학은 오랫동안 특히 학위취득에 이용되었으며, 공개강좌가 유일한 강좌였다. 이러한 이유 때문에 제2제정 말기에 법과대학생이 5200명, 의과대학생이 4천 명이었던 데 비해, 학부장학금과 교수자격시험이 창설되어 문과와 이공계 학생들이 사회적으로 하나의 층을 형성한 것은 1877년부터였다. 이때부터 1차대전까지 전체 대학생집단은 급속도로 늘어나, 1875~1908년에는 무려 4배가 된다. 이와 같은 증가와 더불어 변화를 겪는 이 집단은 그 얼마 전에 정착한 공화국과 복잡한 관계를 맺게 된다.

대학교육의 중심인물들과 체제의 밀접한 관계가 잘 보여주고 있듯이, 대학교육제도는 공화주의를 지향했다. 1879~1902년에 파리학구의 수장을 지내고 교육부장관의 고문이었던 옥타브 그레아르가 그렇고, 1884년부터 1902년까지 20년 가까이 대학교육을 책임졌던 루이 리아르가 그러하다. 대학과 체제의 밀접한 관계를 가장 대표적으로 보여주는 인물은 아마 역사가 에르네스트 라비스일 것이다. 그는 다층적으로 영향력을 행사하는 위치에 있으면서 대학예식을 주관하였는데, 특히 1889년 신 소르본대학[2] 초기건물의 개막식을 주재한다. 사람들과 마찬가지로 장식도 공화국과 대학교육의 밀접한 관계를 잘 보여준다. 신 소르본대학의 그림이나 벽화, 조각들은 과학과 공화국의 유산을 결합시키면서 과학을 예찬한다.

공화주의 대학은 학생들의 열의와 충동을 한 방향으로 유도하고자 한다. 특히 대학책임자들에게 "대학은 공공정신을 구현하는 학교이다." 이것은 루이 리아르의 견해인데, 그는 1890년 『종합대학과 단과대학』(*Universités et Facultés*)의 한 장(章)에 "왜 대학이 필요한가: 정치적 이유"라는 매우 명료한 제목을 붙인다. 1884년 설립된 '파리대학생총회'는 재정적인 지원과 명예회원인 저명한 교수들의 중재를 통해 당국의 영향력 아래에 있게 된다. '프랑스대학생연합'의 전신인 '프랑스대학생총회연합'은 1907년에 비로소 탄생하게 된다. 1899년 '파리대학생총회'의 신축건물 개막식에서 에르네스트 라비스는 대통령이 참석한 가운데 연설을 하면서 대학생들에게 다음과 같은 메시지를 전달한다. "우리들의 유일하고 매우 아름다운 미래는 공화민주주의 안에서 조국 프랑스를 완성하는 것이다."

그렇다면 프랑스 대학생들이 이 시기에 집단적으로 '공화민주주의'에 적극 찬성했다는 말인가? 확실히 그랬다고는 볼 수 없다. 어쨌든 '총회'를 통해서는 적극적으로 찬성한 흔적이 보이지는 않는다. 1914

---

2) 파리는 모두 13개의 대학으로 이루어져 있다. 그중에서 파리대학의 모태가 되었던 소르본대학은 파리제4대학을, 신 소르본대학은 파리제3대학을 가리킨다.─옮긴이

년 '총회'는 2204명(파리대학생의 12%)의 회원을 거느리게 되며, 의과대학과 법과대학, 사립정치학교 학생들이 주류를 이루었으나 부분적으로 '프랑스인의 투쟁'에 의해 잠식되었다. 문학도가 총회에 참여한 것은 전쟁 직전으로, 그 숫자는 126명에 불과했다. 19세기의 대학생집단은 질서보다는 '운동'의 특성을 띠고 있었다. 예컨대『레 미제라블』(*Les Misérables*)의 마리우스 드 퐁메르시가 1832년 라마르크장군의 장례식에서 총을 쏘듯이 1830년에 파리공과대학 학생 바노가 살해당하며, 실제로 많은 상징적 인물들이 그것을 증명한다. 대학생들은 대부분의 혁명적인 날들에는 참여했지만, 하나의 독자적인 집단으로서 참여한 것은 아니었다. 반대로 19세기 말까지 제3공화국의 처음 30년 동안 대학생들은 평온을 유지한다. 불랑제장군 지지운동의 격렬함도 라틴가 학생들의 참여를 이끌어내지는 못하였으며, 1893년의 사고로 사람이 죽었지만 이것은 정치적 대립으로 치닫기보다 일련의 데모에 그친다. 이 시기의 '총회'는 동업조합의 요구에 속박되어 있었다. 드레퓌스사건이 1898∼99년 겨울 동안 대학가에서 대립을 불러일으키지 않았더라면, 특별히 대학생들의 양상이라고 지칭할 만한 것은 생겨나지 않았을 것이다.

그 다음 10여 년 동안 모든 것이 변화되는 듯하다. 대학생들의 호의적인 중립성에 균열이 생기면서, 일부 대학생들을 중심으로 공공연한 적대감이 표출된다. 단순한 겉치레나 동업조합의 요구를 넘어서서 정치적 소요로 발전하는 자율적인 대학생폭동이 몇 차례 발생한다. 1903년 의과대학의 사고들이 대학생의 수적 증가라는 '직업적인' 이유와 형태를 띠었다면, 이제부터는 '프랑스인의 투쟁'이 대학생들의 에너지를 한 방향으로 이끌고 나가게 된다. 1907년에도 소요가 일어나며, 1차대전까지 산발적으로 계속된다. 세기말의 위기를 극복하고 정착된 체제에 맞서서, '민족주의자들'은 특히 측면공격을 택하였고 여기서 대학생집단은 조종하기 매우 쉬운 집단임이 확인된다.

공세는 학생들만의 행동에 국한되지 않는다. 사실 한 체제를 공격한 다는 것은, 그 체제가 자기 가치를 전파하고 단단하게 뿌리내려 나가는 통로를 무력화시키는 것이다. 『문예지 격주』에 발표된 앙토냉 라베르뉴의 소설에 나오는 '공화국의 검은 경기병'과 아나톨 프랑스의 펜 아래서 태어난 대학교수 장 코스트와 베르제레 씨의 시기에, 대학은 당연히 민족주의자들의 표적 중 하나가 된다. 좌파 현학자이자 파리고 등사범학교 출신인 아벨 에르망의 『라보송 씨』(*Le Monsieur Rabosson*), 『단계』(*L'Étape*)를 뛰어넘은 폴 부르제의 몬느롱 교수, 『뿌리 뽑힌 자들』의 폴 부테이에 교수는 모두 잉태중인 교사공화국에 대한 노골적인 적대감의 산물이다. 몇 년 후, 우파 인텔리겐치아는 제도 자체를 공격하게 된다. 예컨대 1910년 앙리 마시스와 알프레드 드 타르드는 '신 소르본의 정신'을 세차게 공격하는데, 신 소르본은 샤를르 페기가 규탄한 '지식인당'에 상당수의 구성원들을 제공하였다.

마침내 제3공화국은 대학의 전면적·측면적 공격의 대상이 된다. '프랑스인의 투쟁'은 학생집단의 불만과 불안감을 자신에게 유리한 방향으로 표출시키게 하는 데 성공함으로써, 졸고 있던 권력에 대항하는 소요의 전통을 부활시킨다. 게다가 3년 전, 즉 1908년에 왕당파가 출현하기 이전에 '프랑스인의 투쟁'의 대학생 파리그룹이 형성되었다.

'왕당파'와 '대학생'은 특히 '탈라마스 사건' 때 이름을 빛내게 된다. 콩도르세고등학교의 역사교사 아메데 탈라마스는 1904년 수업시간에 잔 다르크의 '환청'을 언급하였고, 이에 대해 '민족주의자들'은 처음으로 격렬하게 저항한다. 탄원서와 신문기사 그리고 "잔 다르크

만세! 탈라마스를 야유하자"고 외치는 데모대에 굴복하여, 결국 쇼미에 교육부장관은 탈라마스를 샤를르마뉴고등학교로 전근시킨다. 그러나 1908년 12월, 첫 회합부터 분쟁은 발생한다. '프랑스인의 투쟁'은 잔 다르크를 '모욕한' 사람을 잊지 않았던 것이다. 이때부터 이듬해 2월 강의가 중단될 때까지, '탈라마스의 수요일'이 되면 라틴가는 들끓었다. 몇 차례 구사된 선동기술에 대학가는 익숙해졌을 뿐 아니라, 파리대학생들 내부의 힘의 관계가 바뀌고 있음을 보여주는 에피소드도 있다. 10년 전에 민족주의자들의 공격대상이 되었던 소르본의 드레퓌스 지지파 교수들은 샤를르 페기의 지휘 아래 불과 몇 분 만에 윌름가에서 내려온 파리사범학교 학생들에 의해 위기를 벗어날 수 있었다. 물론 1908~1909년 겨울의 소르본대학은 여전히 '공화주의'를 견지하지만, 라틴가는 우파에 호의를 보이기 시작하는데 이는 향후 수십 년 동안 최고의 지위를 차지하게 될 '프랑스인의 투쟁' 학생들의 변화의 원인이 되었다. 그 당장 이들의 숫자는 아직 많지 않았다. 예를 들어 1909년 2월에 왕당파와 '프랑스인의 투쟁' 대학생들이 "불순한 탈라마스에 의해 더럽혀진 잔 다르크에 대한 충성심과 왕정에 대한 애정을 선포하기" 위해 생 탕드레 데 자르 가(街) 33번지에 모였을 때, 두 그룹의 숫자는 모두 합해 200명을 넘지 않았다. 하지만 단체의 영향력은 구성원 숫자로 결정되는 것은 아니다. 게다가 모라스주의의 명성은 해를 거듭할수록 높아져 갔으며, 특히 가톨릭대학생들 사이에서 그러했다. 예컨대 파리고등사범학교에서처럼 이들 가운데 일부가 르 시이옹[3]에게 이끌렸다면, 대부분의 학생들은 '프랑

---

3) 르 시이옹(Le Sillon)은 마크 상니에가 창설한 종교단체이다. 기독교가 사람들의 마음을 사로잡으면서 민주주의를 이룩할 수 있다는 생각에 바탕을 둔다. 르 시이옹의 가톨릭 자유주의는 회원들로 하여금 점차적으로 기독교에 대한 사랑에 앞서 민주주

스인의 투쟁'에 매료되거나, 적어도 호의적인 중립적 태도를 보인다. 이런 측면에서 대표적인 예는, 보지라르 가 104번지의 성모마리아회 신부가 관장하는 학교이다(파리에 '올라온' 여러 세대의 가톨릭 젊은 이들이 이 학교를 거쳤다). 1908년에 이미 모라스주의는 이 학교에 뿌리를 내렸으며, 왕당파 기숙사생들은 르 시이옹을 옹호하는 젊은 프랑수아 모리악을 쫓아낸다.

아가통 세대

해가 거듭될수록 모라스주의는 대학생들 사이에 깊이 뿌리를 내리게 된다. 유명한 여론조사는 민족주의적 분위기가 '프랑스인의 투쟁'의 테두리를 벗어나서 모든 학교들에까지 영향을 끼친다고 주장할 정도였다.

"젊은 엘리트지식인의 새로운 유형을 묘사"하고자 한 아카통의 조사는 매우 유명하다. 1912년 봄에 젊은 민족주의자 앙리 마시스와 알프레드 드 타르드는 아가통이라는 익명으로 『여론』(*L'Opinion*)지에 '오늘날의 젊은이'에 대한 연구를 발표하며, 이듬해 이 연구는 같은 제목으로 플롱 사에서 출판된다. 저자들은 자신들의 의도를 명확하게 밝혔다. "우리는 이 집단 가운데 가장 대표적인 전문대학·일반대학·고등학교의 수많은 젊은이들을 만났고, 그들에게 질문했다." 이들이 찾고자 하는 목표는 명확했다. "이러한 조사가 끼치는 영향은 역사적 정확성만큼이나 중요하다. 그 자체가 하나의 행위이다…. 사사로운 의견충돌에도 불구하고 이것은 젊은이들이 기꺼이 서로 결합함으로써 우리의 공통된 이상, 새로운 프랑스인과 새로운

에 대한 사랑을 우선적으로 중요시하게 만든다.—옮긴이

프랑스에 대한 염원과 바로 그 꿈을 실현할 수 있도록 용기를 줄 것이다." '행동에 대한 애착' '애국적 신념' '가톨릭의 부활' '정치적 현실주의' 같은 장제목이 이 조사에서 도출한 내용의 특성을 잘 설명해준다. 저자들에 따르면, "1890년경에 태어난" 이 세대는 "운동을 좋아하고 현실적이며 이념적인 색채가 덜하고 순결하고 경제적 투쟁에 민감하며" '열정적인 애국심'을 보여준다. 애국적 열정은 두 저자의 분석에서 핵심을 이룬다. "법과대학과 정치학교 학생들은 민족감정에 예민한 반응을 보이며 매우 강렬하다. 이곳 학생들은 알자스와 로렌이란 단어가 나오면 환호하고 박수치며, 모 교수는 학생들의 웅성거림이나 야유가 두려워 독일식 방식에 대해 신중하게 이야기한다." 한 발 더 나가, 앙리 마시스와 알프레드 드 타르드는 다음과 같이 강조한다. "단과대학과 전문대학에서 반애국주의를 주장하는 학생들은 더 이상 찾아볼 수 없다. 예전에는 반군국주의자들과 조레스의 제자들이 그렇게 많던 파리공과대학이나 파리고등사범학교, 그리고 세계주의적 요소들이 판을 치던 소르본에서조차 학생들은 더 이상 휴머니즘을 추종하지 않는다."

　프랑스 젊은이의 이러한 이미지가 수용될 수 있을까? 아가통의 조사는 전체적으로 신뢰할 만한가? 프랑스 역사학파는 자신들의 주장을 뒷받침하는 답변들만 채택한 저자들의 편향성 때문에, 이 조사의 중요성을 한정시키며 증언의 가치를 신중히 다루어야 할 것이라고 말한다. 앞에서 말했듯이 저자들은, 이 조사는 그 자체가 끼치는 '영향력' 때문에 특히 중요하며 이 자체가 하나의 '행위'라는 데 동의하면서, 이와 같은 비난을 은연중에 받아들인다. 하지만 부분적이든 편파적이든, 이 조사는 나름대로 가치를 가진다고 주석자들은 말한다. 예를 들어 앙리 마시스와 알프레드 드 타르드가 언급한 파리법과대학이 1913년 3월에 『뤼마니테』에 발표한 3년법에 반대하는 탄원서의 경우 적어도 처음에는 학생들의 서명을 받지 못한 것 같다. 이 탄원서를 발표하기 며칠 전에 철학가 미셸 알렉상드르는 친구 귀스타브 모노에게 이렇게 썼다. "군사위원회에서 탄원서를 작성했다. 파리고등사범학교에서는 잘되어 가고 있고, 파리미술학교에서도 잘되어 간다. 의과대학은 흔들리고 있다…". '법과대학'은 흔적도 없고, '의과대학'은 3월 13일 발표된 300여 명의 대학생 서명자 가운데 16명만 참가할 정도로 흔들린다. 그러므로 '애국적 신념'의 존재에 대해 얼마간 신뢰성을 부여해야 한다.

마찬가지로, 다른 징후들, 특히 자크 마리탱, 막스 자콥, 샤를르 페기 같은 지식인들의 개종이나 회귀는 '가톨릭의 부활'을 일정 정도 뒷받침해 준다. 더군다나 이 두 현상은 이따금 동시에 일어난다. 예컨대 에르네스트 프시카리의 가톨릭과 민족주의로의 개종은 동시대인들을 놀라게 했는데, 이는 『무기의 호소』(L'Appel des armes)의 저자가 가톨릭계에 의해 당대에 별로 평가받지 못한 『예수의 삶』(Vie de Jésus)의 저자인 에르네스트 르낭의 손자이기 때문만은 아니었다. 이중적 개종의 증언을 담고 있는 프시카리의 두 소설 『무기의 호소』와 『백부장의 여행』(Le Voyage du centurion)이 즉각적인 성공을 거두었고, 젊은이들은 이 작품들 속에서 자신들의 모습을 찾았다. 이를테면 1890년에 태어난 미래의 드골장군은 훗날 1914년 전투에서 죽은 작가를 일컬어 '훌륭한 파종자(播種者)'라고 말한다. 그런데 『무기의 호소』의 메시지는 투명했다. 민족주의가 침투되지 못한 교사집단에서 자란 주인공은 군복무를 하게 되었을 때 그와 같은 이유로 주저하였지만 그에게 조국에 대한 사랑을 가르치는 대위 덕택에 새로운 신념을 갖게 된다.

민족공동체에 호응하는 민족주의 지식인들

지식인들의 민족주의는 젊은 세대뿐 아니라 이름이 알려진 작가들에게서도 찾아볼 수 있다. 어떤 이들에게서는 서정적으로, 또 어떤 이들에게서는 주의(主義)로 나타나는 이 민족주의가 민족 전체의 이미지일까? 대답은 물론 쉽지 않다. 지식인계층의 민족주의가 정치적으로 미치는 파장을 1914년 4~5월 선거결과를 가지고 판단해 볼 때, 일차적 분석에서 도출되는 답은 오히려 부정적이다. 왜냐하면 좌파가 승리했기 때문이다. 하지만 현실은 좀더 복잡하다. 즉 장 자크 베케르의 '입후보자 정견집'에 대한 정밀한 연구는 초선 국회의원 상당수가, 심지어 좌파조차 3년법에 적대적이지 않았음을 보여준다. 그러므로 대다수가 민족수호에 대해 동의했다고 볼 수 있다. 또 이 문제와 관련하여 민족주의 지식인들은 대부분의 시민단체들과 의견을 같이했다. 그들이 애국적 음악회에서 지휘자 역할을 했는지, 아니면 별로 두드러지지 않고 사람들 사이에 섞여서 자기 악보만 연주하는 데 만족했는지는 알아보아야 할 것이다. 어쨌든 1914년 선거는 그들의 연주가 정치적 역학관계나 각 당의 선거결과에 직접적으로 영향을 끼치지 않았음을 보여준다.

비록 3년법에 적대적인 지식인들의 탄원서가 특히 공화파 대학을 동원했다 할지라도, 이는 공통의 여론에 역행하는 것이었다. 그렇지만 이것은 아가통의 조사가 라틴가의 열망을 부분적으로밖에 설명해 주지 못한다는 것을 보여준다. 가령 1913년 3월 13일에 『뤼마니테』는 '대학인들의 탄원서'라는 제목의 군복무 연장에 반대하는 성명서를 1면에 게재했다. 이 성명서에는 '문학계'의 멤버들이 합류했고 폴 장쥐뱅, 알랭, 세뇨보, 레옹 브렝쉬비크, 에밀 뒤르켐, 뤼시앙 에르 등이 함께했다. 젊은 세대도 탄원에 참여했다. 역시 같은 날, 공화파와 사회주의 대학생들이 주도가 되어 300여 명의 서명을 받은 같은 취지의 탄원서도 실렸다. 당시 문과와 이과로 구성된 소르본대학과 다른 단과대학은 뚜렷하게 대비되었다. 소르본대학에서는 210명의 학생들이 서명에 참여한 데 비해, 의과대학에서는 16명이 참여했고 법과대학에서는 전무했다.

이제 우리는 1913년 겨울이 끝나갈 무렵에 와 있다. 16개월 후에 전쟁이 터졌고, 3년법에 반대하는 탄원서의 서명자들은 1912년 아가통의 조사에 답했던 동시대인들처럼 참호에서 어깨를 함께할 것이다. 국가와 조국, 정의와 진리 등 지식인집단을 두 진영으로 나누었던 거대담론들은 중단되었다. 민족의 존재를 신뢰하든 그렇지 않든, 혹은 다른 방식으로 신뢰하든, 그들은 동일한 전쟁터에서 4년 동안 생사고락을 같이했다. 한편 그들의 선배들 역시 후방에서 신성불가침 연합을 통해 일시적으로 화해하며, 이들도 대부분 자신들이 머지않아 동원되리라는 것을 알고 있었다.

제3장
세계대전 속의 지식인들(1914~18)

지식인집단에게 있어서 제2차 세계대전은 '프랑스인들 사이의 전쟁'이었으며, 우리는 당시의 숙청범위를 가지고 지식인집단을 관통했던 균열의 폭을 역사적으로 감지할 수 있다. 하지만 제1차 세계대전 시기의 지식인들에 대해 우리가 가지고 있는 기억은 창조적인 삶의 문턱에서 스러져 간 작가들과 학자들의 희생자명부 그리고 참호세대를 향해 멋있게 죽을 것을 소리쳐 독려했을 선배지식인들의 명단뿐이다. 사실 이 두 가지 기억은 전쟁으로부터 생겨났으며, 지식인계층의 기억에 영원히 남을 훨씬 중요한 두 가지 문제와 결합되어 있다. 그 하나는 지식인계층에게만 특별한 것은 아니지만 매우 현실적이다. 전쟁은 정말 이 계층의 옆구리를 허전하게 만들었다. 그리고 전쟁은 세대간 관계에 근본적인 영향을 끼쳤을 뿐 아니라 이 계층의 연령피라미드를 바꾸어놓았다.

다른 문제 역시 좀더 폭넓은 상황 속에서 통합된다. 전쟁의 지속성, 전면전으로의 변화양상, '후방'의 필요성 등과 같은 많은 요소들은 문인의 표현조건들을 변화시켰다. 글은 검열을 받아야 했고, 선전에 이용되었다. 많은 지식인들은 스스로 '또 다른 전선'의 일부를 구성한다는 의식을 가지고, 자신이 동원되었다고 간주하거나 혹은 그에 걸맞게 행동했다. 좀더 정확하게 말해, 글을 썼다. 여기서도 세대간의 관계는 오랫동안 전쟁의 영향을 받았다.

'전쟁의 폐해'

출혈은 심각했다. 일부 노동자계층에게 가능했던 후방 특별배치라는 지혈대도 없었다. 특히 프랑스의 대학들은 줄곧 심각한 영향을 받았으며, 작가와 예술가는 수적으로 감소했다.

대학생과 전쟁

1919년 초부터 『대학리뷰』(*Revue Universitaire*)는 6천여 명의 초등학교 교사, 중등교사 460명, 대학교수 260명이 전쟁에서 사망했다는 암울한 통계를 제시했다. 1914년에 약 6만 5천 명의 초등교사가 있었고, 이 가운데 절반이 동원대상 연령이었던 점(앙투안 프로스트에 따르면 정확하게 3만 5817명)을 고려하면 얼마나 큰 손실을 입었는지 짐작할 수 있다. 더욱이 1919년 『대학리뷰』의 이 통계는 잠정적인 수치였다. 출처에 따라 약간 다르지만, 전투에서 사망한 초등학교 교사는 8117~8419명에 이른다. 전쟁에 동원된 교사 4명 중 1명이 죽은 것이다! 1914년 현재 1천여 명에 불과했던 대학교수의 경우에는 사망비율이 더 참혹하다. 전쟁에 동원된 교수 4명이 아니라 전체교수 4명 중 1명이 전쟁에서 죽은 셈이었지만, 대체로 대학교수는 연령층이 높기 때문에 초등학교 교사에 비해 교수의 동원은 한정되었다.

반대로 대학생들의 경우에는 동일 연령층이 많기 때문에 집단적으로 징집되었고, 대부분 대학들은 정원이 감소되었다. 예컨대 정치학교의 경우 1914년 800명이던 학생수가 1915년 초에는 72명으로 줄었을 뿐 아니라 그중 절반은 외국인이었다. 파리고등사범학교 문학선발시험 후보자는 1914년 212명에서 1916년 62명으로 줄어들었다. 전체적으로 파리대학의 학생수는 1914~18년에 60%가 감소했다. 매학기말 파리대학에 등록한 학생수(외국인학생 제외)는 다음과 같다.

1914년 7월	14,198명(100%)
1915년 7월	3,323명
1916년 7월	4,369명
1917년 7월	4,827명
1917년 7월	5,998명(42%)

남은 학생들 중 일부가 여학생임을 고려할 때 남학생 수의 감소는 특히 심하다. 전쟁이 계속되는 동안 여학생의 숫자는 눈에 띄게 증가하여, 1913~14년에 1209명이던 파리대학의 여학생 수가 1921~22년에 3192명으로 늘어났다.

전쟁은 집단동원된 대학생 연령층을 싹 쓸어버렸다. 특히 특수전문대학들(그랑제콜)이 전쟁에서 엄청난 피를 흘렸다. 파리고등사범학교의 희생자탑에는 239명의 이름이 새겨졌는데, 이 숫자는 1차대전 때 군복무를 한 재학생과 졸업생의 1/4이 넘는다. 동원된 학생 중 211명은 1914년 8월에 입학한 학생들이었으며, 이들의 희생은 더욱 커 반 이상(107명)이 전쟁에서 죽었다. 1925년에 파리고등사범학교와 함께 훈장을 받은 국립중앙공예학교는 1914~18년에 재학생과 졸업생 합쳐 541명을 잃었다.

이와 같은 대학생집단의 손실은 전쟁이 젊은 지식인계층에게 얼마나 큰 상처를 남겼는지 잘 말해 준다. 하지만 이러한 상처는 당연히 이 집단뿐 아니라 대학에 진학하지 않았거나 이미 대학을 졸업한 여타 젊은 지식인들에게도 해당된다.

차별적인 침식

앞에서 보았듯이, 후자 가운데 당시 1만 명 남짓 했던 중등교사의 경우 수백 명이 죽었다. 특히 연령대로 보아 경력이 얼마 안 된 교사들이 사망했다. 이러한 차별적인 침식은 또한 갓 연구에 입문한 젊은 연구가들을 강타했다. 예컨대 티에르연구소의 경우 1914년에 입학한 기숙사생 6명 중 3명이 '전쟁터에서 죽었으며', 그중 2명은 1914년 여름에 죽었다. 1913년 입학생의 손실은 더욱 커 5명 중 3명이 죽었고, 그중 1명은 1914년 8월에 죽었다. 그리고 사립정치학교 방명록은 졸업생의 340명이 전쟁에서 죽었다고 특별히 기록하고 있다.

대학교육을 받지 않은 사람들에게 가해진 전쟁의 상흔 또한 참혹했다. 하지만 작가나 예술가의 개념이 대학생이나 교사의 그것보다 훨씬 탄력적이기 때문에 대략적으로 추론하기도 쉽지 않다. 1924~26년에 '퇴역군인작가연맹'은 525명의 이름이 담긴 『전쟁에서 죽은 작가들의 선집』(Anthologie des écrivains morts à la guerre)을 출판하게 된다. 그리고 모리스 다르투아가 1923년 『불의 세대』(La Génération du feu)에서 이 연맹의 가입자를 320명으로 집계한 것에 비추어볼 때, 1914년에 작가단체의 회원 수는 1천 명이 약간 안 되었고 4년 후에는 희생자가 생존자보다 많았음을 추측할 수 있다. 물론 이렇게 확대해서 해석할 수 있는 근거는 없다. 그럼에도 불구하고 한 가지 사실은 남는다.

문인들은 조국수호의 대가를 충분히 치렀다는 것이다. 예컨대 알랭 푸르니에, 샤를르 페기, 페르고와 프시카리 등 얼마나 많은 인명이 손실되었는지 잘 보여주고 있다.

바르뷔스는 『불』(Feu)에서 한 등장인물의 입을 통해 "우린 전투하는 군인들이다. 지식인은 거의 없다"고 말하는데, 이는 당시 프랑스의 사회구성비율을 고려할 때 절대수치 면에서는 정확할 수 있다. 하지만 지식인을 비난하는 의미로서는 근거가 없다. 오히려 1923년 '국제연맹 지식인협력위원회'의 '국제지식인단체의 몇 가지 문제'에 관한 보고서 작성의 총책임을 맡은 쥘리앙 뤼셰르는 보고서에서 '전쟁의 폐해'와 쓰러진 수많은 유럽지식인들을 언급한다.

'다른 전선'에 동원된 사람들

전쟁이 전면전으로 확대되면서, 젊은이들의 징집과 전투파견만이 전쟁승리를 위한 노력의 전부는 아니었다. 또 '다른 전선'에서 경제적 자원들이 획득되었고, 지식인세력은 평화시기와는 전혀 무관한 상황 속에서도 임무를 맡았다. 정보가 통제되었고, 언론뿐 아니라 책에 대해서도 검열이 실시되었다. 여론 역시 감시를 받았으며, '흑색선전'이 판을 쳤다. 이와 같은 비난에도 불구하고, 검열과 선전의 실질적인 폭에 대해서는 다시 이야기해야 할 것이다. 어쨌든 4년 동안 펜과 언어는 특별한 조건 아래서 표현활동을 하게 된다. 이 점이 근본적이다. 대부분의 경우, 지식인의 타격의 힘은 자신의 입장을 얼마나 알릴 수 있고 또 자신이 어느 정도의 표현의 자유를 향유하는가 하는 점과 직접적으로 비례한다. 그렇기 때문에 초기뿐 아니라 오랫동안 상황을 지배하는 것은 '신성불가침 연합'이다. 여기서 '연합'은 주요 정치세력들간의 일치라는 의미뿐 아니라, 민족공동체 전체에 대한 분석의 집중이라는 의미를 가진다. 프랑스인들은 추축국들의 정당하지 못한 기도에 맞서야 한다고 확신했으며, 프랑스 좌파지도자들은 이같은 확신에 공감했다. 그렇다면 이와 같은 특별한 표현조건과 전체적으로 적대적인 분위기 속에서 지식인들의 '신성불가침 연합'에 대해 말해야 할까?

전투에 참여한 지식인들

인구구성상, 선배 지식인세대는 살육전을 피할 수 있었다. 이런 측면에서 '말레 이삭'의 창시자인 알베르 말레의 경우는 전혀 전형적인 예가 되지 못한다. 50세에 자원한 이 역사교수자격자는 1915년 전투에서 죽었다. 한편 또 다른 전선에서도 징집이 이루어졌다. 예컨대 아카데미 프랑세즈의 초록빛 복장은 재빨리 전쟁터 속으로 사라졌는가 하면, "그렇게 민족적이며 프랑스적인" 총검은 작가 앙리 라브당의 상상력을 자극하였다. 1914년 12월 라브당은 『비타협적인 사람』(L'Intransigeant)에서 다음과 같이 쓴다. "우리가 심각하게 연필로 하얀 종이를 더럽힐 때, 우리의 순진한 데생이 그리고자 하는 선택된 대상은 항상 무엇인가? 총검…. 그것은 젊고, 그것은 아름답고, 그것은 술에 취해 있고, 그것은 미쳤으며, 그럼에도 평온하고, 결코 주저하거나 산만하거나 방황하지 않는다." 아카데미 회원인 장 리쉬팽 또한 여기에 뒤지지 않을 것이다. 그는 1916년 여름 『르 프티 주르날』에서 "그리고 지상에서 천국의 문은 베르뎅[1]이라 불릴 것이다"라고 부르짖

---

1) 베르뎅(Verdun)은 1차대전 때 최대 격전지 중 하나였으며 난공불락의 요새이다. 로마시대부터 이어져 온 이 요새의 의미는 프랑스국민들에게 프랑스방위를 위한 하나의 보증수단과도 같은 존재였다.―옮긴이

는다.

  이러한 지성의 동원은, 가장 이름 없는 사람에서부터 가장 유명한 사람에 이르기까지 대학인들에게도 마찬가지로 적용된다. 예를 들어 첫번째 범주에서, 고등사범학교 입시준비반 교사 르네 피숑은『리뷰 두 세계』에 선명한 제목을 붙인 글 4편을 게재했다. 「옛 로마의 휴머니즘과 민족주의」,「몸젠과 독일의 사고방식」,「독일에 항거하는 체코인들」,「신(新)아나바즈: 시베리아에서 체코슬로바키아인들의 저항」이 그것들이다. 고등학교 교사나 지방대학 교수로 있는 그의 동료들 역시 민족수호를 위해 자신의 책임을 다했다. 웬만큼 이름이 알려진 대학인들은 처음부터 자신의 명성을 국가를 위해 사용했다. 1914년 8월 8일 앙리 베르그송은 윤리·정치학아카데미에서 이렇게 선언했다. "심리·윤리·사회 문제의 연구에 헌신하는 우리 일동은 독일의 난폭성과 파렴치함에, 나아가 모든 정의와 진리가 멸시되고 있는 상황에 원시적 상태로의 퇴보가 있음을 강조하며 오직 학문적 의무를 다하고자 한다." 또 에밀 부트루는 1914년 9월『리뷰 두 세계』에서 '독일의 영혼'을 면밀히 고찰했으며, 그 밖에 수많은 저명한 학자들이 자신의 전공분야에서 이와 비슷한 방식으로 행동하게 된다. 1917년 에밀 말은『독일예술과 프랑스예술』(L'Art allemand et l'art français)을 출판하는데, '독일예술'에서 로마와 고딕 시기의 중요한 영향을 모두 삭제해 버린다. 같은 해 빅토르 베라르는『독일학문의 허구』(Un mensonge de la science allemande)를 폭로하였으며, 이는 그때까지 '독일학문', 특히 역사분야에서의 비중을 약화시키고자 하는 의도였다.

  많은 대학인들이 20년 전에 열렬한 드레퓌스 지지자들이었다. 그 사이 소르본과 콜레주 드 프랑스에 가장 권위 있는 강좌들을 개설한 그들은 특히 전쟁 연구 및 자료 위원회를 활성화시키면서 애국적인 연주회에서 자신들의 곡을 연주했다. 이 위원회의 의장은 에르네스트 라비스였고, 사무국장은 에밀 뒤르켕이었다. 게다가 에밀 뒤르켕은 『모든 것 위의 독일: 독일의 사고방식과 전쟁』(*L'Allemagne au-dessus de tout: La mentalité allemande et la guerre*)등 몇 권을 이 위원회의 소책자로 펴냈다. 한편 에르네스트 라비스와 샤를르 앙들레는 『전쟁에 대한 독일의 실재와 이론』(*Pratiques et doctrines allemandes de la guerre*)을 발표했으며, 샤를르 앙들레는 『범게르만주의: 독일의 팽창계획』(*Le pan-germanisme: Ses plans d'expansion allemande*)을 고발하기도 했다. 대학의 다른 주요 회원들, 예컨대 베르그송이나 에밀 부트루, 샤를르 세뇨보도 위원회에 소속됐다. 드레퓌스사건에 뿌리를 두고 있는 귀스타브 랑송 역시 일원이었다. 1903~13년까지 『뤼마니테』에 동조했던 그는 전쟁이 발발하기 전부터 조레스의 평화주의와 결별했다. 1915년 샹파뉴 전투에서 외동아들을 잃은 그는 시민연맹에서 중요한 역할을 하게 되는데, 1917년에 창설된 시민연맹은 전쟁 후에 민족연합에 가입한다.

또한 랑송이나 앙들레의 경우처럼, 이 전쟁은 과거 드레퓌스 지지자들의 상당수를 사회주의로부터 멀어지게 했다. 위베르 부르쟁의 예는 광범위한 정치권의 전혀 다른 쪽으로 옮겨가는 몇몇 행보의 하나를 보여준다. 루이 르 그랑 고등학교 교사였던 그는 세기의 전환기에 고등사범학교에 등장한 사회주의세대에 속했다. 그는 특히 '큰 원동력'인 뤼시앙 에르의 영향을 받았으며, 처음에 보베의 민중대학에 참여했다. 그리고 '국제노동자연맹 프랑스지부'가 창설되었을 때 여기서도 활발하게 투쟁했다. 하지만 전쟁은 그에게 정치참여에 대해 전체적으로 다시 질문을 하게 했다. 그 전해까지 3년법에 반대하는 탄원서에 서명했던 그는 포병·군수품 정무차관보 알베르 토마의 비서가 되었으며, 1916년 봄에는 레옹 로장탈과 함께 '민족수호를 위한 사회주의선전위원회'를 설립한다. 이때까지만 해도 그는 여전히 교육과 사회주의에 대해 확신을 가지고 참여하였다. 예컨대 1914년에 그가 발표한 『프랑스는 왜 전쟁을 하는가』(*Porquoi la France fait la guerre*)에 대한 대답은 명확했다. 프랑스는 "정의와 박애의 이상을 위해 산다. …[그리고] 이 위대한 혁명국가는 이성적이고 체계적인 발전을 위해 항구적인 평화를 원한다." 물론 적은 '프러시아 군국주의'이고 "프랑스는 모든 제국주의를 멸망시키고자 한다." 그는 신성불가침 연합과의 결별 후에도 내각에 머무는데, 연합과 결별하면서 사회주의자들이 프랑스를 배반했다고 확신한 그는 1917년 귀타브 랑송과 과거 드레퓌스 지지자인 에르네스트 드니가 주도하는 '시민연맹'을 창설한다. '시민연맹'에는 폴 데자르뎅, 지리학자 엠마뉘엘 드 마르톤, 역사가 귀스타브 블로크와 귀스타브 글로츠가 참여하였으며, 앞에서 말했듯이 전쟁 후에 '민족연합'에 가입하게 된다. 또 창설자 부르쟁은 몇 년 후 조르주 발루아가 만든 단체 '르 페소'에 합류한다.

'노인집단'

이 '애국적' 지식인들의 태도는 오랫동안 사람들 입에 오르내렸으며, 특히 전간기(戰間期) 동안 다음 세대들로부터 끊임없이 비난을 받았다. 예를 들어 퇴역군인 장 게노는 1934년 『40세 남자의 일기』(*Journal d'un homme de 40 ans*)에서 다음과 같은 기소장을 작성한다. "가장 정직한 사람들은 침묵할 줄 밖에 모른다. …문학공화국은 전체적으로 수익성 있는 장례업체가 되었다. 모리스 바레스는 그러한 열정을 결코 알지 못했다. 그 많은 장례사 중에서 그는 우두머리 위치에 올랐다."

70대의 나이에 그는 '국립장례식 조직위원'이 되어 『다른 이들의
죽음』(*La Mort des Autres*)을 책임지게 된 모리스 바레스를 비난하기
위해 다시 돌아온다.

전쟁기간 동안 일부 과도한 설교들 그리고 그후 수십 년 동안
가장 젊은 지식인들이 던진 비난은 나중에 인텔리겐치아의 실질적
역할이 무엇인지 모호하게 했으며, 분석 또한 어렵게 만든다. 특히
이러한 비난은 대량학살 전쟁에 참여한 데 대해 참회하며 괴로워하던
독일사회주의의 고통스런 도덕적 의식에 의해 자극받았을 것이다.
인텔리겐치아의 역할과 묵시적인 동기부여는, 적대행위가 끝나고
10여 년이 지난 다음에 폴 데자르댕이 쓴 몇 가지 단어로 잘 요약된다.
"우리는 노인집단이었고, 우리의 역할은 동정하고 이따금 예측하고
중재하는 것이었다." 물론 '노인'들의 태도에 악의적인 면이 없지
않았다. 그들의 제자들과 독자들이, 때로는 그들의 자식들이 줄줄이
죽어갈 때, 그들 중 몇몇은 자신들이 수행해야 할 애국적 의무가
있다고 판단했고, 글로써 이를 이행했다. 결국 이는 신성불가침 연합
을 심리적으로 좌파에서조차 가능하게 했던 고전적인 태도였다. 이러
한 이유 때문에 이 태도는 전간기의 정치팸플릿들이 소개한 것보다
훨씬 복잡했다. 모리스 바레스는 즉각적으로 징집이 가능하다고 생각
한 지식인범주의 전형이라 할 수 있겠지만, 다른 태도들 또한 지적되어
야 할 것이다. 그에 따라 대략적인 유형분류가 되어야 할 것이다.

'연설의 임무'

로맹 롤랑이 '대량학살의 밤꾀꼬리'라는 별명을 붙인 모리스 바레스
는 일간지와 잡지를 통해 전쟁에 참여했는데, 이를테면 1915년만

해도 전쟁에 관한 글을 269편이나 썼다. 그리고 그 전해인 1914년 7월 12일에 그는 죽은 폴 데룰레드의 뒤를 이어 애국자연맹 의장이 되었다. 그날은 상징적인 날이었다! 전쟁이 터지고, 그는 "애국심을 고취시키는 선동가로서의 사명"을 선명하게 내세우면서, 명실공히 '애국'작가로 행동하기에 이른다. 기자들은 그를 '국토의 문학인'이라고 이름 붙였는데, 결국 이것은 '연설의 임무를 다하는 것'이었으며 머지않아 어려움에 직면했다. 이와 같은 방식의 참여는 '뉘앙스를 이해하지 못하는 대(大)군중'을 상대로 하는 것이었다. 그리하여 모리스 바레스는 자신 『일기』(Chaiers)에서 은밀히 '뉘앙스'를 없앨 필요성을 고민하게 되며, 좀더 넓게는 자신의 사명에 대해 이따금 회의를 품게 된다. 어쨌든 그는 4년 동안 자신의 사명을 완수하며, 그의 『대전(大戰)연대기』(Chroniques de la Grande Guerre)는 총 14권, 6천 쪽 분량의 방대한 양을 이룬다. 게다가 아카데미 회원인 그가 글을 썼던 『파리의 메아리』의 발행부수가 50만 부에 이른 것을 고려할 때 독자가 엄청났음을 짐작할 수 있다.

전혀 다른 지평에서 나타난 귀스타브 에르베 역시 '연설의 임무'를 수행했다. 15년 전에 '무국적자'로 서명했던 사회주의 역사교사 에르베는 두엄에 깃발을 꽂으라고 촉구하는 글 때문에 욘의 중죄인재판소에 출두해야 했다. 그리고 『사회적 전쟁』(La Guerre sociale)을 통해 에르베 지지자들은 특히 "전쟁이 발발할 경우 행군하지 않을 것"이라고 단언했다. 하지만 이것이 귀스타브 에르베로 하여금 전쟁 동안 『승리』(La Victoire)라고 개칭한 일간지를 통해 '패배주의'를 고발하는 극단적 애국주의자의 한 사람이 되는 것을 막지는 못했다.

'패배주의'에 대한 투쟁에서 다른 지식인들 역시 매우 유사한 태도를 취했으며, 이러한 태도 또한 그들의 적대자들이 나중에 '허위선전'이라고 이름 붙이는 것에 포함되었다. 왜냐하면 그들은 자신들에게도 애국의 의무가 있다고 판단했지만 이 의무를 완수하기 위해 문학이나 과학 등 자신들의 예술을 바치지도 않았거니와 언론을 통해 참여하지도 않았기 때문이다. 앞에서 언급한, 자신들의 위상을 지적 동원상태라고 설정한 대학인들이 이 그룹에 포함된다. 일군의 작가들은 영웅적 전쟁에 관해 묘사함으로써 '후방'의 사기를 진작시키는 데 일조했다. 르네 벤자민의 『쥐』(Gaspard)처럼 서점에서 성공한 책도 동일한 맥락이라 할 수 있는데, 1915년에 출판된 이 책은 곧바로 콩쿠르상을 수상하고 15만 부가 판매되는 등 엄청난 파장을 일으켰다.

'자연주의자'와 평화주의자

1922년 알베르 티보데는 다른 부류의 전쟁문학을 분석하면서, '공식주의자, 자연주의자 그리고 교훈적인 것'으로 구별했다. 일반적으로 '공식주의' 문체의 영웅문학 반대쪽에서는 주로 전투에 참가한 작가그룹이 전쟁에 대해 덜 영광스럽지만 훨씬 더 사실적인 이미지를 부여했다. 예컨대 고등사범학교 출신의 모리스 주느봐는 1916년에 『베르뎅 밑에서』(Sous Verdun)를 출판했는데, 젊은 장교인 작가는 전투에서 부상을 당했고 전쟁의 끔찍함을 적나라하게 묘사하려 했기 때문에 그만큼 책은 믿을 만했다. 주느봐보다 나이가 좀더 많고 널리 알려진 조르주 뒤아멜 역시 같은 어조로 1917∼18년에 두 권의 소설 『순교자들의 삶』(Vie des martyrs)과 『1914∼17년의 문명』(Civilisation 1914∼1917)을 발표했다. 이 작품들이 설득력을 가질 수 있었던 이유 하나는 조르주 뒤아멜이 전쟁 초기부터 참전하였고 4년 동안 군의관으로 복무했다는 점이다. 1918년 콩쿠르상을 받은 『1914∼17년의 문명』은 로맹 롤랑으로부터 "프랑스에서 전쟁이 영감을 준 가장 완벽한 작품"이라는 평가를 받았다.

　로맹 롤랑과 함께 우리는 또 다른 그룹을 접하게 되는데, 이들은 평화주의 입장을 옹호하기 위해 펜을 들었다. 그렇다고 '자연주의' 문학의 주창자들이 평화주의자인 것은 아니었던 터라, '호전주의'와 모리스 바레스의 민족주의에서부터 참전작가들의 사실주의에 이르기까지의 다양한 범위를 인정해야 한다. 그런데 전투에 참가한 작가들은 무엇보다도 '다른 사람들의 죽음'을 증언하고자 했으며, 대부분의 경우 그들의 방식에는 정치적 속셈이 개입되어 있지 않았다. 그럼에도 몇몇 지식인들은 선언적인 평화주의 작가이거나 혹은 그런 작가로 전락했다.

　'자연주의자'인 동시에 '도덕주의' 장르에 속하는 앙리 바르뷔스는 이러한 태도를 잘 구현한다. 하지만 이와 동시에 바르뷔스는 지식인들이 전쟁에 대해 취한 입장을 선명한 유형으로 분류해 내기 어려운 점을 잘 보여준다. 1914년 8월 9일자 『뤼마니테』에 실린 편지에서 설명하고 있듯이, 바르뷔스는 1914년에 자원병으로서 들것을 담당하였으며 신성불가침 연합 초기부터 참여한 그는 1915~16년에 『불, 분대의 일기』(Feu, journal d'une escouade)와 더불어 '참호 속의 졸라'가 되는 변화를 겪는다. 『불, 분대의 일기』는 1916년 8월 3일~11월 9일에 『작품』(L'Œuvre)지에 연재소설로 실렸으며, 같은 해 말 플라마리옹 출판사에서 책으로 출판되었다. 하지만 바르뷔스의 경우는 단순히 분류의 문제만 있는 것은 아니다. 비록 그의 평화주의가 빗나가기는 했지만 『불』이 출판되던 시기의 그에게서 평화주의를 부인할 수 없다면, 그 평화주의는 이념적인 의미를 담고 있다. 그는 『불』의 마지막 장에서 이렇게 쓰고 있다. "자유와 박애는 한갓 단어에 불과하다. 반면에 평등은 그 어떤 것이다. …평등, 그것은 인간들의 위대한 격언이다."

잃어버린 시간?

네 가지, 즉 정치적 민족주의자, '공식적' 민족주의자, '자연주의자',
평화주의자로 나누는 유형분류는 유럽의 분쟁에 맞닥뜨려 지식인들
의 참여를 충분히 설명해 주는가? 적어도 두 가지 이유 때문에 그렇지
못하다. 우선, 이 유형분류는 진행중인 전쟁에 대해 침묵한 일단의
사람들에 대해 언급하지 않는다. 물론 『불』이 출판됐지만 검열은
계속되었듯이, 신중함이 이런 침묵을 설명해 줄 수 있다. 그러나
가장 중요한 이유는, 같은 시간대에 프랑스의 젊은이들이 희생되고
있었지만 그들은 다른 곳에 있었다는 사실이다. 이것은 전쟁의 쟁점과
범위에 대한 증폭되는 불안감과 불확실성, 애국적 의무와 유럽문명이
겪게 될 근본적인 위험에 대한 예감 사이의 분열이다. 그러므로 지식인
들의 태도는 '애국주의'에서부터 '패배주의'까지 네 가지 색조의 단순
한 변화보다 훨씬 다양했다. 게다가 각각의 경우가 어떤 한 유형으로
쉽게 규정되지 않았기 때문에 문제는 더욱 복잡했다. 전쟁은 4년
넘게 계속되었고, 이 과정에서 어떤 이들은 변화할 수 있었고, 적어도
자신들의 견해가 과연 옳은가 하는 회의를 품었다.

바르뷔스의 경우에도 변화는 명확하다. 많은 지식인들은 회의에
빠졌다. 가령 투르 근처 라 베셀르리에 은둔해 있던 아나톨 프랑스는,
1915년에 출판된 글모음집의 제목 『명예의 길 위에서』(*Sur la voie
glorieuse*)가 잘 보여주고 있듯이 한시바삐 평화가 정착되어야 한다는
마음에서 애국주의로 변화하였다. 이를 두고 훗날 그는 "내 생애에서
가장 잘못된 행동"이라고 말한다. 1915년 이후 그는 침묵하였고,
지인들에게 고백했듯이 점차 평화주의로 돌아왔다. 모리스 바레스

106

역시 이와 같은 고통을 겪었다. 그의 『대전연대기』와 1896년부터 써서 전쟁기간 동안 300쪽이 쓰여진 『일기』를 비교해 보면, 시사하는 바가 크다. 전자는 변함없이 애국적인 태도를 지향하는 데 반해, 후자에서는 곳곳에 불확실성이 스며들어 있다. "양 진영에 진리가 존재했나? 아무 데도 진리는 없었다면, 그들이 속았다면?" 1918년 8월에는 애국적 동원이 불러일으킨 '일의 과도함'이 '잃어버린 시간'이 아닐까 하는 질문까지 던지게 된다.

한 걸음 더 나가 비록 네 진영이 일부 구성원들의 변화에도 불구하고 전체적으로는 동일한 입장을 죽 견지했다 하더라도, 각각의 영향력은 어쨌든 4년여의 전쟁 동안 변화하였다. 초기에는 민족주의 지식인들이 엄청난 발행부수의 일간지와 서적들에 힘입어 전적으로 군림했다. 이미 보았듯이 『파리의 메아리』는 50만 부를 발행했고 『프랑스인의 투쟁』의 발행부수는 1917년 15만 부에 달한다. 그러나 1916년부터는 이와 같은 상황이 바뀌었다. 그 전해에 일간지로 바뀐 주간지 『작품』에 『불』이 게재된 것은 역학관계의 변화까지는 아니라 하더라도 상황의 변화를 잘 보여준다. 그 변화는 1917년 봄에 『사슬에 묶인 오리』(*Le Canard enchaîné*)가 국민투표를 조직하여 '허위선전의 수장'을 선출할 수 있을 정도였고, 마침내 귀스타브 에르베와 모리스 바레스가 선출되었다. 특히 같은 해 서점가에서 『불』이 거둔 엄청난 성공은 그 명백한 징후이다. 물론 『불』의 성공에 대한 평은 엇갈린다. 피에로 로티는 '전쟁문학의 백미'라고 칭찬한 반면, 콩쿠르상 수상에 반대표를 던진 레옹 도데는 "적에게 유리한 비열하고 저속하며 풍기를 어지럽히는 책"이라고 혹평한다. 그런데 이 분열 자체가 시사하는 바가 크다. 콩쿠르상을 획득함으로써 상징적으로 『쥐』의 뒤를 잇게 되는 『불』에 대한 이와 같은 반응은 지난 2년여 동안 전쟁을 겪으면서

'민족주의' 언론과 작가들의 독자와 신뢰도가 한 단계 낮아졌다는 것을 잘 보여준다. 참전했던 문학주해가 장 노르통 크뤼는 전쟁이 끝난 후인 1929년 『증인들』(*Témoins*)과 1930년 『증언』(*Du témoignage*)에서, 1916년부터 문학분야에서는 평화주의와 애국주의가 경쟁했고 이 과정에서 문화적으로 중요한 작품들이 탄생되었다고 평가했다.

『불』의 성공에 정치적 의미를 부여하는 것은 역사적 관점을 왜곡하는 것일 수 있다. 그것은 좀더 평범하게, 전쟁이 발발하고 2년이 지나면서 초기의 어마어마한 침략에 둔감해진 나라에서 '영웅주의' 문학에 대한 '사실주의' 문학의 승리였다.

로맹 롤랑, 논쟁 위에서?

마찬가지로 1916년 노벨문학상을 수상한 이후일지라도 로맹 롤랑에게 적어도 그 당장 중요한 영향력을 부여하는 것은 잘못일 수 있다. 더욱이 이후 경찰보고서는 "의식적이든 그렇지 않든 [그가] 독일을 위해 일했"다면, 그의 행위는 "일반대중에게 영향을 미치지 못했"고 기록한다. 어쨌든 작가의 입장은 뒤에 1차대전을 훨씬 뛰어넘는 틀에서 상징과 준거가 되었다. 따라서 이에 관해서는 관점에 따라 분석할 필요가 있다. 품위의 상징 혹은 그와 반대로 지식인의 배신이라는 반열에 오른 그의 입장은 변형되었고 신화의 영역을 획득했기 때문에 더욱 그러하다. 여기서 신화란 집단적 기억의 일부가 된 현실의 변형이라는 의미로 이해할 수 있다.

집단의 기억은 로맹 롤랑의 태도 중에서 1914년 9월에 기사로 쓰고 이듬해 출판된 『논쟁 위에서』(*Au-dessus de la mêlée*)만을 간직했다. 로맹 롤랑은 처음에는 제목으로 '증오 위에서'를 생각했는데, 이 제목은 저자의 생각을 드러냈을 뿐인데도 불구하고 그에게는 배신자라는 비난이 빗발쳤다. 전쟁기간 동안 쓴 2천 쪽에 이르는 『일기』(*Journal*)에는 그의 입장이 잘 드러난다. 스위스에서 전쟁을 맞이한 로맹 롤랑은 1914년 8월 3일 이렇게 쓰고 있다. "나는 시달렸다. 죽는 편이 낫겠다. 휴머니즘이 부정된 가운데 사는 것은 끔찍하다." 그리고 9월 7일, 그는 소리쳤다. "그들 모두 전쟁을 원한다. …내 마음에 증오심은 들어설 자리가 없다. 나는 피비린내 나는 조직으로부터 추방되고 혼자이다." 하지만 이와 동시에 『일기』는 프랑스의 운명을 거부하는 롤랑의 모습을 보여준다. 마른 전투의 결과로 안심하고 그 사이에 스위스에 머물기로 결정한 그는 몇 주일 후인 9월 22일과 23일에 『제네바신문』(*Journal de Genève*)에 그 유명한 글을 발표한다. 의미는 명확했다. 그는 '사랑스런 프랑스 젊은이'를 언급하고는 국가지도자들의 책임과 사회당, 기독교주의, 엘리트지식인의 붕괴를 고발한다. 하지만 글의 제목과 국경 저편에 머물기로 한 그의 선택은, 지식인 로맹 롤랑이 배신했다는 주장이 공공연히 퍼져나가는 데 한몫했다. 1914년 가을, 급진좌파를 비롯하여 프랑스언론들은 그를 공격했다. 그러나 대부분의 신문들은 짤막한 기사로써 그리 중요하게 다루지 않았다. 이로부터 중요한 물음이 제기된다. 당시 프랑스사람들이 거의 읽지 않은 신문에 표현된 입장표명은 정확하게 어떤 결과를 가져왔는가? 물론 즉각적인 반응의 폭은 크지 않았다. 오히려 같은 제목의 글모음집이 더 큰 영향을 끼쳤으며, 작가에 대한 공격이 더욱 거세어졌다. 그렇다고 해서 이 글모음집이 그렇게 많이 읽힌 것은 아니었다.

더욱이 그 사이 로맹 롤랑의 입장은 급진적으로 바뀌었다. 그의 '감성적이고 이상적인' 반항은 점차 "정치적·사회적 그리고 경제적 이유들"(마르셀 캉프)을 근거로 하였다. 그리고 그의 국제주의는 1916

년 말에 두 텍스트 『암살당한 민족들에게』(*Aux peuples assassinés*)와 『구불구불한 오르막 길』(*La Route qui monte en lacets*)에서 확고해졌다.

전쟁에 비친 지식인세대

앞에서 보았듯이, 전쟁은 지식인집단의 연령피라미드를 차별적으로 침식했다. 사실 이러한 현상은 1차대전만의 특성은 아님에도 불구하고, 필연적으로 감내해야 했던 출혈 때문에 이 기간에서 특별히 중요한 의미를 가진다. 이와 마찬가지로 여러 지식인세대들이 4년의 역사적 소용돌이 속에서 자신의 연령과 전쟁에의 참여성격에 따라 집단적 사고방식이 다르게 각인되었듯이, 시간적 길이 또한 인구통계학적 측면보다는 훨씬 심리적인 측면에서 연령계층에 또 다른 중요한 차이를 증폭시켰다.

'불평꾼'이 된 '마리 루이즈'

1934년 장 게노는 『40세 남자의 일기』에서 1914년에 스무 살이었던 '죽은 젊은이들'을 언급하면서 "전쟁이 끝나는 시점에 동쪽에서 큰 불이 솟았다"고 쓴다. 사실 전쟁은 이 '큰 불'이 치솟는 데 있어서 필수적인 요인이었다. 하지만 또한 프랑스 지식인집단, 특히 '죽은 젊은이들' 중 생존자들을 붉게 물들이는 역할을 하였다. 그것은 이따금 기존질서에 대한 극단적인 반항으로 치달았으며, 이러한 반항은 1890~95년경에 태어난 젊은 지식인들의 일부를 공산주의로 인도하였다. 전쟁 초기의 젊은 '마리 루이즈'들은 4년 동안 '불평꾼'이 되어갔다. 그리고 "학살당한 세대"(레이몽 르페브르)는 공산주의의 토양이 되었다. 이렇게 결합된 참여는 바르뷔스 세대의 참여보다 훨씬 오래 지속된다. 바르뷔스 세대에게 평화주의는 일단 전쟁의 공포가 사라지자 쉽게 허물어져 버리는 공산주의적 유대 같은 것이었다.

그러니까 1890~95년 세대의 일부는 참호에서 반항을 배웠다. 게다가 가령 드리외 라 로셸처럼 초현실주의자들 역시 『빛』(*Clarté*)의 편집진 같은 젊은 공산주의자들 곁에서 전쟁의 경험을 통해 자양분을 얻게 된다. 드리외 라 로셸은, 세계대전이 "세대의 친화력은 곧 반항이라는 의미"를 창조하는 한편으로 그 반항을 전혀 다른 방향으로 나아가게 했음을 보여주는 사례이다. 1차대전은 『질』(*Gilles*)의 저자로 하여금 파시즘에 이르는 복잡한 행보를 내디디게 했다. 그 세대의 생존자들 대부분이 이와 같은 변화를 겪은 것은 아니라는 점에서, 그의 행보는 참호라는 공동의 용광로에서 시작된 개인적 탐색의 다양성을 잘 보여준다.

라디게 형제

그런데 많은 젊은 지식인들이 이 용광로에서 부서졌고, 그들의 운명은 20세에 멈췄다. 그리고 이 쇠락은 다음 세대의 위상에 간접적으로 영향을 미쳤다. 또 한편으로 전쟁터에서 쓰러지기에는 너무 젊고 전후 10년이 지나면 20세가 되는 1905년 세대와 인구통계학적으로 피해를 입지 않은 '노인집단' 사이에는 엄청나게 큰 고랑이 파였다. 1936년에 브리스 파랭은 『프랑스로의 귀환』(*Retour à la France*)에서 이렇게 쓴다. "전후에는 한 세대가 다른 세대를 밀어내고 한 세대가 다른 세대를 뒤쫓는 그와 같은 방식으로 세대가 이어지지 않았다. 1914년 그때 희생자를 낳기에는 너무 늙은 세대와 희생되기에는 너무 젊은 세대 사이에 심연이 생겼다."

그러나 이와 동시에 이런 상황이 전쟁에 개입한 맏형들이나 아비들에게만 해당하였으므로, 동생들에게는 기회가 좀더 빨리 주어지는 계기가 되었다. 이 현상은 '프랑스인의 투쟁'에서 특히 명료하게 나타났다. 1930년에 40세가 되어 서서히 창설자의 뒤를 잇게 될 아가통 세대의 회원들 상당수가 전쟁의 소용돌이에 휩쓸려 사라졌다. 그 결과 20세기 초에 태어난 모라스파의 젊은층이 20년대 말부터 독서위원회와 편집실을 차지하게 된다. 예컨대 1909년에 태어난 로베르 브라지아크는 1930년부터 『라 리뷰 프랑세즈』(*La Revue française*)에 글을 기고하였으며, 1931년 6월에 『프랑스인의 투쟁』의 문학담당자가 된다. 이처럼 모라스와 도데 같은 늙은 세대와 너무 일찍 영향력 있는 자리에 오른 젊은 세대 간의 간극에서, 오해와 특히 파시즘 문제에 대한 분석차이, 몰이해와 단절이 생겨난다.

문명의 위기?

물론 이런 세대간의 격차는 '프랑스인의 투쟁'만의 문제가 아니었다. 전쟁은 좌파와 우파 할 것 없이 1914년 이전 지식인들의 준거체계를 손상시켰지만, 1918년 이후에 선배들은 그 체계를 수정하지 않는다. 오히려 적대감정 이후에 도시에서 태어난 1905년 세대의 유전코드는 극도로 수정될 수밖에 없었다.

예컨대 4년 동안 과학이 인간을 살상하는 데 기여함으로써 진보에 대한 믿음은 끊임없이 흔들릴 수밖에 없었다. 조르주 뒤아멜은 『문명』 (*Civilisation*)의 마지막 페이지에서 1918년 진보의 명확한 공헌 몇 가지를 언급한 다음 이렇게 썼다. "문명은 이 모든 끔찍한 싸구려들 속에 있지 않다. 문명이 인간들의 마음에 있지 않다면, 애석하게도 그것은 어디에도 있지 않다." 진보의 혜택과 실재에 대해 의구심을 품으면서 문명의 개념이 타격을 받는다. 같은 시기 폴 발레리는 『정신의 위기』(*La Crise de l'esprit* 1919)에서 유명한 진단을 내린다. "다른 우리의 문명은 이제 우리가 죽을 운명이라는 것을 안다. …우리는 이제 역사의 심연이 모든 것을 다 빨아들일 만큼 크다는 것을 안다. 우리는 문명이 생명처럼 나약하다는 것을 느낀다. 키츠의 작품이나 보들레르의 작품들이 메낭드르[2]의 작품들과 합류하게 되는 상황을 전혀 생각할 수 없는 것은 아니다. 그것은 일간지 속에 있다."

평화주의의 운명

이때까지 지배적이었던 가치들의 동요와 신성불가침으로 여겨진 기준점들의 모호함은 막을 내리고 있는 전쟁의 유일한 이데올로기적 결과가 결코 아니었다. 여기서 전쟁에 대한 본능적인 반발이라기보다 세계관의 중심핵으로 이해된 평화주의는 이제부터 지식인집단에게 영향을 미치게 된다. 이 파장을 평가하기 위해서는 단기적으로는 전쟁기간과 중기적으로는 그후 10년을 포함한 기간을 구분해야 한다.

뒤에 몇몇 팸플릿이 부여하는 이미지와는 반대로, 1914~18년 프랑스 지식인계층의 태도는 '신성불가침 연합'의 딜레마 혹은 '논쟁을 넘어선' 자유로운 비약으로 한정지을 수 없다. 이와 관련해서는 통계적 실체성이 전혀 없다. 좌파지식인은 전체적으로 '권리를 위한 전쟁'이라는 이름으로 동원됐다. 노조에 가입한 일부 초등학교 교사들, 인권연맹의 회원들, 전쟁자료·비평연구회 같은 소집단 회원들을 제외하고는 사실 스스로 평화주의자라고 말하는 사람은 드물었다. 알랭은, 예컨대 영구평화를 위한 '국제여성동맹 프랑스지부'인 '퐁다

---

2) 메낭드르(Ménandre)는 기원전 343경에 태어난 그리스 극작가이다. 에피쿠로스의 친구이며 그로부터 인물의 탁월한 심리묘사를 배운다. 19세기 말 간단한 인용구나 확실하지 않은 에피소드를 통해 프랑스에 소개된다.—옮긴이

리 가(街)의 여인들'과 미셸 알렉상드르 같은 사람들과 서신교환을 하고 있었다. 하지만 그 자신은 초기부터 참여하지 않았다. 그리고 프랑스가 4년 동안 버틸 수 있었다면, 그것은 "초등학교 교사든, 교회든, 작가든 모두가 같은 방향, 즉 민족수호의 필요성이라는 방향으로 나아간다는 합의가 있었기" 때문이다. 이로부터 "확고한 정신적·심리적 배경"(장 자크 베커)이 형성된다. 이미 보았듯이, 전쟁의 불행을 그린 '자연주의' 화가들 대부분이 공식적인 입장표명에서는 평화주의자라 할 수 없었다.

어쨌든 전쟁에 합류한 지식인집단 내에서 오직 몇몇 지식인만이 별도로 대량학살의 참상을 큰소리로 외쳤지만, 세계대전은 프랑스사회에 엄청난 충격과 출혈을 안겨주었기 때문에 헛되이 피 흘린 민족의 내부로부터 나온 평화주의는 그후 10여 년 동안 지배적인 정서가 되었다. 전쟁이 계속되는 동안에는 평화주의자들의 "이것은 아니다!"가 적어도 공개적으로——은밀한 의식의 내면에서는 다르게 진행되었을 것이기 때문이다——반향을 얻지 못했지만, 그들의 메시지는 그때부터 지배적인 것이 된 "더 이상 결코 이것은 아니다!"와 뒤섞였다. 확실히 동일한 이유로 해서, 20년대의 평화주의는 세대와 세대를 구분지어 주는 요소로 등장하게 된다. 한편 앙투안 프로스트의 퇴역군인 연구가 보여주고 있듯이, 평화주의는 수평적으로 대부분의 사회단체에 영향을 끼쳤던 것처럼 수직적으로는 다른 연령층을 껴안았다. 이렇게 해서 평화주의는 수많은 젊은 지식인들 사이에서 기존사회에 대한 반항의 색채를 띠게 되며, 모든 문제를 전쟁과 평화의 문제에 종속시키는 세계관을 키워나가게 된다. 어떤 면에서는 세대간의 분열이 이런 식으로 다시 나타났다. 그리고 다양한 체험과 표현 방식에서 평화주의는 합일의 요소인 동시에 차이의 요소로도 작용하게 된다.

114

평화주의의 모호한 성격은 전간기의 프랑스에서 평화주의가 중요한 자리를 하게 되는 원인 가운데 하나가 된다. 사회적 통일의 요소인 동시에 중앙과 극단에 위치한 이론의 도구로서의 평화주의는 특히 지식인들 사이에서 피상적인 분석이 시사하는 것보다 훨씬 다양한 형태를 가지게 된다.

제4장
전쟁 이전으로의 복귀 또는 지식인의 새로운 여건(1918~34)

전쟁이 끝난 후, 프랑스 지식인집단은 거의 상반된 면들로 이루어진 복잡한 상황을 제공한다. 분명히 중심인물들은 바뀌었다. 모리스 바레스는 1923년에 죽고, 아나톨 프랑스도 그 다음해에 죽는다. 그리고 이들과 함께 1914년 이전에 출현한 두 진영의 상징적 인물들은 사라진다. 그리고 거의 모든 상황은 지식인계층을 전쟁 이전으로의 복귀로 특징지을 수 있게 하는 것 같다. 마치 갓 생겨난 돌출처럼 지식인집단은 돋을새김, 즉 '신성불가침 연합'이 평평하게 만들어놓은 듯한 두 개의 대립 면으로 이루어진 돋을새김을 되찾은 듯했다.

새로운 지각변동의 기운이 느껴진다. 전쟁은 지식인의 장——사람들뿐만 아니라 가치까지——을 심하게 뒤흔들어놓았다. "동쪽에서 비추이는 커다란 빛"(쥘 로맹)이 처음으로 어둠을 밝힌다. 그리고 새로운 기운에 휩쓸린 새로운 세대는 새로운 이데올로기적 좌표로 표시된 길을 조금씩 열어가게 된다.

갓 생긴 돌출

그럼에도 불구하고 지식인 상황의 초기 도면은 전쟁 이전의 윤곽을 되찾은 듯했다. 우파에서는, 단체 '프랑스인의 투쟁'이 제2의 절정기를 맞이하여 1926년까지 지식인들 자력의 흐름 속에서 계속 지배적인 축의 역할을 하고 당대의 이데올로기적 경쟁 속에서 기준점 역할을 한다. 한편 원천적으로 드레퓌스 지지파에서 파생되어 나온 급진주의와 사회주의 계열은 특히 1924년 정치적으로 승리한 교사공화국을 수혈해 준다. 이 두 가지 측면에서 대학인집단에 대한 연구는 시사하는 바가 크다. 단 여기에서는 교사들로만 구성된 '좌파연합'의 이미지가 지닌 뉘앙스를 놓치지 않고, '프랑스인의 투쟁' 쪽으로 편향된 라틴가의 인식을 견제한다는 조건이 붙는다.

좌파 교사

1927년 알베르 티보데는 『교사공화국』(*La République des professeurs*)에서 주영대사 생 톨레르 백작이 '좌파연합'의 선거승리 소식을 듣고 던진 말을 인용하고 있다. "그럼, 법과대학과 정치학교가 파리고등사범학교에게 자리를 내주는 것이다…" 사실 이때부터 정치에서 고등사범학교 졸업생들의 위상은 결코 소홀히 할 수 없었는데, 편집인 베르나르 그라세가 티보데의 책표지를 "프랑스를 이끄는 것은 고등사범학교 주식회사이다"라는 문구로 장식할 것을 생각할 정도였다. 실로 1924년 6월 15일 새 정부를 출범시킨 것은 고등사범학교 출신 에두아르 에리코였다. 그리고 '좌파연합'이 승리하는 데는 국제노동자연맹 프랑스지부의 지원이 큰 역할을 했으며, 이 프랑스지부를 (법적으로는 아닐지라도) 실질적으로 이끄는 사람은 다름아니라 '고

등사범학교 출신' 레옹 블룸이었다. 게다가 이듬해 4월 10일 에리오
내각이 무너지고 4월 17일부터 10월 27일까지, 10월 29일부터 11월
22일까지 두 차례에 걸쳐 정부를 이끈 사람 역시 고등사범학교 출신의
폴 팽르베였다.

하지만 좀더 깊이 들여다보면, 그 시대 사람들이 윌름가에 대해
지나치게 중요성을 부여한 것 같다. 1924년 국회의원으로 선출되거나
재선된 고등사범학교 출신은 9명에 불과하다. 에리오정부의 각료
18명 가운데 고등사범학교 출신은 2명이다. 사실 정치권과 여론이
파리고등사범학교에 대해 강한 인상을 받은 것은 좀더 폭넓게 하원에
포진한 교사들 때문인 듯하다. 무엇보다도 숫자가 이 점을 잘 말해
주고 있는데, 1924년의 분류기준이나 자료에 따르면 46~57명의
교사가 하원에 당선되었다. 그리고 1936년에 교사 출신의 하원의원이
59~77명에 이르는 것으로 보아 이 추세는 상승곡선을 그린 것으로
판단된다. 게다가 전간기(戰間期)에 교사 출신 국회의원은 주로 좌파
정당——그것도 1936년 '인민전선' 이전의 대부분 급진파인 좌파정당
——에서 배출되었다. 1924년 9명의 고등사범학교 출신 국회의원
가운데 7명이 급진파이거나 급진파와 연합한 의원들이었다. 같은
시기에 다른 쪽, 즉 '온건파'정당에 속하는 교사 출신 국회의원은
9명에 불과했다.

그렇다고 해서 교사공화국이라고 말할 수 있을까? 대답은 쉽지
않다. 사실 이런 국회의원 숫자가 어떤 대변동을 말해 주는 것은
아니다. 전체 국회의원 가운데 교사 출신이 약 10%라는 수치는 1981년
교사단체가 발표한 34.1%에 비해 훨씬 낮다. 더욱이 에리오정부의
18명의 장·차관 중 변호사는 9명인 데 비해 대학교수자격자는 3명에
불과하다. 그럼에도 이와 반대되는 의미로 해석될 수 있게 하는 여러

가지 징후들이 존재한다. 이미 보았듯이, 한편으로는 승리한 좌파의 주요 지도자들 다수가 고등사범학교 출신인데다 또한 비록 상대적이고 통계상 오류가 있다 할지라도 단체의 이미지가 여론에 큰 영향을 끼쳤다. 다른 한편으로 초기에는 '법과대학'이 더 중요한 비중을 차지했지만 교육계 출신 장관들은 법률을 전공한 동료들보다 훨씬 젊었고 이같은 현상은 교사들에게 유리한 입지를 예고한다. 또한 1924년보다 장·차관의 숫자가 2배나 많아진 인민전선정부에서 변호사는 여전히 9명이었지만 교수자격자는 3명에서 6명으로 늘어났다.

1919~39년에 입각한 세대는 50대로서, 세기 전환기에 20세에 접어들었던 젊은 지식인들이었다. 교사로서 전간기에 정치에 입문한 장학생 가운데 문학계의 한 전형으로는 쥘 로맹의 『선의의 사람들』(*Les Hommes de bonne volonté*)에 나오는 장 제르파니옹을 들 수 있다. 교사의 아들로 태어나 고등사범학교를 졸업하고 교수자격증을 획득한 장 제르파니옹은 1924년 급진파 국회의원으로 정치에 발을 들여놓아 1933년에 외무장관이 되었다. 작품해석자들에 따르면, 제르파니옹이라는 인물은 쥘 로맹의 윌름가 친구인 이봉 델보에게서 많은 특징을 빌려왔다고 한다. 하지만 이 인물은 더 넓게 새로운 공화파세대가 권력에 이르는 과정을 보여주고 있다.

30년 전에 이미 보았듯이, 라뇨와 뷔르도의 커플은 사회주의와 급진파의 분열보다는 오히려 당시 태동하고 있던 교사공화국의 두 가지 모습을 훨씬 잘 드러내고 있다. 전간기에는 좌파대학인들 속에 두 부류가 줄곧 공존했는데, 공화좌파의 동일성 가치를 지닌 지식인과 정치에 입문한 교수자격자가 그들이다. 라뇨의 제자인 철학자 알랭이 전자의 전형적인 예이고, 뷔르도의 제자인 에리오는 어떤 면에서 장 제르파니옹처럼 후자를 완벽하게 구현한다.

우파대학생들

물론 공화좌파는 다른 의미에서 대학생계층도 대변했는데, 가령 1924년 창설되고 1927~28년 피에르 망데스가 주도한 '공화파사회주의대학생행동연맹'은 수많은 젊은 지식인들이 정치에 첫 발을 내딛는 안내기구 역할을 했다. 고등사범학교 입시준비생이었던 조르주 퐁피두 역시 1930년 4월 이 연맹의 기관지 『공화파 대학』(L'Université républicaine)에 '프랑스인의 투쟁'에 적대적인 기사를 쓰게 된다. '공화파사회주의대학생행동연맹'이 탄생하는 시기에, 좌파의 경우에는 투르의 분열[1]에 의해 사회주의 대학생단체들이 와해됨으로 해서 활동이 거의 정지되다시피 했다. 1925~26년 겨울이 되어서 비로소 파리의 그룹이 다시 탄생하여 이듬해 전국사회주의대학생연맹 창설의 견인차 역할을 하게 되며, 이 단체의 초기 집행부를 책임맡은 이는 제4공화국 때 사회당 원내총무를 하게 되는 모리스 덱손이었으며 다음은 오를레앙 시장이 되는 클로드 레위 그리고 1928년에는 클로드 레비-스트로스, 29년에는 에밀리 르프랑이다.

그렇지만 새로 조직되었거나 재조직된 이 그룹들(여기에는 공산당 계열의 '대학생연합회'도 포함된다)은 10여 년 동안 방어적인 입장을 고수하게 된다. 그리고 당시 라틴가의 충돌이 좌우의 분열과 궤를 같이한다면, 특히 우파 대학생단체들 사이에서 주도권을 둘러싼 투쟁이 노골화되며 20년대 후반부는 이들의 갈등관계의 두드러진 변화로 특징지어지게 된다.

셀 사건은 1925년 무렵의 갈등관계를 매우 잘 보여준다. 이 사건은 당시 '프랑스인의 투쟁'의 우위를 공고하게 해주었던 것처럼, 훗날

---

1) 1920년 제3인터내셔널의 압력 아래 프랑스사회당은 분열되고, 몇 달 후 프랑스공산당이 탄생하게 되는 과정을 일컫는다.—옮긴이

'대학애국청년결사대'로 바뀌는 '대학애국청년단'의 탄생계기가 된다. '대학애국청년단'의 영향력은 20년대 말에 샤를르 모라스의 조직을 희생시키면서 커져가며, 셀 사건은 몇 주일 동안 라틴가를 뒤흔들게 된다. 본의 아니게 사건의 주인공이 된 평화주의자이자 연합주의자인 조르주 셀 교수는 1925년 2월 25일자 명령에 의해 파리법과대학의 국제법과 공법 강의를 맡게 되었다. 이에 '프랑스인의 투쟁'의 학생들과 그들이 동원한 무리들은 이와 같은 방식으로 교수임명이 되는 것은 정치적 배경 때문이며 교수공화국은 결국 친구공화국에 지나지 않는다고 즉각 이의를 제기하게 된다. 당시 조르주 셀은 '좌파연합'의 지지자였을 뿐 아니라 노동부장관 쥐스탱 고다르의 비서실장이었다.

이때부터 탈라마스 사건[2] 때 만들어진 시나리오가 되풀이되는 것을 볼 수 있다. 사람들에게 호소력을 가지기 위해서는 주제는 간단할 필요가 있었다. '좌파연합'에 적대적인 학생들은 조르주 셀이 특혜를 받았다고 주장한다. 그러므로 그가 강의하는 것을 막아야 한다는 것이다. 1925년 3월 내내 이에 저항하는 세력의 동원슬로건은 간략했다. "조르주 셀은 강의를 못할 것이다." 그리고 『프랑스인의 투쟁』 『파리의 메아리』 같은 몇몇 일간지는 공개적으로 디종 출신의 교수에 대해 적대적인 입장을 취한다. 국회 내 우파의 우두머리인 장 이바르네가레가 공세를 주도하게 되는데, 그의 웅변적인 아름다운 문장 몇 개는 『관보』(Journal Officiel)에 기록되어 있다. 예컨대 법과대학 학생들을 향한 찬사가 그러하다. "대학생들은 여기서 친구들만 보게 될 것이다(중도파와 우파 쪽에서 '옳소' 하는 찬사가 터진다). 어떤 면에

---

2) 콩도르세고등학교 교사인 탈라마스는 잔 다르크에 대해 비판적인 표현을 사용한다. 그로 인해 학부모들의 항의가 끊이지 않고, 탈라마스는 학교를 옮기게 된다. 이 사건은 민족주의진영과 사회주의진영 사이의 긴장을 극도로 강화시킨다.―옮긴이

서 우리는 그들의 젊음과 데모에 너그러운 형들이다(역시 중도파와 우파 쪽에서 박수)." 그리고 교육부장관 프랑수아 알베르에게 옛 이야기를 상기시킨다. "당신도 역시 약간은 소란한 것을 좋아하는 학생이었다고 들었습니다. 당신이 즐겨 치던 장난이 한밤중에 벨을 눌러 브륀티에르의 영광의 꿈을 어지럽히는 것이었다고요(웃음)." 대학생들과 경찰 사이에 몇 차례 충돌이 있었고, 프랑수아 알베르는 대학을 향해 무한정 휴교령을 내리는 한편 적극적으로 이같은 무질서를 막지 않았다고 학장을 비난하면서 면직시켰다.

지리적인 측면에서 대학생소요의 분포는 선명하게 구분되었다. '프랑스인의 투쟁'의 선동가들은 법과대학에서 별반 반대에 부딪히지 않았는데, 피에르 망데스 프랑스 주변에 모인 소규모 핵심그룹만이 저항했고 오히려 반대자들은 소르본대학에서 온 학생들이었다. 4월 초 대학생총회가 조직한 파업 때 분열은 두드러졌다. 이론적으로 동업조합인 이 단체는 왕당파 대학생들이 실질적으로 장악하고 있었다. 파리와 지방에서 파업운동의 선두에 선 것은 법과·의과·약학과 학생들이었다. 이와 달리 고등사범학교와 소르본에서는 강의실을 돌아다니며 학생들을 독려해야 했다. 그런데 국회에서는 고등사범학교 출신의 프랑수아 알베르가 여전히 법과대학 학생들에 대해 가지는 반감을 감추지 않았다. 그는 법과대 학생들과 문과대 학생들을 비교하면서 문과대 학생들에 대한 자신의 생각을 그대로 드러내었고, 매우 노골적인 반어법을 구사하며 공격을 했다. "그들은 그렇게 빼어난 아마추어 대학생은 아니다. 소르본에는 장학생들이 있다." 1877년에 태어난 고등사범학교 졸업생 프랑수아 알베르는 교사공화국 시대에 법과대학과 소르본대학 젊은 학생들간의 분열을 다시 접한 셈이었다. 그러나 드레퓌스사건 때는 후자가 전자를 압도했다면, 1925년에는 그 양상이 달라졌다. 4월 11일자 명령에서는, 조르주 셀에게 강의를 맡김으로써 비난을 받았던 2월 25일자 명령을 철회했다.

'프랑스인의 투쟁', 절정에?

그러니까 '프랑스인의 투쟁'이 승리한 셈이었고 이 승리는 상징적이었다. 20년대 중반이 되면 샤를르 모라스의 단체는 명실공히 라틴가의 주인으로 군림한다. 이러한 식의 절정은 대학생집단 내에서 이 단체의 확고한 패권을 보장한 부수적인 두 분야에서 특히 감지된다.

무엇보다도 먼저, 젊은 지식인들이 우쭐대는 학교에서 단체에 특히 후광을 부여하는 것은 여전히 중요한 지적 명성이었다. 당시 '프랑스인의 투쟁'은 고등학교와 대학에 널리 알려져 있었다. 예컨대 고등학생 에드가 포르에게 '프랑스인의 투쟁'은 "다른 곳에서는 찾아보기 어려운 엄격하면서도 일관성 있는 정치적 사고를 젊은이들에게" 제공하는 것으로 비치었고, 이런 이유로 해서 "젊은이들에게 매우 많은 관심을 기울이고 고등학교에까지 선전을 하는 유일한 그룹"으로 받아들여졌다. 몇 년 후, 필립 아리에스는 중·고등학교 '프랑스인의 투쟁'에서 활동했는데, 이 단체는 "회원증을 발급하였으며 각 학급에 대표를 두고 정기적으로 모임을 가지는 매우 활동적인 단체"였다. 나아가 대학에도 이데올로기적 틀과 안내조직을 설치하였다는 점에서, 적어도 부분적으로나마 '프랑스인의 투쟁'이 성공했음을 확인할 수 있다. 이 점과 관련해서, 프랑스공산당이 향후 10년 동안 지식인집단에게 준 매력과 비교를 해보는 것도 가능할 것이다.

그리고 여기서도 비교가 가능한데, 세기초부터 30년대 말까지 계속 여러 세대에게 남긴 모라스의 흔적은 '프랑스인의 투쟁'의 '전(前) 회원'들의 현상을 통계적으로뿐 아니라 역사적으로 결코 소홀히 할 수 없게 한다. 1935년 티에르 몰니에가 지적한 "'프랑스인의 투쟁'은 실질적이고 가시적이며 헤아릴 수 있는 세력 옆에 그 단체를 떠난 사람들로 구성된 또 다른 세력을 거느리고 있다"는 발언은 비록 전 회원집단이 동질성을 상실하고 어느 정도 분산되었는가 하는 점은 간과하고 있지만, 1차대전을 전후하여 수많은 젊은 지식인들의 행보에 이 단체가 얼마나 결정적인 역할을 했는지를 간접적으로 잘 설명해준다. 정치적이라기보다는 문화적인 모태로서의 '프랑스인의 투쟁'은 이 지식인들을 모라스적인 수련을 받게 한 후 특별한 경향 없이 다양한 방향으로 재분배하는 거점 역할을 했다. 창설자 세대에서부터 모라스주의를 이데올로기적 근원으로 한 '아가통 세대'를 거쳐 전간기에 나타난 세대에 이르기까지, 여러 연령층에 영향을 끼쳤다. 한편 빅토르 구엔은 한 걸음 물러나, '프랑스인의 투쟁'은 "또한 아가통 세대를 거쳐온 연령층의 역사"라고 주장하였다.

로베르 브라지아크는 '프랑스인의 투쟁'이 제2의 전성기를 맞이하였을 때 정치에 눈을 뜬 연령층에 속한다. 앞으로 보겠지만 그는 자기 친구들과 마찬가지로 파시즘으로의 일탈을 경험하게 되지만, 그의 정치입문과 초기의 참여는 전적으로 모라스주의에 근거해 있었다. 아마 그가 샤를르 콩스탕(당시 그의 선생님이었다)으로부터 '프랑스인의 투쟁'에 관해 처음 들은 것은 상스의 고등학교에서였을 것이다. 같은 사상에 이끌린 친구들을 만나고 문학교수 앙드레 벨소르의 영향을 받아 "초기 나[로베르 브라지아크]의 정치적 사고가 '프랑스인의 투쟁'과 모라스를 만나게 되는" 것은 고등사범학교 입학준비반 1년차일 때였다고, 그로부터 15년 후에 『전쟁 이전의 우리』(*Notre avant-guerre*)에서 이야기한다.

라틴가에서 '프랑스인의 투쟁'의 우월한 입지는 훨씬 더 이데올로기적인 것에 뿌리를 두고 있었다. 사실 그 존재는 육체적인 것이기도 했다. 모라스파 대학생들은 뤽상부르공원의 나무 아래나 근처 식당에서 벌인 이론적 토론에 갇히지 않았다. 20년대의 팡테옹-뤽상부르-오데옹 삼각지대가 펼쳐내는 연대기는 의미심장하다. 종종 몽둥이가 휘둘렸고, 모임은 방해받았으며, 이따금 셀의 사건이나 15년 후의 제즈 사건 때처럼 대학은 마비되었다.

이 시기 동안에, 조르주 칼장이 이끄는 왕당파학생들은 거리를 점령하고 '프랑스인의 투쟁'은 좀더 폭넓게 이데올로기적 영역을 확보하게 된다. 우리는 여기서 특히 모라스파 연맹이 대학생들 속에 뿌리내린 것에 대해 설명했는데, 이는 새로운 연령층과 관련된 것으로서 세대교체를 가능하게 해주었기 때문이다. 전후(戰後) 거의 10여 년 동안 모라스파 연맹은 1914년 이전과 똑같이 지적 영향력을 행사하는 상징적인 역할을 했다. 일간지와 저명한 지식인, 만남의 장소 등을 통해 직접적으로 영향력을 행사하였으며, 이데올로기 논쟁에서는 준거의 대상으로서 간접적으로 영향을 미쳤다. 그러나 1926년 교황청의 비난이 이러한 "상승시기"(피에르 노라)에 마침표를 찍었다. 이때부터 지식인계층에 대한 모라스주의의 영향은 급격히는 아니었지만 거역할 수 없는 쇠퇴의 길을 걷게 된다. '프랑스인의 투쟁'의 세력권에 있는 여느 사람들과 마찬가지로 지식인들에게 이 여파는 지속적이면서도 매우 컸다. 예컨대 교황청의 비난에 대한 대응으로 대학생집단 내에서는 가톨릭신자들을 가차 없이 몰아내었다. 그리고 그 시기에 급성장하던 '대학애국청년결사대'가 이 유산의 일부를 가로챔으로써 경쟁자인 모라스주의를 추월하게 된다.

이러한 쇠락에도 불구하고 '프랑스인의 투쟁'의 명성은 대단했다. 그래서 지적 과거지향성의 도움을 받아 샤를르 모라스의 단체는 30년대에 클로드 루아나 필립 아리에스 등 1915년경에 태어난 좀더 젊은 세대의 일부 구성원들 사이에서 다시 빛을 발하게 된다. 하지만 이 사이에 파시즘은 지식인집단에서 크게 영향력을 발휘하지는 못하지만, 첫번째 접목이 실패한 20년대보다는 큰 반향을 일으키는 또 하나의 경쟁 축이 되었다.

파시즘의 첫번째 유혹

1925년 11월 11일, 와그람 홀에서 열린 대규모 집회에서 조르주 발루아의 단체 '페소'가 창설된다. 모든 연령층의 지식인들이 여기에 가담했는데, 예컨대 젊은이 가운데는 페소대학의 창시자인 필립 라무르와 '프랑스인의 투쟁'에서 온 자크 드뷔 브리델이 있었고 위베르 부르쟁은 좀더 나이든 세대를 대표했다. 하지만 조르주 발루아의 단체는 1926~28년에 갑자기 약화되었다. 그것은 한편으로는 1926년 레이몽 푸엥카레가 다시 권력을 잡음으로써 일시적으로나마 연합할 이유가 사라졌기 때문이며, 또 한편으로는 좀더 특이하게 내부분열로 잇따라 구성원들이 축출됨으로써 단체가 침식되었기 때문이다. 이 일련의 축출에서는 특히 2년 전에 합류한 젊은 지식인들(예컨대 1928년 3월의 필립 라무르)이 타깃이 되었다. 축출 이외에도 구성원들의 자의에 따른 결별이 페소를 약화시키는 요인이었는데, 예를 들어 경찰보고서에 따르면 1926년 후반기에 자크 드뷔 브리델은 '프랑스인의 투쟁'으로 돌아섰다.

조르주 발루아의 '페소'는 프랑스 인텔리겐치아가 파시즘으로 가는 가교역할을 하지는 않았다. '페소'는 출범 당시부터 파시즘과 거리를 두었다. 그러나 이미 20년대에 지식인집단의 일부 젊은이들 사이에서 파시즘이란 용어는 쇠퇴하는 체제 내에서 젊음의 미덕으로, 나약해진 사회에서 상상력으로 미화되었다. 파시즘을 표방하는——이성적이라기보다 주술적인——분석들은 자신들의 나약함에서 힘을 얻었다. 이탈리아의 모델은 신통치 않은 역할을 했지만, 다양한 지평에서 나온 몇몇은 자신들의 존재론적 회의나 정치적 물음에 대한 답을 찾을 것이라고 믿었다. 이로부터 일반적으로 생각하는 것보다 훨씬 폭넓은 관심이 생겨났으며, 그 못지않게 이질적이고 피상적인 유혹도 생겨났다.

동쪽의 빛, 불똥인가 화재인가?

아니 크리겔은 「프랑스 공산주의의 기원」(Les Origines du communisme français)이라는 논문에서 "혁명적 충동은 전쟁반대 입장을 표명하는 데서 비롯되었다"고 쓰고 있다. 우리는 앞장에서 이미 이와 같은 분석의 정확성을 확인했으며, 앙리 바르뷔스의 행보가 이를 잘 보여준다. 그리고 바르뷔스와 동년배 지식인들은 같은 이유로 인본주의적 원천에서 자양분을 얻는 공산주의에 합류하게 된다. 우리가 말했듯이, 이들 후배들 속에서도 전쟁반대는 '불'의 세대의 일부 지식인들이 공산주의에 매료되는 결정적인 요인이었다. 그렇지만 후배들이나 일부 지식인들의 이와 같은 이끌림의 정도를 과장해서는 안 될 것이다.

은근히 타는 불

앙리 바르뷔스의 행보는 시사하는 바가 크지만, 통계적으로는 대표적인 예라고 할 수는 없다. 1916년부터 우리가 보았듯이, 그는 『불』(Feu)의 마지막 장에서 "자유와 박애는 단어일 뿐이다. 반면에 평등은

그 어떤 것이다. …평등, 그것은 인간들의 위대한 격언이다"라고
썼다. 그리고 1919년——그 2년 전에 조르주 브뤼에르, 레이몽 르페브
르, 폴 바이앙 쿠튀리에와 함께 '퇴역군인공화주의협회'를 세운 후——
에 그는 『빛』(Clarté)과 함께 전쟁이라는 주제로 돌아온다. 작품의
마지막에서 두번째 장은 평화주의와 '평등의 명확함'을 설파하는 일종
의 메시아사상이 일관된다. "세계공화국은 만인의 삶에 대한 권리의
평등으로부터 나오는 필연적인 결과이다." 그후 레닌은 『불』과 『빛』
에 대해 다음과 같이 쓴다. "우리는 이 책에서 집단적 혁명의식의
개발에 아주 설득력 있는 확신 하나를 인식할 수 있다. 확실히 전쟁의
영향 아래서, 평범한 소부르주아의 혁명가로의 변신이 놀랍도록 진솔
하게 그려지고 있다." 바르뷔스가 공산당에 입당한 것은 1923년이었
지만, 그 자신이 비슷한 변화를 겪었다는 사실로부터 특히 영감을
받은 진솔한 묘사이다. 그 사이에 그는 『빛』과 같은 이름의 잡지와
단체를 창설했는데, 단체 '클라르테'(빛)는 국제적인 목적의 승리,
다시 말해 "'사상인터내셔널'을 실제로 건설하기" 위해 '지식인협동연
맹' 속에서 지식인들을 결합시키고자 했다.

초기에 단체는 정말 폭넓은 지식인 전위부대가 되기 위해, 그리고
평화주의자들뿐 아니라 혁명가들도 결집하기 위해 매우 보편적인
시각을 견지하고 있었다. 모든 정당으로부터 독립성을 유지하였으며
고르키와 리프크네히트, 로자 룩셈부르크, 다눈치오, 쥘 로맹 등과
같은 인물들을 후원회에 포함시켰다.

바르뷔스는 이 시기부터 자신의 진영을 선택한 듯하다. 그래서
그는 1920년 "단체 '클라르테'가 원하는 것"이라는 부제를 붙인 『심연
속의 빛』(La Lueur dans l'abîme)에서 이렇게 말하고 있다. "레닌의
얼굴은 일종의 메시아의 얼굴처럼 나타날 것이다." 그리고 그의 다음

128

작품인 『이빨로 문 칼』(*Le Couteau entre les dents*)은 '지식인들', 즉 "사물을 그것의 이름으로 부를 수 있는 신적인 재능을 가진" 사람들을 대상으로 하고 있으며, 마침내 1921년 이들 지식인에게 명확한 임무를 맡겼다. "모스크바 사람들은 자신들이 자유롭게 활동할 수 있는 모든 상황 속에서 놀라울 정도로 지혜롭게 행동했다. 그들은 자신들의 사실주의 개념의 중요성 때문에 틀릴 수가 없다. 내재적 논리의 소유자인 이 지식인들이 이 사람들을 적절히 고려치 못하는 우를 범하지 않기를…."

곧바로 1923년부터 앙리 바르뷔스는 작가라기보다 운동가가 된다. 특히 1926년 자신이 문학부 책임을 맡은 『뤼마니테』와 자신이 1928년 창설한 잡지 『르 몽드』에서 운동가로서의 면모가 여실히 드러난다.

하지만 좀더 면밀히 들여다보면, 그는 "1923년부터 주저하지 않고 공산당을 선택한 유일한 유명작가"(장 피에르 A. 베르나르)이다. 사실 20년대에 재력 있는 지식인들 가운데 '공산주의 인터내셔널 프랑스지부'에 참여한 지식인은 드물다. 더군다나 이 시기에 먼저 공산당에 매료된 지식인들도 공산당이 '볼셰비키화된' 후에는 멀어지게 되며, 당과의 적극적인 동조자관계조차 20년대 내내 제한적으로 나타날 뿐이다. 그리고 향후 10여 년 동안 다수의 지식인들이 파시즘 반대투쟁 대열에 운동가로서 혹은 동조자로서 참여하게 된다. 이때까지만 해도 공산주의는 개별적으로 존재하는 지식인들과 관계 맺는 정도의 매우 제한된 범위에서 프랑스 지식인집단에 영향을 미친다. 또한 볼셰비키 혁명과 소비에트체제가 이 집단에 드리운 그림자가 어느 정도인가 하는 점──같은 시기 지식인집단 내에 스며든 마르크스주의에 대한 평가──과 관련해서 1935년을, 1945년은 말할 것도 없고 1925년에 투사하는 것은 시대착오적일 것이다. '동쪽에서 생긴 큰 빛'은 눈이

부신다기보다 반짝이는 정도였다. 화재라기보다는 불똥에 지나지 않았지만, 그것은 전위예술가들과 일부 새로운 세대와 접목했다. 그렇지만 이 두 가지 조건이 그 불을 충분히 오랫동안 은근히 탈 수 있게 했고, 10년 후 파시즘 반대투쟁에 의해 다시 자극받아 광휘의 진원지가 될 수 있게 했다.

전위예술가들

니콜 라신과 특히 장 피에르 A. 베르나르의 작업은 공산주의와 일부 전위예술가들의 관계를 엿볼 수 있는 실마리를 제공한다. 『클라르테(빛)』 잡지와 그룹은 이 관계에서 복잡한 역할을 맡았는데, 보편주의와 국제주의의 계획을 포기한 잡지는 "혁명적 교육과 프롤레타리아 문화"의 장이 되었다. 하지만 잡지의 격렬하고 불손한 스타일은 바르뷔스와 같은 공산주의자들의 휴머니즘적 영감과 곧바로 대립하였지만, 잡지의 노선은 정통파에서부터 비주류에 이르기까지 폭넓게 포괄하였다. 결국 20년대 중반에 잡지와 바르뷔스는 결별하였다. 당시 잡지는 "이데올로기적 위기"(니콜 라신)를 겪고 있었고, 이후에 트로츠키주의로 변모하게 된다. 그리고 태동중이던 초현실주의 집단과 접촉하면서, 1925년 8월에는 전단 형태의 공동선언문이 발표된다. 선언문은 '완전한 해방의 불가피성'을 토대로 하여 작성되었으며, 초현실주의자들의 주장으로부터 강하게 영향을 받았다. 그리고 "혁명, 우선 그리고 영원히"(La Révolution, d'abord et toujours)라는 제하의 이 선언문은 레닌에게 경의를 표하면서 리프전쟁[3] 반대운동에 합류할 것을 천명하였다. 초기에는 정통파가 아니라 『클라르테』를

---

3) 모로코의 리프 부족과 지발라 부족이 스페인에 대항한 전투(1919~26). 멜리야 전쟁이라고도 함.─옮긴이

통해서였지만, 아무튼 공산주의자들과 초현실주의자들 사이에 접촉은 시작된 듯하다. 그리고 1925년 9월 21일 『뤼마니테』는 "혁명을 찬성하는 젊은 지식인들의 선언"을 게재한다. 초현실주의자들이 유일한 공동서명자가 아니었기 때문에 공산주의자들의 소득은 그만큼 더 컸다. '필로조피' 그룹의 젊은 지식인들 역시 발의에 합류한다.

하지만 초현실주의자들과 공산당의 관계는 복잡하면서도 정열적이었다. 물론 리프전쟁은 양측의 접근을 가능케 했다. 1927년 초에 아라공과 브르통, 엘뤼아르, 페레, 위니크가 결단을 내리고 당에 가입하지만, 지적으로는 거리를 유지한다. 예컨대 1927년 브르통은 『대낮에』(Au grand jour)라는 소책자에서 "정신의 혁명적 태도인 초현실주의는 혁명을 지향하는 정치적 방식들을 끝없이 초월한다"고 쓰고 있다. 이와 같은 분석의 모호함, 그룹의 내부갈등 등, 이 모든 것이 원인이 되어 공산당 집행부와 『초현실주의 혁명』(La Révolution surréaliste)——1930년에 『혁명을 위한 초현실주의』(Le Surréalisme au service de la Révolution)라고 이름이 바뀐다——의 관계는 험악해져 간다. 1930년 카르코프에서 열린 제2차 국제혁명작가회의에서 비로소 양자의 관계를 명확히 하는 최초의 모임이 성사되었다. 그러나 초현실주의 집단의 대표 조르주 사둘과 아라공은 "당 지도부를 추종할 것"과 "당의 규율과 통제에 복종할 것"을 약속해야 했고, 이로 인해 그룹으로부터 비난받은 아라공은 공산당을 선택하고 브르통·크르벨·엘뤼아르는 당으로부터 축출당한다. 1934년부터 시작된 반파시즘 시기에 초현실주의와 공산주의의 관계는 여전히 복잡한, 새로운 단계로 접어들게 된다.

그러나 여기서 중요한 것은 양자의 복잡한 관계라기보다 그것의 역사적 의미이다. 20년대부터 일부 전위예술가들은 공산당에 대해 일종의 불가항력 같은 매력을 느끼게 된다. 그런 만큼 젊은 공산당이 만들기 시작한 자기장에 이끌린 전위예술가 집단은 초현실주의자들만이 아니었다. 예컨대 1925년의 성명서 "혁명, 우선 그리고 영원히"에는 '필로조피' 그룹도 서명을 하였다.

여기서도 가입자 수는 통계적 차원에서는 중요성을 가지지 못하지만, 공산당의 흡인력을 보여준다. 초기에 앙리 르페브르와 조르주 프리드만, 피에르 모르앙주, 조르주 폴리체, 노버트 구터만 같은 젊은 '철학가들'은 마르크스주의자가 아니었다. 이들은 잡지 『필로조피』(*Philosophies* 1924~25)가 '문학운동'의 구심점 역할을 하기를 원했으며, 잡지를 통해서 자신들의 '서사적·신비적·형이상학적 경향'과 '시적이면서도 철학적인 관심'을 주장하면서 '시인과 에세이스트, 형이상학자 들'을 규합하고자 했다. 그래서 이 잡지의 초기 목차들을 살펴보면, 마르셀 프루스트, 막스 자콥, 장 콕토, 피에르 드리외 라 로셸, 쥘 쉬페르빌, 필립 수포, 피에르 모르앙주, 알베르 코앙, 조셉 델테이, 앙리 르페브르 등 다양한 이름들을 발견할 수 있다. 그러나 그후 대부분의 창립멤버는 공산당에 합류함으로써 한동안 동조자의 길을 걷게 될 뿐 아니라, 폴 니장 같은 젊은 철학자들도 잠시 『정신』지——1926~27년에 2호까지 발행된다——를 발간하다가 1929년부터 『마르크스주의 리뷰』(*Revue Marxiste*)를 발행한다.

서정성인가 신비인가?

바르뷔스 세대와 19세기 말에 태어난 세대의 지식인들이 공산주의에 참여하는 데 있어서 1차대전의 충격이 중요한, 아니 결정적인 역할을 했다면, 초현실주의자들이나 『클라르테』의 주축멤버들은 주로 세기말에 태어나 20세에 참호 속에서 죽어간 세대에 속한다. 1905

년경에 태어난 젊은 '철학가들'의 경우, 그들의 역할은 분석하기가 훨씬 까다롭다. 물론 선배들의 대량학살이 이 연령층에 큰 영향을 끼치고 그에 대한 저항이 이들 일부를 공산주의로 인도하는 계기가 되었을 수 있으나, 그 밖에 설명해 줄 만한 특별한 동기는 없다. 사실 전쟁에 대한 혐오는 같은 연령층의 많은 젊은 지식인들을 다른 세력권, 즉 사회주의자나 샤르티에주의자[4]——알랭이라 불리는 철학가 에밀 샤르티에의 이름을 붙인 집단——혹은 좀더 평범한 브리앙드주의자의 입장으로 인도한다. 따라서 1920년대에 정치에 입문한 지식인들이 공산주의에 참여하게 되는 동기는 다른 곳에서 찾아야 한다.

이들이 공산주의에 참여한 동기는 사실 다양했다. 개중에 몇 가지 동기는 이성보다 감성에 호소하는 편이었는데, 결국 정치적이라기보다 서정적인 차원에서 참여했다고 볼 수 있다. 예컨대 역사가 장 브뤼아는 1925년에 자신이 '공산주의 인터내셔널 프랑스지부'에 가입한 동기를 그로부터 60년 후에 다음과 같이 분석했다. "우선 열정… 나에게 중요한 것은 동유럽권에서 일어난 사건이었다. 우리가 말레이삭에서 공부한 1789~94년 이래 그에 비교될 만한 것은 없었다. 과격한 공화파들의 카르마뇰 복장[5] 위로 겨울궁전 전사들의 가죽재킷이 겹쳐 나타났다. 나는 흑해의 저항영웅들 마르티와 바다나를 위해 아주 조잡한 시를 썼다."

---

4) 1905년 세대의 넓은 계파, 특히 사회주의자와 샤르티에주의자 부류의 평화주의자, 그리고 위험의 증가와 제2차 세계대전과 관련된 평화주의의 대립에 관해서는 졸고, "Génération intellectuelle, khâgneux et normaliens dans l'entre-deux-guerres"(파이아르, 1988. p. 722) 참조.
5) 프랑스혁명 당시의 혁명가들이 입던 복장. 혁명가들은 거친 천의 긴 줄무늬 바지를 입었는데, 이 긴 바지가 그들을 짧은 바지와 긴 양말을 신은 귀족계급과 구별시켜 주었다.—옮긴이

장 브뤼아는 혁명적 낭만주의로 채색된 공산주의로 전향하고 나서 마르크스주의에 입문하게 된다. 그가 마르크스에 관해 읽은 것은 공산당에 가입한 후 위름가에서이다.

이와 반대로 다른 사람들에게서는 공산주의의 실존보다 마르크스주의의 본질이 선행했다. 가령 폴 니장의 경우 마르크스주의를 접하고 철학적인 접근방식이 성숙하면서 공산당에 가입하였으며, 그에 따라 그의 참여는 존재론적 불안과 부르주아적 질서에 대한 반항에 그 뿌리를 두고 있었다. 따라서 초기에 그의 정치적 활동은 투쟁적이라기보다 이데올로기적인 경향을 보이는데, 『마르크스주의 리뷰』에의 참여가 이를 잘 말해 준다. 일단 마르크스주의를 앞에 내세움으로써, 이 잡지의 구성원들에게는 마르크스주의에 대한 학습과 전파가 (일부 구성원들에게만 해당하는) 공산당 가입보다 더 중요하게 되었다. 이리하여 장 브뤼아의 서정성에서 '신비주의'로 넘어간다. '신비주의'라는 표현은 구성원 가운데 한 사람이 반세기 후에 자신의 공산당 참여를 회고하면서 당시를 '거의 신비주의 시기'라고 지칭한 데서 빌려온 것이다. 실제로 조르주 프리드만은 『권력과 지혜』(*La Puissance et la Sagesse*)에서 이렇게 참여의 동기를 설명하는데, 이것은 1970년 '마르크스주의적 휴머니즘'의 바탕을 이룸으로써 연관성을 가지게 된다. 전쟁에 대한 저항감과 거부, 세상에 대한 희망을 담은 혁명에의 도취, 낭만적인 분위기 등과 같은 요소들은 사라지지도 않았거니와, 세기초에 선배들에게 기대했던 결정적인 역할을 수행하지도 못한다. 물론 '철학가들'에게서도 마찬가지의 반항심과 거부를 찾아볼 수 있으며, 이들의 참여는 종종 메시아적인 성격을 띠기도 했다. 그렇지만 몇 년 전에 비해서 이들의 참여에는 이데올로기적 농도가 훨씬 짙게 배어났는데, 이는 게드주의와 접목한 이후의 프랑스환경에서 마르크스주의의 문화적 적응이라는 두번째 단계와 맞물린다. 뿐더러 당시 이와 같은 현상은 폭과 깊이 면에서 아직 일천했다.

마르크스주의의 접목?

이 당시 마르크스주의가 거의 침투되지 않은 대학인집단 속에서, 갓 철학교수자격을 획득한 젊은 지식인들은 사실 마르크스 사상과 완전히 동떨어져 있는 대부분의 동료들과 선명하게 구별된다. 하지만 전자나 후자 모두 1905년에 출현한 사르트르와 아롱의 세대에 속하는데, 이 세대는 마르크스주의와 복잡한 관계를 유지했다. 이중 극소수만이 젊은 시절에 마르크스주의의 영향을 받았지만, 이런 사람들조차 2차대전 후의 세대들처럼 지배적이 된 이데올로기에 매료되어서라기보다 시대의 흐름에 대한 거역이 계기가 되어 마르크스주의와 접목하였다. 물론 그렇다고 해서 1905년 세대가 마르크스주의의 영향을 전혀 받지 않았다는 의미는 아니다. 오히려 이 세대는 2차대전 후 가장 적극적인 마르크스주의의 전파자가 된다. 다만 1905년 세대로는, 앙리 르페브르처럼 초기 마르크스주의 해석자인 철학가들 곁에서 알렉상드르 코제브 같은 30년대의 선각자들을 통해 뒤늦게 마르크스의 독자가 되는 사상가들이 포함된다. 그리고 바로 이와 같은 사실 때문에 이들의 열정과 선전활동은 더욱더 뜨거워진다. 모리스 메를로 퐁티가 한동안 그러하였고, 특히 장 폴 사르트르는 40대가 되어서야 실질적으로 발견한 마르크스주의를 '우리 시대의 넘을 수 없는 철학'이라고 선언했다. 마르크스주의는 20년 전에는 몇몇 전위예술가들에게만 영향을 미쳤고, 그리고 장년기의 그들에게 폭넓게 영향을 주었다. 이와 같이 한 세대라는 시간 속에서 이 이데올로기가 여행한 방식은 주변적인 집단에서 주류집단으로 변화한 전체 지식인집단의 행보를 상징적으로 보여준다. 공산주의의 매력에 관한 한, 이것은 1차대전 이후의 '개인적인 선택'에서 2차대전 이후의 '한 세대의 변화'로의 이행과정을 잘 설명해 준다.

'30년대의 정신'

마르크스주의의 완만한 침투와 공산주의에 대한 얼마간의 매료에도 불구하고, 대체로 이 시기의 지식인집단은 1914년 이전과 마찬가지로 우파의 경우는 '프랑스인의 투쟁', 또 다른 집단은 사회주의화되어 가는 급진적 교사공화국의 영향 아래 있었다. 마르크스주의와 공산주의가 새로운 세대의 지식인들——좀더 정확하게 표현하면 극소수의 지식인들——에게 즉각적인 영향력을 발휘한 것은 아니다. 그들에게 영향을 끼치게 되는 움직임이 나타나는 것은 20년대 말이다. 그렇지만 한 발 물러서서 생각해 보면 그 역할은 매우 중요하다. 전전(戰前, 1차대전 전을 지칭함)으로부터 물려받은 정치적 비전은 더 이상 위기에 빠진 세계를 바라보는 시각이 되지 못하였던 것 같다.

상투적 수단이 아닌

20년대 말이 되면 젊은 지식인들 사이에서 정치토론의 용어들을 새롭게 정립하려는 시도가 일어난다. 당시 프랑스의 가치와 대립되는 '비보수주의'의 중요한 주제는 반자본주의, 반자유주의, 반이성주의였다. 마르크스주의와 동양의 큰 빛에 거의 이끌리지 않은 지식인들은, 자신들이 볼 때 문명의 위기라고 판단되는 것과의 투쟁을 위하여 자본주의와 공산주의 사이에서 중간의 길을 찾았던 것 같다. 그리고 제도적 영역에서는 이미 예상한 민주주의의 나약함과 부상하고 있는 전체주의적 독재의 톱니바퀴 사이에서 길을 찾았다. 이와 같은 주제들은 소규모 잡지들——예컨대 『반동』(*Réaction*, 장 드 파브레그, 로베르 뷔롱, 장 피에르 막상스, 티에르 몰니에가 만들었음), 『전투』(*Combat*, 작가들을 비롯하여 조르주 블롱과 피에르 앙드뢰를 흡수하였음), 『정신』(엠마뉘엘 무니에와 조르주 이자르, 앙드레 델레아주가 창설하고 에티엔 보른과 장 라크루아, 피에르 앙리 시몽, 앙리 마루 등이 기고하였음), 『새로운 질서』(*Ordre nouveau* 아르노 당디외, 로베르 아롱, 드니 드 루주몽, 다니엘 롭스가 주축이 되었음), 『플랜』(*Plans*, 필립 라무르가 주도하였음)——을 중심으로 전파되었다. 물론 이 젊은이들은 때로는 전혀 관계없는, 또 때로는 모순적인 분석을 전개하기도 했으나, 그룹이 만들어내는 효과는 역사가들의 소급적인 지나친 단순화와는 달랐다. 그룹은 실재했고 또 그것은 특히 그 세대의 표현으로 해석될 수 있다.

'비보수주의자들'은 대부분 세기초 10여 년 사이에 태어났다. 바르뷔스의 자식들이며 라디게의 형제인 이들은 이른바 시체더미 세대의 자식들이다. 이 가운데 일부는 고아이며, 아버지의 이른 죽음이 이들로 하여금 급속도로 지식인사회로 들어가게 했다. 그러나 이 빛으로의 이행은 이 세대가 지적·정치적 정체성을 찾아나가는 과정에서 이루어진다. 일부는 1924~26년 '좌파연합'의 분위기 속에서 각성하였고, 또 일부는 '프랑스인의 투쟁'의 그늘 아래서 각성하였다. 하지만 20년대 말의 '좌파연합'은 한갓 실패의 추억에 불과했으며, '프랑스인의 투쟁'은 1926년 로마교황청의 비난에 의해 심하게 동요한다.

20년대의 산물
따라서 '30년대의 정신'은 20년대의 실망의 자식이다. 그리고 이 세대에게 요란한 장식으로 치장된 '광적인 몇 년'은 일종의 반항심을 습득하는 시기라고 할 수 있었으며, 또 시대는 이들에게 참여를 요구했다. 1927년에 쥘리앙 방다가 『지식인들의 배반』(*La Trahison des clercs*)을 폭로했지만 소용이 없었다. 방다는 지식인들이 당파투쟁에 너무 앞장서서 참여함으로써 정의와 진리라는 대의를 배반하였다고 선언했다. 그렇다고 그가 상아탑을 변호한 것은 아니었다. '비보수주의자들'에게 있어서 지식인들은 서로 대립하는 존재가 아니었다. 가령 로베르 아롱과 아르노 당디외는 『프랑스의 쇠퇴』(*Décadence de la Nation française*)에서 다음과 같이 쓴다. "구체적인 것 앞에서 도망치는 것, 바로 이것이 지식인들의 무서운 배반이다. 그것의 비열한 이상주의가 프랑스와 세계를 위협하고 있다." 젊은이들에게 후퇴란 결코 없다. 바야흐로 이들이 역사의 주역이고, 주동자가 된다.

3년 전 허드슨 강변에서 발생한 대위기가 1932년 세느강에 미친 여파는 당연히 조직의 확대로 나타나는데, 어떤 면에서는 그 전조를 확인하게 된다고 할 수 있다. 하지만 조직들이 탄생한 것은 미국위기의 프랑스로의 수출이나 월 스트리트에서 시작된 위기보다도 이전이다. 한 세대와 위기가 만나게 되면서 '비보수주의자들'이 생겨난 것인바, 여기서 위기는 1929년의 위기만을 뜻하지 않는다. 좀더 폭넓게 1차대전 이후 지속된 위기를 지칭한다. 인구통계학적으로 전쟁에 휩쓸리지 않은 '1905년 세대'는 실제로 훨씬 더 깊은 전쟁의 상흔을 간직하고 있었다.

이 세대의 조직들은 동일한 근원, 몇 가지 주제에서의 일치 그리고 기존 지적 질서에 대한 반발 등으로 외형상 통일된 모습을 하고 있었지만, 그 내면을 들여다보면 엄청난 이질성이 잠복해 있었으며, 또 장 투샤르의 분석에 의하면 여러 원천으로부터 자양분을 얻었다.

첫번째 경향은 『반동』 『전투』와 함께 '프랑스인의 투쟁'과 결합했다. 이 경향의 젊은이들이 운명의 사자와 거리를 유지하고 모라스주의의 반대자가 되기까지는 1934년 2월 6일의 사건을 기다려야 했다. 폭동이 일어나던 그날 저녁 이들은 프로방스어로 시를 짓고 있던 샤를르 모라스에게 실망했다. 이들은 샤를르 모라스가 죽어가는 공화국에 최후에 일격을 가하라고 명령하리라고 믿어마지 않았기 때문이다. 두번째 경향은 가톨릭 토양에 뿌리를 두고 있는 『정신』의 인격주의이다. 그런가 하면 『새로운 질서』는 좀더 폭넓게 정신주의자들을 기반으로 하고 있었다. 마지막으로, 오늘날 우리가 테크노크라트라고 부르는 네번째 경향은 전체적으로 『플랜』 『신인간』(L'Homme nouveau)과 접목되었다. 다양성은 조직들에게 탄력성을 부여함으로써 일찍부터 전통적 정당의 혁신적 경향과 영향을 주고받았으며, 이와 같은 탄력성은 확실히 그들의 힘이 되었다. 예컨대 20년대 말에 급진당에서 '젊은 터키인' 혹은 '젊은 급진파' 단체들이 탄생하는 것을 확인할 수 있다. 이들에게는 전후(戰後) 상황에 적응하지 못한 노선을 새롭게 정립하고자 하는 의욕이 있었을 것이고, 이들의 이같은 욕구는 '비보수주의자들'의 욕구와 가까웠을 것이다. 마찬가지로 그후 10여 년 동안, 국제노동자연맹 프랑스지부 내에서 이루어진 여러 가지 시도 역시 '30년대의 정신'과 공통점이 없지 않다.

그렇지만 이러한 탄력성은 한계를 가졌다. 정치적 압력이 너무 강하거나 선거철이 다가오면 이러한 조직들은 분열되었다. 이 때문에 『7월 9일 플랜』(Plan du 9 juillet)은 1934년 '비보수주의' 계열의 화려한 피날레인 동시에 최후의 걸작이 되었다. 『7월 9일 플랜』은 쥘 로맹이 서문을 썼고, 몇 가지 제안에 대해서는 '애국청년단'에서부터 신사회주의자에 이르기까지의 문학부졸업생과 'X와 위기' 그룹의 파리이공과대학졸업생으로 구성된 19명의 지식인들이 서명을 하였다. 아마도 다양한 정치적 지평에서 나온 지식인들은 프랑스를 진창에서 꺼낼 수 있는 일련의 개혁에 대해 동의했을 것이다. 하지만 역사의 수레바퀴는 이미 굴러가 버렸다. 그로부터 며칠 후인 7월 27일, 공산주의자들과 사회주의자들 간에 행동통일협약이 체결되었다. 이때부터 프랑스는 2년 동안 지속되는 선거전에 들어갔고, 양극화된 정치의 장에서 '비보수주의자들'은 자신들의 기수를 어디로 돌릴지 선택해야 했다.

*

물론 '30년대의 정신'은 1934년에 분명히 사라짐에도 불구하고, 레지스탕스에서 나타나듯이 비시정권에서 다시 출현하게 된다. 그러나 당장은 이 흐름이 지하로 잠복하고, 내부는 '인민전선'에 대한 찬성과 반대로 재편된다. 반공주의와 반파시즘은 참여의 필수요소가 되고, 외부문제가 악화되면서 모든 것이 역사적으로 혼란기에 접어든 프랑스 지식인사회의 내부분열을 드러내는 데 일조하게 된다.

제5장
인민전선의 깃발 아래(1934~38)

'인민연합'('인민전선'의 이름 아래 공동의 기억 속에 남아 있던 공식명칭)이 주로 공산주의 인터내셔널의——그리고 무엇보다도 1934년 초부터 스탈린의——전략적 변화에서 비롯되었다는 것은 잘 알려진 사실이다. 예측과 반대로 히틀러체제는 내적 갈등의 희생자로서 무너지지 않았다. 10여 년 전부터 독일은 사회주의 조국의 역할을 하는 소련의 제1 외부 적이 되었다. '계급 대 계급'의 전략, 사회주의와 공산주의 노동자조직들간의 모든 동맹의 거부는, 몰락해 가는 바이마르공화국이 겪었던 것처럼 이때부터 자멸을 초래하는 듯했다. 1935년 7~8월의 코민테른 7차 및 마지막 회의에서 '반파시스트 연합전선'이라는 새로운 슬로건이 공식적으로 선포되었는데, 이처럼 새로운 슬로건으로의 대체는 이미 1934년 6월 이브리 회의 이래 프랑스공산당의 의사일정에 들어 있었다. 지도부는 회의 도중에 새로운 지시사항을 접수했을 만큼, 프랑스는 연합전선의 실험장소가 되었다. 이것은 이 시기 정치사에서 최초의 독창적인 성격이다.

두번째 것은 지식인사(史)에 속한다. 프랑스공산당이 어려움 없이 연합전략을 했고 또 연합전략이 지지자와 운동가들 속에서 긍정적인 반응을 얻었다면, 그것은 주로 지식인들 사이에서 적극적인 반파시스 연합운동이 이미 존재했기 때문이다. 이는 2월 6일 이후 우파인텔리겐치아의 의식화 및 참여와 대조를 이룬다. 특히 연합에 대한 긍정적인 반응은 불과 1년 사이에 통일된 추진력을 발휘함으로써 1935년 5월 시의회선거에서 대승을 거두었으며, 1936년 3월에는 두 개의 노동자 총연맹을 결합시켰으며, 4월 26일과 5월 3일의 국회의원선거에서도 승리를 거두었다.

양극화

1934년 2월 6일은 권력을 잡고 있는 정치계층의 부패("도둑들을 타도하자!")에 대해 항의하는 거리시위가 특히 격렬했고 이 시위가 한순간 하원의사당을 위협했다는 점에서는, 프랑스역사에서 의미 있는 날이라고 할 수 없다. 대부분의 참가자들에게 시위의 목적은 국가개혁의 방향을 권위주의 쪽으로 돌리는 데 있었다. 이날이 의미를 가지는 것은 중도좌파 연립정부──6일 저녁에 정부는 급진파 에두아르 달라디에가 이끄는 새 내각을 구성하기로 결정했다──를 충분히 뒤흔들 만큼 시위가 위협적이었기 때문이다. 7일 달라디에는 사임했고, 보다 우파성향의 '민족연합' 내각이 들어섰다. 그리고 곧바로 새 내각은 달라디에가 시행할 예정이었던 제도개혁안들을 폐기시켜 버린다.

2월 6일이 인텔리겐치아에게 준 충격
거리시위의 압력과 '반동화' 경향으로 인해 제3공화국이 맞닥뜨린 최초의 변화, 즉 2월 위기는 급진파와 사회주의 계열의 온건좌파 지식인들을 오랫동안 충격에 빠뜨렸다. 그들은 '선동적인' 동맹들 속에서 즉각 파시즘의 전조를 간파하였으며, 6일의 행동 속에서 또 다른 쿠데타의 기도가 준비되고 있는 것을 보았다. 이 위기는 지식인들을 공산주의자와 사회주의자·노동조합주의자 들에게 다가서게 했다. 이미 오래 전부터 평화를 옹호하고 전쟁의 앞잡이 파시즘에 반대하는 투쟁을 전개하는 과정에서 연대를 형성한 공산주의자·사회주의자·노동조합주의자 들은 자신들의 조직적인 행동의 존재이유를 이와 같은 투쟁들에서 찾았다.

인민전선 인텔리겐치아 내에서 중요한 역할을 담당하게 되는 소설가 앙드레 샹송(1900~85)은 이러한 접근방식을 상징적으로 잘 보여준다. 프랑스 남부 세브놀의 유서 깊은 '귀족'가문 출신의 신교도인 샹송은 2월 6일 저녁 비서실장으로서 달라디에 곁에 설 만큼 급진당과 매우 가까웠다. 그리고 이같은 그의 위치는 앞으로 그가 반파시트연합의 투쟁일선에 나서게 됨을 예고하고 있었을 뿐 아니라 자신의 문학작업이 뒷전으로 밀려남을 뜻했다. 당시 비평가들은 성급하게 그의 문학을 '지방문학'의 범주로 분류시켜 버렸지만, 오히려 그의 문학세계에서는 자유와 사회정의를 위한 투쟁이 일관된 주제를 이루고 있었다.

우파 역시 충격이 적지 않았다. 그 충격 역시 2월 6일의 이미지——놓쳐버린 기회——에 근거해 있었다. 한편으로, 체제의 배척과 쇠퇴의 거부는 '대중'을 동원할 수 있었고 이 대중들을 공산주의자들의 폭력과 유사한 난폭한 행동으로까지 부추길 수 있음이 확인되는 듯했다. 또·한편으로, 시위참가자들은 달라디에 내각을 전복하고 대신 가스통 두메르그를 세우고 싶어하지 않는다는 것이 명백해 보였다. 일부 지식인들은 이와 같은 상황으로부터 새로운 조직과 행동양식이 필요하다는 결론을 내렸으며, 이런 새로운 양식은 특히 이탈리아 파시즘 같은 외국의 권위주의적이고 대중적인 사례에서 다소 직접적으로 영감을 받게 되었다. 또한 대부분의 지식인들은 극우파의 전투적 태도에 대해 좀더 일찍, 좀더 분명히 개입하는 않은 것을 중대한 실수로 생각했고, 정신적 힘과 시민적 통찰력이 부족했음을 스스로 비판했다.

피에르 드리외 라 로셀은 "영원히 지속되기를 자신이 바랐을 순간"(『누벨 리뷰 프랑세즈』)인 2월 6일에 『파시스트 사회주의』(*Socialisme fasciste*, 같은 해에 발표된 에세이의 제목이다)를 위해 선택할 것을 결심한다. 하지만 그는 자신의 배가된 에너지를 쏟아부을 수 있는 마음에 드는 조직을 찾는 데 몇 년을 보내게 된다. 로베르 브라지야크는 사춘기 이래 모라스 계열에 속했다는 점에서 보다 유리한 조건에 놓이게 된다. 그리하여 자신의 회고록에서 "본능적이고 멋진 반항"에 대해 쓰고 있듯이, 그때까지 주로 연극평론과 소설을 쓰던 그는 정치분석에 훨씬 많은 부분을 할애함으로써 날마다 파시즘의 실험에 더욱 유리하게 작용할 수 있는 글을 쓰게 된다. 이와 동시에 이 무렵 좌파를 불안하게 할 만한 경향 하나는 같은 길을 걷고 있던 몇몇 중재자들의 과격화 경향이었다. 이 중재자들이 여론에 미치는 영향력은 문학계 인사들의 그것보다 훨씬 컸다. 그 적절한 예가 앙리 베로(1885~1958)인데, 그는 1934년부터 주간지 『그랭구아르』(*Gringoire*)를 위해 논쟁가로서의 자신의 재능을 아낌없이 발휘한다. 반의회주의와 외국인혐오증에서 더욱더 공격적인 방향으로 치달은 『그랭구아르』는 인기 시평담당자 앙리 베로의 『캉디드』(*Candide*)보다 훨씬 대중적인 어조를 지향했다. 1936년 뱅빌 후임으로 피에르 가조트가 들어서면서 두 명의 모라스주의자가 이끌게 된 『캉디드』 역시 정치에 더 많은 지면을 할애했다. 두 매체 모두 1934년부터 발행부수가 크게 증가하여, 1936년에 46만 5천 부(『캉디드』), 65만 부(『그랭구아르』)로 최고 발행부수를 기록함으로써 좌파의 유사한 주간지들을 양적으로 압도한다.

하지만 지식인들이 어느 정도 혼란을 겪었는가 하는 것은 아마 라몽 페르낭데즈(1894~1944)의 행보 같은, 겉으로 비정형적으로 보이는 행보를 살필 때 더 잘 볼 수 있을 것이다. 많은 사람들이 그 세대의 가장 뛰어난 문학평론가라고 인정한 이 작가는 『누벨 리뷰 프랑세즈』에서 활약함으로써 파리 문화계에서 전략적으로 중요한 위치를 차지하게 된다. 2월 6일이 그를 뒤흔든다. 그리고 그는 '뭔가를 해야 할' 필요성을 느끼게 된다. 1934년 여름까지 좌파진영에서 그의 이름을 발견할 수 있고, 그의 행동은 주목받는다. 그리고 아라공과의 격렬한 다툼으로, 그는 좌파진영과 결별한다. 그는 반파시스트 지식인집단이 공산주의자들에 의해 장악되었다고 판단하고 떠나지만, 뭔가를 해야 한다고 확신하고 있던 터라 몇 달 후 극우파에 합류한다. 그리고 1936년 파시즘으로 전향한, 동시대 공산당의 변절자 자크 도리오 곁에 선다.

어쨌든 처음에 페르낭데즈는 좌파를 선택했다. 1934~36년에 그는 지식인들이 가장 빠르면서도 눈에 띄게 공헌할 수 있는 가장 크고 탄탄한 모임은 좌파 쪽에 있다고 믿어 의심치 않는다. 그래서 『지식인들의 외침』(*Appel des intellectuels*)은 1934년 2월 10일부터 두 '노동자총연맹' 각각이 계획하고 있던 12일 동시 반파시스트 총파업이 좌파세력들의 행동통일의 계기가 될 것을 촉구했다. 실제로 파리를 비롯한 다른 도시들에서 파업이 끝나갈 무렵에 양 연맹은 연대하게 된다. 알랭에서 말로까지, 브르통에서 장 게노까지, 폴 시낙에서 장 비고(혹은 페르낭데즈)에 이르기까지, 주로 당을 초월한 작가와 예술가들이 서명한 선언문은 양 '노동자총연맹' 내에서 아래로부터의 통합형태가 실험되었음을 환기시켰다. 비록 통합이 실현되지는 않았지만, 통합을 실질적이고도 진지하게 다루어야 할 필요성을 인식하는 계기가 되었다.

반파시즘 연합의 선사시대

'인민전선'의 경우처럼 이 단계에서 코민테른의 영향 없이는 아무것도 가능하지 않았을 것이다. 1932년부터 코민테른은 지식인들을 대상으로 각국 공산당의 경계를 뛰어넘어서 두 가지 동원정책을 전개하기로 결정했다. 한편으로 이것은 소련 이외의 다른 나라들의 경우 더이상 '프롤레타리아계급'의 문화와 노동자계급의 창의성에 특권을 부여하지 않는 미학적 토대 위에서 작가와 예술가 모임을 꾸려나간다는 선택을 확고히 하는 것이었다. 또 한편으로 경제적 위기는 아래로부터의 공동전선 형성에 유리한 계기를 제공하는 듯했다. 경제적 위기가 자본주의 체제의 모순과 실패의 증거 같아 위기의식은 느끼지만 그렇다고 자신들이 보기에 호전주의와 동의어인 민족주의를 표방하는 우파수정주의에 합류할 생각이 없는 지식인들이 공동전선에 가담함으로써 자연스럽게 공산주의와 접목되었기 때문이다. 1932년에 두 가지 자주적인 행동이 일어났으며, 이 둘은 서로 다르면서도 일치하는 점이 있는 목적을 지향했다. 3월에 프랑스에서는 혁명작가·예술가협회가 창립되었고, 국제적으로는 아인슈타인에서부터 로맹 롤랑에 이르기까지 일단의 저명인사들에 바르뷔스의 호소(『르 몽드』 5월호)를 계기로 암스테르담에서 전쟁반대 세계총회(8월 27~29일)를 개최하였다. 이 총회에서는 처음부터 프랑스 지식인들이 결정적인 역할을 하였고, 또 이듬해 파리에서 반파시즘 유럽총회(1933. 6. 8)라는 형태로 다시 열렸다. 암스테르담에 참석한 총 2200명 중 프랑스인은 527명,

독일인은 75명에 불과했다. 또 이듬해 파리 플레이엘 총회에는 나치에 반대하여 망명한 사람들만이 독일대표로 참석하였다. 독일의 양대 노동자단체가 와해됨으로써 국제적으로 프랑스 지식인들의 역할이 크게 강화되었다. 이데올로기적 차원에서는 전쟁 및 파시즘 반대 투쟁위원회라 불리고 통상적으로는 암스테르담·플레이엘 위원회라 불리는 이 모임은 대부분의 참석자들이 비공산주의자들이라는 점에서 이목이 집중되었다. 1932년 12월 13일 혁명작가·예술가협회는 작가와 예술가들에게 매우 '전투적인' 회람을 보내고 기관지 『코뮌』 (*Commune*, 1933. 7. 창간호 발행)의 집행위원회를 구성한다. 집행위원회 네 명에는 공산당의 오랜 동조자인 로맹 롤랑과 최근에 합류한 앙드레 지드가 포함되었다. 독자적으로 반파시즘운동을 확산시키는 것을 상징하던 지드는 역시 협회에 가입하지 않는 독자성을 견지한다. 하지만 자신의 생애에 처음으로 모임에 참석하여 그 모임의 주재를 수락한 사람 또한 지드이다. 1934년 1월 지드는 소속정당이 없는 앙드레 말로와 함께 베를린으로 가서 나치당원들을 상대로 불가리아 출신 공산주의자 피고들을 변호하게 된다. 그리고 제국의사당 화재사건의 범인으로 재판에 회부되어 무죄가 인정되었음에도 불구하고 감옥에 갇힌 이 피고들은 2주 후에 석방된다.

　이 위원회 배후에는 디미트로프 또는 탈만이 있었다. 마찬가지로 암스테르담·플레이엘 총회 뒤에는 특히 파리에 머물고 있던 독일망명객 빌리 뮌젠베르크처럼 주로 배후에서 행동하는 유명한 코민테른 조직책이 있었다. 사회주의단체들이 유감스러워하는 것은 바로 친공산주의·친소비에트적 영역이었고, 그리하여 두 총회에 참석한 사람들을 자신들의 진영에서 축출한다. 하지만 사회주의단체들의 이와 같은 행동은 지식인들로부터 설득력을 얻기보다 오히려 비난을 받게 된다. 지식인들은 시대적 위급함이 당파적 애국심보다 통합정신을 요구하므로 '국제노동자연맹 프랑스지부'에의 가입 여부가 문제시되어서는 안 된다고 보았기 때문이다. 1932년 말에 '혁명작가·예술가 협회'에 합류한 장 게노 같은 사회주의 동반자의 입장 그리고 플레이엘 총회에 참석한 조르주 뒤아멜 같은 자유민주주의자의 입장 혹은 암스테르담에 참석한 '인권연맹' 같은 단체의 입장이 바로 그러했다. 국제 반유대주의 반대연맹은 창립자이자 의장인 베르나르 르카셰를 통해 1933년 3월에 가스통 베르주리가 조직한 '파시즘반대 공동전선위원회'에 합류한다. 여기서 주도적인 역할을 한 것은 공산주의자들이 전혀 아니었음에도, 사회주의자들은 이에 대해서도 비난을 퍼부었고 결국 이로 인해 '공동전선위원회'는 실패로 끝난다. 그리고 '반파시즘 행동 및 감시위원회'(곧바로 '반파시즘 지식인감시위원회'로 개칭)가 정확히 1년 후에 성공할 수 있었던 것은 비공산주의자들이 주도했기 때문은 아니었다. 오히려 2월 6일 시위에서 '파시즘의 위험'이 현실화되고 있는 프랑스 사회분위기를 간파했다는 점과 두 주요 노동자정당 간의 최초의 정상합의보다 한 발 앞서서 위원회를 조직했다는 점 때문이다. 이제부터 공산주의자들은 이러한 방식을 받아들이고, 사회주의자들도 그에 반대하지 않게 된다.

반파시즘 지식인감시위원회

'반파시즘 지식인감시위원회'가 출범하는 데는 프랑수아 왈터와 당시 앙드레 델마가 이끌던 '국립초등학교 교원노조'의 역할이 컸다. 아무 정당에도 소속되지 않은 반파시즘주의자 왈터는 감사원 감사관이라는 직업 때문에 피에르 제롬이라는 가명을 쓰고 있었다. 위원회는 통합을 주요 과제로 삼았으며, 세 명의 명망 있는 인사를 내세워

「노동자들에게 보내는 선언문」(Manifeste aux travailleurs 5. 5)을 작성한다. 여기서 세 명은 트로카데로 민속지학박물관(1937년 인간박물관으로 바뀜)의 관장이자 민족학자인 미국인 폴 리베(1876~ 1956)와 폴 랑주벵, 알랭으로 모두 자신의 전공분야에서 잘 알려진 이름이었으며, 이들 좌파인사들은 각자 독립성을 견지하면서 3대 정당과 친밀한 관계를 유지한 것으로 보인다. 알랭의 '급진주의'는 가장 사적인 그룹이었고, 전쟁시기에 공산당에 가입한 랑주벵은 프랑스공산당의 적극적인 당원으로 널리 알려져 있었으며, 리베는 이미 '국제노동자연맹 프랑스지부' 회원이었다. 하지만 이런 세세한 사항은 알려지지 않은 것 같다. 균형에 대한 우려는 5월 8일 1차 총회에서 구성된 위원회사무국에서도 드러난다. 대부분 소속정당이 없는 사람들로 구성된 위원회에서 이공대학 교수이자 공산당원인 마르셀 프르낭 같은 이는 알베르 베이에 같은 급진파 명사와 가까워질 수 있었다. 반면 대규모 단체들은 국제노동자연맹 프랑스지부와 프랑스공산당의 행동통일협정(1934. 7)에 접근해 간다거나 급진파의 확장에 참여하는 모습을 아직 보이지 않았다. 1934년 봄의 관찰자에게 보이지 않던 것과 그리고 위원회의 미래에 커다란 영향을 미치게 될 것이 선명하게 드러나는 것은 좀더 후의 일이다. 알랭의 제자인 철학교수 미셸 알렉상드르를 중심으로 한 평화주의자들이 사무총장 제롬의 전적인 지지를 받아 전략적으로 중요한 역할을 하게 된 것이다.

'반파시즘 지식인감시위원회'의 활동은 회원모집과 위원회 기능을 유기적으로 연결시킴으로써 의미를 획득하게 된다. 의식적으로 한정된 사회범주 속에서 회원을 모집하며, 회원들의 능력을 노동자단체들을 위해 활용할 수 있도록 기능한다. 실제로 주요 활동으로는 1936년 말 현재 총 12편 정도의 소책자를 작성·배포한 것을 들 수 있는데,

특히 소책자들은 "썩어빠진 언론"(『2월 6일과 언론』 *Le 6 février et la presse*, 1934)에 맞서서 내적·외적 파시즘(예컨대 1935년의 『파시즘은 무엇인가?』 *Qu'est-ce que le fascisme?*)과 프랑스 자본주의(『200가문의 손아귀에 있는 프랑스 은행들』 *La Banque de France aux mains des deux cents familles*)를 논리적으로 고발해 나간다. 보다 정기적으로 개입하기 위해 월간보고서 『감시』(*Vigilance*)가 발간되었고, 4월부터는 지방위원회와 지속적인 관계를 맺는다. 1935년 말 위원회가 최전성기를 구가할 때 지방위원회는 200개를 상회한 것 같다.

사실 '반파시즘 지식인감시위원회'는 구조 면에서 분권화가 잘 이루어져 있었다. 적어도 동시대 대규모 단체들의 기능과 비교해 보면 이는 사실이다. 교사들의 단체를 구성한다는 창립취지에 맞추어서 지방에 뿌리내린 위원회는 본래의 취지에 따라 교사들의 노조운동을 통해 조직의 틀을 갖추어나간다. 물론 이데올로기적 독창성으로 말미암아 종종 이 위원회는 인민전선의 지방 실험실 혹은 인민전선이 창립할 위원회의 중핵으로 간주되기도 하였지만, 정작 위원회는 일체의 이데올로기적 침투를 차단하기 위해 단체대표들로만 구성되었다. 그래서 흔히 소속정당이 없는 반파시즘 운동가들의 당 혹은 소수파의 기구처럼 보였다.

이 소수파 중에서도 완전한 평화주의는 모든 전쟁을 원칙적으로 거부하는 알랭 계열의 사람들(미셸 알렉상드르를 비롯하여 경제부기자 프랑시스 들레지, 교사 레옹 에머리를 들 수 있다)과 마르크스주의 관점에서 동일한 결론에 도달한 사람들(콜레트 오드리, 엘렌 모디아노, '국제노동자연맹 프랑스지부' 혁명좌파계열의 1935년 이후 회원들)을 연결시켜 주는 접착제 역할을 한다. 1938년까지 이 두 그룹은 뉘앙스가 다른 평화주의를 지향하는 중앙으로부터 지원을 받게 되지만, 공산주의자와 그 지지지식인들 그룹——랑주뱅이 이끌고 교사장 바비와 기자 앙드레 우름저가 이론을 제공하였다——은 피에르 제롬을 주축으로 한 중앙과 대립하게 된다.

1935년 5월 프랑스·소비에트협정과 "스탈린은 프랑스의 민족수호정책을 전적으로 인정함을 선언하다"고 한 선언문에서부터 잠재되어 있던 결별은 11월 '반파시즘 지식인감시위원회' 총회에서 선명하게 드러난다. 이로 인해 위원회의 기능은 점점 마비되어 가고, 무엇보다도 단결을 우려한 리베는 1936년 6월 21일의 총회에서 공산주의자와 그 협력자들(장 리샤르 블로크 동의안, 1316명)에 대한 평화주의자들(들레지 동의안 2818명)의 승리를 확정하지 않는다면 회장을 사임하겠다고 위협하게 된다. 이리하여 공산주의자와 그 협력자들은 도저히 방향을 바꿀 수 없다고 판단한 단체에서의 투쟁을 점점 유보하게 되는데, 이는 특히 단체의 입장표명이 날로 강화되어 가는 파시즘과 히틀러주의에 제대로 대항하지 못할 뿐 아니라 자멸할 것으로 보였기 때문이다. 과거를 추적하는 우리 관찰자들처럼 당시의 좌파운동가들은, '연합'의 명백한 승리 속에는 그 실험장이었던 단체의 극복 불가능한 분열이라는 당혹스런 패러독스가 존재한다는 것을 간파하였던 것이다.

인텔리겐치아로서의 인민전선

이렇듯 권력에 도달하기 전부터 인민전선은 일선에서 활동하는 명망가들 혹은 당이나 노동조합·동업조합과 연대하지 않으려는 단체에 소속된 지식인들을 대상으로 수차례 호소한다. '좌파연맹'이나 '좌파연합'과 달리, 여기서의 연합은 단순히 선거를 위한 제휴가 아니라 10개 단체들(1936년에는 100여 개)의 통합이다. 그 가운데는 주로 문화적인 목적으로 결성된 단체도 몇 개 있었다. 일찍이 좌파통합에서 찾아볼 수 없었던 이와 같은 예외적인 상황은 참여의 계기를 확장시켜 주었고, 참여의 유형을 세부적으로 명확히 할 수 있게 했다.

탄원서에서 선거까지

쟁점의 폭과 확실히 국제적인 경향은 고전적인 형태의 단합에 새로운 차원을 부여했다고 할 수 있는데, 이는 지드와 앙드레 말로가 '인민전선'의 관점과는 다른 관점에서 베를린에서 공식적인 방식으로 이미 보여주었다(장 지오노 역시 탈만을 변호하는 파견단에 참가하게 된다). 1935년 7월 14일의 대축제일 아침에 버팔로 드 몽루주의 자전거경기장에서 열린 평화와 자유의 총회——'인권연맹'의 지휘 아래 모인 좌파단체들이 연합의 세례식으로 구상한 집회였다——에 참석한 사람들은 앙드레 샹송과 장 게노, 급진파 기자 자크 카이제르가 작성한 문건을 집단적으로 서약했다. 정당과 노조들의 축사와는 별도로 물리학자 장 페랭이 '연합'의 이름으로 연설을 하였고, 샹송은 남부와 동부 지방의 대표 자격으로 연설을 했다(조직위원들이 창립일을 1790년 연방결성운동을 부활시키는 기회로 삼으려 했기 때문이다).

참석자들의 위상과 지식인들에게 부여된 정치적 역할을 고려할 때, 이들의 발언은 그 이후의 지식인사에서 예를 찾아볼 수 없을 정도로 절정에 달했다. 그리고 문화수호를 위한 국제작가총회가 파리 뮈튀알리테에서 최초의 모임(6. 21~25)을 가졌으며, 여기에서 국제사무실과 12명의 의장단 그리고 112명의 회원을 갖춘 동일한 명칭의 국제협회가 탄생했다. 의장단에는 바르뷔스(그해 8월에 사망)와 여전히 스위스에 머물고 있는 롤랑 그리고 1937년에 관계를 끊게 되는 지드 등 세 명의 프랑스인이 들어 있었다. 공산주의 단체의 문화적 복귀에서 볼 수 있듯이, 이 총회는 권력을 향한 인민전선의 등정의 역사에서 하나의 획기적인 계기가 되었다. 공산주의의 새로운 문화정책은 20년대에 소련에서 실시된 '신경제정책'을 떠올리게 했으며, 38개국에서 참석한 대표들은 반파시즘 지식인운동의 폭을 확인시켜 주었다. 그리고 제출된 61개항의 '보고서' 내용은 조직위원들——모두 공산주의자였다——의 '책을 불태우는 파시즘'에 대항하는 굳건한 요새 러시아혁명에 대한 경외심을 집약적으로 잘 보여주고 있었다. 한편 1934년 10월 뮈튀알리테에서 열린 지식인집회는 프랑스에서 경험한 방식을 국제적 차원에 적용한 것이었다. 당시 지드는 루이 아라공, 앙드레 말로, 폴 니장이 제출한 제1차 소비에트작가협회 총회의 '보고서'를 위해 호화만찬을 주재했다.

그런데 '인민전선'과 공산주의단체는 지식인들에게 과시적인 차원에서의 당의 선택 이상을 요구하게 된다. 특히 공산주의단체는 획일적인 인민전선의 입장과 동일하거나 그 이상의 것을 제시하게 된다. 당이 직접 운영하는 언론은 문화면을 확대시키고 새롭게 단장하며, 당이 통제하는 국제사회주의출판사는 같은 정신으로 새로운 총서들(사회주의와 문화, 문제점, 소형음악도서관 등)을 만든다. 이와 같이 지적 신뢰도를 높이기 위한 장들이 만들어지는 만큼 당은 이를 위해 동반자들과 오랜 지지자들을 독려하게 된다. 그리고 예술가와 대학인들은 자신들 작품의 일부 혹은 전체를 선명한 정치담론에 할애해야 하는 상황이 전개되는데, 예컨대 1935년은 가장 적극적으로 참여한 앙드레 지드(『새로운 양식』 *Les Nouvelles Nourritures*)와 앙드레 말로(『멸시의 시대』 *Le Temps du mépris*에는 공산주의를 옹호하는 서문이 있다)의 문학작품이 출판된 해이다.

마지막의 예로부터 공산주의 혹은 그와 유사한 계열의 지식인들이 모든 분야를 압도적으로 지배했다고 결론짓는다면 지나칠 것이다. 폴 리베의 모범적인 역할이 이를 충분히 증명해 준다. 1935년 시의원 선거 2차투표에서 제5구 생 빅토르 지역의 좌파운동가들이 전임 시의원에 맞서 자연사박물관 교수이자 '반파시즘 지식인감시위원회' 의장 폴 리베를 입후보로 내세우기로 결정했을 때만 해도 '인민연합'의 슬로건은 다소 막연했다. 실제로 3일간의 선거운동은 1차투표에서 좌파의 표만으로 장담할 수 없었던 당선을 폴 리베에게 보장해 줄 만큼 적극적이었다.

기존 정당이 아니라 새로운 정치집단인 연합의 최초 당선자가 참여지식인을 대표하는 인물이었다는 것은 우리의 주제에서 결코 중요성이 덜하지 않다. 당선된 시의원은 국제노동자연맹 프랑스지부에 등록했으며, 게다가 1935년 5월 12일 선거에서 잡지『정신』팀은 17구에서 우파 시의원에 맞서 교사이자 작가이며 기자인 자크 마돌을 마지막 순간에 내세우면서 동일한 방식으로 선거운동을 전개했다. 그러나 후자의 경우 작전이 실패했으며, 더군다나 인민전선의 지지를 받지 못했다. 그로부터 1년 후 블룸정부가 구성되었을 때 이렌 졸리오 퀴리(그리고 나중에는 장 페랭)에게 과학부차관을 맡아달라는 요청이 그러했듯이 겉으로는 부차적인 것으로 보이는 에피소드들이 동시대인들의 이목을 집중시키기도 했으며, 이는 지식인들의 상징적 역할이 연합 내부에서 논쟁의 불을 지피는 효과에만 그치지 않음을 보여주고도 남음이 있었다.

문화 정책
국가권력에 접근하기 이전과 마찬가지로 그 이후에도 지식인들의 기여에는, 당시의 표현을 빌리자면 문화의 '대중화'라는 드넓은 들판의 개간이 포함된다. 지식인들은 좀더 일반적인 계획뿐 아니라 부분적인 과업에서도 헌신적인 투쟁정신과 역량을 발휘하였다. 전자는 1935년 총회에서 공식 주제의 하나로 채택된 '문화적 유산과 대중을——당시 시대적 특성의 하나였던 것으로 보이는 대규모 재교육운동을 좇아서——접근시키기 위해, 여러 예술분야나 대학의 전공분야, 여러 직종을 하나의 작업 속에서 연결시키고자 하는 것이었다.

'박물관애호가대중협회'는 후자에 속하는 개입의 좋은 예를 보여준다. 박물관 관리자와 리베팀의 민속학자그룹(리베 후임으로 자크 수스텔이 인간박물관 관장이 되었다)이 만든 이 협회는 박물관뿐 아니라 모든 문화표현장소들을 더 많은 대중들이 접근할 수 있게 하였으며, 안내원을 동반한 피카소의 제조소나 아틀리에 방문이라든가 인간박물관의 개막식행사 등을 조직했다. 자신들의 전문 활동분야를 확장시키고자 하는 이와 같은 경향, 소명의식은 '유스호스텔 비종교센터'에서 명확히 드러난다. 마크 상니에가 설립한 이 센터는 '교권주의'로 비난받고 있는 좀더 오래된 단체와의 결합에는 실패하지만, 전쟁이 그 열정을 식혀버리기 전까지 여가와 예술표현 그리고 특히 젊은 지식인들의 정치토론의 장으로서 수백 개의 작은 세포들을 활성화시키는 데 성공한다. 센터의 회원은 주로 교사와 대학생들이었다. 콩타두르의 시골 '창고'에서 그리고 같은 이름의 잡지목차에서 스승을 중심으로 정기적인 모인 지오노 제자들의 정치적 선택이 조금은 과장되게 확신시켜 주듯이, 그곳의 전체적 분위기는 평화주의를 추구했다.

'국제노동자연맹 프랑스지부'의 드문 지식인들(대학인이라기보다는 기자와 예술가들)이 설립한 문화단체 가운데서도 기존의 정치가 불러일으키지 못한 유사한 경향이 다시 발견된다. 하지만 '1936년 5월'은 그 이름이 나타내듯이 승리 이전이 아니라 이후에 만들어졌다는 불리한 조건을 결코 극복하지 못하게 된다. 반대 경우인 '인민전선'의 가장 큰 문화단체인 '문화회관협회'는, '혁명작가 및 예술가협회'가 이데올로기 분야에서 했던 것처럼 활동분야를 넓혀 1936년 유행을 좇아 변화한 것이다.

사실 『사회주의적 사실주의』(1935)의 매우 개인적인 이론으로 별 반응을 얻지 못하고 만들기 시작한 단체의 주요 직책을 서기관 루이 아라공을 비롯한 공산당원들이 계속 차지하고 있었다면, 1935년부터 다소 자율적으로 구성된 다른 전문단체들의 저명인사들은 대개 단순한 동조자이거나 그리 알려지지 않은 사회주의자나 독자노선을 걷는 사람들이었다. 그렇지만 시대는 이들을 전례가 없는, 때로는 내일이 없는 참여의 형태로 인도한다. 이 열정의 시기에 장 르누아르나 모리스 조베르, 르 코르뷔지에나 트리스탕 차라는 문화정책 운동가로 변모하게 된다.

문화회관을 둘러싼 구체적 작업은 국지화를 통해 부문별 분산의 위험들을 보완한다. 그리고 지식인들이 지방분권화의 의지를 천명함으로써 여기저기에서 눈에 띄는 효과를 발휘하게 되는데, 그 한 가지 예가 알제에서 문화회관을 창설한 알베르 카뮈(1913~60)라는 이름의 젊은 철학과 학생이다. 그는 지식인으로서의 첫발을 이 문화분야에서 내딛는다. 한편 현장에서 전개되는 문화활동의 경우, 몇몇 지식인들이 국가기관의 책임을 맡는 식의 참여형태를 띠었다. 국립도서관의 관장 쥘리앙 캥은 레옹 블룸에게 문화분야에 관해 자문을 해주는 신망 높은 조언자였는가 하면, 작가 장 카수는 1936~37년에 교육부장관 장 제 곁에서 정부 조형예술정책의 조직자 역할을 했다. 그리고 조르주 앙리 리비에르 같은 인물은 앞에서 언급한 여러 단체들에서 매우 의욕적인 문화활동가로서, 소속정당은 없지만 공공연한 인민전선 동조자로서 그리고 '최첨단' 전문가들의 총괄자로 활약했다. 리베의 프랑스 민속지학 보좌관이었던 조르주는 1937년에 설립된 민속전통·예술국의 국장으로 임명되었으며, 후세들이 과학적 '연구자'와 문화적 '주동자'라고 부르게 되는 사람들의 만남의 장소를 만들어주는 데 주력했다.

『금요일』

정치적 대립 속에서도, 연합의 언론은 지식인의 적극적 행동주의 야망과 목적을 매우 잘 반영해 주고 있는데, 예컨대 잡지 『유럽』은 1936년 초의 이런 경향을 잘 보여주는 사건이 발생한 곳이다. 편집장 장 게노는 공산주의자들이 거의 다 장악해 버린 새 편집진의 통제 아래 머무느니 잡지를 떠나기로 결정한다. 하지만 모든 차원에서 가장 다채롭고 가장 새로운 예는 『금요일』(*Vendredi*)일 것이다. 프랑스의 언론역사에서 이 주간지가 차지하는 독창적인 위치는 큰 표제에 "작가와 기자들이 창설하고 경영할 것"이라고 천명했기 때문이 아니라, 실제로 그러했다는 데서 기인한다. 정치사에서 『금요일』이 차지하는 중요성은 자신의 투쟁을 인민전선과 연결시켰다는 점보다 오히려 출판의 운명이 인민전선의 역사와 정확히 함께했다는 점에 있을 것이다.

기관지 창간을 맨 처음 제안한 사람은 앙드레 상송인 듯한데, 그는 1934년 사건들을 통해 좌파에게도 이미 언급된 우파의 강력한 주간지와 비슷한 성찰과 대응을 할 수 있는 기관지가 필요하다고 확신하였던 것 같다. 정당에 대해 얼마간 독립성을 유지한 조르주 보리스가 경영하는 『빛』(*La Lumière*)지는 앙드레에게도 그러했지만 많은 이들에게, 좌파연합과 그 변형체들과 마찬가지로 과거의 투쟁정신에 사로잡혀 있는 것처럼 보였다. 여론에서는 비종교적 투쟁과 지나치게 동일시해 버리는 『빛』의 경우 발행부수가 소규모(약 5만~6만 부)였을 뿐 아니라 이런 상태로는 부수가 늘어날 가능성이 희박했다. 그리고 엠마뉘엘 베를이 이끈 『마리안』(*Marianne*)은 지나치게 시골풍인 『빛』과 대조적으로 너무 '파리적'이었다. 주동자의 지적 절충주의와 갈리마르 출판사에 대한 편집진의 종속성이 잡지의 독립적인 성향을 가로막았던 것이다. 연합에 대한 잡지의 태도는 지나치게 유연한 나머지, 운동가들의 눈에는 경망스럽게 보일 정도였다. 마침내 1935년 7월 14일 거대한 대중세례식에 이어 원칙이 정해지고 팀이 구성된 『금요일』은 이 모든 반박에 답하려고 애쓰게 된다.

『빛』과 마찬가지로, 11월에 발행되기 시작한 새 주간지 『금요일』은 급진당에 가까운 성향의 출자자들로부터 전적으로 독립성을 보장받는 데 강한 관심을 보이게 된다. 믿을 만한 증언에 따르면, 사실 블룸정부의 영향력을 포함해서 외부의 모든 입김은 효과적으로 차단되었으며 따라서 『마리안』처럼 『금요일』은 명성 있는 필진을 구성하는 데 온힘을 기울일 수 있었다. 알랭과 지드, 앙드레 말로와 지오노 등의 참여는 늘 상징적인 차원에서 머물렀지만, 창립자들에게 가장 중요한 것은 자크 마리탱과 폴 니장과 함께하는 매호의 구성을 비롯하여 집행부를 이끄는 연합의 정신이었다. 루이 마르탱 쇼피에(1894~1980)의 책임 아래 샹송과 장 게노, 앙드레 비올리로 구성된 집행위원회가 편집구성을 담당하였으며, 여기에 상근 편집인 앙드레 울만과 앙드레 우름저가 가담하였다. 특히 앙드레 비올리는 공산당과 가까운 인물로 알려진 여기자로서, 집행위원회는 창립멤버 3명으로 다소 명확한 '반파시즘 지식인감시위원회'를 다시 구성했다. 하지만 앙드레 비올리가 직업상의 이유로 모임에 자주 빠지게 되자, 이는 공산당에 불리한 정치적 역학관계를 형성시켰다. 그럼에도 '감시위원회'보다는 더 지속 있고 '유스호스텔 비종교센터'보다는 정치적으로 더 비중이 있었던 『금요일』은 감시위원회나 유스호스텔 비종교센터와 더불어, '인민전선' 지식인사회의 보기 드문 장소 가운데 하나였다고 할 수 있다(프랑스공산당이 그와 결합된 지식인그룹들에서 헤게모니를 장악하지 못한 것과 같은 형태이다). 전쟁 이후에 한동안 『금요일』의 '적극적인 동조자'로 남게 되는 울름과 마르탱 쇼피에는 당시만 해도 인민전선에 합류한 매우 작은 기독교그룹에 속한다.

잡지의 발전과 쇠퇴(상대적이지만 7%의 광고수입과 7만 이하의 밑의 독자층으로는 적자상태를 면치 못했다)는 인민전선의 발전과 쇠퇴 곡선을 훨씬 앞질러서 나타난다. 상승기라 함은 화려한 문학 공동작업, 편집진의 서정성, 여가에 대한 지면할애, 노동자총연맹에 할애된 반 페이지짜리 지면('노동의 힘, 살아 있는 생각') 때문인 것으로 해석되지만, 연합의 의식이 되고자 한 『금요일』 편집진들의 야심은 머지않아 의혹과 고통을 큰소리로 표출하게 된다. 블룸이 선언한 '휴간'은 일체의 완곡한 표현 없이 그대로 "첫번째 패배"(1937. 2. 17)로 표현되었으며, 일년 후 상송은 다음과 같이 인정한다. "우리는 인민전선의 희망의 잡지였다. …오늘 우리는 인민전선의 실망의 잡지여야 하는 것을 유감스럽게 생각한다." 1938년 5월 13일, 집행위원 세 명이 사임을 하기로 결정하였으며 이들의 사임으로 잡지는 결정적인 타격을 입는다. 장 게노는 주저하지 않고 다음과 같이 쓴다. "더 이상 존재하지 않는 것을 보호하지는 않는다."

큰 쟁점들

'빵, 평화, 자유', 이것이 연합의 표어이다. 모호하다고 평가할 수도 있는데, 세 어휘 각각은 폭넓은 토론을 부추길 만큼 많은 문제점들을 드러낸다. '인민전선'의 비극 가운데 하나는, 1936년부터 짧은 기간 동안 연합 내부에 대분열이 발생할 때까지 논쟁에 끊임없이 자양분을 제공하는 상황이 발생했다는 점이다. 이에 연합의 참가자들이 얻을 수 있는 유일한 위안은 상대진영 역시 위기의 초기 증후들을 보였다는 사실이었다.

혁명

'빵'에 대한 열망으로 형성된 '인민전선'은, 기존사회의 모습에 만족하지 못하면서도 연합 속에서 자신들의 모습을 찾지 못하는 지식인들에게 격렬한 충격을 가한다. '인민전선'은 선거의 승리에서처럼 상승하는 역동성 속에서——그리고 초기의 사회개혁 속에서——이렇게 영향을 끼친다. 그리고 지식인들로 하여금 모두가 합류하기를 원한다고 확신하는 혁명방식을 정확하게 말할 것을 요구한다.

그런데 역설적으로 이와 같은 선동은 극우 인텔리겐치아에게 가장 뚜렷하게 영향을 미친다. 그즈음 극우는 가장 넓은 지지층을 확보하고 있었으며, 샤를르 모라스의 명성은 절정에 이른 듯했다. 살인교사 혐의로 8개월간 감옥생활은 한 모라스는 오히려 이 투옥으로 일종의 순교자와 같은 위상을 획득한다. 그의 신봉자와 지지자들 그리고 각계각층의 제자들은 1937년 7월 6일 벨 디베르에서 모라스의 석방을 위한 피날레를 장식한다. 그후, 실제로 같은 해 11월 '프랑스인의 투쟁'과 그의 공식적인 결별이 잘 보여주고 있듯이 그의 퇴조는 끝없이 이어진다. 모라스를 추종하는 신세대 지식인들은 전쟁이 일어날 때까지 계속 자신들의 늙은 스승에게 경의를 표하고 그의 일간지들에 참여한다. 로베르 브라지아크, 뤼시앙 르바테, 도미니크 소르데는 각각 일간지에서 한 개의 난(欄)을 맡고 있었다. 그러나 좌파에 대해 대규모 공세를 취할 때면, 이들은 단체 내에서 작업하고 주변의 특수한 기구를 통해서 표현을 하였다. 특히 이들의 응수는, 가령 프랑스와 외국에서 발생한 최근의 사건들에 의해 드러난 새로운 정치적 여건들 ——대중과 '사회문제'의 역할이나 당과 국가의 역할——에 대한 정통 노선들의 대응보다 훨씬 치밀했다.

이들은 장 드 파브레그와 티에리 몰니에를 도와 월간지 『전투』 (*Combat*)나 주간지 『반란자』(*L'Insurgé*)의 편집에 뛰어들기도 했는데, 이 잡지들은 반부르주아'적 담론을 위해 의도적으로 격렬한 어조를 취한다. 하지만 이들이 특히 사람들의 입에 오르내리게 되는 것은 『나는 어디에든 있다』(*Je suis partout*)를 통해서인데, 아르템 파이아르 출판사가 국제적인 역할을 목적으로 1930년 『캉디드』(*Candide*)』의 자매지로 창간한 이 주간지를 폐간하기로 결정했던 1936년 5월 1일이었다. 그러나 잡지는 결국 피에르 가조트에 이끌려 『캉디드』의 극단주의 판이 되었다. 폐간이 결정되자 곧바로 가조트는 다른 출자자들을 찾아나섰으며, 마침내 브라지아크가 편집장을 맡은 작은 그룹(르바테와 피에르 앙투안 쿠스토, 알랭 로브로)에게 독자성을 부여한다. 이 그룹은 새 돛을 올리면서 불과 3년 사이에 이탈리아에 대한 감탄에서 스페인의 팔랑헤당과 벨기에의 파시스트정당에 대한 찬사를 거쳐 독일에 대한 탄성으로 나아간다. 이런 과정에서 반유대주의는 『나는 어디에든 있다』의 기본정서로 자리잡게 되며, 잡지는 1938년 4월부터 1939년 2월까지 유대인에게 두 개의 특별호를 헌정하기로 결정한다. 브라지아크의 문학작품은 이러한 극단화의 영향을 받으며, 결국 전쟁 전 그의 마지막 소설 『일곱 가지 색』(*Les Sept Couleurs*)은 감정의 논리를 좇아 뉘른베르크에 정착하는 젊은 프랑스인을 주인공으로

한다. 주인공은 낭만주의에 푹 빠져 있지만, 그렇다고 해서 단호한 결정을 망설이지는 않는다.

자신들의 적대자들이 권력을 잡은 순간부터, 글을 통한 투쟁이 채워주지 못하거나 이에 더 이상 만족하지 못하는 사람들은 공산주의에 역행하는 모든 특성들을 취하게 되며 그런 만큼 반공주의 지식인들을 매료시키는 극단주의가 1936년 6월부터 등장하기에 이르는데, 자크 도리오의 프랑스인민당이 바로 그러하다. '대중적'인 당원모집(1937년 초 약 10만 명?)에서 인민당이 과거 연맹원들이나 노조원들을 접촉하였던 것처럼, 언론을 이끌어가고 중앙위원회에 군림하는 조직의 인텔리겐치아는 공산주의(폴 마리옹, 카미유 페기, 『뤼마니테』의 전직기자들)와 전통 우파(알프레드 파브르 뤼스) 그리고 제3의 길(베르트랑 드 주브넬) 출신의 인사들을 포섭한다. 가장 유명한 이름인 피에르 드리외 라 로셸이 "잔 다르크, 앙리 드 나바르, 리슐리외, 당통, 클레망소"(『도리오와 함께』 *Avec Doriot* 1937)의 깃발 아래 이어져 온 경향을 잘 요약해 준다. 그리고 그는 당수 도리오와 반대로 파시즘을 직접적으로 언급한다.

불안정하기까지 한 프랑스인민당의 총합은 지지세력의 부재로 인해 그 불안의 폭이 더욱 잘 드러난다. 도리오의 지지자들 대부분은 1939년 이전에 당을 떠나게 되며, 그리고 예컨대 1938년경 4만 5천 부에 이르던 『나는 어디에든 있다』의 발행부수는 협소한 반경 내에 머문 데 비해 그 반향은 전통주의 그룹과의 유대관계를 통해 넓게 확산되었다. 대표성에 대한 나약한 논거도 제3의 길뿐 아니라 지난날 융성했던 극좌파 유물의 변형인 당시 다른 혁명그룹에 충분히 대항할 만했다. 특히 인민당의 논거는 자신들이 규정짓는 것보다 예언하는 것으로 더욱 가치를 지녔다.

이와 같은 예언은 이따금 너무 앞지른 나머지, 그 예언이 현실로 명확히 드러나기까지는 두 세대가 걸리기도 했다. 물론 초현실주의와도 관계를 맺었는데 어느 쪽으로도 분류할 수 없는 사람들이 이 경우에 속했다. 그들은 잠시 동안 명멸했던 잡지 『조사』(*Inquisitions* 1936)나 『무두인』(*Acéphale* 1938) 그리고 단속적인 사회학 콜레주(1938~39) 내에서 '현대'사회에서 공통적으로 인정받는 가치에 대한 장기적인 비판을 시도했다(조르주 바타이유, 로제 카이우, 레리스 등).

그렇지만 소규모 기독교서클들처럼 매우 급속도로 대규모화되어 다시 출현할 수도 있었는데, 이 경우에는 다양한 수준에서 기독교적 메시지와 새로운 사회정의 요구 사이의 화해를 권장하였다. 가장 작은 그룹은, 그룹의 문장이 나타내고 있듯이 잡지 『신천지』(*Terre nouvelle* 1935~37)를 중심으로 "십자가(붉은색)와 낫과 망치(검은색)의 결합"(앙드레 필립)을 시도한 그룹이었다. 이 그룹의 가톨릭회원들은 곧 교회로부터 비난을 받게 되지만, 그들은 이렇게 해서 전쟁이 끝난 직후 '진보주의'의 밑그림을 제시하게 된다. 그리고 훨씬 폭넓은 후계자들이 1934년 성 도미니크회 수도사들에 의해 창설된 주간지 『일곱』을 중심으로, 좀더 온건한 기반의 지식인들을 기다리게 된다. 여기서는 마르크스주의와의 접근이나 '인민전선'과의 연합 등이 전혀 문제가 되지 않았고, 다만 동시대 대중운동에 대한 적대적인 선입견을 배제한 주의 깊은 고찰만을 중요하게 여겼다. 『캉디드』 또는 『마리안』을 모델로 해서 만들어진 잡지 『일곱』은 발행부수는 5만~6만 부를 넘지 못했지만, 모라스주의에 반대하는 인사나 외국의 가톨릭문학계 저명인사들의 이름을 목차에 싣는 데 성공한다. 그러나 기독교민주주의라고 성격지을 수 있는 이와 같은 접근방식은 상대적으로 고립되어 있었으며 마침내 1937년 8월 막을 내리는 상황에 직면하게 된다.

특히 레옹 블룸에게 너무 호의적인 면담을 허락하고, 스페인공화파에게 적대적이지 않은 태도를 취한 것이 결정적이었다. 성 도미니크 수도회의 『일곱』은 비종교인들을 겨냥한 스타니슬라스 퓌메(1896~1983) 중심의 『현대』 뒤로 사라진다. 비록 레지스탕스를 거쳐 전후 기독교민주주의라는 큰 틀로 이어질 지식인 증언의 끈은 끊어지지 않았지만, 종교적 권위의 상실은 『현대』의 독자층에 즉각적으로 심각한 영향을 끼치게 된다.

한편 체제의 지휘를 곧바로 거부한 『정신』은 대담하게 앞으로 나아갈 수 있었으며 이를 실수 없이 잘 해냈다. 1935년부터 내부의 잡지지면을 이용하여 독자적인 사고를 펼칠 수 있게 된 그룹들의 급성장이라든가 가톨릭에게 '손을 내민' 공산주의자들, 블룸정부의 개혁적인 성향 등 모든 것이 『정신』의 이같은 경향에 긍정적으로 작용했다. 물론 연합에 대한 지지는 끝까지 매우 비판적인 태도를 유지하지만, 1936년 초부터는 지지라는 단어는 가입이라는 단어보다 결코 과도하지 않은 것이 된다. 그만큼 새로움이 컸기 때문에 좀더 정통적인 가톨릭교도들 사이에서는 분노와 비웃음을 불러일으켰으나, 아무튼 이것은 프랑스지식인 논쟁의 역사에서 새로운 입장의 출현을 확실히 했다. 반면 공산주의 문제는 20년대 상황과 마찬가지로 중요한 위상을 그대로 유지했다.

공산주의

이제 더 이상 공산당은 주로 정치적 선전과 선동을 하고 폭력적인 수단을 자주 동원하고 지지층이 제한된 소규모 조직이 아니었다. 바야흐로 좌파연합의 가장 주축으로서 그리고 전국 차원의 비전을 가진 문화담론과 실천의 주요 장(場)으로서의 역할을 한다. 이때부터 공산당은 오히려 그 자체의 완고한 태도 때문에, 동조적이었던 몇몇 지식인들을 잃게 된다. 자크 프레베르(1900~77)가 그 경우인데, 그의 그룹 '10월'은 프롤레타리아계급을 위한 공연(연극뿐 아니라 '풍자희극' '버라이어티 쇼'에도 관계한다)으로 성공을 거두고 '인민전선'으로 인해 사라진다. 이와 같이 그룹 10월은 점점 더 큰 성공을 거두지만, 공산당의 화해전략이나 자본주의·군국주의·교권주의에 대항한 공격의 격렬함을 더 이상 유지할 수 없었기 때문이다.

그렇지만 공산주의를 지향하는 인사들은 갈수록 더 늘어났는데, 이는 공산주의가 파시즘의 고조에 맞서서 질서와 혁명의 종합으로서의 이미지를 효과적으로 주었기 때문이다. 장 리샤르 블로크나 앙드레 우름저처럼 직접적으로 전쟁의 영향을 받은 두 세대의 문인들은 공산주의나 연합 관계의 언론분야에서 경계를 뛰어넘어서 점점 더 광범위한 책임을 감수하게 된다. 우름저는 화가 장 뤼르카의 뒤를 이어, 한창 비상하던 프랑스-러시아협회 기관지 『오늘의 러시아』(Russie d'aujourd'hui)의 편집장을 맡는다. 그는 정식으로 당에 가입하지는 않았지만, 『뤼마니테』에 몸담았던 것으로써 자신의 정통성을 충분히 입증해 보인다. 블로크는 아라공의 추천으로, 1937년 초 당이 인민대중을 상대로 발간하기 시작한 석간 일간지를 책임 맡게 된다. 물론 중요 직책은 당원들(편집장: 아라공, 국제정치란: 니장)이 맡았지만, 전체적으로는 당의 단순 지지자들(다리우스 밀로, 장 르누아르, 에디트 토마 등)이 압도적으로 많았다.

이와 같은 활동은, 정확히 1935년부터 반파시즘 연대 때문에 스탈린체제의 부정적인 면을 간과하는 우를 범하지 않으려는 몇몇 고립된 사람들의 공격에 대해 성공적으로 저항한다. 이들은 빅토르 세르주——1935년에 석방된다——의 석방투쟁을 하면서 세르주의 첫 증언을 널리 알렸으며, 1936년 말에는 모스크바재판의 모호함을 고발한다. 이처럼 스탈린체제를 비판한 고립된 사람들로는, 정통 초현실주의에 가깝거나 소수파인 '국제노동자연맹 프랑스지부'의 혁명좌파와 노동자총연맹의 프롤레타리아혁명의 회원들이 있었다. 지식인들 속에서 이들의 목소리는 일부 작가와 기자 그리고 알려지지 않은 교사서클(마르셀 마르티네, 마들렌 파즈, 로제 아그노에르 등) 정도에서 반향을 일으켰을 뿐이었는데, 그 대부분이 세르주가 창립한 '모스크바재판의 조사와 혁명 속에서 언론의 자유를 위하여' 위원회에 소속되어 있었다. 그리고 『정신』 같은 잡지가 간헐적으로 도움을 주었지만, 이들을 공개적으로 발언할 수 있게 하는 수준은 아니었다. 그러던 중 1936년 11월에 앙드레 지드의 『소비에트연방으로부터의 귀국』(*Retour de l'URSS*)의 출판을 둘러싼 스캔들이 일어났고, 이 사건을 계기로 스탈린 공산주의의 문제가 갑자기 공개적인 장소에서 표출되게 된다. 그렇지만 이 또한 앙드레 지드가 관계 맺고 있는 그룹들을 제외하고는, 지식인세계에 심한 동요를 불러일으키지 못했던 것은 분명하다.

지드는 소련여행 동안에 함께한 사람들로부터 지극한 보살핌을 받았지만, 그럼에도 불구하고 결코 감추어서도 안 되고 그럴 수도 없는 각종 비판적인 내용들을 가지고 귀국한다. 하지만 지드의 이런 비판들은 조직에 의해 몹시 못마땅하게 받아들여졌을 뿐 아니라, 스탈린에 반감을 가진 지식인들이 전혀 생각지도 않게 자신들의 대변인 격이 된 지드에게 부수적인 정보를 제공하는 결과를 가져왔다. 한마디로 『소비에트연방으로부터의 귀국 수정판』(*Retouches à mon Retour de l'URSS* 1937. 6)은 전체 그림을 더럽혔고, 최후의 다리를 끊어버린 격이었다. 많은 독자들(약 14만 6천 부 판매?)이 『귀국』을 읽었지만, 공산주의자가 아닌 사람들 사이에서조차 반응은 엇갈렸다.

166

더욱이 일부 사람들에게는, 스페인전쟁이 한창이고 프랑스의 '인민전선'이 방어하기에 급급한 시기에 이 논쟁은 반파시즘 연합을 약화시키고 위험에 빠트리는 것으로 여겨졌다. 실제로 이로 인해『금요일』의 전략은 타격을 입었으며, 설상가상으로 지드와 게노의 해묵은 사적 대립(「영혼, 나의 아름다운 영혼」 Âme, ma belle âme, 『유럽』 1930. 11. 15)이 다시 시작되었다.

게노는『유럽』의 새 편집진에 대해서 자신의 독립성을 표명한 후, 1936년부터『금요일』의 지면을 통해 모스크바재판의 의미를 공개적으로 묻기 시작한 최초의 좌파지식인이었고, 무니에와 더불어 독특한 지식인에 속하는 사람이었다.『소비에트연방으로부터의 귀국』에 맞서, 『금요일』은 서로 대립되는 두 편의 보고서에 지면을 할애함으로써 최악은 피했다고 판단했다. 그러나 1937년 11월에 지드가 책임을 맡아서『이즈베스치야』(Izvestia)에 실린 일리야 에렌부르크의 격렬한 글을 공격하는 「수정」을『금요일』에 게재하려 할 때, 편집위원회가 이를 거절하면서 모든 것은 악화되었다. 게노와 지드 각자는 자신들의 네 편이 넘는 공개서한이 전략적·윤리적 차원에서의 자신들의 의견 불일치를 증명하는 데 반드시 필요하다고 판단하였다. 그리하여 지드는 자신의 공개서한들을 가스통 베르주리에게 들고 갔는데, 당시 가스통은『파리의 화살』(La Flèche de Paris)에서 '인민전선'에 대한 비판적 지지라는 독창적인 행보를 걷고 있었다. 가스통의 지적 행보는 평화주의가 강조된, 따라서 당연히 반공주의 색채를 띠고 있었다. 이로써 지드는 소외의 위험을 감수할 수밖에 없었다.『주르날』(Journal)을 제외하고는, 엄격한 문학표현 양식으로 후퇴할수록 지드를 소외시키는 일이 심해졌는데, 훗날 게노와의 논쟁 이후에 발표한 지드의 글이 한 편도 실리지 않은 선집『참여문학』(Littérature *engagée* 1950)이 이를 입증해 준다.

평화

공산주의를 지지하던 지식인들이 이러한 에피소드들에 의해 흔들리지 않았다면, 국제적 상황을 가지고 그 이유를 설명해야 할 것이다. 어쨌든 우리는 이 에피소드들 속에서 20년 후에 이들 중 상당수와 그 후임자들의 사임을 초래하게 되는 조짐들을 읽어낼 수 있다. 1936년부터 프랑스는 국제문제가 일간지의 첫 페이지를 장식하고 또 국내 정치가 전략적으로 큰 변화를 겪는, 역사적으로 드문 시기로 돌입하게 된다. 한편 세계대전이 발발하기 직전까지 좌파 내에서 '가중되는 위험'에 맞서 성공적으로 단합을 유지한 것은 공산당이 유일했다. 그 밖의 모든 단체들에게 이와 같은 위험의 증가는 궁극적으로 상호 타협할 수 없는 논리들 가운데 하나를 선택해야 하는 것을 의미했다.

팽창주의적 야욕을 확연하게 드러내기 시작한 파시즘세력들을 맞닥뜨려, 총체적 평화주의는 사실 이들의 공격을 부추기는 형국일 수 있었다. 이러한 확신은 공산주의 인텔리겐치아를 하나로 묶어주는 역할을 하였다. 그러나 사회주의·급진주의·무당적자 중에서는 일부만 이 대열에 참여하였을 뿐 아니라, 그 가운데 극소수는 '권리'라는 이름 아래 전쟁을 정당화시키는 입장 앞에서 전쟁에 대한 공포와 회의주의를 뇌리에서 떨쳐내지 못하였다. 호전주의에 대한 의혹이 반파시즘 연합 내에 스며들었던 것이다. 같은 시간에 마찬가지 이유로 대부분의 우파는 평화주의 입장은 아닐지라도, 적어도 전략적으로 화해적인 입장을 표명하기 시작했다. 하지만 우파의 이런 입장이 비가시적인 도덕적 원칙에 근거해 있었던 것은 아니었다. 이때부터 외국에 대한 무장개입으로 치달을 수 있는 단호한 외교가 우파에 우호적인 체제를 공격하기 시작하며, 우파의 대변인들은 처음으로 국제문제에 대해서 온건주의와 견해가 일치되어 불간섭을 주장한다. 이러한 새로운 접근방식은 사회혁명에 대한 두려움에 앞서서 그를 뛰어넘는 정의와 애국심이라는 가치를 주장하는 구성원들에게 의식의 혼돈을 초래하기도 하지만, 묘하게도 전쟁 때까지 이런 유형의 사람은 극소수에 지나지 않게 된다.

얼핏 보기에 다소 부차적인 에피소드일 수 있으나, 확실히 에티오피아전쟁——1935년 가을 이탈리아 파시즘이 국제연맹 회원국이자 독립국가인 에티오피아를 공격하면서 발발하여 이듬해 5월에 에티오피아가 이탈리아에 병합되면서 끝났다——은 이러한 일련의 질문들을 제기하게 한다. 당시의 지식인그룹들을 통해서 전쟁의 단면이 깔끔하게 제공된다. 이리하여 국제연합은 너무나도 명백한 침략을 자행한 이탈리아에 대해 공식적으로 비난의 성명을 발표하며, 이탈리아에 대한 각종 제재조치를 표결에 부치게 된다. 국제연합은 이탈리아의 침략을 저지하기 위해 오히려 공공연히 전쟁의 위험을 감수하였던 것이다. 따라서 1935년 10월 초에 앙리 마시스(1886~1970)가 주로 작성한 장문의 성명서에 30여 명의 프랑스지식인들이 엄숙히 서명한 것은 『서구의 방어를 위해』(*Pour la défense de l'Occident*)서이기도 하지만, 『유럽의 평화를 위해』(*Pour la paix en Europe*)서이기도 했다.

이 시기의 정황에 비추어볼 때, 이탈리아 제재에 대해 거부를 표명한 경우에는 영국의 외교적 보호로부터 벗어나려는 의지와 고립된 이탈리아를 나치독일 쪽으로 밀어넣지 않으려는 의지에 근거해 있었다면, 마시스의 선언문은 서명인들의 참여를 결정짓는 본질적인 논거에 중요성을 부여하는 쪽을 택했다. 온갖 '허구의 법률적 보편주의'와 거리가 먼, 서구국가에는 라틴민족의 연대와 열등국가의 문명화라는 소명이 부여되어 있다는 이른바 문명의 우월성에 대한 찬양 그리고 무솔리니 식의 재건작업에 대한 찬탄, 마지막으로 서구국가들간의 전쟁은 볼셰비즘에게 유리할 뿐이라는 확신 등이 그것이다. 서명인들 중에서 세 개의 주요 우파지식인집단이 눈에 띄는데, 추기경 보드리아르에서부터 클로드 파레르에 이르기까지 일반적으로 모라스의 영향에 민감한 집단과 아카데믹하거나 그와 유사한 지식인들로 이루어진 위엄 있는 대부대 그리고 가장 작지만 가장 급진적인 '국가혁명의 젊은 희망결사'(브라지아크, 가조트, 몰니에 등)로서 하나같이 앙리 베로 같은 상대적으로 대중적인 능변으로 이름이 알려진 중재인들을 가지고 있었다. 그런가 하면 그때까지 '알려지지' 않은 이름(마르셀 에메, 피에르 마크 오를랑 등)도 보이는데, 필시 이들은 평화주의 때문에 선언문에 서명했을 것이다.

　이탈리아 제재에 대해 지지의사를 표시한 지식인들의 대응 또한 나름대로의 특성을 지니고 있다. 그러나 민족자주권과 외교문제의 도덕성이라는 '제네바협약'이 담고 있는 철학적 논리 혹은 이미 과거지사처럼 보이는 식민주의에 대한 비난에서 그 특성을 찾을 수 있는 것은 아니었다. 그보다는 새로운 질서를 위한 자신들의 투쟁과 '인민전선'의 투쟁을 혼동하지 않기로 결심한, '인민전선' 인텔리겐치아의 측면부대로서 출현한 정신주의자들의 소그룹에서 찾을 수 있다. 쥘로맹이 작성하고 엠마뉘엘 무니에의 이름이 실린 좌파의 반대선언문과 별도로, 세번째 '기독교민주주의'의 호소문 「정의와 평화를 위해」(Pour la justice et la paix)가 나왔는데, 이 마지막 호소문은 비록 단기적으로는 가장 한정된 범위에서만 반향을 불러일으켰지만 중기적으로는 스페인전쟁이 선명하게 보여준 독창적인 변화의 서곡이었으며 지속적인 재편성을 예고하는 것이었다.

'인민전선' 공화파정부의 전복을 기도한 국가주의자들의 반란에 대항하여 좌파의 이론적 연대는 논란의 여지가 없는 것처럼 보였지만, 이와 반대로 그로부터 얻어내야 하는 실질적인 결과에 대해서는 곧바로 균열이 생기기 시작했다. 그리고 이미 불안정한 상태에 있었던 '반파시즘 지식인감시위원회'는 블룸정부의 공식적인 불간섭정책에 대한 지지와 반대를 둘러싸고 결국 분열되었다. 이번에는 피에르 제롬 계열까지 1938년 6월 총회가 끝난 후, 이미 피로 물든 연합의 유일한 주인으로 남은 완고한 평화주의자그룹으로부터 멀어졌다. 제3의 길을 모색하려던 '시민·종교평화위원회'의 의도가 가톨릭 내부에서 전혀 반향을 일으키지 못했던 것처럼, 가톨릭 바스크족이 '적군'(赤軍) 곁에 선 것은 몇 가지 확신을 뒤흔들어놓았다. 그리고 가톨릭 인텔리겐치아들 사이에서 프랑수아 모리악 이후의 독창적인 행보로 간주될 만한 최초의 증후로는, 이들이 마리텡이나 무니에와 함께한 항의시위를 들 수 있다. 이들은 바다호스 국가주의자들이 저지른 학살과 바스크지방의 '성도' 게르니카를 폭격한 데 대해 저항하였다(선언문,『라 크루아』1937. 5. 8).

갑작스러운 양극화와 외교·감정·이데올로기 차원의 근접성 때문에 스페인내전 시기는 프랑스 지식인역사의 전형(典型)을 보여주는 시기였다. 우선, 지식인의 '불간섭'이 존재하지 않았던 상황에서 양쪽 진영이 구사한 다양한 참여수단이 그 전형이었다. 또한 직접적으로 스페인내전에 의해 촉발된 작품들이 오늘날까지 전형으로 남아 있는데, 그 가운데 일부 작업은 특히 전투원들의 사기를 북돋아주고 그들의 투쟁을 프랑스여론과 결합시키는 것을 목적으로 하고 있었다. 지드를 제외하고는 1935년 총회의 주축멤버들은 1937년에 열린 제2차 문화수호회의에서 다시 모인다(이 회의는 처음에 발랑스에서 개최되기로 예정되었으나 전선戰線이 확대되면서 바르셀로나로, 마드리드로, 마침내 파리로 바뀌었다). 반대진영에서는 브라지아크와 마시스가 국가주의자들을 위해 펜을 들어 서사시 「알카자르의 입헌민주당원들」(Cadets de l'Alcazar 1937)을 내어놓는다. 하지만 쟁점의 심각성은 문제를 좀더 복잡하게 만든다. 가령 젊은 가톨릭교도 장 에롤 파키는 프랑코장군진영의 사라고스 방송국 라디오프로에 참여하기 위해 프랑스를 떠나지만, 그의 친구들은 대부분 잔 다르크 중대에 자원한다. 스페인내전에 참가한 국제의용군 내의 1만 여 프랑스 자원병 속에는 매우 다양한 직종의 좌파지식인들이 포진되어 있었는데, 특히 눈에 띄는 지식인 전투원으로는 테루엘 전선에서 7개월 동안 스페인 전투비행중대의 창설 및 지휘를 담당한 앙드레 말로를 들 수 있다. 말로의 이 행보는 그후 오랫동안 동료들의 뇌리에 남아 있게 된다. 그리하여 드리외 라 로셀은 3년 후에 매우 자전적인 『질』(Gilles)의 초상화를 그리면서, 마침내 프랑코 장군 편에서 사격을 하는 질을 보여준다.

이와 같은 상황을 바탕으로 탄생한 소설 『희망』(L'Espoir, 말로, 1937), 그림 〈게르니카〉(피카소, 파리국제박람회 공화파관의 벽화로 의뢰됨, 1937), 에세이 『달빛 아래 대묘지』(Les Grands Cimetières sous la lune, 베르나노스, 1938)는 각자의 영역에서 그만큼 명작으로 간주될 수 있다. 급하게 제작된 이 작품들은 새로운 형태를 빌려서 비극과 서사시에 적합한 표현방식을 뒤집어놓는다. 또한 이 작품들은 머지않아 명성을 얻음으로써, 적극적인 행동적 참여는 작품의 추구와 결코 양립 불가능하지 않다는 확신을 지식인들에게 심어주었다. 앞으로 계속될 대립 때문에도, 이 교훈은 간직할 만하다.

제6장
전쟁에 맞선 프랑스지식인(1938~44)

드레퓌스사건과 마찬가지로, 아니 어쩌면 그 이상으로, 제2차 세계대전은 지식인집단의 역사에서 사건의 중요성을 나타내는 증거이다.

지식인 훈련의 새로운 조건

'인민전선'이 양극화된 데 이어──혹은 부분적으로 '인민전선'의 내부분열과 중첩되어서──외부로부터의 '위험이 고조'된 만큼, 이데올로기의 재편성의 폭은 특히 컸던 것으로 보인다. 이와 같은 쟁점의 전환이 얼마나 신속하게 일어났는가를 파악할 때, 비로소 제2차 세계대전이 프랑스사회에 던진 충격파를 정확하게 가늠할 수 있다.

뮌헨의 불화
독일협력자로 돌아선 도미니크 소르데 기자는 뮌헨위기의 결과를 톱밥더미 위에 놓인 이중 자기장이 만들어내는 효과에 비교하는데, 전쟁에 대한 지식인 개개인의 태도에 따라 지식인지형이 격렬하게 재편성된 것을 이렇게 표현한 것이다. 이러한 각도에서 본다면, 오스트리아병합에서 프랑스의 패배로 이어지는 2년의 시기는 하나와 일관된 양상을 보여준다. 즉 평화의 논리와 방어의 논리 각각이 지니는 위험과 이익의 문제는 상황에 의해 극화된 세 가지 딜레마——체코슬로바키아 사건에서 히틀러에 굴복하는 정책에 동의하느냐 반대하느냐, 폴란드 사건과 관련해서 전쟁에 찬성하느냐 반대하느냐, 기묘한 전쟁 동안 서부에서의 명목뿐인 평화에 대해 찬성하느냐 반대하느냐——때문에 핵심 쟁점이 된다. 여기서 교란요인은 단 한 가지 8월 말에 공표된 히틀러-스탈린협정이었는데, 물론 소홀히 취급할 수는 없겠으나 이 협정을 계기로 방향전환을 한 지식인들이 그리 많지 않았던 것으로 보아 별로 폭발적이지는 않았던 것 같다.

1938년 내내 두 그룹의 프랑스 인텔리겐치아 사이에 새로운 긴장이 구체적으로 나타나는데, 하나는 독일·이탈리아의 파시즘과 팽창주의에 대한 전면적인 거부보다 평화주의·반공주의·반'인민전선' 입장을 우선시한 그룹이고, 또 하나는 이 둘 가운데 하나를 억제하기 위해 전쟁의 위험을 감수한 그룹이다.

이리하여 불과 1년 전까지만 해도 생각할 수 없었던 의견의 일치, 예컨대 앙드레 델마가 이끈 전국초등학교교사노동조합과 우파의 총수 중 한 명인 피에르 에티엔 플랑드랭 국회의원——몇 년 전 국내 정치문제로 델마의 노동조합과 격렬하게 대립했다——의 의견일치가 갑자기 가능해졌다. 동시대인들에게는 별로 놀라울 일이 아니지만, 『프랑스인의 투쟁』의 극단적 뮌헨협약파의 선택은 모라스의 계속적인 친독일주의를 고려할 때 조금은 역설적인 그림을 제시했다고 볼 수 있다. 또한 뮌헨협약[1] 바로 직전에 초등교사노동조합과 우편전신전화국 직원들이 만든 "우리는 전쟁을 원치 않는다"고 외치는 포스터

용 문장은 언론을 통해서 널리 알려지면서, 며칠 사이에 15만 명으로부터 서명을 받게 된다. 그리고 여러 좌파단체의 원칙적 평화주의와 우파 대부분의 상황적 평화주의는 이 텍스트에 대해 의견의 일치를 보이는데, 두 경우 모두에서 극단주의의 대변인 격인 소그룹은 대체로 여론이 망설이면서 온건하게 표현하는 감정을 소리 높여 표출했다.

그러나 언뜻 보기에 두 경향 각각의 진영에서 소수파인 입장, 즉 좌파의 총체적 평화주의 입장과 우파의 뮌헨협약 반대입장은 일치하는 것 같았다. 총체적 평화주의 입장은 좌파 내에서 주변적인 세 그룹이 이끌었으며, 루이 르쿠엥과 '무정부주의연합'으로 대표되는 무정부주의그룹과 대부분이 1938년 봄부터 마르소 피베르의 노동자·농민사회당으로 모여든 반스탈린주의 사회주의극좌파 그룹 그리고 이러한 경계를 초월한 '반파시즘 지식인감시위원회'의 잔류세력이 그들이다. 상당수가 노동조합 운동가들이었는데, 이들이 주축이 되어 1938년 5월에는 미셸 알렉상드르가 이끄는 '전쟁반대투쟁실행 노동조합센터'(3200명의 개인과 30여 개의 단체 가입)가 창설되었으며 또 평화주의자들이 이끈 노동자총연맹 노동조합은 체코위기 때 전쟁반대 연락센터의 거점 역할을 하였다. 특히 후자는 조직의 의사표현을 정치세계로까지 넓혀나갔다. 좀더 면밀하게 살펴보면, 예컨대 알랭의 후원 아래 있던 3인의 교사(알렉상드르, 샬레, 에므리)처럼 가장 앞장선 인물들은 오래 전부터 평화주의 대열에 참여하여 잘 알려진 지식인들이었다. 노동자총연맹의 11월 총회에서 델마가 내어놓은 안건은 유권자의 28%의 지지를 얻는다.

이러한 예측 가능한 입장표명과는 별도로, 전쟁반대에 대한 동원이

---

1) 1938년 9월 영국·프랑스·독일·이탈리아 사이에 체결된 협약. 독일과 이탈리아의 침략전쟁을 사실상 묵인한 협약이다.—옮긴이

절정을 이루던 시기는 장 지오노의 개인적인 참여가 확실시되는 시기와 일치했다. 이리하여 창작활동과 특히 소설작품 출판을 일시적으로 중단한 콩타두르의 사상가는 전쟁이 발발할 때까지 자신의 모든 에너지를 평화의 설파에 바치게 된다. 지오노는 1938년 유스호스텔의 주요 단체인 '유스호스텔 비종교센터'의 최초 전국총회 때 개막연설을 의뢰받을 정도로 좌파여론의 폭넓은 분야를 대표했다. 1937년에는 『복종의 거부』(Refus d'obéissance)에서 영감을 받은 이전의 텍스트들을 선집으로 모았으며, 1938년 여름에는 『농민들에게 보내는, 가난과 평화에 대한 편지』(Lettre aux paysans sur la pauvreté et la paix)를 출판하였고, 세 편의 같은 계열의 작품이 뒤를 잇는다. 특히 『상세한 설명』 (Précisions)에서는 "나는 어떠한 평화도 부끄러워하지 않는다"고 명확하게 표현한다. 지오노 특유의 문체를 바탕으로 자연주의와 평화주의가 전개되며, 도시화·기계화되고 상업화된 문명에 대한 혐오가 격렬한 언어로 표현된다.

지오노는 공산당을 진심으로 지지한 적이 없는 '인민전선'의 조심스런 지지자이며, 마르셀 파뇰의 영화를 통해 다양하게 표현된 저명한 소설가였다. 그는 동시대의 그 어떤 위대한 지식인보다 이목을 끌었던 것으로 보인다. 전쟁 바로 직전까지 지오노가 문학분야에서 자신의 제안들을 끈질기게 강화시켜 나갔다는 것은, 프랑스 전체에 팽배해 있던 지식인들의 혼란을 반영한다고 볼 수 있다. 이같은 혼란은 프랑스 공산당의 열렬한 동조자이자 「우리는 전쟁을 원치 않는다」에 서명한 로맹 롤랑의 주저함에서도 여실히 드러난다.

우파에서는, 뮌헨협정을 계기로 소그룹의 국가수호 지지자들이 내적으로는 공산당과의 동맹 문제에 대해 또 외적으로는 소련과의 동맹 문제에 대해 경직된 태도를 취하게 된다. 의회에서는 조르주

망델이나 폴 레이노 등으로 대표되는 그룹이 일간지 『여명』(L'Aube)의 기독교민주주의그룹으로부터 지지를 받는다. 늙은 프랑시스크 게와 젊은 조르주 비도가 이 지지대열에 앞장서지만, 일관성은 가졌으나 전혀 가톨릭집단을 대표하지 못했던 이 목소리는 크게 관심을 끌지 못한다. 반면에 그 무렵 앙리 케리이스의 행보는 1937년에 창간한 『시대』(L'Époque)의 발행부수(1939년 3월 약 8만 부)로써 예상할 수 있었던 것보다 훨씬 더 많은 힘을 그룹의 입장을 표명하는 데 쏟는다. 케리이스는 1938년 10월 4일 의회에서 표결에 부쳐진 뮌헨협약의 수정안에 투표하지 않은 유일한 우파의원이다. 또 조르주 베르나노스는 라틴아메리카에서 동일한 정신으로 외로운 길을 계속 걸어나간다(『우리 다른 프랑스인들』Nous autres Français 1939). 엠마뉘엘 무니에의 고독함 역시 이보다 결코 덜하지 않았다. '인민전선' 시기에 무니에가 내어놓은 제안들이 정치적 우파 쪽으로 기울었던 것이 아니었음에도, 뮌헨협정에 대한 그의 노골적인 반대는 『정신』의 독자들과 협력자들을 결집시키지 못한다. 다른 많은 경우와 마찬가지로, 이러한 경우 공산주의로 접근하게 되는 경향——이 시기부터 몇 가지 증후를 통해 간파된다——은 독일-소련협약을 계기로 명확하게 사라진다.

혼란의 절정

독소협약의 체결이 공표되고 프랑스와 영국이 독일에 대해 전쟁을 선포하면서 지식인들의 혼란은 더욱 가중되었다. 유일하게 뮌헨협정으로 인한 피해를 입지 않았던 대규모 정치단체인 공산당은 오히려 국제주의자들의 주장에 점점 동조하면서 1939년 8~9월에 분열된다. 당시 국제주의자들은 파시즘과 자본주의 세력을 모두 배척할 것을 주장하였는데, 이는 1934년에 채택된 당의 노선과 공식적으로 대립되는 것이었다.

대사건에 의해 공산주의 지식인으로 지목되었던 지식인들 상당수가 비시정권으로부터 탄압과 모욕을 받았으며, 1941년 6월 동부전선에서 전쟁이 발발할 때까지 줄곧 고통스럽고 거북한 침묵으로 일관했다. 폴 장주벵은 공개적으로 드러내지는 않았지만 주변사람들에게 자신이 겪는 혼란을 감추지 않는다. 더욱이 그는 1914~18년의 1차대전 당시처럼 자신의 과학적 능력을 전쟁수행에 바치는 것을 주저하지 않는다. 그러나 노골적인 단절의 경우는 그리 많지 않았다. 또한 지적 선전행위 등과 같은 행위는 다시 지하투쟁과 '계급 대 계급' 전략으로 고립의 시기로 접어든 조직에게 용서할 수 없는 행위로 간주된다.

폴 니장이 대표적인 사례인데, 그의 입장은 아주 미묘하다. 더구나 1940년 전투에서 니장이 실종되어 자신을 변호할 수 없게 된 상황에서 그의 입장은 당에 의해 왜곡된다. 공산주의 일간지『오늘 저녁』(*Ce soir*)의 외교란을 담당하고 있던 니장은 독소협약 체결이라는 뜻밖의 소식을 접하고 많은 비난이 쏟아질 것으로 예상했지만, 10월까지 침묵을 지킨다. 이런 니장의 접근방식은 지식인의 전형이라 할 수 있다. 그는 사적 서신을 통해 공산당의 새로운 정책에 대해 의문을 표시하는 대신, 자신의 다른 의견을『작품』(*L'Œuvre*)이라는 소속이 불명확한 좌파일간지에 발표하고는 자신이 스물두 살 때부터 몸담아 투쟁해 오던 조직을 떠나는 것을 알린다. 그리고는 공식적으로는 침묵으로 일관하면서, 사적으로는 자신의 태도를 국내 공산주의전략을 통해 정당화시켜 나간다. 1940년부터 모스크바에서 니장의 이와 같은 행보에 대해 표현한 모리스 토레즈나 전후(戰後)에 자신의 소설

「공산주의자들」에서 오르필라라는 이름으로 니장을 배신자의 초상으로 묘사한 루이 아라공에게 있어서, 사건은 간단했다. 그들은 니장을 공산주의 인텔리겐치아 내부에 침투한 경찰스파이로 몰고 갔다. 이들의 주장이 프랑스공산당에서 더 이상 수용되지 않고, 또 소설 「공산주의자들」의 요약개정판에서 오르필라가 사라진 것은 1960년대 들어와서이다.

마찬가지로 드문 사례이지만, 니장과 반대로 루이 아라공은, 정부가 공산주의계열과 그에 동조하는 언론매체를 일체 금지하기 바로 전에 자신이 경영하던 일간지 첫 면에서 협정의 서명을 열렬히 환영하는 시간을 가졌던 잘 훈련된 공산당 지식인에 속한다. 그리고는 군복을 입고 전투에서 혁혁한 공을 세워서 메달을 목에 걸고 돌아온다. 전쟁에 패배한 이후, 신중한 태도는 그와 엘자 트리올레에게서 문학에의 결연한 귀의로 표현된다. 특히 가장 고전적인 형태로 시에 귀의하는데, 이는 곧바로 정신적 '레지스탕스'의 한 수단으로 이해된다.

마침내 대사건은 일부 동조자들 사이에서 최후의 변화를 불러일으킨다. 즉 10년 혹은 20년 후에 다른 지식인들이 뒤따르게 될 영원한 결별이라는 행보를 예고한다. 아마 가장 선명한 예는 앙드레 말로일 것이다. 스페인내전의 퇴역군인이었던 말로는 다시 군복무를 자원하지만, 공산당과 관련해서는 공개적으로 그 어떤 선언도 하지 않는다. 그의 전기에서 발견할 수 있는 가장 놀라운 특징 하나는, 1944년 초까지만 해도 그는 레지스탕스운동에 실질적으로 참여할 것을 권하는 사람들에게 거부의사를 밝혔다는 사실이다. 말로의 문학창작까지 변화하는데, 그의 작품들은 서정적 르포르타주 형식으로 끝을 맺는다. 『서양의 유혹』(*La Tentation de l'Occident*)의 저자에게 시간은 역사와 미학 속에서 인간에 대해 직접적으로 표현한 명상에 있으며, 『알텐부르크의 호두나무』(*Les Noyers de l'Altenburg*)에서 허구는 철학적 대화 뒤로 점차 사라지는데 이는 인간의 영원한 『천사와의 투쟁』(*Lutte avec l'ange*)――『호두나무』를 첫번째 폭으로 구성했을 수도 있는 3부작의 제목――뒤에 혁명을 통한 구원과 동일한 것으로 해석할 수 있다. 이렇게 해서 말로는 30년대 초부터 시작하였다가 반파시즘 운동으로 중단하였던, 예술에 대한 고찰 『침묵의 소리』(*Voix du silence*)와 『상상의 박물관』(*Musée imaginaire*)의 끈을 다시 연결시켰다. 말로의 이와 같은 행보는 전후(戰後)에 지식인참여의 이론적 특징을 이루게 되며, 투쟁의 측면에서는 많은 변화를 겪게 된다.

때로는 일시적인, 또 때로는 결정적인 이런 문제제기와 비교해 볼 때, 1914~18년의 예와 대동소이한 애국을 선명하게 내건 참여의 경우는 그리 큰 비중을 차지하지 않는다. 가장 잘 알려진 에피소드로는 장 지로두의 짧은 기간 동안 확고한 참여를 들 수 있다. 외교관이자, 『지크프리트』(*Siegfried*)와 『트로이전쟁은 일어나지 않을 것이다』(*La guerre de Troie n'aura pas lieu*)의 저자이며 소설 『벨라』(*Bella*)에서 레이몽 푸엥카레라는 독설적인 초상을 그린 그는 1939년 7월 29일부터 달라디에정부에 신설된 전시정보국장 자리를 받아들인다. 그리고 곧 이어 검열국장과 프랑스역선전총책임자의 직책까지 맡으면서 활동반경을 넓혀나간다. 사실 지로두의 변화는 그 전해부터 눈에 띄었다. 내적·외적 위기를 심하게 겪었을 뿐 아니라, 작품에만 전념하기 위해 코메디 프랑세즈의 행정관 직책을 거부했던 그는 1939년에 의미심장한 제목의 『전권』(*Pleins pouvoirs*)이라는 책을 내어놓는다. 이 책에서, 그는 자신이 국가의 쇠퇴라고 진단한 것을 열거하면서 그 해결책을 제시하지만, 인간적 가치의 활기찬 재건을 내세운 그의 신념은 외국인에 대한 증오와 반유대주의로부터 결코 자유롭지 못했다. 정보국장의 지루한 연설문에 대한 평가와 마찬가지로, 그후 그의 임무수행에 대한 묘사 역시 지로두의 전반적인 실패를 잘 드러내고 있다. 당사자 또한『권력 없이』(*Sans pouvoirs*)——미완성 선집으로서 전쟁이 끝난 후 출판되었다——에서 이 실패를 간접적으로 설명한다.

이와 반대로, 총체적 평화주의와 파시즘적 패배주의 쪽으로 나아간 지식인은 극히 드물다. 전쟁을 거부하는 지식인들을 대변했던 사람들은 대개 전쟁이 선포되자 자신들의 적의를 잠재우는데, 좌파의 엠마뉘엘 베를과 우파의 샤를르 모라스가 그 경우이다. 오직 연락위원회의 혁명적 무정부주의자와 조합원들로 구성된 소그룹만이 행동에 나섰으나, 이로 인해 8월에 위원회의 정기간행물『잡지』(*Feuille*)는 판매금지당한다. 전쟁이 발발한 이튿날, 루이 르쿠엥은「즉시 평화를!」 (Paix immédiate!)을 작성하여 31명의 서명을 받아서 1만여 장을 제작·배포한다. 이 유인물에 서명한 사람은 주로 문인(알랭, 펠리시앙 샬레, 지오노, 앙리 장송, 티드 모니에, 조르주 피오슈, 앙리 플라이유 등)과 문화업종에 종사하는 조합원(알렉상드르, 에므리, 뤼도빅 조레티 등)들이었다. 이와 관련하여 특기할 만한 점은 알랭과 지오노를 포함하여 저명인사들이 자신들의 서명을 곧바로 부인했다는 사실이다. 그리고 입장을 끝까지 고수한 샬레와 르쿠엥, 플라유는 '국제노동자연맹 프랑스지부' 상설행정위원회의 조레티 위원처럼 철저하게 고립되며, 특히 조레티는 스위스사회당을 통해서 '짐머발트파' 와의 접촉을 시도했다는 이유로 즉각 조직으로부터 쫓겨나게 된다.

제국주의적 확신에 찬 평화주의는 뒤늦게 알려지는데,「전쟁은 사라져라, 프랑스 만세!」(A bas la guerre, Vive la France!)라는 제목으로 발표된『나는 어디에든 있다』(1939. 8. 30)의 명예회복 싸움이 있은 후이다. 브라지아크나 드리외 같은 이들은 귀대하여, 전선의 평온을 이용해서 한 시대(『전쟁 이전의 우리』 *Notre avant-guerre*) 혹은 한 운명(『질』 *Gilles*)을 결산하고자 한다. 또 알랭 로브로 같은 기자는 『나는 어디에든 있다』——1943년부터 명확히 친히틀러 신문이 된다——를 통해, 자신은 사석에서 조국을 위해 '짧고 끔찍한 전쟁'을 소망한다고 토로한 적이 있다고 고백함으로써 스캔들을 일으킨다. 그후 1940년 6월 5일 로브로를 포함하여 함께 있었던 6명은 국가안보를 침해했다는 이유로 체포되고, 신문편집진에게도 탄압이 가해진다. 이러한 지식인들의 행보는, 1940년 봄의 대패배를 거치면서 일관성을 되찾고 극단화되기에 이른다.

패배의 충격

패배는 그 즉각적인 물리적 효과로 인해 지식인들의 삶의 조건들을 끊임없이 바꿔놓는다. 육체적인 측면에서, 패배는 파리의 인텔리겐치아를 전국, 특히 남쪽으로 뿔뿔이 흩어지게 한다. 저명인사들 가운데 일부가 1940년 말 이전에 그 무엇보다도 문화적 수도인 파리로 '다시 올라갔다'면, 대부분은 그대로 지방에 머물게 된다. 이렇게 지방에 그대로 있게 된 데는 갖가지 편리한 점들과 파시즘에 반대하는 정치적 전력에서 비롯된 점령군에 대한 혐오감, 비시정권과 가까워지게 된다는 점 그리고 단순한 신중함 등이 복합적으로 작용했다. 프랑스처럼 모든 것이 수도로 집중된 나라에서 예외적이랄 수 있는 이와 같은 행동은 새로 편성된 질서에 대한 이들의 유일한 '레지스탕스' 행위이기도 했다.

전쟁 이전 지식인사회에서 가장 유명한 사람이었던 앙드레 지드도 마찬가지이다. 몇 개월을 이리저리 헤매다가 그는 코트 다쥐르에 정착한다. 그후 드리외 라 로셸은 지드를 파리로 불러들이기 위해

갖은 애를 다 쓰지만, 과거 탈만위원회의 대변인은 고집을 부리며 조심한다. 1941년 5월 남부지방에 팽배해 있던 새로운 기운을 잘 드러내는 한 에피소드는, 전통우파들 사이에서 자신의 이름에는 신의 없는 사람이라는 레테르가 줄곧 붙어다닌다는 것을 그에게 환기시켜 준다. 그들이 내세운 핑계는 1차대전이 끝난 후에 지드의 첫번째 대중과의 만남이 강연이라는 것이다. 그의 적대자들——이번 경우에는 페탱주의 관변단체인 프랑스전투군단 지부——에게는 강연의 주제가 엄격히 문학적인 내용이라는 것은 중요하지 않다. 중요한 것은, 유해하고 부담스럽기 짝이 없는 적수 지식인의 복귀였다. 협박에 못 이긴 지드는 강연을 취소한다. 그리고 1년 후, 지드는 새 정권과 더욱더 거리를 두기 위해 튀니지의 초청을 받아들이게 된다.

공산당과의 우여곡절로 인해 골탕을 먹은 지드는 시련기간 내내 극도로 신중한 처신을 한다. 하지만 파리로부터 육체적으로 멀어진다는 것이 곧 정치적 무관심을 의미하지 않음은 루이 아라공과 엘자 트리올레의 행보에서 증명된다. 이들의 주요 작품들이 갈리마르나 전부터 밀접한 관계를 맺고 있던 드노엘 출판사에서 발간되었듯이, 남동쪽이라는 것 외에는 알려진 바 없이 거의 비밀에 부쳐져 있던 거주지는 이들이 지하문학에 점점 더 적극적으로 참여하는 것을 가능케 했다.

결국 '1940년'이 자신의 위상변화의 커다란 계기가 되었던 지식인은 런던이나 주로 미국으로 망명한 몇몇 유대인과 폐간되었거나(『빛』『문학소식』 *Les Nouvelle littéraire* 그리고 어쩌면 『마리안』) 새로운 질서에 순응하는 그룹과 함께 다시 등장한 신문사(예컨대 마르셀 데아의 파시즘 입장에 동조한 『작품』)의 기자들뿐이다.

그 밖에 초기의 단절은 여름을 넘기지 않는데, 가장 좋은 예는 출판계의 행보에서 찾아볼 수 있다. 언론의 경우 재발행을 둘러싸고 파리와 남쪽지방의 입장이 갈라진 데 비해, 출판은 지체 없이 점령당한 수도에 자리를 잡는다. 개성이 강한 베르나르 그라세는 이와 같은 움직임을 가속화시키고 또 상황을 적절히 이용하여 출판경향을 순화시키고자 한 부류에 속한다.

가장 중요한 것은 순전히 정신적인 충격에서 비롯되었음을 쉽게 알 수 있다. 패배는 그 자체로, 모든 진영의 대부분의 지식인들이 채택된 전략과 이를 지지한 정치체제 그리고 군대에 대해 품고 있던 견고한 이미지——이 점에서는 모든 프랑스인들과 전혀 다르지 않다——를 허물어뜨리거나 끊임없이 회의하게 했다. 휴머니즘과 진보와 민주주의의 가치에 대한 엄격한 자기 의식검열은 마침내 대규모 붕괴에 대한 냉철한 증언이 담긴 문학, 즉 픽션이나 논픽션, 에세이나 분노에 찬 팸플릿, 『패배일기』(*Carnet de déroute* 클로드 자메, 1942), 『아름다운 시트』(*Les Beaux draps* 셀린, 1941) 등을 탄생시킨다. 1942년에 젊은 모라스주의자 미셸 모르의 첫번째 책은 1871년의 『패배 앞의 지식인들』(*Intellectuels devant la défaite*)의 연구에 바쳐진다.

지드는 1940년에 썼던 자신의 『일기』 일부분을 1944년 해방된 알제에서 출판함으로써 일부 레지스탕스 대원들에게 충격을 던진다. 전국적으로 팽배한 무기력함에 대한 고백("어제의 적과 화해하는 것은 비겁함이 아니라 지혜이다"-괴테에서 인용)과 쾌락을 비난한 페탱 원수에 대해 호의적인 평가를 담고 있는 이 『일기』는 당시 만연해 있던 혼란을 정직하게 증언한다고 볼 수 있다.

그리고 일반적으로 논쟁을 위해서 받아들여지고 있던 이미지와 반대로, 우파지식인이나 좌파지식인 할 것 없이 준거에 대해서 상당한 혼란을 느꼈다는 것은, 변절이 1940년의 비시주의자와 1944년의 레지스탕스 지식인들 사이에서 하나의 규칙은 아니었음을 설명해 준다. 파시스트 소그룹만이 일련의 사건을 통해서 자신들 주장이 옳음을 검증할 기회를 가질 수 있다고 생각했을 따름이다. 이 세대에 게, 프랑스 지식인공간의 재구성은 결정적이었다. 일시적일지라도 독일의 명령을 거부할 것인가 받아들일 것인가, 양자택일해야 했던 1940년의 상황에 의해 변화는 종종 처음의 입장을 극단화시키는 형태로 나타났다고 볼 수 있다.

나중에 이와 같은 연대기적 뉘앙스는, 앞서의 당사자의 지적 구조에 대한 분석에서의 뉘앙스와 대조를 이룬다. 사실 절대적 결정주의는 평화의 시기보다 훨씬 다양한 각종 정치적 선택을 제대로 설명해 주지 못한다. 예컨대 그 많은 '시골풍'의 소설가들이 품었던 자연주의 와 지방주의에 대한 확신이 그들로 하여금 프랑스국가를 선구자로 찬양하게 하였고 또 그들 중 상당수를 새로운 체제의 충실한 지지자로 변모시켰다면, 다른 결정 요인들은 세브놀의 거부의 전통을 계승한 사람으로 일컬어졌던 앙드레 샹송을 정반대의 길을 걷게 했다. 이와 달리, 민중 혹은 프롤레타리아 경향의 문학행위는 새로 들어선 질서에 의 영합을 배제하지 않았다. 전쟁 전부터 정치적으로 보수적인 입장을 취했던 앙드레 테리브가 그러했고, 평화주의와 반공주의 노선에 충실 한 플라유도 마찬가지였다. 전쟁 전에 『나는 어디에든 있다』에서 기자생활을 한 젊은 클로드 루아의 경우와 같이, 진정한 지식인의 급격한 변화를 1940년 이후에는 찾기가 쉽지 않다. 루아는 처음에 엄격한 페탱주의에 참여하였다가 1942년 무렵이 되면 레지스탕스뿐 아니라 공산당 레지스탕스에까지 합류한다.

그렇지만 대부분 지식인들의 행보에서는 이같은 극단적인 대립을 찾아볼 수 없다. 페탱주의에서 나치협력주의로 넘어가는 길을 걷는 지식인들은 '국가혁명'의 필요성에 대한 확신에 근거해서 이런 선택을 한다. 따라서 비시정권의 도덕체계는 이 선택의 아주 창백한 그림자에 지나지 않는다. 또한 페탱주의에서 레지스탕스로 나아가는 길을 걷는 지식인들의 경우에는 똑같은 확신이 민주적인 결론에 도달했기 때문일 것이다. 전후에, 지난 1940년의 독일에 협력한 흔적을 지우려고 애쓴 몇몇 지식인들의 경우는 더 간단하다. 『나는 어디에든 있다』 출신의 기자 조르주 블롱이나 『하지(夏至)』(Solstice de juin)라는 모호한 찬양문을 쓴 앙리 드 몽테를랑은 클로드 루아의 뒤를 좇지 못했다. 그들은 좀더 뒤늦게 그저 조심스런 침묵을 취하였다.

초기의 노선에 대해 역설적인 충실성을 보인 예로는 1940년의 충격으로 동일한 정신주의 전제를 중심으로 모인 예술가·작가·종교인 서클들이 있다. 서클사람들은 이 정신주의 전제에 근거해서 처음에는 비시정부의 비공식 문화단체인 '젊은 프랑스'에 가입하거나 정부가 위리아주에 신설한 프랑스관료양성학교의 견습생과 교수로 간다. 기독교인이든 그렇지 않든, 그들은 엄격한 집단적 가치 아래 '개인주의적'이고 '부르주아적인' 패배사회를 멸시하면서 공감대를 형성해 나간다. 결국 그들 대부분이 비시정부와 결별하는 것도 이런 명목뿐인 가치 때문이다. 이러한 정신을 충실히 반영하던 잡지 『정신』은 1941년 8월에 폐간되고, 무니에는 투옥되며, '젊은 프랑스'는 정화되고, 위리아주의 학교는 1943년 1월 1일에 폐교된다. 전후(戰後) 지식인역사에서 탁월한 역할을 하게 되는 몇몇 인물이 이 서클들에서 배출되는데, 『르 몽드』의 설립자이자 초대 주간인 위베르 뵈브 메리와 『정신』의 주간이 되는 정 마리 도므나크 등 종교계의 주요 인물들 그리고 폴 플라망(르 쇠이 출판사)이나 피에르 세게르 같은 출판인들, 그리고 피에르 엠마뉘엘, 막스 폴 푸셰, 루이 마송, 장 빌라르처럼 공통적으로 '증언'에 관심을 가진 연극인과 시인들을 들 수 있다.

독일점령의 결과

1871년의 상황과 반대로, 패배는 필요에 따라 지식인사회에 직접적으로 개입하기로 작심한 점령군이 전국토의 상당 부분을 장악하는 결과를 가져온다. 이 영역에서 점령군은 고유의 독재논리를 추구하는 비시정권과 때로는 경쟁관계, 또 때로는 협력관계를 맺는다. 그리고 극단적으로 지식인들의 삶에서 새로운 조건들이 생겨나는데, 여기에는 문화적 소비의 증가추세에서 비롯되는 여러 가지 문제가 복잡하게 얽혀 있다. 더욱이 적어도 제2제정 이후로는 전례가 없는 표현의 자유에 대한 제한에 직면하여 어느 한쪽을 선택해야 하는 상황까지 겹쳐진다. 이는 프랑스라는 전쟁터가 군사적 전쟁만큼이나 지식인의 전쟁을 종식시키지 못했기 때문이었다.

집회와 결사의 자유는 폐지되었고, 단행본뿐 아니라 정기간행물에 대한 검열은 어느 진영에 몸담고 있던 지식인이라면 결코 비켜갈 수 없는 지식인 억압시스템의 가장 가시적인 형태일 뿐이었다. 이와 관련해서는, 파리에 있다는 것과 남쪽지방에 있다는 것——비록 1942년에는 침략을 당하지만——은 충분히 구별의 기준점이 된다. 이 점은 기자집단에서도 명명백백하게 확인된다. 한편 두 가지 검열이 책에 대해서까지 소급해서 매우 엄격하게 적용되는데, 하나는 점령군이 볼 때 '바람직하지 못한 프랑스 문학작품'으로서 판매대에서 철수시켜야 할 제목들을 열거한 일명 '오토'라는 일련의 목록(1940. 9, 1942. 7, 1943. 5)이고 또 하나는 전자와 맥락은 같지만 덜 가시적인 비시정권의 조치들이다.

이와 같은 상황에서, 파리의 출판인들은 종이와 출판허가를 얻기 위해 지나칠 정도로 열성을 보인다. 가령 로베르 드노엘 같은 출판인들은 이데올로기적 절충주의의 명성에 편승하여 마침내 그 명성을 선명하게 장식한다(셀린의 반유대적 팸플릿의 재판을 찍는다든가 총서 '프랑스 유대인'을 기획하고 뤼시앙 르바테의 『잔해』*Décombres* 등을 출판한다). 메르큐르 프랑스의 책임을 맡은 자크 베르나르는 완전히 독일지지 쪽을 선택하는데, 이러한 선택은 출판계에 발을 들여놓은 지 얼마 안 되는 신참들에게서 흔히 볼 수 있었다.

이상과 같은 모든 상황은 프랑스로 피신해 있던 반파시즘 지식인들을 다른 곳으로 망명할 수밖에 없게, 혹은 죽을 때까지 침묵으로 일관하게 하는 상태로 몰아넣기도 한다(1933년부터 프랑스에 정착한 독일의 에세이작가 발터 벤야민은 스페인으로의 망명시도가 실패로 끝나자 자살한다). 불법출판만 하기로 결심한 보기 드문 몇몇 프랑스 작가들도 독자적으로 이와 비슷한 결정을 내리는데, 장 카수와 장 게노가 그 예이다. 예컨대 1943년 교육부로부터 강등조치를 받은 장 게노는 자신의 『일기』(*Journal*)에서 『절망의 세월』(*Années noires*)에 대해 가차 없는 비판을 가한다. 불법출판의 가장 대표적인 픽션인 베르코르의 『바다의 침묵』(*Le Silence de la mer*)은, 자신의 집에 머물게 된 독일장교와 대화하기를 거부하는 젊은 여인을 통해서 은유적으로 작가 자신의 엄격한 태도를 내비친다.

과거에 참여지식인의 색깔을 띠었던 작가와 예술가들 대부분은 이렇게까지 영웅주의로 나아가지는 않는다. 따라서 당시 출판된 작품들은 그 작가가 놓여 있는 상황과 전혀 동떨어지지는 않았을 것으로 보인다. 프랑수아 모리악이 잠시 페탱주의에 기울었다가 취한 선택이 그러했으며, 이보다 더 두드러진 예는 1942년에 프랑스 본토에 완전히 정착한 젊은 기자이자 철학자인 알베르 카뮈이다. 카뮈는 1942~44년에 세 가지 색조를 대표하는 세 작품——소설 『이방인』(*L'Étranger*), 에세이 『시지푸스 신화』(*Le Mythe de Sisyphe*), 희곡 『오해』(*Le Malentendu*)——을 출판하는데, 당시 그는 지하투쟁에 참여하고 있었으며 파리 해방전투 때는 레지스탕스 일간지 『전투』의 편집장으로 등장한다.

장 폴 사르트르에게서는 이렇게 두드러진 대조를 발견할 수 없다. 근본적인 철학서적(『존재와 무』 *L'Être et le Néant* 1943)을 출판하고 두 편의 뛰어난 작품(『파리떼』 *Les Mouches* 1943; 『비공개』 *Huis clos* 1944)을 무대에 올리지만, 1941년 독립적인 기도가 실패로 끝난 이후의 그는 솔직히 적극적인 레지스탕스 대원이라고 볼 수 없다. 그의 동조자 시몬 드 보부아르의 경우에는 더욱더 모호하다. 보부아르가 첫 소설작품 『초대받은 사람』(*L'Invitée*)을 1943년에 출판했다거나, 이념적으로 동조하지 않으면서도 〈라디오 비시〉에 잠시 참여했다고 해서 이렇게 평가하는 것은 아니다. 오히려 장 콕토처럼 정치적 참여에 항상 조심스러운 '지극히 파리적인' 인물이 친구 아르노 브레커의 파리전시를 후원했을 때, 이를 모호하다고 말할 수 있는 것이다. 당시 브레커의 전시회는 점령군의 위용을 과시하기 위한 문화적 행사였다.

나중에 비난을 받게 되는 '참여정치'로 분류할 수 있는 이러한 행동은 겉으로 보기에 역설적인 당시의 중요한 상황과 관계가 있다. 두 독재체제의 공통된 문화적 의지주의를 고려하지 않는다 하더라도, 현대 프랑스역사에서 이 기간은 문화의 생산보다 소비가 가장 강렬했던 시기 중 하나이다. 당시 출판과 연극공연, 영화제작을 어렵게 하는 각종 장애가 존재했음에도 불구하고 그러하다. 숫자로 표현할 수는 없지만, 이들 부문에서 공통적으로 나타난 그와 같은 현상은, 통행의 자유에 수많은 제한이 가해졌던 이 시기에 허락된 여가활동에 사람들이 몰려들었기 때문이라고 설명할 수 있을 것이다. 하지만 시간의 심각성과 시대적 쟁점의 불안한 성격으로 말미암아 지극히 형이상학적이고 도덕적인 혹은 애국적인 야망을 담은 표현형태를 선호하게 되었다는 가정을 배제할 수 없다.

1944년 '침묵의 공화국'에 대한 자신의 유명한 기사 첫 구절을 "우리가 독일 점령치하보다 더 자유로웠던 적은 없다"(『프랑스인의 편지』)로 시작한 장 폴 사르트르는 프랑스 시민들, 특히 지식인들의 윤리적 자유가 시련을 통해서 얼마나 가혹하고도 단단하게 단련되었는지를 강조하고자 했다. 그렇지만 문제의 시기가 인텔리겐치아를 동원한 세 가지 큰 요소들을 한데 모으고 그들을 가장 열정적인 단계로까지 끌고 갔다는 점을 고려할 때, 사르트르의 이 문장은 다르게 해석될 수도 있다. 모든 복원과 혁명이 가능한 '백지상태', 즉 명확하고 단호한 선택이 요구된 점, 1940년의 페탱주의자들로 하여금 자유프랑스로 향한 망명을 근무지 이탈로 취급하게 한 시간의 급박함, 그리고 마지막으로 기존 지식인질서의 파탄에 대한 폭넓은 공감대의 형성, 이상 세 가지가 지식인 동원의 커다란 요인들이었다. 전쟁 전부터 정치적 사고가 자주 바뀌던 드리외는 독일 점령기간 동안 발표한 자신의 초기 글들의 모음집을 『더 이상 기다리지 않으리』(Ne plus attendre)라고 명명했다. 시간의 급박함을 잘 느끼게 해주는 제목이기도 하다.

비시정권 참여자들과 독일협력자들 그리고 레지스탕스단원들이 공유한 이 세 가지 요소를 간과하고서는, 증가하는 양극화 형태들을 이해하기 어려울 것이다. 예컨대 1944년 3월에 제국주의자 르바테는 재야 아카데미와 독일협력 아카데미의 명단을 비교하여 제시한다. 아마 이 명단이 없었더라면 이 시기의 가장 극단적인 여러 참여형태가 그때까지 은둔해 있던 지식인들 속에서 나왔다는 해석은 무척이나 어렵게 도출되었을 것이다. 이를테면 독일인들에게 살해당한 역사가 마크 블로크나 철학자 장 카바이에스, 내면파 작가로 유명한 자크 샤르돈——『누벨 리뷰 프랑세즈』는 가장 선명하게 독일을 지지한 텍스트들 가운데 몇 편을 이 작가에게서 찾게 된다——그리고 베르코르 전투에서 무기를 손에 들고 죽어간 장 프레보 등이 여기에 해당한다. 이와 같이 잠재적인 내전에서 공개적인 내전으로, 잉크자국에서 핏자국으로 서서히 변화되었다.

두 차례의 패배

1940년 새로운 체제에 합류한 지식인들은 (대부분의 경우 그러했지만) 이러한 행보가 결정적이든 혹은 일시적이든, 독일의 승리에서 비롯되는 현실상황을 기정사실로 받아들이고 이를 당위적인 상황으로 간주하려는 공통점을 보인다. 이 점을 인정한다 하더라도, 독일 제국주의를 경계하며 국가의 부흥을 지지하는 매우 보수적인 집단과, 명실공히 상징인 페탱 원수의 주변에서 일하는 '반동적' 세력을 경계하며 새로운 유럽질서를 열망한 매우 급진적인 집단 사이에는 간극이 존재한다.

민족혁명의 인텔리겐치아

여기서 후자집단은 오늘날까지 그 전례가 없는 극단주의를 통해서 전자집단을 계속 퇴색시켜 나간다. 전자집단은 파리와 남부지방 모두에서, 특히 남부지방에서 적어도 이곳이 침략당하기 전까지 지식인의 헤게모니를 행사한 집단이다. 권력을 장악한 새로운 집단의 공공연한 반지식인주의 행태가, 그러한 집단은 전례가 없고 반복되지 않을 것이라고 믿게 했을 따름이다. 하지만 페탱 원수가 타락한 도시를 향해 "땅은 거짓말을 하지 않는다"고 외치며 "우리에게 악을 행한 거짓"들을 고발했을 때, 그의 이 발언이 전쟁 전에 파리 좌파지식인 계열에 속했던 엠마뉘엘 베를과 가스통 베르주리의 텍스트에서 차용한 것이라는 사실에서 우리는 적지 않은 상징성을 보게 된다. 그 텍스트에는 제3공화국의 지적 유산에 대한 극단적인 비난이 담겨 있었다.

이 경우는 영향력 있는 국가수반의 담화를 위해 일시적으로 사용된 '펜들'일 수 있다. 하지만 오랫동안 혹사당하면서 예민해질 대로 예민해진 국민들을 향해——특히 비시정권이 젊은이들 속에서 만들어내어 재조직하고 방향을 전환시킨 다양한 선전수단들을 고려할 때——조직적인 인텔리겐치아의 일관성을 드러내는 데는 아무런 어려움이 없다. 프랑스가 경험한 가장 중앙집권적인 권력의 하나인 비시정권이 제안하고 그에 발맞추어 어디서든 실행되어야 할 역할과 함께라면 말이다. 폴 모랑의 예가 여러 가지 기능을 일목요연하게 잘 보여주는데, 그 기능으로는 과시(뮌헨협정이 체결된 다음날 외무부에서 업무를 재개했던 그는 비시정권에 의해 부카레스트와 베른의 대사로 임명된다)와 자문(그는 비시정권의 도서관련 정책의 자문기관인 도서위원회에 들어간다), 특히 문화생활의 경영(그는 서적과 출판사의 생사여탈권을 장악하고 있는 막강한 출판용제지 조정위원회에 소속되며, 또 이 못지않게 막강한 영화검열위원회를 1년 동안 관장한다) 등을 들 수 있다.

순수한 비시주의 인텔리겐치아집단은 결코 소집단이거나 나약하지 않다. 여기에는 유명한 이름들과 기관들이 포함된다. 이런 의미에서 아카데미 프랑세즈와 아카데미 콩쿠르, 두 개의 주요 문학아카데미

는 풍부한 소재를 제공한다. 1938년에 샤를르 모라스의 선출로 마무리
된 대다수 회원들의 입장표명을 고려할 때 아카데미 프랑세즈는 충분
히 예측이 가능하며, 당시 장 드 라 바랑드와 르네 벤자민이 이끌었던
아카데미 공쿠르 역시 마찬가지이다. 『캉디드』(18만 부 이상 판매)에서
부터 『리뷰 두 세계』에 이르기까지, 남부지방에서 문학으로 존경받을
만한 유수한 단체들은 새로운 가치들과 함께할 것을 명확히 한다.

이러한 개인과 그룹의 이면에서 우리는 거대 지배담론의 흔적을
쉽게 발견할 수 있는데, 다름아니라 양차대전 사이에 우파지식인들
속에서 명성과 일관성으로 막강한 영향력을 행사한 모라스주의이다.
남부지방이 점령당한 후에도 계속 신문을 발행한 모라스는 페탱 원수
에게서 군주의 참 모습을 보았다고 격찬한다. 1941년 2월 9일 그를
매료시킨 이 '숭고한 놀라움'은 흔히 말하듯이 공화파의 패배에서
기인한 것이라기보다, 마침내 올바른 방향으로 나아가는 정치를 위해
쓰일 탁월한 장점들을 발견했기 때문이다. 권력자들로부터 거듭 자문
요청을 받은 모라스는 마침내 페탱을 에워싸고 있는 제1세대 제자들을
통해서 영향력을 행사한다. 이 제자들 중 가장 알려진 인물로는 국가위
원회 위원이자 국가수반의 청소년을 향한 메시지 작성을 담당한 앙리
마시스(1886~1970)와 무솔리니의 전기작가이자 체제의 공공연한 아
첨꾼이었던 르네 벤자민이 있었다. 더욱이 벤자민은 다음과 같이
분명하게 외친다. "프랑스는 필립 페탱과 샤를르 모라스라는 두 위인
을 가지고 있다. 한 위인은 사고의 힘을 나타내며, 또 한 위인은
행동의 힘을 표현한다."

비시정권의 이데올로기가 얼마나 국민들 사이에 침투되었는가는
민족역사에 대한 이해나 현재와 미래의 비전으로 제시한 해결방안을
통해서 가늠할 수 있다. 큰 주제들 각각에 대한 여론동향은 각 분야로

부터 경청되었으며, 일정 정도 전문적인 중재자들의 도움을 받았다. 예를 들어 모라스주의자의 '반프랑스'에 대한 고발을 공식적으로 재개한 것은 문화·행정 분야의 책임 있는 자리에 오른, 반영주의·반프리메이슨·반유대주의 전문가들의 정치적 참여를 자극하는 계기가 되었다. 이 전형적인 예가 콜레주 드 프랑스의 교수인 역사가 베르나르 파이의 경우인데, 파이는 미국역사 전문가이면서 프리메이슨의 음모설을 주장하는 이론가였다. 비시정권은 그를 국립도서관 행정관으로 임명하였으며, 그곳에서 그의 최우선 업무는 '비밀단체들'로부터 압수한 자료들을 바탕으로 해서 이에 관한 박물관과 잡지, 문헌수집센터를 만드는 것이었다.

물론 현실적인 측면에서 볼 때, 복원정치를 찬양하는 열의가 없지는 않았다. 복원정치는 그때까지 반공화파의 저항에 맡겨두었던 담론을 갑자기 공식적으로 인정하게 된다. 이렇게 기독교적 가치를 선명하게 내걸자, 아래에서는 많은 성직자와 가톨릭 교사·기자들에서부터 위로는 (인종차별주의와 전체주의적 독재의 씨앗에 대한 그들의 침묵에도 불구하고) 제를리에 추기경과 리에나르 추기경 등 프랑스교회의 저명인사들에 이르기까지 속속 비시정권에 동참한다. 그러나 세기의 지식인들은 직업·가족·지방 등 '자연적' 공동체 형태로의 회귀 같은 즉각적으로 정치쟁점화할 수 있는 주제 쪽으로 적극 동원된다. 그리고 동업조합주의와 위계질서는 비시정권의 엘리트 형성기관인 프랑스통합센터의 회원 르네 기우엥과 귀스타브 티봉에 의해 찬양된다.

땅으로의 귀의와 지방복원의 논거들——이 두 가지는 상호 밀접한 연관성을 가진다——을 계기로, '지방적'이라고 분류되었던 작가들이 파리 비평가들에 의해 전면에 나서게 된다. 비시정권으로부터 유일하게 자문위원회를 인정받은 이 분야에서 선두적인 위치에 있었던 브르타뉴 지방의 경우, 탈디에라고 불리는 '음유시인' 프랑수아 (팡크) 자프르두(1879~1956)나 화가이자 데생가인 자비에 드 랑글레(1906~75)처럼 무명작가들의 독자가 한꺼번에 수십 배 늘어나기도 한다. 이보다 특색이 덜한 지방에서도 노르망디의 장 드 라 바랑드(1887~1959)나 오베르뉴 지방의 앙리 푸라(1887~1959) 같은 시골귀족 문인들의 목소리를 통해 이러한 귀의와 복원이 설명되고 옹호된다. 예술적 명성은 두 경우 모두 1940년 이전에 획득했다. 푸라의 경우, 그 명성이 연작 『산 쥐』(Gaspard des montagnes)와 더불어 20년대로 거슬러 올라가지만, 당시 국가상황이 이런 작품에 특별한 순간을 부여했다는 것은 에세이 『삽을 든 인간』(L'Homme à la bêche 1940), 『프랑스 농부』(Le Paysan français 1941)를 비롯하여 지극히 비공식적인 전기 『슐리』(Sully 1942)와 『3월의 바람』(Vent de mars)——아카데미로부터 현대적인 불안 속으로의 '안내와 지지' '가장 고귀하고 고상한 프랑스적 가치 몇 가지'를 표현했다는 찬사를 받았다——이 1941년에 콩쿠르 상을 수상한 데서 쉽게 추론할 수 있다.

이어 1942년에 푸라는 『프랑스인 대장』(Le Chef français)을 발표함으로써, 권위와 위계질서의 숭배라는 새로운 질서의 지고의 관점 속에서 조직적인 지식인으로서의 자신의 작업위상을 명확하게 설정한다. 권위의 숭배는 수많은 작가와 예술가, 장인, 지방의 학자들로 하여금 페탱 원수와 그 대리인들에 대한 충성을 표현하게 했다. 폴 클로델은 「페탱 원수에 바치는 단시」(Ode au Maréchal Pétain)를 지었으며, 얼마 후 사람들은 이에 필적하는 단시 「장군에게」(au Général)와 이 시를 악의적으로 접근시켰다.

'적과의 내통'

애국심의 표현보다는 반민주성이라는 내적 일관성에 매료되어 비시정권에 깊숙이 관여했던 사람들에게 있어서, 이 체제는 이제 독일이라기보다 나치로 인식되는 점령군에 대한 노골적인 협력으로 나가는 통로였다. 이 점은 비시정권을 추종했던 지식인들이 옹호한 가치체계를 보면 충분히 알 수 있다.

비시정권의 10여 명의 장관 대부분이 '지식인 직종'에서 활동했다는 것은 소홀히 넘길 수 없는 문제이다. 실제로 그들은 단순한 협력자가 아니라 굳건한 협력주의자였다고 말할 수 있다. 우선 마르셀 데아 교수가 정당 출신이었고, 독일과의 군사동맹에 적극적으로 개입했던 자크 브누아 메생(1901~83)은 고등법원의 재판 당시에 자신을 '문인'이라고 정의한다. 물론 작가라고 볼 수 없지만, 이들보다 훨씬 공공연하게 참여한 명성 높은 두 인물, 즉 1942~44년에 교육부장관을 지낸 아벨 보나르(1883~1968)와 1944년 1월에 비시정권에 들어갔으며 〈라디오 비시〉의 전파를 탄 '유럽'투쟁의 능변가이자 수많은 귀를 사로잡은 대변인 필립 앙리오(1889~1944)는 전통우파에서 출발하여 파시즘에 이르는 일종의 비시정권 강경참여파의 행적을 잘 보여준다. 프랑스아카데미 회원이자 세련된 표현과 고백적 작품의 작가이기도 한 보나르는 파시즘체제의 남성적인 힘을 찬양하기에 앞서서, 이미 30년대에 정치적 급진화 과정을 거치면서 자신이 처음에 속했던 『온건파들』(*Les Modérés*)의 나약함을 폭로하기도 하였다. 또 그는 1940년 7월 12일 소르본의 대형 강의실에서, 문단은 전쟁 전에 유행했던 불건전한 싹들을 작품에서 제거하는 작업을 지체 없이 재개해야 한다고 장엄하게 요구한 프랑스 최초의 작가였다. 그후 대학의 원로교수였던 그는 자신을 완전히 사로잡은 점령군의 비전에 영합함으로써 오랫동안 장관자리에 앉아 있게 된다. 보수가톨릭 국회의원이었던 앙리오는 1941년부터 명확히 강경파 진영을 선택했다. 그는 스탈린과 결별한 히틀러가 이때부터 볼셰비키 타도라는 십자군원정의 연속선상에서 제3제국의 운명을 회복시켰다고 생각했다.

하지만 독일에 협력한 지식인의 행보는 일반적으로 페탱주의에서 볼 수 있는 것보다 훨씬 복잡하다는 것을 알 수 있다. 1941년부터 발간한 『나는 어디에든 있다』를 중심으로 구체적으로 모습을 드러낸 전쟁 직전의 극단주의조차 최종적인 수정작업을 거쳐야 했다. 무솔리니에서 히틀러로의 점차적인 전환이 그러한 수정작업의 하나이고, '유럽적' 관점에서는 지나치게 낯선 모라스주의 주장과의 완전한 결별이 또 하나이다. 뤼시앙 르바테에서 출간한 대하풍자 『잔해』(*Les Décombres* 1942)의 작가는 전쟁 바로 직전까지 『프랑스인의 투쟁』(*L'Action française*)의 정보담당 부장을 지냈던 사람이다. 그 때문에 이 책에서 '프랑스 홀로서기'의 이론가는 '무기력증의 탁월한 마술사'로 냉정하게 그려지고 있다.

점령당한 프랑스에서 가장 성공을 이룬 이 책(최소 6만 5천 부, 아마 10만 부 이상 팔렸을 것이다)이 664쪽에 이르는 폭력적인 표현들로 가득 찼다는 것은 이 지식인집단의 최소한의 공통점을 가히 짐작케 해준다. 그 이유는 다름아니라 그들이 전전(戰前)의 주류 지식인조직들보다 훨씬 고통스러운 소외를 경험했기 때문이다. 이 작품에서, 스스로 자신을 "바그너적, 니체적, 반유대주의적, 반교권주의적"이라고 정의한 작가는 남성다움을 잃은 자들을 타락한 자들과 나란히 비난의 표적으로 삼는다. 그제도 그렇듯이 어제도 변함없이 소외되고 짓밟혔던 소수로서의 그들은 모두 자신들을 배출한 '체제'를 향해 해야 할 복수가 있었다.

비시정권의 이데올로기 내에서 이미 두드러진, 비난에 비난으로 대응하는 논법을 끝까지 고수한 많은 이들을 우리는 다시 발견하게 된다. 이들간의 주요한 차이점은 매우 격렬한 어조보다 사용한 문구에서 찾아볼 수 있다. 이들의 문구가 펼쳐내는 저주의 이론에는 실질적인 한계가 전혀 존재하지 않거니와, 몇몇 개인의 운명은 그 속에 완전히 갇혀버린다. 그리고 세기초의 반유대주의 낡은 풍자작가들은 예기치 않은 청중을 극적으로 되찾기 위해 이 문구들을 이용했다면(위르벵 고이에, 뤼시앙 팡장), 아마 해군역사가 폴 착크(1875~1944)같이 노골적인 영국인혐오자는 이러한 극단론으로 전후에 총살당하는 최초의 작가 중 하나였을 것이다. 그런가 하면 루이 페르디낭 셀린은 우선 프랑스의 패배와 그리고 독일의 곤경 속에서, 1937년 이래 주로 유대인들 속에서 나타나는 심기증이라는 지속적이고 반복적인 논거를 꺼내는 데 전혀 어려움을 느끼지 않았다.

우리의 분석을 좀더 멀리 확장시켜 본다면, 부정적인 차원에서 호소하는 최종적인 주제는 반공주의라고 말할 수 있다. 이것이 상호 모순되는 다양한 행보들을 가장 잘 설명해 준다. 이미 보았듯이, "아리아족의 힘과 가톨릭정신의 합의"(로베르 브라지아크)만이 새로운 십자군원정의 은유인 '그리스도 무덤'의 재탈환(보드리아르 주교, 파리 가톨릭학원 원장)을 위해 출정할 수 있게 한다고 확신한 우파지식인들을 하나로 묶어준 것은 바로 반공주의이다. 뿐더러 그전 몇 해 동안 공산주의와 직접적으로 부딪쳤던 세 개의 좌파공동체——자신들의 내부공간을 불태워버린 옛 공산주의자들, 양차대전 사이의 '수정주의' 계파 사회주의자들, 독립적인 노조원들——에서 잘 알려진 회원들을 친독일주의자로 만든 것 또한 반공주의이다. 카미유 페기, 장 퐁트나이, 뤼도빅 조레티, 레옹 에므리 등의 교수들이 이 정의에 포함되는 인물들이다.

한편 협력주의자들이 표방하는 교의의 이질성은 오히려 그들이 나치의 몇 가지 저주스런 행위에 대해 차등적으로 부여하는 중요성에서 확인된다. 예컨대 반유대주의와 특히 프리메이슨 반대운동은 '민족적 사회주의' 단체에 의해 조금은 온건하게 표출된다(그렇다고 전혀 사라진 것은 아니었다). 멀리는 비종교적 좌파에서 그 연원을 찾을 수 있는 민족적 사회주의 단체는 엔지니어 조르주 술래스, 미래의 레이몽 아벨리오, 문학비평가 클로드 자메 등 마르셀 데아의 측근들로 구성되어 있었다.

단체의 지적 통일성, 그리고 무엇보다도 비시정권을 바라보는 시각은 이 단체가 제안하는 사회단체의 세 가지 중요한 특징 속에 더욱 잘 드러난다. 단체는 마치 노동·가족·조국에 대한 묵시적인 응답처럼 세 가지 특징을 제안하는데, 사회주의·국가·유럽으로 요약할 수 있다. 아마 가장 막연한 것은 첫번째 특징일 터인데, "아리아적 사회주의"(르바테)라는 표현에 대한 동의는 그때까지 '유대-마르크스주의'에 대항하여 격렬하게 일어섰던 사람들에게서 국가경제계획, 의무적 조합주의, 테크노크라시와 같은 잘못 정의된 것들을 발견했기 때문이다. 사실 여기서의 사회주의는 무너진 체제의 민주적 개인주의를 극단적으로 배제하는, 완전히 전체주의적인 권력개념의 대중적 측면에 불과하다. 이와 동시에 비시정권 지배이데올로기의 (실제보다) 일반화된 동업조합주의에 대한 신랄한 비판에 지나지 않는다.

르바테나 로브로 같은 이들이 즐겨 증오하는 지점에서 곧바로 열광하는 브라지아크나 드리외 라 로셸 등은 자신의 글을 통해, 강력한 국가, 1당체제, 지도자숭배로 요약되는 파시즘모델에서 파생한 정치체제를 격찬한다. 1940년 여름 모든 것이 '혁명가들'에게 가능하다고 보이자, 전투적 태도를 취한 세 명의 지식인은 1당체제로 알려진 두 가지 중요한 계획을 마련한다. 8월 10일 드리외 라 로셸은 친구 오토 아베츠에게 내용을 전달하고, 좀더 공식적인 차원에서는 7월 17일 가스통 베르주리와 마르셀 데아가 비시정권에 내용을 전달한다. 하지만 이 주장을 뒷받침하는 엄격한 남성다움과 활동주의는 여성화되고, 국적을 상실하며, 말싸움 좋아하고 파시즘으로부터 의혹을 눈길을 받는 "참을 수 없는 족속"(브라지아크)인 지식인들에게는 문제가 되지 않을 수 없었음을 잊어서는 안 된다. 드리외 라 로셸이 "문화를 배척하고 확실한 신체적 규율을 세계에 제시할 것을 꿈꾸는 사람"을 진정으로 바랄 때, 그는 바로 이 관점 속에 위치한다. 이러한 새로운 타입의 지식인의 추구로 선구자들은 운동가들로부터 찬사를 받는다. 새로운 언론의 주요 일간지였던 『쇠고리에』(*Au Pilori*)는 다음과 같이 인정한다. "드리외는 물론 지식인이다. 하지만 그는 진정한 지식인이다."

이 모든 해결책 중에서 가장 독창적인 것은 유럽영역에 중요성을 부여한 것일 터이다. 『라 제르브』(*La Gerbe*)에서부터 『코메디아』(*Comédia*)에 이르기까지의 북부지방의 주요 주간지들은 북쪽과 게르만 지역까지 개방된 문화란을, 조심스럽게 검열을 거친 후 마련한다. 그리고 수필가이자 보수주의에 가까운 알프레드 파브르 뤼스는 『새로운 유럽을 위한 선집』(*Anthologie de la nouvelle Europe* 1942)을 펴내며, 이 책에서 미슐레와 프루동은 "이미 사회주의적 민족주의 주제를 다룬" 인물들로 인정된다. 앞선 다른 모든 주제들에 비해, 유럽주의라는 주제는 문화적 형태와 평화적 의미를 끝까지 간직할 수 있는 커다란 이점이 있었다. 그것은 다양한 지식인모임, 예컨대 바그너적 정신주의와 옛 브리앙드파와 극단적 평화주의자들을 한곳에 모일 수 있게 했다.

그러나 이와 같은 이데올로기적 선택이 독일의 의도와 부합한다는 것은 너무도 자명했다. 이는 제3제국의 헤게모니 아래 유럽국가들을 통합한다는 측면에서도 그렇고, 히틀러식 유럽에서 프랑스에게는 막연하고 제한적인 의미의 '문화적' 역할이 부여되는 분업과 관련해서도 그러했다. 비록 제한적이기는 했지만 프랑스지식인들의 각종 공식적인 독일여행은 명성이 어떻게 활용되었는지를 잘 보여주는 예이다. 1941년 10월의 바이마르국제총회(보나르, 브라지아크, 드리외 이외에도 자크 샤르돈, 라몽 페르낭데즈, 마르셀 주앙도)나 이듬해 같은 도시에서 개최된 유럽작가총회(조르주 블롱, 앙드레 프레뇨, 앙드레 테리브 등) 그리고 성대하게 우정을 과시하는 기회가 되었던 파리에서 독일작가들 모임 등이 이에 속한다. 브리지아크처럼 가장 확신에 찬 이들은 1943년 6월 동부전선까지 진출한다.

'새로운 신사들'

또한 이 예들은 예외적인 시기와 장소를 통해서 가장 간단하고 분명한 구조로 축소된 지식인사회의 전체적인 기능을 선명하게 보여준다. '점령당한' 파리 인텔리겐치아들은 내용보다 형태에 더 관심이 기울어져 있었다. 이런 이상한 상황이 좋게 평가되었던 것은 그때까지 지극히 주변에 머물러 있던 담론이 폭넓은 지지층을 확보했기 때문이라기보다, 방송의 독점성 때문이었다. 사실 라디오를 제외하고는, 지지층이 확실히 확대했다고 결론 내리기란 쉽지 않았다.

체제의 일관성은 오늘날 잘 알려진 모든 표현수단의 장악에서부터 시작하며, 거의 모든 사건에서 독일의 흔적이 나타난다. 출판 허가 및 금지라는 행정조치는 일시적으로나마 목소리를 전달하고자 애쓴

기자·작가·정치가의 팀들이 맛본 좌절감을 가지고 설명할 수 있다. 일간지 『오늘』(*Aujourd'hui*)을 중심으로 앙리 장송이 규합한 평화주의자들 그리고 주간지 『적과 청』(*Le Rouge et le Bleu*)의 계획경제주의자들이 그 예이다. 그렇지만 여기서는 릴가의 독일대사관과 점령군행정부 혹은 SD부서(게슈타포를 포함한 정보부)를 통해서 북부지방 지식인들의 삶을 은밀하게 조작해 나갔던, 기술적·재정적 현실을 고려해야 한다.

가장 넓게 퍼져 있던 표현수단인 라디오방송(1938년 470만 대, 1944년 510만 대의 라디오 보유)에 대해서 가장 엄격하면서도 가장 가시적인 통제가 가해졌다. 자유프랑스는 "라디오 파리는 독일방송이다"라고 외쳤는데, 1940년 6월에 설립된 〈라디오 파리〉의 구조를 분석해 보면 이 슬로건의 정확성을 확인할 수 있다. 〈라디오 슈투트가르트〉의 전직 부장이 독일에서 파견된 정보통제 장교 두 명과 함께 신설된 방송국을 경영한다. 〈프랑스 영혼을 찾아서〉〈시대의 리듬을 좇아〉처럼 명백히 이념적인 메시지를 담은 프로는 검증된 히틀러추종자들이 맡고, 〈위대한 유럽인〉〈프랑스에 적대적인 유대인들〉 같은 프로에는 기자와 코미디언들이 합류한다.

파리와 멀어진다고 해서, 비시정권과 동거한다고 해서 통제의 손길이 뻗치지 않았던 것은 아니다. 가령 렌에서 독립주의로 강하게 채색된 켈트문화원의 탄생을 은밀히 지지하고 그 주축멤버가 되었던 유명한 언어학자 로파르츠 에몽을 〈라디오 브르타뉴〉의 프로를 담당하게 한 것은 점령당국이었는데, 〈라디오 브르타뉴〉가 〈라디오 파리〉로부터 재정지원을 받았다는 것은 전후에 밝혀지게 된다. 에몽은 자신이 몸담고 있는 프랑스 교육부와 갈등이 생기자, '독일군에게 고용된' 자신의 신분을 내세워서 자신의 권리를 주장한다.

달라디에정부 시기에 들어오면 독일의 감시가 한결 교묘해지지만, 초기부터 정치권력이 직접 개입하였던 분야 이외에서도 동일한 목적과 결과를 추구했다. 노르망디 상륙의 날, 독일첩자 게르하르트 히벨렌은, 자신이 한 개의 기업합동(trust)을 통해서 50여 개의 출판물을 통제하고 30여 개의 출판물을 감시했다고 자랑할 수 있었다.

우리의 주제와 관련하여 가장 흥미로운 점은 기업합동의 구성이다. 이 기업합동은 『로토』(*L'Auto*)에서 『르 프티 파리지엥』(*Le Petit Parisien*)까지 모든 범주의 정보 · 신문 · 잡지 형태뿐 아니라 월간지 『파리연대기』(*La Chronique de Paris*)——장 뤼세르의 일간지와 『시대』가 남긴 공백을 메우게 되는 『새로운 시대』(*Les Nouveaux Temps*), 『누벨 리뷰 프랑세즈』와 같은 역할을 한다——나 주간지 『제르미날』(*Germinal*) 등 지식인들의 표현수단까지 포괄하였다. 같은 보수주의 내에서도 이 신문과 잡지들은 뉘앙스가 조금씩 다른 세 가지 경향, 즉 우파(『파리연대기』의 브라지아크, 프레뇨, 르바테), 중도(뤼세르), 좌파(『제르미날』의 자메) 경향을 반영하고 있었다.

자금은 처음부터 끝까지 오토 아베츠를 우두머리로 한 파리 제3제국대사관의 채널을 경유했다. 릴가의 이 대사관그룹은 부서간 갈등이나 군사지휘부 소속 선전담당과 나치 친위대원의 간섭에도 불구하고, 인텔리겐치아와의 접촉과정에서 일관되게 결정적인 영향력을 행사했다. 대사관그룹은 '친프랑스파'로 알려져 있었는데, 경험상 이와 같은 수사(修辭)는 전통적이면서 때로는 현대적인 프랑스문화에 대한 찬양과 민족적 사회주의의 이데올로기적 우월성에 대한 내적 확신이 혼재된 것으로 해석할 수 있다.

이러한 이미지는 프랑스지식인들과 형식적인 관계를 유지하기 위하여 점령군이 앞에 내세운 인사들, 즉 독일문화원의 칼 엡팅,

칼 하인츠 브레머, 『신은 프랑스인인가?』(*Dieu est-il français?* 1929)의
저자이자 수필가인 프리드리히 지이부르크 등에 의해 주로 전파되었
다. 특히 지이부르크는, 신은 프랑스인인가에 대해 갈수록 덜 균형
잡힌 답변을 내어놓는다. 이 시기 프랑스와 독일 지식인의 모호한
관계는 게르하르트 헬러 같은 젊은 프랑스문학 숭배자나 탁월한 전문
가들의 상황에서 잘 드러난다. 게르하르트 헬러는 프랑스작가들에게
자잘한 '혜택'을 주었던 것으로 알려져 있지만, 이들을 훈련시키기
위하여 서적검열관으로서의 자신의 직책 또한 잘 수행했다. 모든
분야의 주요 책임자 차원에서 이러한 정책의 최종목표는 프랑스를
'돕는 것'이 아니라, 지식인들의 병합이었다. 이는 아베츠가 파리에
도착하자마자 『누벨 리뷰 프랑세즈』를 통제하는 것은 정부부서의
통제 못지않게 중요하다고 판단한 그의 직관에 따른 것이었다.

　이러한 경향의 극단에서도 한쪽은 다른 쪽을 배척하지 않았는데,
예컨대 1941년 3월 1일에 정보국 유대인담당부서 책임자 다네커가
독일유대인평의회를 모델로 유대인중앙사무국을 창설할 것을 제안
하면서 거론한 6인의 집행부명단은 지식인의 정치적 역할에 대한
가장 확실한 경의라 할 만하다. 다네커는 정치가 다르키에 드 펠르푸아
그리고 인종차별주의 역사에서 유명한 이름들의 상속자인 고비노
기자와 바셰 드 라푸주 기자, 역사가 베르나르 파이, 파리인문학전문
학교 교수인 인류학자 조르주 몽탕동, 그리고 마지막으로 의사이자
작가인 셀린을 거명하였다.

전유물과 대체물

　점령군은 이와 같은 바탕 위에서 고전적 지식인체계가 기술적으로
다양한 형태로 작동할 수 있게 하였다. 공식적으로나 비공식적으로도

참여의 톱니바퀴에 들어가기를 거부한 가장 개인주의적인 기질들이 맨 아래에 놓이겠지만, 이들의 작품도 기존 선전기관에 의해 충분히 활용되었다. 이 유형의 가장 선명한 예가 셀린이라고 할 수 있는데, 1941년에 그는 세번째 팸플릿 『아름다운 시트』(*Les Beaux draps*)를 앞서의 두 팸플릿 『살인을 위한 짓들』(*Bagatelles pour un massacre*), 『시체학교』(*L'Ecole des cadavres*)——여기서 평화주의자의 분노는 독일 국립정보부에서 흘린 정보에 의해 조장된 외국인혐오증·반유대주의·전체주의의 거대한 물결에 파묻혀버린다——와 동일선상에서 출판한다. 덧붙여 셀린은 유대인문제연구소의 모임에도 참여하며, 베를리츠궁에서 열린 대형전시회 '프랑스에 적대적인 유대인'에 자신의 작품들이 전시되지 않은 데 대해 항의한다. 셀린 특유의 입장표명 방식은 공개서한이었다. 1941~44년에 『나는 어디에든 있다』와 『쇠고리에서』에 실린 서한만 해도 적어도 여섯 편은 되었으며, 각 정기간행물의 좋은 위치에 실린 그의 공개서한들은 비관적인 내용과 또 시간이 지남에 따라 패배주의적인 내용을 담고 있었다.

좀더 온건한, 그래서 새로운 질서에서 덜 위험한 인사들도 마찬가지로 국가의 과오와 독일의 장점을 열거한 명상록을 내어놓는데, 알프레드 파브르 뤼스의 『프랑스일기』(*Journal de la France* 제1권)와 베르트랑 드 주브날의 『패배 이후』(*Après de la défaite* 독일어로 번역), 앙리 드 몽테를랑의 『하지』(*Le Solstice de juin*) 등이 있다. 앙리 드 몽테를랑은 다음과 같이 표현하고 있는데, 모두가 그렇게 생각한 듯하다. "겉보기와 달리 현재의 상황은 예술가라는 비정상인의 정신적 자유에 호의적인 것 같다."

몇몇 지식인들에게, 프랑스-독일 우호 단체나 데모에 적극적으로 참여하는 것은 곧 고위층이 요구하는 방향으로 한 발 내딛는 것을 의미했다. 1943년 프랑스서적의 독일수출 독점권을 획득한 프랑스와 독일 합작출판사 리브 고슈(브라지아크는 이사회에 상징적으로 참여한다)나 '엘리트들' 속에서 문화원회원부터 지역명사까지 충원하는 일을 담당한 콜라보라시옹이 여기서 특별한 통로 역할을 하였다. 파스퇴르연구소의 푸르노 교수는 젊은 프랑스 연구원들을 라인강 저쪽, 즉 독일로 떠날 것을 권유하는가 하면, 발명가이자 기업가이며 특히 물리학과 화학을 대중화시킨 매우 적극적인 모라스주의자 조르주 클로드(1870~1960)는 언론과 대행사를 통해서 주로 '성명'과 강연(1943년 프랑스 전국적으로 100여 회) 방식으로 히틀러 선전작업에 온몸과 마음을 바친다. 작가 자크 샤르돈은 프랑스–독일관계를 바탕으로 한 서정적인 묘사의 『1940년의 개인연대기』(*Chronique privée de l'an 1940* 1941)에서 정치에세이 『얼굴을 봐라』(*Voir la figure* 1941)로 상대적으로 완곡하게 넘어가지만, 후자에서는 "독일이 해결책을 가져다준다"고 결론 내린다.

시간이 흐르면서 이런 유형의 작가들 중 일부는 신중함이랄까 실망감 때문에 동시대에서 한 발 비켜선 문학 속으로의 칩거를 모색하게 된다. 이와 반대로 매우 정치적인 인물들은 1942년 3월 7일자 범죄자 영국에 대항하는 유럽연합을 건설하자는 프랑스지식인들의 탄원서(1942. 3. 7. 아잘베르, 베로, 브라지아크, 셀린, 알퐁스 드 샤토브리앙, 조르주 클로드, 드리외, 페르낭데즈, 아벨 에르망, 라 바랑드 등) 같은 고전적 양식의 탄원서에서부터 시작하여 자신들의 생각을 고수해 나간다. 대부분의 경우 도미니크 소르데가 경영하는 앵테르프랑스 사를 통해서, 당국의 허가를 받은 언론기관에 주로 제공된 내용이 바로 이 탄원서들이었으며, 지방언론의 사설 내용과 형식은 대개 이 탄원서를 출처로 하고 있었다. 클로드가 자신의 성명서 "프랑스인들이여, 이해해야 합니다"를 앵테르 프랑스 사에 넘길 때, 그는 앵테르 프랑스 사가 80개의 신문에 그것을 전달하고 이론적으로 700만 명의 독자를 상대했다는 데 자부심을 가졌다.

이와 같이 불과 몇 달 사이에 점령군은 비록 대체물의 질이 떨어지고 조잡할지라도 필수적인 구조를 재구성하는 데 성공했다. 대표적인 예가 유명 출판사, 지적 수준이 높은 월간잡지, 문학·정치 주간지, 유력 일간지 들이다. 대체물 가운데『새로운 시대』는 알퐁스 샤토브리앙의『라 제르브』가『캉디드』를 대신한 만큼『시대』를 대신하지 못하며, 일간지『새로운 시대』의 발행부수는 1943년 초에 6만 부 이하로 떨어지고 주간지『라 제르브』는 약 14만 부 선에 머문다. 그렇지만『나는 어디에든 있다』는 급진성을 계속 유지하면서 거침없이 성장하여 1944년에는 최고 22만 부의 발행부수를 기록한다.

물론『나는 어디에든 있다』의 경우에는 점령군이 다른 매체로 대체시키기보다 재생시키는 데 주력했기 때문인지, 전쟁 이전부터의 연속성이 유리하게 작용했던 것 같다. 그래서 아베츠는 자신의 친구인 드리외를 설득하여 창간한『누벨 리뷰 프랑세즈』의 책임을 맡도록 한다. 지난날의 실망과 변화를 금방 잊어버리고·이에 동의한 작가는 몇 달 동안 모호한 태도를 취한다. 하지만 이보다 더 모호한 것은 레지스탕스에 깊숙이 참여한 옛 편집부장 장 폴랑이 이 잡지에 기술적인 도움을 주고 있다는 것을 알면서도 갈리마르 출판사가 발행에 동의했다는 사실이다.

장기적인 측면에서 볼 때, 이러한 기도들이 실패한 것은 독일의 군사적 패배에만 그 원인이 있다고 할 수 없다. 오히려 실패의 조짐은, 포위당해 있다는 강박증에 사로잡힌 사회를 짓누르는 갈수록 참기 어려워진 긴장 속에서 이미 읽힌다.『누벨 리뷰 프랑세즈』와 그 편집부장은 패배의 의미를 선명하게 보여준다. 애초 창간호에 글을 싣기로 했던 폴 엘뤼아르와 앙드레 지드, 루이 기이우 등의 이름이 목차에서 빠지고, 나치에 협력하지 않은 독자들은 등을 돌린다. 발행부수는 1941년의 1만 1천에서 1943년 1월 5천 부로 감소하고 마침내 그해 6월 드리외는 발간을 중단한다. 처음에 드리외는 이렇게 외쳤다. "부딪침, 오해, 실패, 이를 가는 것, 절망… 이런 것들은 중요하지 않다. 우리는 협력하고, 그것은 우리의 삶을 보장한다." 그렇지만 이때부터 삶은 멀어져 갔다.

드리외는 내면적으로는 점점 실패를 도저히 부정할 수 없게 되었음에도 불구하고, 마지막 배수진으로서 자크 도리오의 당에 다시 합류한다. 이와 같이 사회적 위상이 추락하고 적대자들과의 관계가 험악해진 지식인들은 보다 투쟁적이고 군사적인 개입의 형태를 취하는 경향이 있었다. 1943년에 브라지아크에 의해 해임당한데다 자신들의 파시스트적 꿈이 이탈리아에서 무너지는 것을 목격한 『나는 어디에든 있다』의 기자들 몇몇은 상징적으로 친독 의용대에 자원했으며, 이 가운데 피에르 앙투안 쿠토는 레지스탕스 '소탕'작전에도 가담하게 된다. 그리고 편집주간이었던 클로드 모부르게는 글리에르의 항독 무장지하단체와의 전투에 나간다. 1941년부터 『라 제르브』의 주요 협력자 중 한 사람이었으며 전전에는 유스호스텔운동으로 이름을 날린 젊은 마크 오기에는 1944년에 볼셰비즘에 대항한 프랑스의용군연맹에 가입하였고, 나치 친위대원이 되었다.

종전 직후의 지식인 책임에 관한 논쟁은 이러한 명확한 참여형태를 둘러싸고 열기를 더해 가게 되며, 그 증거로서 1944년 여름부터 동쪽으로 철수하는 독일부대를 추격한 샤토브리앙과 르바테, 로파르츠 에몽, 장 뤼샤르 등 가장 유명한 지식인들의 행동이 제시된다. 드리외

라 로셸은 좀더 윤리적인 관점에서의 원칙을 내세워 두 차례나 자살을 시도한다. "그렇다. 나는 적과 공모했다. 나는 프랑스인의 지성을 적에게 넘겨줬다. 적이 지적이지 못했다면 그것은 내 잘못이 아니다. …우리는 내기를 했고, 잃었다. 나는 죽음을 요구한다."

지식인의 레지스탕스운동

1940년 프랑스지식인들 속에서, 프랑스의 패배라는 절망적인 기정 사실과 유럽, 아니 더 나아가 세계적 차원에서 파시스트모델의 임박한 승리를 인정하기를 거부하는 태도는 결코 드문 것은 아니었다. 그럼에도 불구하고 일시적인 실망 혹은 더 깊은 회의, '레지스탕스운동'의 의미와 방법에 대한 불확실성이 복합적으로 작용하여, 거부태도가 행동으로 전환하기까지는 상당한 시간이 걸린다.

굼뜬 재편성

지금의 시점에서 당시의 맥락들을 다시 연결해 보면, 초기의 거부태도는 세 가지 유형의 지식인 행보와 부합한다. 가장 쉽게 재편성할 수 있었던 유형은 프랑스의 패배를 세계적인 관점에 다시 해석하고 영국과 미국, 다시 말해 민주주의의 단결에 희망을 건 사람들이 걸어간 길이다. 이 유형의 지식인들은 전쟁이 발발하자 곧바로 혹은 의도적으로 프랑스영토를 벗어나서 정착한다.

더욱이 미국의 중립적인 태도는 전쟁이 발발한 처음 2년 동안 런던의 프랑스이민들과 뉴욕 프랑스이민들의 행동이 매우 다르게 나타나는 요인이 된다. 런던에 정착한 프랑스인집단은 주로 비시 추종세력에 의해 버림받고 자유프랑스와 관계를 맺고 있던 사람들이었다. 물론 이 속에서도 드골장군을 노골적으로 지지한 세력과 그에 대해 의구심을 가진 사람들 간의 거리는 끝까지 좁혀지지 않는다. 『여명』(*L'Aube*)의 기자였던 모리스 슈만은 드골 지지세력 쪽에 서서 〈BBC방송〉의 프랑스어 진행자가 될 만큼 빼어난 웅변술을 보이는가 하면, 법률가 르네 카생은 이후에 드골장군의 헌법을 구상하는 데 자신의 능력을 바친다. 그리고 젊은 대학교수 레이몽 아롱은 『자유프랑스』(*La France libre*)──1940~44년 런던에서 발간된 잡지──와 함께 후자에 속한다.

미국의 상황은 더 복잡하다. 앙드레 모루아처럼, 적어도 1942년까지 페탱 원수를 신임하는 온건한 인사들로 구성된 핵심 단체가 건재했으며, 드골장군의 지지가 아직 당연시되지 않았다. 이들이 공통적으로 가지고 있던 완전한 고독감 때문에, 조르주 베르나노스(『영국인에게 보내는 편지』 *Lettre aux Anglais*)나 토마스학파의 철학자 자크 마리텡, 비종교적 소설가 쥘 로맹 그리고 망명중인 트로츠키의 동조자인 여러 극좌파소그룹(앙드레 브르통을 중심으로 한 정통 초현실주의자들, 멕시코의 마르소 피베르, 아르헨티나의 로제 카이우 등) 등 다른 사람들을 이데올로기적으로 전혀 통합해 내지 못한다. 그 밖의 다양한 성향들도 대부분 〈아메리카의 목소리〉(*La Voix de l'Amérique*, 브르통, 필립 수포 등)의 프랑스어 방송에 참여하기 위해 혹은 메종 프랑세즈 출판사에서 저항서적들을 출판하기 위해 한데 모인다. 망명지식인들의 존재를 알리는 가장 야심적인 형태로는 뉴욕사회과학연구소를 들 수 있는데, 독일이민들의 유명한 신사회연구소의 프랑스판이라 할 수 있는 이 연구소는 1942년부터 45년까지 존재했으며 조르주 귀르비치, 클로드 레비스트로스, 마리텡, 장 페랭 등 100여 명의 교수들이 참여했다. 그러나 신사회연구소가 여전히 존재하는 것과 달리 사회과학연구소는 전쟁종식과 더불어 사라진 데서 알 수 있듯이, 사회과학연구소는 독립적인 학문의 계획보다 미국인들을 향한 증언을 목적으로 하고 있었다. 또한 군사적 · 지적 전쟁터로부터 육체적으로나 정신적으로 멀리 떨어져 있는 상황은 레지스탕스운동의 취약성을 잘 상징해 주는 것이기도 하다. 미국에서의 레지스탕스운동은 프랑스인들에게 잘 알려지지 않았으며, 그 결과 그들에게는 큰 영예가 돌아가지 않았다.

이상과 같은 상황에서 인텔리겐치아는 민주주의에 대한 확신과 조국애라는 동기가 결합되어 저항대열에 참여했던 듯하다. 30년대의 반파시스트 투쟁에 충실하게 뛰어들었던 '좌파들'에게는 민주주의에 대한 확신이 더 큰 동기로 작용했으며, 일부 좌파가 비밀리에 발행한 장 게노의 『암흑시대의 일기』(*Journal des années noires*)는 이들이 공산주의 지식인들보다 덜 동요했음을 반영해 주는 것이기도 하다. 독일의 탄압과 별도로 프랑스국가의 반공주의에 대한 차별은 많은 사람들을 저항세력에 가담하게 하는 데 일조하게 된다. 그리고 레지스탕스운동으로 1940년 가을 체포된 최초의 대학교수(그는 곧바로 감시대상이 된다)는 폴 랑주뱅이었다.

1941년부터 공산당은 1935~39년의 당노선을 계승하여서 애국적인 지식인투쟁을 내세우게 되며, 공산당의 이 전술은 전통주의자(엠마뉘엘 다스티에 드 라 비주리, 자크 드뷔 브리델 등), 비종교적 공화주의자(마크 블로크, 장 프레보 등) 그리고 기독교계열의 예술가 · 문인 · 대학교수들이 자신의 행보를 결정하는 데 큰 영향을 끼친다. 특히 '이교도 나치'에 대한 투쟁은 기독교계열의 사람들(피에르 엠마뉘엘, 프랑수아 모리악 등) 사이에서 큰 호소력을 가진다. 그리고 1940년 11월 11일 파리 레지스탕스 가에서는 교사와 교수들의 외침에 호응한 고등학생·대학생의 시위가 일어난다. 이는 전적으로 학생들로 이루어진 최초이자 드문 시위였다.

수복

이들이 겪은 위험에 비추어볼 때, 이와 같은 집단적인 움직임은 예외적인 시기에 해당한다. 우선 개개인의 운명이 뿔뿔이 흩어졌고, 대부분의 경우 2~3년이 지난 후에야 비로소 일관성 있고 잘 조직된 지식인행동으로 수렴되었다. 그때까지는 자신의 상황에 맞추어서 개별적으로 레지스탕스운동에 참여하게 된다. 레지스탕스운동은 점령당국이 허가한 언론·출판과의 '타협'을 일절 거부하는 데서부터 시작하는데, 예컨대 샹송이나 게노는 북부지방의 언론매체에 자신들의 이름을 싣기를 거부한다. 그리고 앙드레 말로는 자신의 『알텐부르크의 호두나무』(*Les Noyers de l'Altenburg*)를 스위스에서 출판하며, 마침내 결단을 내리고 익명이나 가명으로 자유프랑스와 연합군에 대한 역선전에 단호히 대처하는 데 자신의 재능을 바친다.

이 분야에서 더 깊숙이 참여하게 되는 사람들은 '인민전선' 시기에 지식인사회에 첫 발을 내디딘 젊은 예술가와 대학교수들로서, 프랑스 문학 레지스탕스운동의 상징적인 두 인물이 바로 이 범주에 속한다. 지하에서 발행된 최초의 소설 『바다의 침묵』의 작가인 베르코르는 전쟁 전에 장 브륄레라는 이름으로 좌파언론지에 만화를 그렸다. 그리고 1942년에 체포되어 총살당한 장 드쿠르는 본명이 다니엘 드쿠르드망슈이며, 전국작가위원회와 정기간행물 『프랑스인의 편지』 공동설립인인 드쿠르드망슈는 젊은 공산주의 운동가로서 롤랭중학교(지금의 자크 드쿠르 고등학교)의 독일어교사로 재직했으며 1939년 한때 『코뮌』(*Commune*)의 주간으로도 있었다.

또 많은 지식인들이 스페인내전에 다국적군으로서 자원하였을 때의 명분을 떠올리면서 단호하게 무기를 들거나 연합군 정보망에 합류한다. 프랑스 레지스탕스운동의 역사에서 최초의 정보망 하나가 폴 리베의 제자들인 인간박물관의 젊은 연구원들에 의해 만들어진다는 것은 간과할 일이 아니다. 특히 이 정보망은 클로드 아블린과 장 카수 등 전쟁 전 동조자였던 사람들의 도움을 받았다. 앙드레 말로가 늦게 이 정보망에 합류하게 되며, 1944년 봄에는 코레즈의 항독 무장단체들 내에서 신속하게 무장행동으로 전환하기도 했다. 그리고 이듬해 가을 코레즈의 항독 무장단체들은 '베르제 대령'의 지휘 아래 알자스-로렌 자원부대를 창설하여 스트라스부르로 들어가며, 『호두나무』의 주인공 이름을 딴 '베르제' 대령은 앙드레 샹송이라는 부관을 대동하였다(중부에서 르네 샤르는 '알렉상드르 대위'로 통했다).

어쨌든 지식인들의 가장 일반적인 개입형태는 성명서였다. 엄격한 언어나 변형된 예술적 표현을 담은 성명서는 때로는 명확한 형태로 또 때로는 코드화된 형태로 대낮에도 은밀하게 유포되었다. 이 시기의 이런 두 가지 특성은 다른 단계에서 한편으로는 잡지와 시집 출판사가, 다른 한편으로는 프랑스어권(알베르 베갱이 운영한 스위스 프랑스어권의 총서 『론 지방 연구』*Les Cahiers du Rhône*)을 비롯하여 지방과 해외의 지식인거점들이 맡은 역할에서 비롯된 것이다. 두 가지 특성을 겸비한 알제의 『샘』(*Fontaine* 막스 폴 푸셰), 마르세유의 『남부지방 연구』(*Les Cahiers du Sud* 장 발라르), 빌 뇌브 레 자비뇽의 『포에지』(*Poésie* 피에르 세게르)나 리용의 『합류』(*Confluences* 르네 타베르니에)는 처음에는 신중한 태도를 보이지만, 폐간까지는 아니어도 이따금 정간 처분을 내리는 검열기관들과 점점 대립하게 된다. 특히 타베르니에가 남부지방민족전선의 집행위원으로 있는 리옹에서는 그만큼 정치적·군사적 레지스탕스운동과 확실한 관계를 맺는다.

하지만 우리가 추측할 수 있는 각종 어려움에도 불구하고, 지하 인텔리겐치아의 주요 정기간행물들이 운영·인쇄된 곳은 파리였다. 『기독교의 증언 연구』(Les Cahiers du témoignage chrétien, R. P. 샤이에, 페사르, 드 뤼박 등)이나 자크 드쿠르의 뒤를 이어 클로드 모르강이 맡았던 『프랑스인의 편지』(1942년부터 20호가 지하발행)가 대표적인 예이다. 과감함의 극치는 공산당과 가까운 프랑스총서출판사와 특히 피에르 드 레스퀴리와 베르코르가 만든 1942년부터의 미뉘출판사 같은 완전 지하출판사의 설립이었다. 전쟁이 끝나자 이 지하출판사들은 50여 명의 저자와 25개의 제목이 실린 '카탈로그'를 내어놓을 수 있게 된다. 이 가운데 프랑스 내에 머물고 있던 저자들은 모두 가명을 썼는데, 프랑수아 모리악은 '포레즈'(『검은 수첩』 Le Cahier noir 1943), 장 게노는 '세벤'(『감옥에서』 Dans la prison 1944), 아라공은 '분노의 프랑수아'(『그레뱅박물관』 Le Musée Grévin 1943) 등이었다.

두 개의 문집(첫번째 책은 1943년 폴 엘뤼아르의 책임 아래 로베르 데노, 외젠 길르빅, 프랑시스 퐁주가 참여하여 만들었다)이 『시인들의 명예』(L'Honneur des poètes)라는 표현을 후대에 남기는데, 이를 계기로 시(詩)라는 무기에 부여된 탁월한 역할을 확신하게 된다. 이리하여 시는 때로는 애국적 암시들로 가득 차서 공개적으로 출판된 아라공이나 엘뤼아르의 초기 텍스트(『단장의 아픔』 Le Crève-cœur)에서처럼 은밀한 방식으로 사용되기도 하고, 또 때로는 훨씬 선명하게 표현되어 은밀히 전파되고('장 뇌르'라 불린 장 카수의 「몰래 씌어진 33곡의 소네트」 Trente-trois sonnets écrits au secret), 음악으로 만들어져 자유프랑스의 전파를 타기도 한다. 그 밖에 엘뤼아르의 음악의 신에 대한 사랑을

214

노래한 「자유」(Liberté)와 누슈의 「체형 속에서 노래하는 자의 발라드」(Ballade de celui qui chante dans les supplices), 아라공의 「장미와 물푸레나무」(La Rose et le Réséda)는 역사 속에 기억되고 있다. 확실히 당시의 시대적 상황은 이들로 하여금 덜 난해한 표현을 지향하게 했을 것이다(『시인들의 명예』에서 엘뤼아르는 「시의 비평」이라는 제목으로 참여했다).

노래하는 다음날들

아라공과 엘뤼아르의 과거나 최근의 정치적 선택은, 길르빅이나 퐁주 혹은 모르강의 경우와 마찬가지로 이 시기의 모순 한 가지를 선명하게 드러내 보인다. 1939~40년에 의혹의 눈길을 받았던 공산주의 인텔리겐치아가 그로부터 4년 후에는 레지스탕스운동에서 지도적인 위치를 회복하게 된다. 『프랑스인의 편지』 창간호에 실린 자크 드쿠르의 「작가들에게 외침」이 "드골주의자, 공산주의자, 민주주의자, 가톨릭신도 등 모든 정치적 경향과 모든 종파"를 하나로 묶었다면, 1944년에 가장 위세를 떨친 세력은 공산주의자들이다. 이름이 널리 알려진 단호하고 용감한 운동가들이 현장에서 보여준 모습은 강한 영향을 주었다. 예컨대 대학의 레지스탕스운동은 1940년 말부터 공산주의자인 철학자 조르주 폴리체와 물리학자 자크 솔로몽을 중심으로 조직되며, 자유대학그룹의 공동발기인이기도 한 이 두 사람은 점령군의 총탄에 쓰러지게 된다. 그렇지만 중요한 동력은 지식인들의 일반적인 상황으로부터 나온다.

우선, 우파체제의 프랑스정부가 수많은 대항세력들을 좌파로 몰아가는 데 일정한 역할을 하였다. 둘째로, 지하투쟁의 긴요한 필요성과 가혹한 현실상황 속에서, 지하투쟁의 효과적인 수행을 위한 이론과 더불어 공산당의 조직 및 정치·이데올로기 구조가 지닌 장점들은 빛을 발하게 된다. 그리고 마지막으로, 가장 중요한 것인데 자유민주주의 가치의 위기에 직면하여, 국제적 움직임에 합류한 마르크스-레닌주의는 파시즘의 극도의 반자유주의적인 해결방안을 대체할 수 있는 유일한 체제로 보일 수 있었다. 1943~45년에 파시즘적 해결책의 실패가 현실로 드러나고, 마르크스-레닌주의는 바로 이 현대적이고 승승장구하는 듯했던 이데올로기에 치명적인 타격을 가했던 것처럼, 문화계의 많은 저명인사들을 '역사의식'에 동참하여 증언하게 하는 데 큰 역할을 했다.

이와 같은 새로운 인텔리겐치아의 헤게모니는 조금씩 모습을 드러낸다. 국토 전체까지는 아니라 하더라도 수도가 회복될 때까지, 지하언론이나 전국작가위원회는 점령군의 허가를 받은 언론매체(『코메디아』에 기사를 실었던 사르트르는 그후 이 매체에의 협력을 계속 거부한다)에 대해서 지켜야 할 윤리규칙을 만들고 향후 예술계의 정화문제에 힘을 기울이게 된다. 여기서 중요한 것은 금지된 것이라기보다 피해야 할 것——물론 양자가 실질적으로는 큰 차이가 없다——에 관한 블랙리스트의 작성이며, 특히 언론의 '투명성', 영화의 위상, 예술창작에 대한 공공단체의 지원 같은 단체의 역할을 규정한 혁신프로그램의 수립이다.

이때부터 활발하게 생겨난 전문가단체와 기관지들은 선전활동이나 그와 유사한 형태의 사고를 적극적으로 해나간다. 대표적인 예로는 지하에서 발행된 마지막 호가 3만 부나 나간 『프랑스인의 편지』와 연극분야의 『프랑스무대』(*La Scène française*, 쥘리앙 베르토, 베르나르 짐머 등), 『프랑스영화』(*L'Écran français*, 루이 다캥, 조르주 사둘 등), '화가민족전선'(1944년에 목판화집 『이기다』*Vaincre* 출판)과

'지하언론연맹'(알베르 베이에, 파스칼 피아 등)을 들 수 있다. 전쟁종식에 관한 토론은 재건보다 정화가 더 쉽다는 것을 보여주게 된다.

제7장

'영광의 30년' 문턱에서(1944~47)

전쟁종식과 함께 지식인의 장은 언론·출판의 정화 못지않게 참여의 의무를 설파하는 새로운 지식인들의 출현으로 크게 재편성된다. 새로운 사람, 새로운 일간지, 새로운 대본심사위원회 등이 속출하고, 그만큼의 새로운 선들이 프랑스지식인의 새 지도를 그려나가게 된다. 1962년의 일시적인 후퇴나 1968년의 이데올로기적 모호성에도 불구하고, 이때 향후 30여 년의 중요한 배경요소가 세워진다.

초기에, 공산주의는 참여의 의무에 공감한 지식인들에게 강렬한 매력으로 다가간다. 전망이 불투명할수록 그리고 쟁점들이 냉전이라는 '대분열'에 의해 휘둘릴수록, 지식인집단의 눈에는 공산주의가 더욱더 매력적으로 비치게 된다.

정화

정화는 '프랑스인들 사이의 전쟁'의 결과를 연장·확대시키며, 오랫동안 지식인집단에 깊은 영향을 미치게 된다. 이와 같은 정화는 다음 두 가지 형태로 이루어진다.

'피고용자들'의 명단과 재판

한 가지 형태는 직업과 관련한 정화로서, 여기에서는 법적 소송이 반드시 뒤따르지는 않았다. 단순히 동업조합 차원의 정화로는 전국작가위원회가 작성한 블랙리스트를 들 수 있는데, 레지스탕스운동 속에서 탄생한 이 단체는 엄밀히 말해 공적인 힘을 가지고 있지는 않았다. 그렇지만 이 시기에 출판인들이나 일간지 편집위원회들이 이 단체의 의견을 무시한다는 것은 도저히 생각할 수 없었을 것이며, 이 단체의 블랙리스트에 오른다는 것은 곧 언론과 출판 행위가 금지당하는 것을 의미했다. 1944년 9월 초에 나온 1차 명단에는 12명의 이름이 실렸으며, 특히 로베르 브라지아크, 루이 페르디낭 셀린, 알퐁스 드 샤토브리앙, 자크 샤르돈, 드리외 라 로셸, 장 지오노, 샤를르 모라스, 앙리 몽테를랑 등이 포함되었다. 9월 중순에 발표한 2차 명단에 든 피에르 브누아와 앙리 보르도 그리고 시인 폴 포르를 포함한 44명의 이름은 출판인들의 관심을 모았다. 전국작가위원회의 회원들은 '나치협력자'의 글을 받아주는 총서나 잡지에 일체의 글을 싣지 않을 것을 출판인들을 향해 선언했으며, 2차 명단의 이 세 사람은 10월에 발표된 전국작가위원회의 최종명단(160명의 작가)에서 빠지게 된다. 실제로 이 세 사람은 구분 없이 때로는 '나치협력자'로, 때로는 '협력주의자'로 분류되었다. 그러나 이와 같은 블랙리스트의 작성이 전국작가위원회 회원들의 만장일치로 이루어진 것은 아니었다. 특히 장 폴랑은 토론의 제일선에 서서, 허술하면서 졸속이기까지 한 명단작성 과정과 그 의도를 비롯하여 정치적이고(공산당의 미심쩍은 역할) 사적인(소규모 지식인집단 내에서의 감정해결) 술책 등을 맹렬히 비난했다. 뿐더러 '오류를 범할 수 있는 권리'를 잊지 않았다! 이어서 그는 『레지스탕스 운동의 지도자들에게 보내는 편지』(*Lettre aux Directeurs de la Résistance*)에서 다른 사람들보다 지식인들에게 가해진 형량에 대해 비난한다. "그들 가운데 권리와 정의를 무시당하지 않고 형을 받은 사람은 단 한 사람도 없다."

당연히 이 표현은 널리 악용되었다. 아무튼 이런 내부정화와 병행하여, 『교차로』(*Carrefour*)의 표현을 빌리면 "제3제국을 위해 고용되었던" 사람들을 추적하고 처벌하는 사법적 차원의 정화가 있었다. 정화의 역사에 점철되는 대표적인 예가 바로 로베르 브라지아크와 드리외 라 로셸, 뤼시앙 르바테이다. 1944년 9월 14일 감옥에 갇힌 로베르 브라지아크는 1945년 1월 19일 형법 제75조에 따라 사형선고를 받는다. 로베르 브라지아크라는 이름은, 당시에도 그랬지만 그후에도 정화의 범위와 형량을 둘러싸고 지식인세계를 뒤흔들어놓는 논쟁을 촉발시켰다는 점에서, 상징성을 가진다. "이렇게 빼어난 사람이 영원히 사라진다는 것은 프랑스인들에게 크나큰 손실이다"라고 명확히 밝힌 프랑수아 모리악의 편지가 법정에서 낭독되었다. 그의 사면을 요구하면서 63명의 예술가와 작가들이 서명한 탄원서가 임시정부의 수반 드골장군 앞으로 보내졌다. 드골장군은 이 청원에 대답하지 않았고, 마침내 1945년 2월 6일 『나는 어디에든 있다』의 전직기자는 총살당한다. 드리외 라 로셸은 1944~45년 겨울에 협력주의 지식인들에 대한 재판을 주의 깊게 지켜보고 있었을 것이다. 브라지아크가 처형당하던 날의 『프랑스인의 편지』는 로셸이 '어딘가에' 살아 있다는 것을 유감스럽게 생각했다. 파리의 한 아파트에서 숨어지내던 그는 1944년에 자살을 시도하지만 실패하고, 앙드레 말로의 알자스-로렌 자원부대에 참여하려 하지만 그 또한 실패한다. 그리고 1945년 3월에 다시 자살을 시도하여 자신의 생을 마감한다.

'사샤 기트리를 체포한 것이 과연 잘한 일'인가?

1944년 독일로 달아났다가 이듬해 체포된 뤼시앙 르바테는 로베르 브라지아크가 사형선고를 받은 지 거의 2년 후인 1946년 11월에 사형을 선고받는다. 하지만 과거 『나는 어디에든 있다』의 동료였던 브라지아크와 달리, 그는 몇 달 후 사면되고 1952년에 석방된다. 20개월 남짓한 사이에 열기가 많이 수그러들었던 것이다. 여론 속에서도 이러한 급속한 변화가 또렷이 나타났다. 처음에는 지식인들에 대한 사법적 차원의 정화가 긍정적인 평가를 받았는데, 이는 사회에서의 지식인의 특별한 위치를 나타내는 간접적인 증거라고 할 수 있다. 지식인들의 입장표명과 공개적인 행동은 경제적 차원에서의 독일에 대한 협력이라든가 정치적 협력 등과 같은 형태보다 훨씬 더 쉽게 일반사람들에게 인지되었다. 프랑스여론연구소의 한 여론조사는 상당히 시사하는 바가 크다. 1944년 9월의 조사에서 프랑스인의 56%가 "사샤 기트리를 잘 체포했다"고 답한 데 비해 그렇지 않다고 반대한 사람은 12%에 불과했다. 같은 조사에서 "페탱 원수에게 형을 가해야 하는가?"라는 질문에 대해 응답자의 32%만 그렇다고 대답하고, 58%가 아니라고 대답한다. 그리고 11월의 조사에서는 65%가 조르주 슈아레즈의 사형을 지지한다. 그러나 두 달 뒤 폴 샤크(55%)와 앙리 베로(49%)의 사형에 찬성하는 사람의 비율이 벌써 줄어들며, 이 수치가 식어가는 열기를 말해 주고 있다는 것은 그 몇 주일 뒤 42%만이 앙리 베로의 사면에 반대한다는 사실로써 확인된다. 그후 앙리 베로는 영구 강제노동으로 감형되며, 그리고 로베르 브라지아크의 사형에 대해서 52%의 프랑스인이 찬성하지만 '무응답'도 30%에 이른다.

물론 포로수용소에서 살아남은 사람들이 돌아오고 나치의 악랄함을 생생히 보여주는 구체적이고도 확실한 증거가 제시되면서 그로 인한 엄청난 심리적 충격으로 1945년 봄에 일시적으로 반전되지만, 이와 같은 여론의 변화추세는 계속되었다. 이것은 1944~45년 겨울에서 멀어질수록 '협력주의자들'에 대한 처우가 달라지는 이유를 설명해 준다.

사법적 정화대상이 된 지식인들의 형량차이가 지식인계층을 뒤흔들어놓기에 앞서서, 사법적 차원의 정화 그 자체는 논쟁——특히 저 유명한 알베르 카뮈와 프랑수아 모리악의 논쟁——을 촉발시킨다. 카뮈와 모리악의 논쟁은 정의냐 자비냐 하는 양자택일 문제로 귀착되지 않았다. 카뮈는 "가장 가혹하고 가장 단호한 심판"을 호소했는데, 이때 카뮈의 표현은 주로 페탱 원수를 겨냥하고 있었지만 협력지식인들에 대한 그의 분석은 한마디로 징벌이라는 말로 요약할 수 있었다. 이렇게 해서 카뮈는 『투쟁』과 『르 피가로』를 매개로 해서 프랑수아 모리악과 논쟁을 벌인다. 가톨릭작가인 프랑수아 모리악은 1944년 가을 초부터 이 문제와 관련하여 저질러지고 드러난 불의와 부정을 거론하면서 더 많은 관용을 베풀 것을 설파해 오고 있었다. 그렇지만 『사슬에 묶인 오리』(*Le Canard enchaîné*)에 의해 '아시스의 성 프랑수아'라 불리었던 그는 유독 로베르 브라지아크의 사면을 위해서는 분투하지 않았다. 당시 그는 『르 피가로』에 많은 글을 기고하고 있었으며, 카뮈와의 논쟁은 1944년 가을부터 이듬해 초까지 이어진다. 이때 자신의 입장에 대해 의구심을 갖게 된 『투쟁』의 논설기자 카뮈는 정화에 관한 논쟁에서 그리 첨예한 태도를 보이지 않는다. 더구나 사형제도에 대해 적의를 가지고 있던 카뮈는 브라지아크의 사면을 요구하는 탄원서에도 서명한다. 그후에 발표한 몇몇 글들은 일종의 자아비판, 혹은 적어도 변질되어 가는 정화에 대한 거리두기가 아닌가 하는 인상을 풍긴다. 1945년 8월 30일자 『투쟁』에 그는 이렇게 쓰고 있다. "정화라는 단어는 그 자체로 이미 참기 힘들었다. 모든 일이 가증스럽게 되어가고 있다."

소외된 우파지식인들

결과적으로 내부정화는 재판회부와 불확실한 처벌보다 문화적 배경에 더 깊은 흔적을 남긴다. 내부정화에 직면하여 침묵해야 했던 사람들은 극우파 '협력주의자'(여기에는 평화주의를 핑계로 가담한 좌파 출신도 일부 있다)만이 아니었다. 우파지식인 대부분이 비시정권을 지지했다는 이유로 또는 적어도 비시정권에 대해 호의적인 중립 태도를 취했기 때문에 침묵을 지켜야 했다. 우파사상은 나치주의나 대량학살과 동일시되고 사실상 "불법화"(프랑수아 부리코)될 정도로 엄청난 불신을 받기 때문에, 비시정권에 연루되지 않았던 우파지식 인들까지 입을 다물 수밖에 없었다. 이로 인해 최소한 10여 년 동안 이데올로기 영역에는 오직 **좌파지식인들**만 존재하게 된다. 양차대전 과 비교할 때 크나큰 변화가 아닐 수 없다. 당시 '인민전선'의 연단에 섰던 지식인들은 프랑스 인텔리겐치아의 다수가 우파로 기울었다는 사실을 여전히 기억하고 있었다. 이전의 변화와 연결된 또 한 가지 변화가 전쟁 전과 달리 개입됨으로 해서 변화의 폭은 더욱 커졌다. 다름아니라 '참여'의 개념에 대한 의견의 일치였다.

참여의 시대

1945년의 지식인들에게는 참여의 의무가 존재한다. 물론 30년대도 반파시즘을 내걸고 혹은 반공주의라는 명분 아래 정치투쟁에 참여하는 작가와 예술가들이 있었다. 이 점에서 30년대는 이론(異論)의 여지없이 1945년을 앞선다. 하지만 당시에는 참여의 의무라는 개념이 인텔리겐치아 전체의 동의를 끌어내지는 못했다. 그 시기는 쥘리앙 방다가 『지식인의 배반』(1927)을 출판하고 당파투쟁을 경계할 것을 호소하던 시기와 그리 멀리 떨어져 있지 않았다. 그러나 1945년, 글을 쓰고 표현하는 대부분의 사람들에게 배신은 당파투쟁까지는 아니라 해도 동시대의 거대담론에 참여하지 않는 것을 의미했다.

초기 '사르트르 시대'

장 폴 사르트르는 집단기억 속에 참여의 상징으로 남아 있다. 적어도 두 가지 이유 때문에 그렇다. 하나는 이때 그가 참여의 근거를 제시했기 때문이고, 또 하나는 그가 동료들을 비롯하여 일반대중의 눈에 참여의 화신으로 인식되었기 때문이다. 사르트르는 「설명」(présentation, 『현대』 1945. 10. 창간호)에서 작가들의 '무책임에의 유혹'을 질타한다. 무엇을 하든 작가는 '연루되므로', 즉 작가는 "자신들의 시대적 상황에 놓여 있기" 때문이며 "우리는 우리 시대에 우리의 존재를 통해 행동하고, 우리는 이 행위를 의식적으로 결정하기 때문이다." 이제 결론은 명확하다. 『문학은 무엇인가?』(Qu'est-ce que la littérature)에서 전개되는 문학의 참여라는 주제는 이미 「설명」에서 싹트고 있었던 것이다. 물론 사르트르는 훨씬 전부터 여러 경우에 참여했다. 하지만 이제 그에게 참여는 긴급상황에서 일어날 수 있는 동원의 문제일 뿐 아니라, 작가라는 자격과 동일시되는 활동을 의미하게 된다.

겉으로 보기에, 지식인은 정신적 혁명에 초대된 것이라 할 수 있었다. 하지만 이 점에서, 사실 사르트르의 참여의무에 대한 이론은 혁명적 시도라기보다 그 도착점이었다. 전쟁 전과 전쟁 동안에 이미 현실은 이론을 한참 앞서가고 있었다. 장 폴 사르트르가 속한 세대는 전쟁이 끝나자 무대의 전면에 나선다. 그러나 30년대 초의 '비전통주의자들'처럼, 그 가운데 일부는 일찍부터 정치토론에 참여했으며, 더욱이 가장 암울했던 시기에 참여의 의무를 이미 실천하였다. 바로 이와 같은 의무의 근거에 대해 말하면서 사르트르는 "사르트르시대"(아니 코앙 솔랄)를 열게 되며, 그의 영향력은 급속도로 커져간다. 『현대』의 창간호가 세상에 나온 지 12년이 지난 1957년에 『렉스프레스』가 젊은이들을 대상으로 실시한 '누벨바그'에 관한 유명한 여론조사에서, "당신 또래의 정신에 특별히 영향을 끼쳤다고 생각되는 작가 한 사람을 고른다면?"이라는 질문에 장 폴 사르트르는 앙드레 지드나 프랑수아 모리악보다 훨씬 압도적이었다.

1945년 40세의 사르트르가 참여의 의무를 주장할 때, 그의 정치참여와 문학적 명성은 그리 오래되었다고 할 수 없었다. 무엇보다도 전쟁과 독일점령이 사르트르의 정치참여와 문학적 명성이 꽃필 수 있게 한다. 20년 전 울름가의 젊은 파리고등사범학교 학생은 정치문제에 전혀 관심을 기울이지 않았던 듯하다. 그리고 30년대에 지방의 젊은 철학교수였던 그는 가령 1936년 투표에 불참하면서 정치적 대립의 주변에 머물렀다. 또한 1933~34년에 1년 동안 베를린에 머물면서도, 그 전해에 베를린에 와 있던 울름가의 동급생 레이몽 아롱과 달리 별다른 영향을 받지 않았다. 30년대 말에 발표한 초기작품들 『구토』와 『벽』은 당시 큰 호응을 얻지 못했으나, 최근에 출판된 『기묘한 전쟁수첩』(*Les Carnets de la drôle de guerre*)에서는 독서욕심과 문학적 야심은 강했지만 정치적 입장이 불확실한 34세의 젊은이가 전쟁에 동원되면서 변화되어 나가는 모습을 그린다. 항복과 점령 등을 겪으면서 비로소 사르트르는 정치적으로 각성되어 나간 듯하다. 1940년에 사르트르는 포로로 잡혔으나 시각장애를 이유로 석방되며, 1941~44년에 콩도르세고등학교에서 강의한다. 철학자로서 사르트르는 자신의 첫 유명작인 『존재와 무』를 발표하며, 작가로서는 『파리떼』와 『비공개』를 무대에 올린다. 또 시민으로서의 사르트르는 레지스탕스운동에 참여하며 전국작가위원회에 소속된다.

그러나 장 폴 사르트르가 단시간에 엄청난 명성을 얻으며 '실존주의'의 상징이 되는 것은 평화가 찾아들기 시작한 1945년 가을이다. 『현대』가 창간된 시기에 그는 『자유의 길』(Les Chemins de la liberté) 앞부분을 발행하며 '실존주의는 인본주의인가?'라는 유명한 강연을 한다. 그리고 그는 이 시기의 고조된 분위기 덕을 보게 되는데, 당시 언론들은 사르트르의 대하문학작품과 그 바탕을 이루는 사상을 ('사르트르의 성당'이 된) 생제르맹 성당 주변의 열광적 분위기와 일찍부터 결합시키려고 했다. 당시 카페 타부와 생제르맹 클럽을 드나들던 젊은이들은 대부분 이름뿐인 '실존주의자'였고, '실존주의 마을'이라는 이름은 대개 『토요일 저녁』과 『프랑스 일요일』이 만들어낸 것이었다. 젊은이들의 이와 같은 태도는 『존재와 무』에 대한 열정적인 독서에서 비롯되었다기보다 전후(戰後)를 특징짓는 감정의 발산의 필요성이 그 동기가 되었다고 볼 수 있다. 그로부터 몇 년 후 자크 베커의 영화〈칠월의 약속〉(Rendez-vous de juillet)은 이들의 감성을 잘 묘사하고 있다. 하지만 선정적인 기사들은 생제르맹 데 프레의 '지하 포도주저장고'와 장 폴 사르트르나 모리스 메를로퐁티의 글, 카페 레 되 마고와 타부, 레이몽 크노, 보리스 비앙, 쥘리에트 그레코를 똑같이 취급하였다. 장 콕토는 1951년 7월 16일의 일기에다 마치 농담하듯이 이렇게 쓴다. "**실존주의자들**, 이것처럼 표현하고자 하는 것으로부터 멀어지는 단어도 없을 것이다. 아무것도 하지 않고, 조그마한 술창고에서 마셔 대는 것, 그것이 실존주의자가 되는 것이다. 이는 마치 지하실에서 춤을 추는 상대주의자들이 뉴욕에 있고, 아인슈타인이 그들과 함께 춤을 춘다고 생각하는 것과 같다." 그러나 관광객들은 여전히 몰려들고, '실존주의'는 급속도로 세계적인 명성을 얻는다.

참여문학?

훗날 시몬 드 보부아르가 『사물의 힘』(*La Force des choses*)에서 강조하듯이, 좀더 넓게는 프랑스문학 전체가 이 파급효과로 인해 고급기성복처럼 수출 가능한 토산품이 된다. 그리고 프랑스문학이라는 상품은 전후시기의 거대 정치담론으로부터 큰 영향을 받게 된다. 그 시대와 직접적으로 결합된 예술과 사상에 관한 이같은 기록은 당시 사건에 깊숙이 개입한 지식인들에게는 그리 놀라운 일도 아니다.

물론 이 시대의 예술은 그 어느 때보다 다양하였으며, 때로는 상반된 이미지를 반사하는 깨진 거울과 같았다. 그럼에도 이러한 이미지들 가운데 몇 개는 그 시대 쟁점의 산물임을 부인할 수는 없을 것이다. 특히 참여문학을 선포한 문학은 스스로 그러한 관계를 요구하거나, 좀더 정확하게는 문학과 참여의 상호관계를 요구한다. 이 영향은 두 가지 의미를 지니는바, 한편으로 문학은 시대에 포섭되며 따라서 문학은 시대의 거울이 되며, 다른 한편으로 문학은 참여적이고 따라서 문학은 곧 배우가 된다. 그리고 전후문학의 장르들은 새로운 서열을 부여받게 된다. 물론 이와 같은 변화는 적어도 수십 년의 흐름을 분석할 때 비로소 감지될 수 있지만, 종전 직후부터 그 조짐은 보이기 시작한다. 당시 철학은 문학을 권좌에서 점차 끌어내리며, 소설류,

그중에서도 심리소설류는 25년 넘게 어려움을 겪게 된다. 한편으로 당시에 절정기를 구가하던 위대한 프랑스작가들이 빛을 발휘하는 것은 소설장르가 아니며, 또 한편으로 소설장르는 주간지 문예란의 중요한 주제로 더 이상 등장하지 않게 된다. 게다가 얼마 후 '누보로망' 은 빈 공간을 잠시 차지하게 된다.

그 공간은 이미 말했듯이 철학으로 채워졌다. 전후 20년, 즉 1944~64년에 노벨문학상을 수상한 5명의 프랑스인——앙드레 지드(1947), 프랑수아 모리악(1952), 알베르 카뮈(1957), 생 존 페르스(1960), 장 폴 사르트르(1964)——에 대한 분석은 이 점을 잘 설명해 주고 있다. 우선 수상 장르의 이동이 의미심장하다. 죽기 4년 전인 1947년에 노벨상을 받았고 작품이 멀리는 1929년 이전에 그리고 가까이는 1939년 이전에 씌어진 앙드레 지드의 경우, 국제적으로 인정받는 데 필요한 시간을 고려할 때 그의 노벨상 수상은 양차대전 사이의 프랑스문학에 안겨준 명예이다. 이는 프랑수아 모리악의 경우도 마찬가지인데, 그의 위대한 작품들은 전쟁 전에 씌어졌으며 1946년 이후에는 탁월한 기자로서의 프랑수아 모리악이 작가로서의 모리악을 제압한다. 이와 반대로 생 존 페르스는 중간자적 역할을 한다면, 사르트르와 카뮈는 전후의 작가들이다. 그리고 스웨덴아카데미는 사르트르와 카뮈의 작품이 나옴과 동시에 이 작품들을 인정한다. 그런데 아카데미 회원들과 일반여론은 장 폴 사르트르를 철학자로 간주하며, 또 카뮈의 작품들은 소설과 연극으로 더욱더 치우치는 경향이 있음에도 여러 글에서 표현되고 있듯이 철학적 비전을 바탕으로 한다.

이처럼 소설이 철학에 자리를 내어주었다면, 반대로 연극은 철학의 영향을 받아 연극사에서 새로운 양상을 경험한다. 적어도 '통속극'이나 고전극을 제외한 분야는 그러했다. 한편 장 폴 사르트르나 알베르 카뮈 같은 철학가들은 자신들의 세계관을 표현하고 대중화하는 수단으로서 무엇보다도 연극을 선택하게 되며, 이를 통해서 그때까지 인쇄물이나 강단에 부여되었던 역할과 영광스러운 위상이 연극에 부여된다. 다른 한편 연극은 철학이 끼치는 영향과 궤를 같이하면서 내적 발전을 경험하게 되는데, 예컨대 양차대전 사이에 장 지루두 같은 작가나 루이 주부 같은 작가 겸 연출자가 구현했던 고전주의 방식에 뒤이어, 이오네스코와 베케트와 아다모프를 중심으로 비평가들이 '부조리극'이라고 명명한 것이 나온다. 이렇게 이따금 서로 다른 어조로 표현된 부조리의 감정을 통해서 연극은 시대를 충분히 받아들이게 되며, 두번째 세계적 갈등의 공포심이 남긴 상처가 깊이 파여 있는 시기의 불확실한 시대정신을 반영한다. 국제적 긴장과 히로시마가 야기한 불안감이 더해짐으로써, 이 시기 사람들은 20여 년 전 자신들의 선배들과 달리 진정한 의미의 전후시기를 경험하지 못했다. 이와 같은 상황에서, 다른 시기에 미학논쟁의 장소였던 연극무대가 여러 차례 폐쇄된 정치적 대립의 장이 되는 것은 놀라운 일이 아니다. 장 폴 사르트르의 몇몇 작품이 불러일으킨 반향은 차치하고라도, 한국전쟁에 바쳐진 로제 바이앙의 『포스터 대령은 유죄를 주장할 것이다』(*Le colonel Foster plaidera coupable*)는 1952년에 큰 화젯거리가 된다. 그 사이에 냉전이 대두하였고, 문화창작은 동시대의 큰 질문들만 반영하는 것이 아니라 국제관계의 흐름도 좇았다.

공산주의의 유혹

'대분열'이 프랑스 지식인사회에 엄청난 파장의 충격을 던지고 또 지식인사회가 1947년부터 지정학의 충격을 심하게 받았다면, 그것은 전후의 수많은 지식인들이 프랑스공산당의 지도를 받았으며 특히 소비에트 모델에 매료되었기 때문이다. 외형적으로는 만장일치 시대의 '국가'공산주의가 인텔리겐치아 내에 강력한 방파제——냉전시기에는 점차 부식되어 나가지만——를 형성하였다.

스탈린그라드의 효과

물론 이 방파제가, 오랫동안 지식인들이 언급하고 글로 썼던 것만큼 강력하지는 않았던 것으로 보인다. 자닌 베르데스 르루의 연구는 당시 마르크스주의가 팽배해 있고 30년 전 동쪽에서 치솟은 커다란 빛에 매료된 프랑스 지식인집단의 잘못된 이미지를 반박하고 있다. 이 사회학자의 연구에 따르면, 엄밀하게는 공산주의 지식인들은 '제한된 범주'만을 대표했으며 교육·심리·사회·가족 분야는 매우 다양한 지식인들로 구성되어 있었다. 당 밖에 존재할 수 있었던 '독립적 지식인'인 철학교수자격자나 유명한 화가들은, 막스 베버가 '천민인텔리겐치아'라고 이름 붙인 집단을 형성하였으며, 대부분 '당 지식인'이었던 '프롤레타리아 지식인들' 사이에서도 비록 같은 깃발 아래 참여의 책임을 실천한다 할지라도 크나큰 단절이 존재했을 거라고 말한다. 이 연구는 종전 이후 공산주의 인텔리겐치아에 관한 비교적 정확한 통계자료를 제시하고 그 실체를 밝힘으로써 신화를 깨뜨렸다. 예컨대 1945년 프랑스공산당 제10차 전당대회에서 조르주 코니오가 단언한 것과는 달리, 프랑스공산당은 결코 스스로 '프랑스지성의 당'이지 못했다.

이처럼 탈신화화되고 정당하게 평가되었음에도 불구하고, 이 시기 지식인들에게 공산주의의 매력은 여전히 결정적이었다. 이와 더불어 프랑스 인텔리겐치아의 범주를 뛰어넘어서 공통의 효과를 낳은 몇 가지 요인에 의해 당시 소비에트모델은 특히 매력적으로 다가왔다. 무엇보다도 스탈린그라드의 효과를 들 수 있다. 독소불가침조약에 의해 대다수의 지식인들에게서 신망을 잃은 소련은 2차대전 종전과 함께 정당성을 회복하게 된다. 가령 1944년 9월 프랑스여론연구소의 "어느 나라가 독일패배에 가장 공헌했는가?"라는 질문에 대해 파리지앵의 61%가 소련이라고 대답했으며, 미국이라고 대답한 사람은 29%에 불과했다. 나치즘에 대한 승리에 붉은 군대의 참여, 이 전쟁에서 소비에트국민이 치른 엄청난 대가에 힘입어, 이 무렵 소비에트 국가와 체제 그리고 소비에트의 실행들은 영광에 휩싸이게 된다. 이때부터 일부 인텔리겐치아에 의해서, 혁신과 사회정의에 대한 열망은 산업발전과 정치·사회 조직의 현실적 가능태로서의 소비에트모델에서 구현된다. 전후에 소련이 지식인들을 매료시킨 것은 부인할 수 없으며, 소련의 찬양자들에게 있어서 소련이 구현하고 있는 생생한 이미지의 혁명은 필연적인 사실이 된다. 그리고 소련에 성공적으로 적용된 마르크스주의는, 많은 사람들에게 장 폴 사르트르가 "넘어설 수 없는" 이라고 정의한 지평으로 다가간다. 이 모든 것이 프랑스공산당——레지스탕스운동에의 적극적인 참여와 스스로 프롤레타리아에 부여한 역사적 역할로써 영광을 부여안은 프랑스공산당——에 파급된다. 프랑스공산당의 매력과 노동자계급의 신성화는 특히 1020~30년에 태어난 젊은 지식인세대에게 영향을 끼친다. 1925년 세대라 불리는 이들의 경우, 선배들은 레지스탕스운동을 통해 공산주의에 이끌리고 그보다 나이가 적은 젊은이들은 전후 대학생활에서 모리스 토레즈의 당에 이끌린다.

자닌 베르데스 르루가 지적한 관점의 오류는 아마 여기서부터 비롯될 것이다. 전후에 공산당이 지식인당을 대표하게 된 데는 아니

크리겔, 에드가 모랭, 클로드 루아, 엠마뉘엘 르 루아 라뒤리 등과 함께 투쟁한 젊은이들의 역할이 컸다. 훗날 이 젊은이들은 대학이나 대본심사위원회, 일간지 편집부에서 중요한 역할을 하게 되면서, 지식인당의 대표로서의 공산당의 위상은 더욱더 강화된다. 엠마뉘엘 르 루아 라뒤리는 40~50년대의 전환기에 많은 학생들이 공산주의의 유혹을 경험했던 울름가의 파리고등사범학교 모습을 『파리–몽펠리에』(Paris-Montpellier)에서 묘사한다. 사실 당시 '당'은 이들을 적극적으로 받아들였지만, 20대의 젊은이들은 당의 명성에 즉각적인 도움을 주지는 못했다. 그리고 좀더 깊이 들여다보면, 당에 절대적으로 복종한 운동가들 중에는 훗날 사람들이 생각한 것만큼 많은 수의 예술계·사상계 이름들이 포함되어 있지 않았다. 피카소, 아라공, 폴 엘뤼아르, 프레데릭 졸리오 퀴리는 자신들의 예술분야와 전문분야에서 절정의 시기를 맞이하지만, 공산당과 멀리 떨어져서 혹은 가까이에서 공산당의 영향권에 다가서지 않은 동시대 저명인사들이 훨씬 더 많다. 사실 1925년 세대가 거리를 장악했을 때는 그 대부분이 이미 오래전에 공산주의를 떠났던 만큼, 당시 공산당의 영향권 아래에 있던 젊은이들의 명단발표와 더불어 뒤늦게 공산당에 부여된 영광은 정당성을 획득하기 어렵다. 그럼에도 이 세대에게 공산주의의 경험은 대부분 10년을 넘지 못했다 하더라도 결정적이었다. 그리고 80년대 지식인계층의 역사적 기반을 이해할 때, 우리는 같은 세대라는 공통의 소속감과 '당'의 표상 아래 정치적 실천을 통해 단단하게 다져진 연대감이라는 매우 중요한 지층과 만나게 된다. 앞으로 보겠지만, 이 지층을 토대로 해서 '옛' 구성원들은 다른 경험과 다른 연대감으로 무장된 세대들과 합류하게 된다.

지적 지배?

전후에, 프랑스 지식인사회에서 1925년 세대가 공산주의세력의 영향을 받은 유일한 집단은 아니다. 사실 널리 알려진 예술가와 사상가들 가운데 공산당원은 많지 않았지만, 공산당은 수많은 명망가들을 '동조자'로 끌어들일 수 있었다. 영국의 역사학자 데이비드 코트는, 지식인들이 당의 주변으로 모여들 수 있었던 것은 계몽주의 정신에 대한 충실함 때문이었으며 지식인들은 소비에트의 정책실행에서 이를 발견할 수 있다고 믿었다고 말한다. 어쨌든 공산당에 이끌린 지식인의 숫자, 이들의 명성 그리고 이따금 이들이 '노선'에 가장 적극적으로 합류했다는 사실은, 비록 이들이 '당원증'을 가지고 있지 않았다 할지라도 이 시기의 공산당이 지식인당으로 자처할 가능성을 또 다르게 설명해 주는 대목이다. 이 '동조자들'은 당 내의 지식인그룹에는 속하지 않았지만 당의 외곽을 폭넓게 둘러쌈으로써, 특별히 프랑스적이지도 않고 시기적으로도 전후시기에 국한되지 않는 현상을 만들어낸다. 1917년 이래 소비에트 러시아가 발산한 매력은 다른 나라들에서도 똑같은 참여와 태도를 불러일으켰는데, 가령 웹 부부는 영국의 지식인모델을 대표했다. 그렇지만 미국과 마찬가지로 영국에는 강력한 공산당이 부재한 데 비해 프랑스에는 상대적으로 강한 공산당이 존재하는 상황은 프랑스모델에 어떤 독창성을 부여했다. 프랑스모델은 소비에트연방에 대한 공개적인 찬탄뿐 아니라 국가의 정치게임에 필수적인 세력에 대한 지지와 관계가 있다. 이미 보았듯이, 이러한 모델의 기회는 이미 2차대전 전에 찾아들었으며, 어떤 면에서는 소비에트연방을 방문하기 전의 앙드레 지드가 그 전형을 제시했다고 볼 수 있다. 전후 '민족주의적' 공산주의의 전성기 때는 "스탈린주의의 두번째 빙하기"(에드가 모랭) 이전에 모리스 토레즈의 당으로 간 수많은 작가와 대학교수들을 끌어들일 수 있었다. 이 '빙하기'는 초기에 지식인당원들과 마찬가지로 다수의 공산당원과 공산주의 동조자들을 표면적으로 침식시켰을 뿐이었다. 이들이 실질적으로 흔들리게 된 것은 50년대 중반의 큰 혼란 때문이었다.

당시 공산주의는 간접적으로 '등록된' 핵심 지식인과 '동조자'집단으로 구성된 폭넓은 세력권을 뛰어넘어서까지 영향력을 행사했다. 공산주의는 경계를 넘어서지 않고 세력권의 언저리에 머물러 있던 그 밖의 수많은 지식인들도 사로잡았으며, 이들은 공산주의에 대해 진정한 지지를 표했다. 1946년에 『정신』이 실시한 이를테면 '참여했던 사람들과 참여하지 않았던 사람들'에 대한 조사를 보면, '공산주의에 매료'된 젊은 지식인들의 태도가 잘 드러나며 절반쯤 '참여했던' 사람들의 숫자도 통계적으로 중요한 의미를 가진다. 당원과 동조자들뿐 아니라 지지자들도 '인간역사의 지식과 느리지만 필연적인 진보에 바탕을 둔 의식적인 거부'와 '효율성'을 종종 언급했다. 다시 말해 공산당은 주변부에서까지 지식인들에게 구체적이고 효율적인 행동을 제공하고 일관성 견지에 대한 우려를 불식시켜 주었으며 희망을 키워주었다.

이데올로기적 정통성을 정의해 주고 지적 헤게모니의 기초를 이루는 특성들은 많이 있다. 전후시기 공산주의의 위상이 실로 그러했다. 심지어 반대진영에서조차 지식인계급을 정의할 때는 공산주의와의 관계를 중요한 요소로 삼았다. 이 점과 관련해서는 앙드레 말로가 취한 태도는 중요한 의미를 가진다. 문화수호와 파시즘 반대투쟁의 대연합 시기에 프랑스공산당 편에 서서 10여 년을 보낸 말로가 드골주의에 합류하고 1948년에 "지식인에게 보내는 호소"를 발표하는 것 역시, 그의 눈에는 동일한 가치가 공산주의에 의해 위협받는 것으로 보였기 때문이다. 그리고 레이몽 아롱이 마르크스주의에 대항하여 이데올로기운동을 벌인 것은 1955년 『지식인의 아편』 훨씬 이전이었으며, 1946년에 그가 『현대』의 편집부를 떠난 것은 소비에트연방에 대한 잡지의 태도가 문제되었기 때문이다. 우파에게는 적대감을, 좌파에게는 때로는 매력을 또 때로는 부정적인 인식을 심어준 공산주의는 어쨌든 당시 지식인사회의 중심에 있었다.

그렇지만 전후 좌파인텔리겐치아의 외형적인 일치에 대해서 결코 환상을 가져서는 안 된다. 물론 '전국작가위원회 정신'이 얼마 동안은 레지스탕스 활동가 지식인들 대부분을 하나로 묶어줄 수 있었다. 아라공은 이와 같은 토양에서 나온 '민족주의적' 공산주의를 구현할 수 있는 듯했으며, 주간지 『행동』(*Action*)은 몇 년 동안 문화실험연구실처럼 비치기도 했다. 그렇다고 해서 이러한 외적인 상대적 합의가 덜 나약하지도 않았지만, 냉전이 도래했을 때는 원심력에 저항하지도 못했다.

인위적인 결속보다 훨씬 더 중요한 것은 전후 초기에 공산당이 구축한 지식인영역으로, 이 영역은 1947년의 '대분열' 이후에 공산주의 아성 가운데 가장 단단한 진지 하나를 구축하게 된다. 당의 지식인 당원과 동조자들은 싸움에 뛰어들게 되며 이들의 정통성은 오랫동안 유지된다. 그러나 바로 이와 같은 사실은 지식인집단이 지정학적 분열과 새로운 이데올로기 돌풍에 의해 크게 흔들렸다는 것을 말해준다. 특히 이 집단의 사교적 구조는 타격을 받으며, 많은 우정에 금이 가게 된다.

제8장

지식인들의 냉전(1947~56)

프랑스의 경우, 지식인역사는 '냉전'의 어휘를 정의하고 대략의 시기를 정하는 데서 가장 좋은 도구라고 할 수 있을 것이다. 역사가들 사이에서는 1947년을 연합군의 단결이 결정적으로 와해되고 전세계가 급속도로 양분되는 해로 보는 데 의견의 일치가 이루어졌다. 이 점과 관련해 지식인의 연대기는 시기를 확실하게 설정해 준다. 1947년 9월, 안드레이 주다노프가 코민포름(공산당·노동당정보국) 창립총회에 제출한 보고서는 향후 10년 동안 공산주의의 새로운 입장을 결정하였으며, 돌이켜보건대 일종의 냉전 세례증명서라 일컬을 만한 특성들을 모두 지니고 있었다. 그리고 이 중요한 시기에 주다노프가 스탈린과 가장 가까웠으며 당연히 소비에트에서 스탈린 다음으로 강력한 지도자라는 점은 공산당 지도부가 이념투쟁과 계급투쟁에 얼마나 중요성을 부여했는지 여실히 말해 준다.

이와 반대로 냉전으로부터 '탈출'의 시기는 좀더 논란의 대상이 된다. 무엇보다도 종종 과정이 명확하지 않은 일련의 징후들에 의해서만 설명되기 때문이다. 이 글에서는 인텔리겐치아 고유의 시대구분의 경우 탈출시기를 1956년으로 설정하는데, 이는 관련된 사람들의 모든 증언이 공산주의를 비롯하여 그와 유사한 의식이 가장 중대한 위기를 맞이한 시기를 1956년으로 보는 데 의견을 같이하기 때문이다. 1956년은 소련공산당 제20차 총회(2. 14~25)에 의해 상처가 드러나고, 소련의 헝가리 개입(11. 4)으로 종기가 터진 시기이다. 또한 기 몰레 정부[1]가 들어서는 것과 더불어 알제리에 대한 군대파견이 가속화되고, 수에즈로 군대가 파견되고, 새로운 이데올로기적 쟁점들이 선명하고도 첨예하게 부각되던 때이다.

프랑스와 같은 나라들에서 냉전이라는 개념 그 자체는 특히 지적인 의미를 띨 수 있는 조건은 모두 다 갖추었다고 할 수 있다. '전쟁'이라는 면에서, 다시 말해 상호관계에서 양보나 타협, 중립성을 거부하고 공격성을 전제로 한다는 점에서, 냉전은 이 시대 지식인들이 서로 부딪히는 담론의 장——군사적 은유(책의 전쟁, 싸움에 뛰어든 예술가, 평화의 투사 등), 제2차 세계대전과의 비교(미국과 소련의 '점령', 모든 색채의 '협력자' 등), 제3차 세계대전에 대한 예측이 남발하는 담론——에서 보여주는 것과 똑같다. '차다'는 점에서, 즉 호메로스 서사시에 나오는 영웅들 혹은 비극 합창단의 욕설단계 혹은 양 진영에서 예비부대나 위장부대를 배치하는 대규모 작전단계 그리고 기껏해야 거친 미팅에서의 충돌단계에 일관되게 머물렀다는 점에서, 본질적으로 냉전은 상징적인 것, 희곡적인 영역에 속하다고 결론 내릴 수 있다. 앞의 영역들은 지식인들이 즐겨 개입하는 분야이고, 여론이나 정치인들이 그들의 탁월한 능력을 기꺼이 인정하는 분야이다.

그렇다고 이러한 상황이 피상적으로 경험되었다고 말하려는 것은

---

1) 1956년 2월에 기 몰레를 수반으로 출범한 내각. 제4공화국에서 가장 오래(16개월) 지속되었다.—옮긴이

아니다. 레지스탕스운동이 지녔던 유대감이 상실되어 버린 냉전은 지식인집단에게 더욱더 고통스럽게 느껴졌다. 이는 수많은 레지스탕스 투사들이 꿈꾸었던 일치나 단결을 실현하는 데 실패했던 바로 그 지점에서 지식인집단의 '전선주의적' 실천 덕분에 정당들이 성공하는 듯했기 때문에 더욱 그러했다. 일반적으로 지식인집단은 이와 같은 전선주의적 실천의 영감을 조직이나 기구, 공산당으로부터 받았다.

요새

인텔리겐치아의 특성을 프랑스사회와 관련지어 따져보고자 하는 사람에게는 오히려 공산주의의 위상에 대한 양 진영의 선명한 대조가 적절한 예가 될 수 있을 것이다. 1955년 4월 16일자 『렉스프레스』(L'Express)에는 냉전 이후 전국 서점에서 가장 많이 팔린 서적의 순위가 발표되었는데, 5위까지 책 가운데 3권이 냉전과 결부된 내용이었으며 나머지 2권은 2차대전과 관련된 내용이었다(1위는 79만 8천부가 판매된 조반니 과레스키의 『돈 카밀로의 작은 세계』 Le Petit Monde de Don Camillo이며 그 밖에 빅토르 크라프첸코의 『나는 자유를 선택했다』 J'ai choisi la liberté, 아르튀르 괴슬러의 『영(零)과 무한』 Le Zéro et l'Infini). 세계의 양극화에 대한 프랑스의 여론추세는 명확했지만, 이로부터 도출된 결과는 인텔리겐치아의 그것과 상반된다.

진보주의 지지자들과 함께한 프랑스공산당은 각종 국민투표에서 창당 이래 최고의 지지율을 기록했음에도, 전체 유권자의 30%가 안 되었다(최고의 기록은 1946년 11월 10일의 투표로 28.6%이며, 1956년 1월의 투표에서는 25.4%를 획득했다). 공산주의 언론매체의 발행부수만으로 본다면, 일간지의 전체적인 감소추세를 고려할지라도(1952년의 380만 부는 1946년의 절반에 불과하다) 공산당의 슬로건에 대한 반응은 지속적으로 약화된다. 당시의 여론조사를 읽어본다면, 프랑스인들은 소비에트모델에 그렇게 이끌리지 않았던 것으로 보인다. 가령 "한 국가가 세계를 지배하려 한다면?"이라는 질문에 대해, 1947년 3월에는 소련이 미국을 1% 앞서고 여름에는 7%나 앞선다. 1년 뒤, 소련의 '평화에 대한 진지한 욕구'에 대해서는 조사대상자의 23%가 긍정적으로 받아들인 데 비해 40%가 반대의 의견을 표한다. 한국전쟁이 발발하고 실시된 1950년 8월의 조사에서는 양대국 사이에 전쟁이 발생할 경우 프랑스인 52%가 미국을 지지하겠다고 했으며 소련을 지지하겠다는 의견은 13%에 불과했다. 이와 같은 여론조사를 좀더 세밀하게 분석해 보면, 여론이 첨예하게 양극화되면서 공산당 지지유권자를 제외하고는 소련에 대해 지지하는 사람이 거의 전무하다는 것을 알 수 있다. 이렇듯 소련은 철저하게 고립되어 간다. 1956년에도 역시 소련에 대해 '좋은 의견'을 가진 사람은 12%에 불과하며, '나쁜 의견'은 33%에 이른다. 이와 반대로, 전쟁종식과 더불어 자리잡은 지식인의 헤게모니가 냉전시기에 들어와서도 잘 저항한 것은——물론 비교할 만한 통계자료를 가지고 있지는 않지만——의심의 여지가 없다. 공산주의 체계——실질적이고 이론적인 관련 구조——에 대한 조사를 살펴보면, 10년여 동안에는 공산당의 체계가 고립화되어 나가는 속에서도 안정화의 결정적인 요소와 접목된다는 생각마저 들 정도이다.

통제와 참여

포위된 요새, 혹은 적어도 그 속에서 버텨온 공산주의 인텔리겐치아는 중앙조직으로부터 자신의 활동에 대해 엄격한 통제를 받는다.

적지 않은 구성원들이 자기가 소속된 집단 내에서의 승진이나 표현수단, 심지어 지식인 경력으로의 진입 등에서 당의 신세를 지고 있기에 이와 같은 통제는 쉽게 이루어진다. 마우타우젠 수용소에 수용되었던 용감한 레지스탕스 대원 피에르 데(1922~)는 전쟁으로 인해 학업을 중단하였다. 그러나 당은 25세의 젊은 그를 그 시기에 가장 명망 있는 주간지이자 당이 재정지원을 하는 『프랑스인의 편지』(*Les Lettres françaises*) 주간으로 임명한다. 이렇게 피에르 데는 기자로서 첫발을 내디디면서 그후 25년여 동안 잘 훈련된 당원으로서의 삶을 시작하게 된다. 그보다 나이가 좀더 많은 클로드 루아는 공산주의 레지스탕스에 가입할 당시 이미 저널리스트로서의 경력을 상당히 쌓고 있었다. 이런 루아에게 당은 그가 이전에 극우와 우파 집단에서 발견하였던 마음을 사로잡는 형제애를 보여준다. 전쟁이 끝나고 그는 『행동』(*Action*)에서 기자로 활동하게 되며, 공산주의 계열의 여러 신문들을 통해 당시 가장 중요한 문학비평가로 부상한다. 콜레주 드 프랑스의 교수이자 노벨상 수상자인 50대의 프레데릭 졸리오 퀴리는 폴 랑주뱅과 자크 솔로몽이 이끄는 프랑스공산당에 가입했을 때 최소한의 권력도 요구하지 않았다. 그렇다고 이 경우에 조직에게만 유리한 상징적인 교환이 이루어졌다고 주장한다면 다소 지나친 면이 없지 않을 것이다. 물론 그 시대의 중요한 논쟁에도 당의 '승인'을 얻은 후에 참여하기는 했지만, 저명한 시민이자 학자인 퀴리는 자기 전공분야에서 괄목할 만한 명성을 얻는다. 이상의 세 가지 유형이 물론 전형적인 예의 전부는 아니지만, 가장 많은 주목을 받는 전기(傳記)들이 이 세 유형에 속할 것이다.

전쟁이 끝난 후 공산당 언론매체의 상근직원이 된 초등학교 교사 출신이자 소설가인 앙드레 스틸이나 사회주의적 사실주의의 규범에 충실한 것으로 유명한 화가 앙드레 푸주롱(1913~)은 확실히 첫번째 범주에 속한다. 오랜 고심 끝에 레지스탕스 운동과 문학을 선택한 로제 바이앙(1907~65)은 두번째 범주에 속한다. 바이앙은 위세당당한 거대한 그룹에 아주 조심스럽게 접근하며, 그룹 내에서 한 '평당원'이 자신을 '민족을 위해 봉사하는 작가'라고 소개하던 날 깊은 감명을 받았다고 고백하게 된다. 피카소(1881~1973)는 전후(戰後) 세번째 범주의 가장 전형적인 예를 제공한다. 또 세번째 범주에서는 폴 엘뤼아르나 페르낭 레제 같은 화가들도 피카소와 마찬가지로 두각을 나타내게 된다.

이 시기에 아라공의 중요성은 오직 그만이 세 가지 유형을 종합적으로 다 보여준다는 점에서 찾을 수 있다. 이쪽에서는 대중적 시인이며 잘 알려진 소설가이고, 저쪽에서는 전투적 태도에 고취되어 탈바꿈한 작가이며 조직의 책임자이다. 당은 그에게 『오늘 저녁』(Ce Soir)에 이어 『프랑스인의 편지』의 집행부를 사실상(1948), 그리고 합법적으로(1953) 맡긴다. 그는 1968년 이후까지 일반적으로 매우 정통적인 노선을 견지하며, 매체를 책임자의 비전통적이고 유연한 문학적 취향으로 성공적으로 이끌고 간다.

조직 내에서 아라공의 위치는 예외적이다. 그는 정치적으로 중요한 역할을 맡지 않으면서도 1950년부터 중앙위원회의 위원(처음에는 후보위원이었다가 정식위원이 된다)으로 활동하며, 높은 서열이었음에도 불구하고 조직 내에서 두세 명의 지식인하고만 접촉한다. 오랜 지기인 코니오와 앙드레 스틸 같은 신출내기가 그가 접촉한 지식인들인데, 코니오와 스틸은 모두 『뤼마니테』 편집장 자격으로 자리를 함께했다. 이와 달리, 첫번째 유형의 지식인들은 여론(언론, 선전부서, 동업단체)과 관련된 조직현장을 담당한다. 이들은 종종 조직현장에서 자신들을 위해 일하거나 측면부대 역할을 하는 두번째 계열의 지식인들을 만나게 되고, 필요한 경우에 세번째 범주의 지식인들에게 삽화작업 등의 도움을 청할 수 있다는 것을 알고 있다.

냉전의 소용돌이 속에서 문제가 되는 중요한 현장들은 우선 정기간행물과 동일한 이름을 가진다. 또 주변적인 잡지이며 공식적으로는 '공산주의'라는 레테르를 붙이지 않은 『유럽』(*Europe*)과 『사상』(*La Pensée*) 등과 같은 매체는 보급률 확대투쟁에 참여하는데, 전자는 '문학적' 성향의 사람들을, 후자는 인문과학을 비롯한 '과학적' 성향의 사람들을 대상으로 하며 둘 다 교사들을 최우선 독자대상으로 삼는다. 지적 긴장이 팽팽하게 감돌았던 이 시기에 소비에트로부터 고무받은 대규모 캠페인이 있을 경우에는 『유럽』의 피에르 아브라함이나 『사상』의 르네 모블랑 같은 책임자들은 상부에서 내려온 명령을 따라야 하지만, 그외 평소에는 어느 정도 자유로운 결정권을 가진다. 그러나 문화투쟁의 최전선에 있는 『프랑스인의 편지』의 경우에는 이와 같은 자유의 폭이 크게 제한된다. 이는 주간지의 특성(1948년 현재 7만 부) 때문에 그러하고, 역사적 유래 때문에 그러하다. 『프랑스인의 편지』는 일련의 추방(1949년 프랑수아 모리악)과 결별(1947년 잘 폴앙)로 인해 공산주의 음모의 본거지가 된 '전국작가위원회'에 계속 소속되어 있었다. 또 한 가지, 이 매체가 포괄하려는 영역 때문에 그러하다. 주간지 『프랑스인의 편지』는 주변에——그리고 합병 후(1952년)에는 내부에——조형예술을 위한 『프랑스미술』(*Arts de France*)과 『프랑스영화』(*L'Écran français*, 1948년 6만 부)와 같은 전문지들을 점차적으로 규합한다. 따라서 『프랑스인의 편지』는 진열장이자, 당의 미학분야 실험실이라 할 수 있었다.

1948년 12월에, 당시 가장 중요한 공산주의 지식인 기관지인 『신비평』(*La Nouvelle Critique*)이 창간되어 젊은 장 카나파(1921~78)가 책임을 맡는다. 카나파는 피에르 데와 함께 『프랑스인의 편지』의 이데올로기적 재건에 참여하였으며 철학교수자격증을 가지고 있었다. "날로 늘어나는 이데올로기 투쟁의 필요성에 부응하기 위해" 창간된 『신비평』은 소비에트 문화이론과 프랑스상황에서 이 이론의 실질적인 적용이 가장 명확하게 표현되는 장이라 할 수 있었으며, 정통 스탈린주의를 엄격하게 고수했다. 바로 이러한 잡지성격 때문에 발행부수가 보잘것없었다는 사실에서 우리는 지식인 행동의 복잡성을 읽을 수 있다. 1956년 현재 공식적으로 집계된 판매부수가 파리의 경우 1300부가 안 된다. 결국 『신비평』은 유순하게 길들여진 사람들의 침묵에 부딪힌 조직이 표출한 극단적인 지적 의지주의라 할 수 있을 것 같다.

다양한 형태를 가졌으면서도 전혀 다원성을 띠지 못한 외관의 이면을 들여다보면, 당기구들이 지식인을 통제·활용하기 위해 유기적으로 일관성을 견지한 것이 드러난다. 초기에는 문화문제 담당자이자 정치국 후보위원인 로랑 카사노바가 중요한 역할은 맡았다. 1947년 제9차 총회에서 표현되었듯이, '영혼의 엔지니어들'에게 목표를 부여하는 공식적인 연설을 담당한 사람이 카사노바이다(중요한 텍스트들은 1951년에 재판이 발간된 『공산당, 지식인 그리고 국가』 *Le Parti communiste, les intellectuels et la nation*에 실렸다). 당의 이데올로기분과 책임자인 프랑수아 비이우와 마찬가지로, 카사노바는 엄격한 '조직이 만든 사람'이다. 그는 지식인들과의 관계 맺음에서도 피상적이었으며, 마치 도구를 대하듯이 지식인들을 대했다. 그는 매력과 권위라는 복잡한 전략에 근거해서 지식인들과 관계를 맺어나갔는데, 이 전략은 무엇보다도 소속단체 내에서의 상대방의 서열에 의해 결정되었다.

그럼에도 그의 태도에서는 오귀스트 르쾨르——토레즈가 병에 걸린데다 소련에 체류하면서 1950년부터 53년까지 당을 실질적으로 책임지고 있었다——에게서 볼 수 있는 의심스러운 냄새가 풍기지 않는다. 르쾨르의 체제 아래서 엄격한 규율의 지식인위원회는 결국 해체되지만, 전체적으로 지식인들이 당의 태도에 대해 가지는 이미지는 긍정적인 편이었다. 정치인들에 의해 활성화된 학과별 교수서클, 지식인집회, 노선이 일치한다는 조건하에서의 활발한 능력 활용 등, 이러한 것들은 적대적으로 간주되는 비공산주의 사회에 대한 불안과 무관심한 대중들에 대한 불안에 늘 시달렸던 사람들에게 위안이 되는 징후들이다.

당성(黨性)

당의 제12차 총회(1950)에서 토레즈가 명확히 말했듯이, "의문의 수렁에서 길을 잃고 헤매는 지식인들에게 우리는 확신과 무한한 발전의 가능성을 제시한다." 이러한 조건 아래서 교사와 연구자, 작가, 예술가는 각자의 망루에서 총을 쏠 필요가 없으며, 모두 같은 무기를 들고 같은 적을 상대한다. 그리고 당의 노선은 전략이나 전략적 상황에 의해 논쟁의 대상이 되지 않는다.

물론 자본주의의 참상을 고발하는 일과 소비에트 천국을 찬양하는 일은 구별해야 한다. '미국적 파시즘' '빈곤화된 프랑스', 미국의 첩자 레옹 블룸, 실존주의와 그 일당의 '파괴자문학' 등과 같은 극단적이고 노골적인 판단에도 불구하고, 재건 초기 민중들의 어려운 경제적 현실과 프랑스의 식민지정책이나 매카시즘적 행위는 긴밀히 결속된 반사회적 비타협성에 충분한 자양분을 제공했다.

지식인의 역할에 대한 공산주의의 전통적인 견해와 비교해 볼 때, 당시의 선명한 독창성은 견해의 확실성에서 비롯된다. 두 가지 요소, 즉 개인숭배와 주다노프주의는 이전의 경향과 달리 새로운 특성들을 덜 신성화한다. 개인숭배와 관련해, 지식인집단은 『신비평』이 60쪽 이상이나 할애한 스탈린의 70회 생일기념식처럼 동반자관계를 유지하며 여전히 높이 평가된다. 이 "사상의 거인"(장 카나파)은 "공산주의 최고의 지식인"이 아닌가? 여기서 한 발 더 나가 "우리들 공산주의자들의 의식이며, [항구적인] 내적 존재"가 아닌가? 개인숭배는 일종의 피라미드 현상이며, 토레즈에 대한 숭배가 절정을 이루는 것은 아라공의 시 「그가 돌아온다」(Il revient 1953)일 것이다. 당이 문화인, 즉 지식인들에게 기대하는 것은 주다노프가 '사회주의적 사실주의'와 관련하여 1946년부터 현실화시킨 미적·지적 규범과 명령을 전파하는 일이다. 그리고 모스크바 역시 전쟁 전과는 달리 이와 같은 행동이 즉각적으로 집행되기를 기대한다. 형식주의에 대한 사냥이 강화되며, 다른 분야와 마찬가지로 예술분야에서도 형식주의에 대한 사냥은 1941년부터 당이 솔선수범한 민족적 전통에 대한 찬양과 접목된다. 스탈린시대 말기가 되면 당은 당의 지성인 지식인들에게 그때까지 보호되었던 과학적 탐구영역에 개입할 것을 요구하는데, 이는 1948년부터 카사노바에 의해 체계화된 '두 과학'의 주장 및 리센코 사건과 함께 시작된다. 공산주의 지식인들은 한편으로는 소비에트 농학자들, 특히 '새로운 유형의 학자'인 스탈린이 주장하는 획득형질의 유전을 지지하라는 명령을 받으며, 또 한편으로는 우주가 그렇듯이 과학을 두 진영으로 나눌 것을 요구받는다. 이는 부르주아 과학은 프롤레타리아 과학의 내재적 진리와 정반대로 기만적일 수밖에 없기 때문이라는 것이다. 리센코의 이론을 받아들이기를 거부한 마르셀 프르낭 같은 생물학자는 중앙위원회의 자격을 박탈당하지만,

여기서 중요한 것은 제한된 경우이기는 하나 당사자가 암묵적인 거부를 넘어서지 않는다는 점이다. 프르낭은 모호한 문장을 통해 오히려 당과의 화해의 문을 열어놓는다. 사실 '기술적'인 문제로 당과 단절하는 지식인은 거의 존재하지 않았다. 지식인의 참여목적은 전혀 다른 차원에 있기 때문이다.

온갖 수단을 다하다

그러한 지지자들에게 조직은 결국 주의(主義)의 외적 구조에 지나지 않았으며, 당에 적용된 '집단적 지식인'이란 개념이 그 주의를 잘 설명해 주었다. 당의 지원을 받는 지식인 개개인은 매우 다양한 영역에 걸쳐서 다양한 폭의 동화 정도를 보이며 활동을 펼칠 수 있었다. 이런 면에서 지배적인 주의는 침체의 요인이라기보다는 진정한 의미의 적극적 행동주의로 나아갔다. 목표의 중요성과 시간의 급박함이 그들로 하여금 노력을 아끼지 않게 만들었으며 참여를 둘러싸고 논쟁할 틈을 허락하지 않았다.

참여는 엄밀한 의미에서 창조의 차원이라기보다는 최소한의 의미에서 참가나 증언의 차원이었다. 이렇게 해서 63명의 작가들은 1950년 3월부터 1952년 6월까지 '책의 전투'에 자신들의 시간을 상당 부분 할애한다. 초기의 생각은 엘자 트리올레의 관심과 만남으로써 형성되는데, 엘자 트리올레는 『작가와 책 또는 생각의 연속』(*L'Écrivain et le livre ou la suite dans les idées* 1948)에서 암묵적인 공모와 진보적 문학을 짓누르는 보급 방해공작을 저지하기 위해 의식적으로 접근할 것을 말한다. 하지만 정치적 결정은 1949년 말에 "전쟁준비를 폭로하는 문학의 출판과 보급"을 강화할 것을 각 당에 요구하는 코민포름 회의가 있은 후에 취해진다. 그후 프랑수아 비이우의 고향인 마르세유에서 시작된 운동은 도당 연맹의 책임 아래 광장이나 시장 혹은 공장 앞에서 인민대중이나 그렇게 여겨지는 사람들을 상대로, 투쟁적 작가들과의 대담과 서명모임을 조직한다.

이 운동의 목적은 진보적인 서적의 전시장인 전국작가위원회의 연간 판매량을 배가시키는 것이라기보다, 제한된 독서습관을 지닌 새로운 대중을 접하는 것이었다. 물론 그 결과는 확실하지 않았거니와 청중은 곧바로 흩어지고 전체적으로 15개 도당 연맹만 참여하였지만, 지도부가 작가들에게 역할을 부여했다는 점에서 의미심장한 경험으로 남는다. 더 이상 이들 작가들은 비이우가 내린 해석에 부응하는 '새로운 유형'의 대변인과 같은 혁신적이고 유명한 예술가가 아니었다. 여기서 중요한 것은 '가정의 소모임'이 줄 수 있는 내용을 담은 책을 만들어내는 것이었다. 공헌한 작가들의 명단이 이 점을 선명하게 말해 주고 있는데, 명단의 위쪽에는 공산주의 언론이나 출판사의 가장 '조직적'인 상근직원들의 이름이 올라 있다. 앙드레 우름저는 '책의 전투'에 13번 참가하고, 조르주 소리아는 12번, 피에르 데는 11번, 피에르 아브라함은 9번 참가한다.

이런 모든 실행이, 초기에 지식인들의 '책의 전투'에 대한 접근이 자신들 내면의 깊은 결심과 일치하지 않는다는 것을 뜻하지는 않는다. 역사적으로 이와 같은 행위는 지식인들을 라블레, 디드로, 위고 또는 발레스와 동일선상으로 끌어올리면서 기품 있게 만든다. 또한 개인적인 차원에서는 지식인들이 책의 전투를 통해서 민중에게 봉사하는 자기 의지의 가장 직접적인 형태를 발견하게 된다. 이러한 내적인 확신을 계기로 예술가들은 가장 일반적 표현을 지향하던 작품활동의 일부를 정치적 선택에 할애하게 된다. 폴 엘뤼아르의 경우가 그러한데, 그는 자유에 대한 찬가로 변화한 내면주의적 시로 인기를 얻었다.

말년에 공산주의 순례자가 된 엘뤼아르는 한 여인의 사랑이나 '살아남으려는 강한 욕망'을 계속 노래하면서 『정치적인 시들』(Poèmes politiques, 1948년의 시선집. 「모든 것을 말할 수 있는 것」 Pouvoir tout dire, 「중단되지 않는 시」 Poèsie ininterrompue 등이 실렸음)을 양산한다.

개인작품의 형태적 논리를 조직이 옹호하는 미적인 동시에 윤리적인 가치의 엄격한 준수와 일치시킨다는 것은 쉬운 일이 아니다. '스탈린의 초상'이라 불리는 사건이 이를 충분히 입증한다. 아라공의 요구에 따라 파블로 피카소는 스탈린의 추도문으로 헌정된 『프랑스인의 편지』를 위해 당원들에게 알려진 유일한 공식적 초상과 거리가 먼 젊고 강한 스탈린을 그렸다. 그후 르쾨르의 영향을 받은 당 서기국은 주의를 소홀히 했다는 이유로 아라공을 비난하는 성명을 공식적으로 발표하게 된다. 그리고 『프랑스인의 편지』 주간은 자아비판을 하게 되는데, 이렇게 함으로써 그는 당의 미학의 폐쇄성을 극에 달하게 한다. 몇 주 후, 그는 피에르 데의 증언으로, 소련에서 돌아온 모리스 토레즈의 지지를 얻게 된다. 그러나 이러한 최초의 해빙 징후는 『프랑스인의 편지』 독자들에게 곧바로 알려지지 않았으며, 독자들이 같은 지면에 다시 실린 '추상적'인 작품을 볼 수 있게 된 것은 1955년이 되어서였다.

당의 입장에서 볼 때는, 자신의 창작과 신념을 일치시키는 지식인의 경우 아무래도 염려되는 바가 상대적으로 적다. 로제 바이앙이 이 경우에 해당하는데, 그는 1952년 반공주의 탄압이 최고조에 이르렀던 시기뿐 아니라 당에 공식적으로 가입하기 전부터 자신이 잘 알고 있는 적들을 대상으로 한 팸플릿(『혁명에 반대하는 초현실주의』 Le Surréalisme contre la Révolution 1948), 정치적 선동·선전 희곡(『포스터 대령은 유죄를 주장할 것이다』 Le Colonel Foster plaidera coupable 1951), 대중적 주제의 소설

(『튼튼한 다리, 좋은 눈』*Bon pied, bon œil* 1950;『아름다운 얼굴』*Beau masque* 1954, 공산당 언론매체를 위한 일련의 현장취재로부터 영감을 받음; 『32만 5천 프랑』*325000francs* 1955,『뤼마니테』문예란에 실림) 등으로 당에 충분한 믿음을 심어준다. 또다시 이 경우는 1956년부터 시작되었는데, 조직 에 가입하기 이전이나 혹은 외부로부터 정당성을 부여받은 인사들은 이처럼 당과 일정한 거리를 유지할 수 있었다.

당의 힘을 빌려 사회적인 지위를 획득한 사람들로서는 거의 생각지 못할 위험한 일이었다. 피에르 아브라함과 피에르 가마라 또는 장 라피트의 소설, 기 베스나 로제 가로디, 장 카나파의 정치적 작품은 미리 세워진 '노선'을 결코 벗어나지 않는다. 그 대가로 당은 적어도 당 내부에서 이들을 유명하게 만들 수 있었다. 화가 푸주롱이 당시에 널리 알려진 대표적인 예인데, 1951년 푸주롱의 전시회 〈광산촌〉(Le pays des mines, 베르나임 쥔 화랑에 40여 점의 그림 및 데생이 전시)은 르쾨르의 사회주의적 사실주의를 옹호하는 대대적인 선언에 힘입어 준비되었다("노르 도 道와 파 드 칼레 도 道의 광부연맹의 지휘와 도움으로 실현"). 한편 이와 관련하여 주저하는 몇몇 지식인들에게는 엄청난 압력이 가해지면서, 자신들이 했던 말을 취소하거나(1953년 아라공은 살롱 도톤을 계기로 앙갚음을 하게 된다) 자신들의 '부르주 아적'인 사고에 대한 반성(여기자 도미니크 드장티)이 요구되었다. 당시 앙드레 스틸의 행보는 작품과 경력이 일치하는 몇몇 안 되는 예이다. 단편 모음집『광부라는 말, 동무들』(*Le mot mineur, camarades*) 덕택에 익명의 당원이라는 신분에서 벗어난 그는 1952년 미 제국주의 에 대항하는 프랑스 항만노동자들을 주인공으로 한 최초의 소설『첫 충격』(*Le Premier choc*)을 잇따라 두 권 발표함으로써, 당으로부터 확고한 신뢰를 받게 된다. 이 사이에 스틸은 1949년『오늘 저녁』의 편집장이 되며, 이어 코니오의 후임으로 『뤼마니테』에 입성한다. 『오늘 저녁』의 편집장의 자리에 오름으로써 상테 감옥에 2개월 동안 투옥되기도 하지만, 아무튼 29세에 중앙위원회 위원이 된 스틸은 31세(1952. 3. 15)에 국제공산당 사회의 최고훈장인 스탈린문학상을 수여한다.

여기서 또 아라공은 다양한 참여형태의 종합을 보여준다. 미학적으로 매우 독립적인 아라공은 1954년부터 사회주의적 사실주의로부터 멀어지는 샛길을 조심스럽게 다시 취한다(『미완성 소설』 Le Roman inachevé 1956). 이런 한편으로 '당파성'을 강화하는 각종 선전활동에 깊숙이 개입하는데, 『공산주의 인간 II』(Homme communiste II 1953)은 개인숭배와 반미주의, 주다노프주의로부터 영감을 받은 그의 가장 선명한 텍스트들을 모아놓은 것이다. 그리고 왕성한 비평활동은 공산주의적 작품에 대한 격찬과 그 반대에 대한 혹평으로 엄격히 나누어지지만, 이런 아라공의 유연성은 한계를 가진다. 질적인 문제는 차치하고라도 당시 그의 시창작은 양적으로도 줄어들며, 2천여 페이지에 달하는 『공산주의자들』(Communistes 1949~51)은 엄청난 노력에도 불구하고 완성을 보지 못한다. 결국 『현실세계』(Monde réel)의 웅장한 프레스코는 이 미완성에서 종결되는데, 여기에는 주다노프의 규칙에 순응하고자 하는 예술가의 불만족과 그것을 완벽하게 성공하지 못하는 것을 인정해야 하는 운동가의 불만족이 담겨 있는 듯하다.

동조자

이러한 내적 갈등이 당시 당의 동조자들로부터 관심을 더 이상, 아니 전혀 끌지 못했다고 단언한다면, 이것이 역설적으로 들릴 수는 있겠으나 충분히 이해는 할 수 있을 것이다. 확실히 이들은 조직

외부에 있었기 때문에, 전체적인 이데올로기를 함께하지 않는 만큼 일반적인 전략에 대해서는 자유롭게 지지할 수 있었다. 그런 한편 이들은 모든 결과를 받아들일 의무가 없었기 때문에, '노동자계급의 당'에 대한 연대감을 진심으로 표현하지 않을 수 없었다. 따라서 동조자에게, 이른바 당을 떠난다는 것은 당원의 경우만큼 흔치도 않았거니와 훨씬 더욱 고통스럽다.

이와 같은 조건에서 동조자의 모습을 당원의 세번째와 두번째 유형, 즉 복종하는 유형과 헌신적인 유형으로 국한시킬 수 없다. 첫번째 유형에는 유명인사가 적지 않은데, 당에 소속되어 있지 않지만 당에 의해 적어도 형식적으로나마 지원 단체나 조직, 기구의 책임자로 임명된 사람들이 이 유형에 속한다. 엠마뉘엘 다스티에 드 라 비주리 (1900~69)가 1964년 직접 경영하던 일간지 『리베라시옹』(*Libération*) 이 폐간될 때까지 누린 독특한 위치가 그러하다. 일기에서 비주리는 확고한 연대에 대한 추억이 점점 희미해진다. 동조자들의 당인 '진보주의연합'의 국회의원이었던 그는 1958년에 레닌평화상을 받게 되는데, 이는 소비에트진영에 대해 교조적이라기보다는 외교적인 애착을 보인 데 대한 보상이었다. 그리고 루이 마르탱 쇼피에는 두번째 유형에 가까운데, 정치부기자로서의 전력이 그의 명성의 핵심을 이루었다. 『르 피가로』(*Le Figaro*)의 협력자이자 1946~52년에 '전국작가협회' 의장을 지낸 이 엉뚱한 가톨릭신자는 1956년에 마침내 당과 결별하게 된다. 하지만 쥘리앙 방다가 1949년 인민민주주의 재판 당시 예컨대 프랑스혁명과 드레퓌스사건의 피고인들의 죄를 공개적으로 증명하는 것 또한 전적으로 자유의사에 따른 것이었다.

이상의 예에서 기능적인 분류를 넘어 이 분야의 특징적인 세 그룹 ——과거 극우세력과 가톨릭운동가 그리고 그에 못지않은 합리주의자들——을 찾아낼 수 있다는 것은 이미 지적했을 것이다. 당시 가장 두드러진 그룹은 두번째 유형인데, 이 그룹은 1947년 선언문을 통해 그룹의 일관성을 확인하고, 1948년 9월에는 '진보주의기독교연합' 제1차 총회를 개최하였다. 총회는 이후 1949년 7월 1일에 생 오피스 칙령——공산주의에 가담한 가톨릭신자들을 원칙적으로 파문한다고 되어 있다——을 수립하는 계기가 되며, 또 가톨릭연구소의 교수이자 가장 유명한 적색 신부인 불리에 신부(1894~1980)를 해직(1948), 성사(聖事)정지(1950), 마침내 환속(1953)하게 했다. 하지만 속세사람들과 일간지 간에 적당한 선에서 타협이 이루어져, 그리스문명연구가 모리스 라크루아나 문학사가 자크 마돌은 이 시기뿐 아니라 이후에도 어느 쪽에 대한 사랑도 저버리지 않고 지낼 수 있었다.

아마 여기서 이 시기에 『정신』(Esprit)이 동조와 양 진영 사이의 제3의 길이라는 복잡한 길을 모색하게 된 데 대한 질문이 제기될 수 있을 것이다. 엠마뉘엘 무니에 집행부——1950년에 사라진다——의 말기는 당과 가장 밀착된 시기였는데, 매혹과 불안이 뒤섞여 있던 이 시기에는 기저에 깔려 있는 불안보다는 매혹이 늘 압도했다. 이런 의미에서 젊은 편집장 장 마리 도므나크로부터 적극적으로 도움을 받은(1922) 무니에와 그 뒤를 이은 알베르 베갱(1901~57)은 당의 도덕적 요구와 반개인주의 그리고 반미주의에 대해 깊은 공감대를 가지고 있었다. 기독교민주주의 못지않게 진보주의적 기독교인들을 비난하던 잡지가 1956년까지 조직과의 관계를 끊지 않는 신중함을 보인 것은 당시의 패러독스 가운데 하나이다. 『정신』은 1949년부터 동유럽권 국가들의 민주주의 환상을 생생하게 고발하는 데 지면을 할애하기까지 했으며, 1952년에는 동독이 호의적인 반응을 보인 '독일문제 해결제안국제위원회'에서 중요한 역할을 했다. 결과적으로 패러독스가 된 것일까, 아니면 무니에가 죽기 직전에 내린 결론이 보여주듯이 그럭저럭 받아들이다 보니 이런 복잡한 상황 혹은 모순에 처하게 된 것일까. 무니에가 내린 결론이 그렇듯이——그리고 "이것이 정말 비극인데"——유일하게 공산당만이 노동자계급을 옹호한다. 이 결론은 장 폴 사르트르의 정치적 행보가 도달하는 지점이기도 하다.

제3의 길의 모험

사실, 문제의 비극은 적어도 당장에는 이데올로기 못지않게 세계의 양극화를 거부하는 일부 유명인사들이 참여한 모든 기도가 실패한 데 있다. 1948~49년에 역사가이자 토마스파의 신학자인 에티엔 질송이 『르 몽드』(*Le Monde*)의 지면을 통해 전개한 연합반대 캠페인을 누른 논쟁과, 1951년에 외교적 '중립주의'로 비난받은 신문의 편집장 위베르 뵈브 메리를 위협한 격렬한 논쟁에서 문제점은 파악된다. 동일한 비난(혹은 동일한 입장)이 주간지 『로브세르바퇴르』(*L'Observateur*)——와 『프랑스 오브세르바퇴르』(*France-Observateur*)——중에서도 클로드 부르데의 소그룹에 집중되었다. 이와 반대로 당시 트로츠키주의를 추종한 정기간행물 『사회주의 또는 야만』(*Socialisme ou barbarie*, 코르넬리우스 카스토리아디스, 클로드 르포르)의 지적 행보는 침묵으로 일관했는데, 이는 '관료주의적 사회'의 적법한 비난에 이르기 위한 것으로서 이것이 던진 충격은 20여 년 후에야 가늠된다.

당시 가장 의미심장한 경우는, 오늘날 전적으로 지식인들이 만들고 이끌어나간 정당의 예로 남아 있는 것에서 찾아볼 수 있다. 이 정당이 일시적으로 존립한 것은 이런 특징 때문이기도 하지만, 냉전시기에 공산당으로부터의 자율을 '사회주의적 해결을 통한 사회체제의 급진적 변화'에 대한 열망과 결합시키고자 한 의지 때문이기도 했다.

후자로부터 탄생한 것이 '혁명민주연합'(RDR)이다.

일은 기자와 작가들로 구성된 소그룹(조르주 알트만, 장 루, 다비드 루세 등)에서부터 시작된다. 이때까지만 해도 이들은 레지스탕스의 선택에 고무되어 있었으며, 정신적 통일성을 유지하려는 전국지 『전투』(*Combat*) 『유격대』(*Franc-tireur*)와 관계를 맺고 있었다. 이와 더불어 『정신』은 '혁명민주연합 집행위원회'에 위원 한 명을 파견하였고 1948년 2월 말 '창립의 외침'에 지면을 할애했다. 강령을 대신하여 1947년 11월에 배포된 이 외침은 제1항에서 유럽이 연대하여 제3차 세계대전을 반드시 피해야 함을 역설하고 있다. '혁명민주연합'은 사르트르를 합류시킴으로써 그때까지 투쟁을 거부했던 사르트르의 에너지를 동원하게 되는데, 이후 사르트르의 행보는 기자회견과 미팅 그리고 참여의 절정이라 할 수 있는 1948년 12월 13일 저녁의 선언으로 이어진다. '국제주의 정신'을 주제로 하여 플레이엘에서 개최된 모임에는 앙드레 브르통과 카뮈, 루세, 사르트르를 비롯하여 그 밖의 외국 지식인 몇 명이 나란히 단상에 오른다. 그러나 이러한 국제주의는 양 블록이 갈수록 더 경직되면서 약해진다. 공산당의 지지자가 되지 않고, 사회주의와 중립주의와 반식민주의의 연합을 외치기란 참으로 힘든 상황이었다. 같은 시기 사르트르가 '드골파연합'(RPF)과 몇 차례 비교한 '사르트르와 루세의 당'은 노선에서는 RPF와 전혀 구분되지 않았으며 당원도 수천 명에 불과했다. 두 단체는 당이라는 명칭을 거부하며, '혁명민주연합' 지식인들은 말로를 반대한다. 마침내 1949년 10월에 가장 명망 있는 대변인이 사임하면서, 그렇지 않아도 5월에 미국노동조합에 대한 재정지원의 폭로로 심한 타격을 받고 빈사상태에 있던 혁명민주연합은 파산하게 된다.

지식인은 자신의 가치관에 따라 진영을 선택한다는 점에서, '국제주의 정신'을 주장하는 사람들에게는 미국정치보다 소련에 관한 발언이 시금석이 되었다. 소련의 집단수용소는 나치수용소에 갇힌 경험이 있는 루세를 드골주의, 특히 주다노프주의로 기울어지게 한다. 「도덕적 말살의 수단으로서 사회주의적 실재론」(Le Réalisme socialiste comme moyen d'extermination morale, *Arts* 1952. 5)은 루세의 반공주의의 핵심을 이루는 정통적 초현실주의를 확인시켜 주게 되며, 스탈린적 교조주의는 카뮈로 하여금 1946년 자신이 "희생자도 아니고 사형집행인도 아닌" 상태에서 개진한 정치적 발언보다 도덕을 자신의 텍스트에 우선순위로 적용하게 한다. 이와 반대로 『현대』(*Les Temps modernes*)의 지도부는 "비이앙쿠르를 절망시키기"(이 표현은 사르트르의 연극에서 한 인물이 말한 것이다)를 거부함으로써 고통스러운 결별을 그 대가로 치르게 된다. 1950년대에 사르트르의 가장 정치적인 두 텍스트가 이를 잘 보여주는데, 『유고슬라비아의 공산주의』(*Le Communisme yougoslave*)에 붙인 티토주의의 서문과 「우리 생의 날들」(Les jours de notre vie, 『현대』 1950. 1)이 그것이다. 모리스 메를로퐁티가 혼자 썼으나 사르트르가 공동으로 서명한 「우리 생의 날들」에서는 소련의 강제수용소가 폭로된다. 엄격한 어조는 차치하고, 메를로퐁티는 한편으로 "마르크스주의를 다시 생각해야 한다"고 말하면서 또 한편으로는 그렇다고 해서 나치와 공산주의를 동일시하지는 않았는데, 왜냐하면 결국 "우리는 공산주의자와 같은 가치를 공유하기 때문"이라는 것이다. 하지만 비판적으로 거리를 가지는 이와 같은 입장에서 곧 이어 사르트르가 취하게 되는 비판적 연합의 입장으로 넘어가기란 쉬운 일이 아니다. 이번에는 메를로퐁티와 사르트르의 결별로, 사르트르는 유명해진다. 메를로퐁티의 『휴머니즘과 공포』(*Humanisme et terreur* 1947)는 혁명적 폭력과 사이비 자유주의의 폭력을 구별하면서, 휴머니즘이라는 목적의 실현에서 오직 혁명적 폭력만이 정당성을 인정받을 수 있다며 혁명적 폭력을 정당화하는 듯했다. 이렇게 사고와 상황이 변화하면서, 메를로퐁티는 철학에 모든 희망을 걸게 되며(『요가수행자와 프롤레타리아』 *Le Yogi et le Prolétaire* 1947), 『변증법의 모험』(*Les Aventures de la dialectique*)에서는 변증법에 반하는 사고에 이르게 된 '극단적으로 과격한' 의지주의를 비판한다.

　"고등사범학교 준비생의 다툼"(브리스 파랭)의 대상은 『현대』에 실린 시몬 드 보부아르의 신랄한 논문(「메를로퐁티와 사이비 사르트르주의」 Merleau-Ponty et le pseudo-sartrisme)에 의해 악화되었고, 「공산주의자들과 평화」(Les Communistes et la paix)라는 제목의 논문 세 편으로 귀결되었다. 1952년과 1954년에 사르트르는 이 논문들을 통해 "그들의 원칙이 아닌 자신의 원칙으로부터 추론을 해나가면서, 명확하고 제한된 주제에 대해 공산주의자들과의 동조"를 정당화했다. 모든 과오에도 불구하고 공산당은 대중들을 행동하는 계층으로서 인간존엄성에 다가설 수 있게 하는 유일한 매개체로 소개되었다. 이때부터 4년여에 걸쳐 사르트르는 공산주의 단체가 다른 사람들에게처럼 자신에게 요구하는 동조자의 역할을 정확히 이해하게 된다. 유관단체들에의 적극적인 참여(1952년 빈에서 열린 '제민족평화총회' '세계평화회의' '전국작가협회 집행위원회', 자신이 의장으로 선출되는 '프랑스소비에트협회' 등), 상징적인 대규모 캠페인에 참여(『앙리 마르탱 사건』 *L'Affaire Henri Martin* 1953. 인도차이나전쟁에 대한 반대 투쟁으로 실형이 선고된 공산당 선원을 위한 집단저작물), 공산당 언론이 수없이 다룬 소련방문(1954), 중국여행(1955) 등이 이를 잘 보여준다. 1948년 『더러운 손』(*Les Mains sales*)과 1955년 『네크라소프』 (*Nekrassov*)의 비교연구가 보여주고 있듯이, 그의 문학작품 역시 이와 같은 변화의 영향을 받는다. 공산주의 언론으로부터 심한 공격을 받은 전자의 작품에서는 비타협적인 원칙과 실천의 필요성 사이에서 고민하는 한 젊은 이상주의자의 윤리적 선택에 대한 의도적인 불분명함이 곳곳에서 배어났지만, '부르주아' 언론으로부터 혹평을 받은 후자의 작품에서 깃발은 주머니 속에 들어 있지 않는다. 동유럽의 전향자와 정보조작을 통속극의 어조로 다루고 있으며, 또 훨씬 섬세한 접근에도 불구하고 '계급의 적들'이 명확하게 지목된다.

자신을 겨냥한 신랄한 비판의 의미가 어떠하든——보다 정확하게는 자신이 바로 그 대상이기 때문에——사르트르는 계속해서 그 시대를 지배한다. 1954년 출판되어 콩쿠르상을 수상한 시몬 드 보부아르의 소설 『지식인들』(Les Mandarins)은 신화를 완성시킨다. 실제인물을 모델로 한 이 소설은 사르트르와 카뮈의 논쟁이나 혁명민주연합의 모험——물론 이것만 다루고 있는 것은 아니다——을 소설 속의 에피소드로 바꾸어놓는다. 한편 공산주의 노선과 가장 함께한 시기에도 사르트르는 진정한 동조자의 순응과 대립되는 행동의 자율성을 견지하는 법을 알고 있었으며, 이는 그에게서 번갈아 나타나는 정통적 참여나 교회와 무관한 참여를 통해서 가늠된다. 이를테면 어떤 유형이라고 분류하기 힘든 장 주네를 상대적으로 고립된 상태에서 적극적으로 변호한 데 이어(특히 주네 『전집』 Œuvres complètes의 서문 "코미디언이며 순교자인 성인 주네"), 앙리 마르탱을 옹호하는 입장을 취한다. 또 『현대』에 실린 그의 글에 대한 장 카나파의 간접적인 공격에 대해 맹렬하게 방어하기도 한다("제비 한 마리가 봄을 오게 할 수 없듯이, 카나파 혼자 당을 더럽힐 수는 없다"). 하지만 1952년에 좌파 전체가 한결같이 "반공주의자는 개다"라고 쓸 수 있었다는 것은, 당시 반공주의자도 아니고 공산주의자도 아닌, 파시스트도 아니고 반공주의자도 아닌 것이 얼마나 어려운지를 보여준다.

어떻게 공산주의자가 아닐 수 있는가

공산주의 아성의 규모와 감동적인 신념 그리고 그 엄격성은 오히려 공산주의에 적대적이거나 공산주의를 단순히 낯설어하는 지식인들의 분열되고 일관성 없는 이미지를 도드라지게 한다. 다원주의적 민주주의에서 이러한 분열은 별로 놀랄 만한 것이 못 된다. 하지만 이 다원주의는 구성원들에게서 위엄을 앗아가고, 그들을 고립된 명사 혹은 거대한 교회 앞에 힘없이 서 있는 보잘것없는 예배당처럼 보이게 한다.

문화의 자유

'범대서양주의'[2] 자체는 마르크스-레닌주의에 체계적이고도 조직적으로 대항할 수 있는 제안이 아니다. 원래 이것은 스탈린의 모델을 거부한다는 부정적인 논리에 근거해서 뒤늦게 만들어져서, 미국과 프랑스의 공식적인 제안에 뒤이어——혹은 이와 관련되어——구체화되어 나간다.

이와 관련해서는 '평화와 자유'라는 단체가 제한적이지만 한 가지 예를 보여준다. '평화와 자유'는 1950년 가을에 "5년 전부터 공격에 적절한 답을 얻지 못하고 국가를 참칭하는 공산주의 선전'의 허구성을 준엄하게 고발하면서 출범한다. 친공산주의 단체인 '평화의 운동'과 선명한 대조를 이루는 이 단체가 맨 처음 내어놓은 역선전 작품은

---

2) 북대서양조약기구 정책에 대한 동조를 지칭함-옮긴이

피카소의 올리브 가지를 물고 있는 비둘기를 '고꾸라뜨리기' 위해
이를 조롱하는 포스터이며, 약 20만 부를 찍었다. 그러나 여기서
경쟁'단체'에 대해 말하기는 힘들 것 같다. 가령 '전쟁과 평화'라는
단체는 1956년 여름에 해체될 때까지 엄밀한 의미에서 음모의 본거지
에 불과했는데, 사무총장을 지낸 급진파 국회의원 장 폴 다비드 외에는
잘 알려진 지도자도 없거니와 회원에 관한 정보도 없다. 더욱이 이런저
런 캠페인을 위해 거둬들인 '개인기부금'은 프랑스정부의 고정비용
충당을 위한 비자금보다도 투명하지 못했다. 공권력과의 관계 역시
익히 알려진 사실인바, 한국전쟁이 발발한 1950년 여름의 매우 긴장된
분위기 속에서 친정부적인 정당들에 의해 이 단체의 창립이 결정되었
다는 사실을 몰랐다 할지라도 두 개의 주간 라디오방송 인가는 의심의
여지가 없다. 복잡한 정치적 상황에 휘말리고 전체적으로 해빙무드가
조성되면서 '평화와 자유'가 1955년부터 점차 여론에 대한 행동수단을
잃고 고사되어 간 것도 이와 무관하지 않다.

　단체의 주축이 중도좌파정당들의 가장 반공주적인 분파와 연결된
정치인들이라 하더라도, 이런 경우 지식인들의 참여는 의심할 여지가
없다. '국제정치 연구·정보협회' 주변에 모여든 과거 공산주의자들
(보리스 수바린, 안젤로 타스카)의 소그룹이 그 예이다. 이 그룹은
전단에서부터 영향력 있는 회보나 영화에 이르기까지 다양한 수단을
이용해서 "자유세계를 심리적으로 수호"하는 것을 사명으로 하였으
며, 1956년에는 『회보』(*Bulletin*)──나중에 『동구와 서구』(*Est et Ouest*)
로 개칭──를 발간하였다. 따라서 대부분의 협력자들이 익명이나
불분명한 상태를 유지했다는 것은 놀라울 따름이다. 단체가 합법적
지위를 획득하는 데 힘을 미칠 만한 저명인사들은 공개적인 자금조달
때문에 전면에 나서지 않았던 듯하다.

그 대신 이들은 '문화의 자유를 위한 총회'나 또 이 단체의 정기간행물『증거』(*Preuves*)의 프랑스어판(미국어판과 거의 동시에 만들어졌다) 목차에 주저함 없이 등장한다. 1935년의 공산주의 캠페인을 암시하는 이름을 붙인 총회의 창립식은 상징적으로 1950년 6월 서베를린에서 미국기관과 AFL-CIO로부터 재정적인 도움을 받아 열렸다. 그 뒤 재정을 비롯한 각종 지원은 '국제자유노조연맹'(CISL), 다시 말해 CIA——정보 및 역선전의 중심기구인 OSS가 1947년 CIA로 개칭되었다——로부터 우선적으로 이루어지게 된다. '평화와 자유'가 유사기구들과 연합하거나 외국의 기구들을 독려하여 국제위원회를 구성하였듯이, 이 자유옹호자단체는 전세계적으로 지부를 확장해 나간다. 그러나 여러 징후를 살펴볼 때 프랑스가 중심적인 역할을 한 것은 확실하다. 우선 친프랑스 인사인 스위스인 드니 드 루주몽(1906~85)이 집행위원회 의장을 맡았으며, 총회의 상설 국제사무국이 파리에 소재했다. 또한『증거』는 총회의 영향권 안에 있던 5~6개의 유럽 정기간행물들 가운데 가장 먼저 생겨났다. 총회에 소속되어 투쟁하는 외국인 지식인들 가운데 몇몇은 프랑스문화에 대한 식견이 매우 높았는데, 아더 괴슬러나 이그나치오 실로네, 니콜라 나보코프가 그들이다. 총회의 베를린지부에서 아더 괴슬러는 미국인 제임스 버넘——과거 트로츠키주의자였으며『조직자들의 시대』(*L'Ère des organisateurs*)의 예고자가 된다——보다 스타로 부상했으며, 실로네는 이탈리아지부 책임자이자 이탈리아 정기간행물『현대』(*Tempo presente*)를 맡고 있었고, 총회의 사무총장 나보코프는 그의 형 블라디미르와 마찬가지로 세계시민을 자처하였다. 서유럽의 문화에서 프랑스가 차지하는 전략적인 위치를 고려하지 않더라도 국제적으로 프랑스 지식인들의 토론은 지대한 영향을 미쳤음을 인정해야 할 터인데, 이는 당시 '재능 있는 사람들'이 누리던 명성과 그 가운데서도 특히 마르크스주의의 헤게모니 덕분이었다.

　총회에 참여한 주요 프랑스작가들과『증거』의 협력자들은 크게 세 부류로 나눌 수 있으며, 이 분류는 당시 비공산주의자 인텔리겐치아의 전체적인 구성을 선명하게 보여준다. 가장 눈에 띄는 그룹은 개혁성향(앙드레 필립)과 반공주의적·혁명 성향(미셸 콜리네)의 사회주의자 혹은 조합운동가 그룹으로, 잡지의 편집장 자크 카라가 이 그룹에 속한다. 구성이 좀더 복잡한 우파성향은 과거에 극단주의로 치달았던 인물들로서, 공산주의에서 전향한 쥘 모느로와 파시스트였던 티에리 모니에가 여기에 속한다. 티에리 모니에는 자신의 에세이(『공산주의의 메두사 얼굴』 *La Face de Méduse du communisme* 1951)와 특히 문제극(1953년에 만들어진 〈야간업소〉 La Maison de nuit는 각종 문제와 주제 면에서 일종의 정신주의적『더러운 손』이라 할 만하다)으로 1950년경에 반사르트르의 선봉자로 나선다. 드니 드 루즈몽과 레이몽 아롱은 중도적인 입장을 취했으나, 중도입장은 소련에 맞서 힘의 외교를 주장한 버냄의 극단주의에 대해서 비판적이었지만 진보주의 지식인들에게 손을 내미는 실로네의 기도에 대해서는 회의적이었다.

　1951년 3월부터 '총회의 월간지'처럼 발간된『증거』는 지나치게 정치적이었으며, 그다지 흡인력이 없어 보이는 '자유의 옹호자' 단체로부터 벗어나서 성급하게 자율성을 가지려 했다. 그래서 11월부터 잡지의 인쇄를 시작하였고, 개인(예컨대 루즈몽의『잃고 싶지 않은 자유』 *Les Libertés que nous ne voulons pas perdre*)이나 단체(『과학과 자유』 *Science et Liberté* 1953)의 에세이 출판에 뛰어들며, 공개모임 '화요일'을 활성화하고, 1952년에는 공산주의자들로부터 '형식주의적'이라고 비난을 받은 축제('20세기 작품')를 현대예술에 대한 일종의 선언형태로서 조직한다. 이와 같은 활동에도 불구하고 전략적인 실패는 명백하였으며, 인텔리겐치아들 사이에서는 부정적인 이미지가 지배적이었다("미제 정기간행물" "버넘의 잡지" 등).

이렇게 된 데는, 프랑스 지식인의 민족주의와 마르크스주의의 부인할 수 없는 파급력이 인텔리겐치아에게 끼치는 영향을 극복하지 못한 핸디캡이 주요 원인으로 작용했다. 그러나 잡지가 옹호한 입장은 사람들이 서구의 민주적 가치와 북대서양 연대 같은 것에서 기대하는 것들이었다. 더욱이 이런 입장은 널리 알려진 운동가 루주몽의 펜 아래서 프랑스식 논쟁에서는 매우 낯선 연방주의 형태의 유럽정신공동체를 전위에 내세우면서, 망명지식인들과 슬라브족 문화생활에 넓은 지면을 할애하는 것으로 나타났다. 새로운 지식인세대 속에서 마르크스주의의 명성은 베를린의 선언문에 서명한 명단으로써 능히 짐작할 수 있다. 루이 드 브로글리는 조르주 뒤아멜과, 지드는 모리악과, 마리텡은 쥘 로맹과 함께하는 명단에서 앙드레 필립과 다비드 루세는 어쩌다가 눈에 띄는 '젊은이들' 가운데 가장 알려진 이들이다.

이상과 같은 이유들로 해서, 『증거』는 공산주의 언론뿐 아니라 당시 위세가 당당했던 친공산주의 계열의 잡지 『정신』과 『현대』, 더 나아가 중도노선의 『로브세르바퇴르』하고도 싸워야 했다. 총회 팀은 자신들의 기원인 '자유주의' 노선을 확고히 하는 한편 매카시즘과도 거리를 두고자 했기 때문에, 당연히 동시대인들에게는 운신할 수 있는 지적 공간이 매우 협소해 보였다. 물론 사상사적 측면에서 볼 때, 이들의 지적 공간이 풍요로움을 간직하고 있었음은 부인할 수 없다. 결국 총회 팀은 냉전이 최고조에 달한 시기를 거치면서 몰락의 길을 걸었으며, 1951년 11월부터 행정적 차원에서 총회로부터 벗어나기 시작한 잡지는 1953년이 되면 그에 대한 명확한 언급을 포기하게 된다. 그리고 1955년부터는 총회 자체도 좀더 '문화적'인 방향으로 재조정되며, 『증거』지는 대서양 건너편의 연구로부터 강한 영향을 받으면서 점차 인문학잡지로 탈바꿈한다.

'프랑스민족연합' 인텔리겐치아?

이러한 시도가 지니는 특성이랄까 어려움은 유사한 잡지들의 운명을 살펴보면 더욱 잘 드러난다. 가령 국내 정치문제 때문에 수명이 짧아진 『정신의 자유』(*Liberté de l'esprit*)는 여러 사람, 특히 레이몽 아롱과 제임스 버넘의 서명을 『증거』와 나누어가진다. 물론 이런 "지적 젊은이를 위한 월간지"들은 훨씬 먼저 만들어졌지만(1949. 2), 두 가지 측면에서 프랑스의 문화전통에 곧바로 합류했다. 『증거』는 문화적 측면이 강했던 데 비해, 『정신의 자유』는 논문들의 주제나 글쓰기 형태로 보아 문학적인 측면도 강했지만 국내 정치토론에도 더 많이 참여하였다. 그 이유는 이 잡지가 1947년 3월 드골이 만든 '프랑스민족연합'의 동조자나 지식인회원들의 논단 역할을 했기 때문이다. 자금은 주로 '프랑스민족연합'으로부터 조달되었으며, 연합의 선전위원 앙드레 말로는 프랑수아 모리악의 아들인 젊은 편집장 클로드 모리악에게 상당한 자율권을 주었다. 이와 동시에 1953년 여름에 발생한 이 잡지의 파업은 '프랑스민족연합'의 침체와 밀접한 관계가 있었다.

조직 면에서는, 1948년 앙드레 말로가 플레이엘에서의 '프랑스민족연합' 첫 미팅 때 지식인들을 향해 던진 연설이 준거의 틀이 될 것이다. 많은 젊은이들이 공산주의로 기울어지는 데 적지 않은 역할을 한 『인간조건』(*La Condition humaine*)과 『희망』(*L'Espoir*)의 저자는 당을 가장 호의적으로 표현한 자신의 소설 『멸시의 시대』(*Le Temps du mépris*)와 그 서문——훨씬 더 분명하게 표현되고 있다——에 대해 침묵하기로 결정했다. 그 대신 앙드레 말로는 플레이엘의 연설에 큰 의미를 부여하면서 이 연설문을 1949년 『정복자』(*Les Conquérants*) '결정판'의 후기로 사용한다. 전세계, 특히 유럽의 문제점에 관한 폭넓은 문화주의적 시각은 소비에트 제국주의를 고대나 중세의 '계층' '교역'과는 관련 없는 유산의 발현으로 간주하면서 이에 대한 비난을 주도하며, '조국'이라는 어휘를 매개로 해서 정치적인 장을 재구성해 나간다.

하지만 이런 유형의 이데올로기는 레이몽 아롱으로부터 전폭적인 지지를 받지 못한다. 레이몽 아롱은 '문화의 자유' 총회의 개입에 관한 글 몇 편을 포함하여 20여 편의 글을 『정신의 자유』에 기고한다. 그러나 시간이 흐르면서 드골파 지식인들에게는 모네의 유럽이 모스크바의 유럽보다 더 한층 해로운 위험으로 대두한다. 그리고 미국에 대한 신중한 태도는 점점 더 구체성을 띠게 된다. 그럼에도 이 이데올로기는 여전히 본질적인 모호함을 지니고서 앙드레 말로의 영향권 안으로 들어간다. 아롱이나 루주몽 같은 명사들로부터 호응을 얻지 못하는 대신 절충주의자들——로제 카이우, E. M. 시오랑, 막스 폴 푸셰, 스타니슬라스 퓌메, 문학사가 가에통 피콩 젊은 소설가 로제 니미에(1925~62) 등——로부터 전폭적인 지지를 받으며, 전국적으로 파장을 일으키기 위해 특히 갈리마르라는 양성소와 편집장의 이름에서 그 추동력을 끌어낸다.

이렇듯 이데올로기적 이질성은 『증거』에서 더욱 크게 드러나는데, 물론 그것은 명확하게 설명되지 않기 때문이기도 하지만 편집그룹의 상황이 문학공화국의 중심지인 파리의 즉각적인 반향과 지적 면에서의 현실적인 압력을 의식하기 때문이기도 했다. 뿐만 아니라 목차에

등장하는 버냄과 칼 야스퍼스, 아놀드 토인비 등의 이름들이, 잡지의
주축멤버에 비한다면 주변적인 인물들이지만, 일종의 지적 지방주의
에 관해 말하고자 하는 사람들에게는 대답으로 간주되기 때문에 더욱
그러했다.

'경기병'

머지않아 한 그룹이 프랑스 중도파를 책임지게 된다. 이 그룹은
그 시대에 참여한 상호 대칭적이지만 일률적인 어조들과는 뚜렷이
구분되는 것을 지향한다. 따라서 동시대인들이나 후세대 사람들에게
이같은 이탈은 이 그룹이 비난한 문학보다 훨씬 더 이데올로기화된
것으로 비쳤음은 의심의 여지가 없다. '경기병'——당시 기자이자 소설
가인 베르나르 프랑크가 명명한 것이다——이라는 이 그룹에게는
선택의 여지가 전혀 없었다. 대부분이 30대가 채 안 되었음에도 불구하
고(예를 들어 니미에, 미셸 데옹, 클레베 에당, 자크 로랑 그리고
더 나이가 어린 앙투완 블롱댕), 이들은 시대적 분위기에 개의치
않고 혹은 그런 분위기 때문에 우파에 확고하게 뿌리내린 세 가지
가치(가치체계)에 집착한다. 하지만 이들은 2차대전 이후에 이 세
가지 가치——남성중심의 질서, 엘리트주의, 민족주의——는 더 이상
설 자리가 없어졌다는 것을 인정해야 했으며, 뿐만 아니라 가장 실추된
우파문학가들(자크 샤르돈, 마르셀 주앙도, 폴 모랑 등)과의 관계를
천명함으로써 자신들의 상황을 더 악화시켰다. 어떤 노선과도 대립의
각을 세우기를 원치 않았던(그러나 스스로 비극적으로 고립되지 않고
는 그렇게 할 수 없기 때문에 니미에나 데옹 같은 이들은 흉내만
내었다) '경기병' 구성원들은 아이러니하게도 기존사회를 멸시하는
태도를 보이게 된다. 이들이 볼 때, 장 폴 사르트르는 뱅상 오리옹처럼

편안하게 자기 자리를 지키고 있을 따름이었다. '경기병'의 이런 성향을 잘 보여주는 표현 하나가 자크 로랑의 팸플릿일 터인데, 여기서 장 폴은 똑같은 독단론과 똑같은 글쓰기의 서투름으로 폴(부르제)에게 애착을 보인다.

그러나 기성사회는 이들의 표현행위에 대해 전혀 방해를 하지 않는다. 오히려 레지스탕스시기에 탁월한 중재자 역할을 한 프랑수아 모리악 덕분에, 이들은 기성사회의 도움을 받으며 활동할 수 있었다. 이 담론이 지닌 오만하고 전통적인 것에 감동을 받은 모리악은 흡족해하며 이 분파의 스승임을 자처하는데, 그 어느 때보다 가장 많이 읽히는 칼럼니스트가 된 그는 오랫동안 자신과 대립해 온 사르트르를 추종하는 젊은 지식인들의 신화를 뒤흔들어놓는다. 이 만남을 계기로 『원탁』(La Table ronde 1948. 1)이 탄생하며, 이 잡지에서는 아롱, 말로, 모리악과 나란히 그룹과 그 스승들의 새로운 주요 이름들이 등장한다. 이러한 뒤섞임 때문에 모리악은 '전국작가협회로'부터 추방당하게 된다.

그러나 창간호에 글을 실은 카뮈는 곧 거리를 두게 된다. 정신의 자유와 무례함 그리고 경박성으로 인해, 마르크스주의와 공산주의뿐만 아니라 진보주의와 실존주의, 심지어 자유주의조차도 감시의 대상이 된다. 그 뒤 클로드 모리악의 잡지 창간호에서 니미에는 희생된 우파들에 대한 알베르 '카뮈의 침묵'을 조롱하면서 스캔들을 일으키게 되며, 여기서 그는 카뮈가 "흑인과 팔레스타인인과 황인종을 위해서 감동적으로" 들고일어났음을 상기시킨다. 그로부터 몇 달 후 『위대한 스페인: 조르주 베르나노스에게 보내는 일곱 통의 편지』(Le Grand d'Espagne, sept lettres adressées à Georges Bernanos 1950)는 '지롱드파'의 사상적 영향력 너머에서 나타나는 '프랑스의 종말'에 대해 분노하는 논쟁가에게 경력을 쌓을 수 있는 길을 열어주는 듯했지만, 사실 '경기병들'의 이데올로기적 돌파작전은 실패로 끝나고 만다.

물론 초기의 잡지들이 1954년부터 쇠퇴하기 시작하지만, 롤랑 로덴바슈가 이끄는 타블롱드출판사와 '파리풍이 강한' 일련의 잡지(『오페라』 *Opéra*, 『라 파리지엔』 *La Parisienne*, 『예술』 *Arts*) 덕분에 영향력의 폭은 눈에 띄게 넓어지게 된다. 그중에서도 수정주의 담론은 겉으로 보기에 엄격히 예술적이거나 사교적인 주제를 담고 있는 텍스트들 속에서 거리낌 없이 언급된다. 하지만 바로 이 점 때문에 잡지들의 영향력은 더한층 희석되어 나타나다가, 알제리전쟁──이때 '경비병'의 구성원 대부분이 극단주의자들 편에 선다──을 계기로 '경비병'의 불분명한 '이탈'이 확인되며 또 이들의 정치적 실패는 스승들의 실패와 겹쳐진다. 70, 80년대에 이들은 주로 문학영역에서 다시 등장하게 되며, 이들의 실망감은 좀더 젊은 세대의 그것과 만나게 된다.

두 가지 특성

다양한 재능을 가진 이들이 소설영역을 벗어나 정치토론의 장으로 들어서자 소외되는 것은 당연했다. 물론 이들은 젊음 이외에도 편집자나 기자의 경력을 무기로 가지고 있었다. 아무튼 우리는 인텔리겐치아의 중요한 두 인물 알베르 카뮈와 레이몽 아롱이 당시 암울한 운명에 놓이게 되는 것을 좀더 잘 이해하게 될 것이다. 그들은 마르크스주의와 결코 동조자 관계에 있지 않았다. 매우 다른 두 사상과 두 운명이 우리의 관심을 끄는 이 시기의 말에 고독이라는 동일한 지점으로 귀결된다.

물론 고독이라는 말이 동일한 의미를 가져야 할 것이다. 아롱이 당시 문제의 저명인사 중 하나가 된 것은 철학과 사회학 분야의 연구뿐 아니라, '타고난 기사'로서의 재능 때문이기도 하다. 그의 책들은 긴급한 정치적 현안들을 주제로 한 에세이 형식을 취한다(『대분열』 *Le Grand Schisme* 1948;『연속되는 전쟁』 *La Guerre en chaîne* 1951). 그의 이름이 『증거』『정신의 자유』『원탁』의 목차에 동시에 오르내린다는 것은 이미 언급하였다. 그가 더 많은 독자들을 접하게 되는 것은 1947년부터『르 피가로』에 칼럼을 쓰면서이다. 아롱이 1955년 소르본에서 선출되기 전에 실패를 경험했다고 하더라도, 그의 고독은 권위 있는 기관으로부터의 소외를 의미하지는 않는다. 이 점에서는 사르트르의 소외가 훨씬 더 심했다. 어쨌든 서구사회 전체를 고려해 볼 때 소외는 그리 중요한 의미를 가지지 않는다. 무엇보다도 앵글로색슨 사회에 그의 작품이 알려지고 곧바로 번역되기 시작한다.

알베르 카뮈의 고독에 대해 말하자면, 그의 고독은 문고판으로 처음 출판된 책들에 속하는 『이방인』(*L'Étranger*), 『페스트』(*La Peste*)가 그에게 안겨준 수십만 독자들과 함께하는 고독이다. 또한 미디어가 그의 작품과 사회적인 토론참여에 대해 집중적인 관심을 보이는 속에서 나타나는 고독이다. 이러한 특별한 상황 덕택에 그는 매우 일찍 노벨문학상을 수상한다.

어쨌든 두 사람 다 장 폴 사르트르가 지식인공화국에서 누리는 후광을 얻지 못하거나(아롱) 잃어버리고(카뮈) 냉전을 벗어나게 된다. 한 사람은 완성되지 못함으로 해서, 또 한 사람은 쇠퇴함으로 해서 겪는 절반의 실패의 주요한 원인들을 재빨리 포착함으로써, 우리는 적어도 프랑스에서 지식인의 탁월함에 요구되는——충분조건 까지는 아니라 하더라도——필요조건을 밝혀낼 수 있을 것이다.

원인은 크게 두 가지로 나눌 수 있는데, 하나는 문화적인 것이고 또 하나는 좀더 명확히 이데올로기적인 것이다. 전자는 프랑스 지식인

사회의 구조와 관련된다면, 후자는 프랑스가 겪는 일반적·정치적 상황과 관련된다. 레이몽 아롱은 '친구'인 사르트르와 같은 세대이고 대학학번도 똑같다는 이점을 갖추고 있다. 오래 전부터 이러한 종류의 탁월함에 아주 민감한 프랑스에서 그는 사르트르와 마찬가지로 윌름가를 나오고 대학교수자격시험을 통과하는 최고의 코스를 밟는다. 이 점에서 젊고 학력이 뒤떨어지는 카뮈는 뒤처진다. 카뮈는 지방대학의 철학과 출신으로 여러 가지 사정으로 대학졸업장 외에는 더 많은 교육을 받지 못한다. 그럼에도 불구하고 『시지프스 신화』(*Le Mythe de Sisyphe*)의 저자가 두 '경쟁자'와 같은 영역에서 활동하는 만큼, 그들을 비교한다는 것은 더욱 잔인해 보인다. 이 점은 사르트르와 카뮈를 결정적으로 결별하게 한 『반역자』(*Homme révolté*)가 출판된 1951년에 뚜렷이 부각되었다.

　『반역자』에서 카뮈는 역사주의에 대해 명확하게 반대입장을 취한다. 그리고 목적보다는 수단을 우선시하면서, 전제주의로 변질되는 혁명을 더욱 선명하게 비판하기 위해 수시로 반역을 찬양한다. 당혹감에 한동안 침묵을 지키던 『현대』는 프랑시스 장송의 글을 통해 그를 반박한다(「알베르 카뮈 또는 반역의 영혼」, Albert Camus ou l'âme révoltée, 1952. 5). 역사의 거부는 고매한 정신의 발로라는 비난 섞인 논증이 카뮈에게 전가되었고, 이와 더불어 철학분야의 별 볼일 없는 기술자의 작품이라는 용서할 수 없는 의심이 생겨나기 시작했다. 이런 의심은 그후 이어진 논쟁에서 명확하게 드러나게 된다. 사르트르에 대한 카뮈의 강력한 답변(「『현대』편집장에게 보내는 편지」, Lettre qu directeur des *Temps modernes*, 『현대』 1952. 8)은 사르트르와 장송의 응답(『현대』 1952. 8)으로 이어졌고, 장송의 응답에는 「당신에게 모든 것을 말하기 위해」(Pour tout vous dire)라는 의미심장한 제목이 붙여진다.

각자 동원할 수 있는 개입방식의 측면에서 볼 때, 카뮈와 사르트르에 비해 열등한 위치에 있는 사람은 아롱이었다. 아롱에게는 에세이와 논문 이외에, 지식인과 대중이 상호 연결되고 자신의 이미지를 향상시킬 수 있는 수단이자 세번째 무기인 창작물——그것이 소설이건 연극이건——이 끝까지 결여되어 있었다. 이 점에서는 카뮈가 사르트르를 제압하였는데, 사실 그가 대학시절인 1935~38년에 연극에 중요한 의미를 부여했을 뿐 아니라 극단의 장이었던 점을 생각하면 놀랄 것도 없다. 『반역자』를 둘러싼 논쟁이 그에게 부정적인 결과를 가져다 주었을지라도, 연극은 그 시대의 빈 공간을 메워주었다고 말할 수 있을 것이다.

관객과 비평계로부터 좋은 반응을 얻은 〈계엄령〉(L'État de siège, 1948. 10)과 〈정의로운 사람〉(Les Justes, 1949. 12) 이후에, 카뮈는 아비뇽 축제에서 장 빌라르와 함께 몇몇 외국작품의 역자 및 각색자로서 열심히 활동한다. 그리고 1947년 6월에 친구들과 함께 『투쟁』(Combat)지를 떠나며, 그후 『투쟁』은 그의 동의 아래 클로드 부르데가 책임을 맡게 된다. 이때부터 카뮈는 저널리즘과 멀어지고, 『페스트』와 더불어 '문인'으로서 확고하게 자리잡게 된다. 그렇지만 그의 지적 광채는 시사토론에서의 날카로운 발언과 『투쟁』지와 주간지 『렉스프레스』(1953년 창간)에 기고하는 글들에 의해 여전히 유지된다. 1953년 발행되어 카뮈의 마지막 5년 동안을 함께한 『시사』(Les Actuelles) 제2집 역시 이에 한몫한다.

『회고록』(Les Mémoires)에서 자신과 미국의 칼럼니스트들을 비교한 레이몽 아롱은 더욱 적극적으로 참여하며 자신의 글들을 『논쟁』(Polémiques 1955)이라는 제목을 붙여 출간하게 된다. 이 시기 기자로서 그의 활동은 매우 중요한 의미를 가지는데, 훗날 『대분열』은 "『르 피가로』의 글들이 포함될 범주"를 확정짓는 것으로 정의되었다. 그의 『지식인들의 아편』(*L'Opium des intellectuels* 1955)이 두세 세대에 걸쳐 읽히면서 예외적으로 장수하는 데 반해, 그의 이름은 동시대에 무대의 전면에 나서 있던 철학가와 예술가들만큼 널리 알려지지 못했다. 어쨌든 두 지식인의 소외는 무엇보다도 외부적인 힘, 즉 2차대전 이후의 지배적인 이데올로기에서 비롯되었으며, 나중에 카뮈는『현대』와의 논쟁에서 동시대인들이 "자신들의 안락의자를 역사의 방향으로" 놓기 위해 그것을 희생시키려 했다고 비난하게 된다.

두 가지 참여

거부의 공동체가 만들어지기는 했지만, 두 사람의 행보는 어느한 순간도 교차하지 못한다. 지식인유형론의 용어로 표현하면, 이들은 매우 다른 두 논리에 속한다. 아롱에게 있어서, 정치적 참여는 일찍부터 명확했다. 냉전시기 그는 사르트르보다 훨씬 적극적으로 참여했다고 말할 수 있을 것이다. 사르트르가 공산당의 동조자에 지나지 않고 고전적 의미의 정당으로 정착하지 못한 지식인클럽의 일시적인 회원에 불과했던 데 비해, 아롱은 드골의 '프랑스민족연합'에 가입하여 연구위원 및 중앙위원으로 활동하며 1949년 총회('전국전당대회')에서는 단체에 관한 보고서를 제출한다. 그리고 연합이 쇠퇴하면서 그는 '문화의 자유 총회'의 당원으로서 적극적으로 활동하며, 60년대 들어와서『뉴욕타임스』(*New York Times*)가 CIA로부터 재정적 지원을 받은 것을 폭로한 이후에 '문화의 자유'와 멀어진다. 그는 자신의 방식으로——좀더 회의적이지만 열정적으로 그리고 좀더 논리적이고 치밀하게——흔히 말하는 것과는 다르게 동조자 시기와 조직가입의 시기를 번갈아 경험하면서 사르트르와 동일한 행보를 취한다. 다만 그는 냉전시기에 들어와서 지식인사회에서 있을 수 있는 가장 충격적인 결별, 즉 '프랑스민족연합'에 가입하는 쪽으로 나아간다. 프랑스공산당의 지식인들에게는 파시즘과의 결합으로 간주되는 이와 같은 선택은 『현대』나 『정신』과 전략적으로 같은 노선을 취하는 그룹들로부터 혹독한 비난을 받는다. 똑같은 선택을 한 사람들(알베르 올리비에, 다비드 루세)도 오랫동안 그리고 결정적으로 '낙인 찍히게' 된다. 이러한 상황은 양극대립이 가장 심한 시기에 형성된 '범대서양주의'에 대한 아롱의 두번째 유명한 선택만큼이나 나중에 큰 영향을 미친다.

『지식인들의 아편』은 1956년은 물론이고 알제리전쟁에 의해 화해 ——는 적어도 '평화공존'——가 허락될 수 있었던 시기에조차 지식인들의 관계를 냉각시켰다. 『반역자』와 반대로, 아롱의 책은 이론논쟁의 영역에 포함하지 않는다. 그는 혁명적 메시아사상과 프롤레타리아 종말론의 신화인 믿음체계를 정면으로 공격하는데, 무엇보다도 교회가 표적이 된다. 문제의 교권주의가 대부분의 교사와 작가 그리고 당시의 참여적 학자들 사이에 퍼져 있는 마르크스-레닌의 진보주의를 지칭한다면, 『지식인들의 아편』은 반교권주의 문학에 속한다. 이 작품이 『르 피가로』의 독자들과 소수의 지식인들을 매료시켰던 데 비해, 대부분의 지식인에게는 혹심한 타격을 줌으로써 당연히 멸시와 논쟁을 불러일으켰다. 예컨대 사르트르는 이 작품에 대해 단 한 줄도 언급하지 않을뿐더러 1948부터 1969년까지 아롱에 대해서는 거의 입에 올리지 않는다.

카뮈의 '격리체계'는 이와 전혀 다르다. 그는 거듭되는 거부를 근거로 해서 자신의 이름을 편향적인 시도들과 연결시킨다. 그는 '프랑스민족연합'을 비판하고, '혁명민주연합'과 가까우면서도 공식적으로는 가입하지 않는다. 프랑스공산당과의 관계 또한 곧바로 악화되지만, 범대서양주의 옹호자그룹에 포함되는 것도 거부한다. 또한 양 진영의 지식인들을 결합시키고자 하지만, 중립주의의 영향을 받는 듯한 '유럽문화협회'에 가입하지 않는다. 그러나 현장에서는 일관성 있는 모습을 보인다. 1948~49년에 카뮈는 세계정부를 주창하는 게리 데이비스의 '세계시민운동'──사르트르는 도덕주의적 이상주의라고 비난했다──을 지지하며, 노동조합 정기간행물 『프롤레타리아 혁명』(*La Révolution prolétarienne*)에 우호적인 탄압받는 유럽지식인들에게 도움을 주는 국제관계그룹을 지원하며, 노동조합 유의 구성원들을 향해 연설을 한다.

그러나 '제3의 길'에 대해서도 엄격한 윤리를 적용하는 독립적이고 확고한 의지를 표명함으로써, 카뮈는 양 진영 혹은 세 진영 모두로부터 철저하게 외면당했다. 장기적으로 볼 때 가장 큰 위험은 그의 사상보다는 행동 때문에 그를 추종하는 사람들을 실망시켰다는 점이다. 카뮈의 내면에서는 혼란이 점점 더 증폭되어 나갔으며, 이와 같은 혼란은 추종자들을 당황하게 했다. 그리고 그의 마지막 소설 『전락』(*La Chute* 1956)은 위선적인 '아름다운 영혼'의 잔인한 독백을 담고 있었으나, 탈식민주의로의 지적 전환은 '선의'와 상호관용을 표방하는 이같은 입장에 대해 비판적인 여론성향을 선명하게 보여주었다.

지적 냉전의 뜨거운 시기

민주주의 영역에서는 노골적으로 양극화된 상황이 줄곧 전개되는 만큼 극적인 '사건'과 '캠페인', 주제와 대결로 치달았지만, 이 모든 것들이 형태 면에서는 다양하고 결과 면에서 지극히 모호했다. 물론 그렇다고 해서 법적 판결이나 행정적 처벌, 공식적인 검열과 육체적 폭력 등이 없었던 것은 아니었다.

대립순간들의 외적 형태를 살펴보면, 두 진영에서 조직된 것과 결집된 것이 쉽게 구별된다. 범대서양주의자들과 공산주의자들은 매순간 부딪쳤으며, 양자의 대립은 진지한 만큼 격렬했다. 기회는 다소 의도적으로 만들어졌지만, 쟁점이 된 문제들은 구체적이었으며 근본적인 가치들을 방어하고자 하였다. 그 밖의 상황들은 대개 우연에 의해 시작되었다. 중기적으로 볼 때 공산주의 인텔리겐치아의 부분적인 실패는 내부논쟁의 주제가 증가한 데서 가늠할 수 있는데, 이러한 내부논쟁은 그때까지 친소비에트 블록 내에 잠복해 있던 불협화음이 표출된 것이라 할 수 있다. 그러나 1956년에 극에 달한 이와 같은 동요가 우세한 위치에 있던 마르크스적 진보주의자들에게 큰 타격을 입히지는 않았는데, 그것은 이러한 동요가, 특히 프랑스의 경우 식민지전쟁과 동시에 발생했기 때문이다. 이로부터 소비에트모델은 결정적으로 퇴색된 이미지를 하고 나온다.

차가운 평화

이 시기는 상대측과 정반대의 입장을 취하는 데 성공한 공산주의 지식인들의 강력한 공격으로 시작되었다. '평화운동' 영역에서 공산주의 계열은 상대측이 더 이상 주도권을 쥘 수 없을 정도로 우위를 점하였다. 여기서 평화운동은 한편으로 공산주의 인텔리겐치아의 경계를 크게 뛰어넘는 대규모 평화주의 캠페인을 지칭하며, 또 한편으로는 적어도 표면적으로는 이와 같은 운동을 만들어낸 조직을 지칭한다.

코민포름이 형성되면서 소비에트진영은 보복을 노리는 집단과 반공주의집단을 상대로 해서 자신들을 평화세력으로 부각시켰다. 당시 프랑스 지식인들과 정치인들 사이에서는 제3차 세계대전에 대한 두려움이 팽배해 있었으며, 대부분이 3차대전은 서구진영의 극단주의자들에 의해 일어날 것이라고 확신하면서 '민주주의 진영'이 분열되는 최악의 사태를 막기 위해 자신들을 희생할 각오가 되어 있었다. 이 대표적인 예가 전쟁 전에 화가이자 기자였고 국내 레지스탕스의 지도자 중 한 사람이었던 이브 파르주이다. 전후(戰後)에 장관이 된 파르주는 미국인들이 점차 독일인의 위치를 차지하는 총체적인 외교쟁점들의 영역에 자신의 투쟁을 집중시키기 위해 고전적인 정치로부터 멀어진다. 파르주의 이와 같은 정세판단은 폴란드의 일부 지식인들의 관심을 끌게 되며, 1948년 4월 그는 이들의 초청을 받아 '평화를 위한 국제지식인총회'에 참여한다. 피압박국가의 상징적인 도시인 브로츨라프에서 8월 25～28일 열린 이 '총회'는 새로운 두 블록 인텔리겐치아들이 최초로 대규모적으로 접촉하는 계기가 된다. 서방 쪽의 프랑스대표단은 베르코르와 파르주, 블리에 신부와 마르셀 프르낭, 이렌 졸리오 퀴리와 피에르 스게르, 에메 세자르와 폴 엘뤼아르, 레제와 피카소 등을 결집시킴으로써 가장 눈에 띈다. 영국대표단과 달리, 프랑스대표단은 소련인 파데예프의 사르트르에 대한 가차없는 혹평에 대해서도 눈 하나 깜짝하지 않고 받아들였다. 유일하게 초기 몇 년 동안 단체를 전체적으로 구조화시킨 주제가 이때 이미 개진되었으며, 이는 공산주의 공동체 밖에서 실질적으로 반향이 있었다. 그것은 군사적 목적에 원자력 사용을 반대하고 자유로운 참여와 발견의 교환을 찬성하며, 독일의 중립화를 지지하는 평화와 자유를 사랑하는 사람들의 국제적 투쟁이었다.

　이와 같은 전략에서 프랑스에게 부여된 중요한 역할은, 이듬해

워싱턴에서 북대서양조약기구의 조인이 있은 지 15일 후 파리의 플레이엘 극장에서 제1차 전국평화지지자총회가 열리면서 확실해진다. 여기서 '지지자들'이라는 어휘는 그리스·중국·베트남 진보주의 세력의 투쟁에 대한 무언의 연대를 표시하고자 하는 조직위원회의 의도를 나타내며, 또한 예컨대 프랑스의 경우에는 이 점과 관련하여 상당한 수준의 책임감을 제시하는 지도자들(엠마뉘엘 다스티에 드 라 비주리, 장 카수, 파르주, 졸리오 퀴리 등. 게다가 졸리오 퀴리는 세계사무국의 의장으로 뽑힌다)의 강건한 정통성과 명확한 관계를 맺으려는 의도도 담고 있다. 총회의 주축멤버 역시 프랑스공산당에 상근하는 프랑스인 장 파피트였다. 그리고 1950년 4월, 프랑스공산당의 제12차 총회 의제는 '평화, 최우선 과제'가 된다.

그러나 설령 '평화운동'이 대중적 단체가 되고자 했을지라도, 영향력이 최고조에 달했던 시기에조차 비공산주의자들을 상대로 소비에트 외교의 주요 내용들을 전파하는 매개조직으로 머물게 된다. 1950년 스톡홀름에서 열린 '평화운동'의 세계위원회가 공식적으로 발표한 호소문에서는 군사협정의 파기와 즉각적인 군비축소 그리고 가장 중요한, 국제기구의 감시 아래 핵무기 금지를 요구했다. 이 호소문은 전세계의 600만 명으로부터 서명을 받았으며, 서구국가들 중에서는 프랑스가 앞장섰다. 그러나 회원수는 그해 7만을 겨우 넘었다. 동시대인들에게 이 조직은 매우 특별하면서도 효과적인 도구를 가진 거대한 홍보센터로 인식되었으며, 대중적인 입장표명(스톡홀름의 호소문에 이어 1951년 5대 '강대국'의 평화조약체결을 촉구하는 호소)과 전국평화순례, 레지스탕스운동의 명소 순례를 비롯하여 아라공과 엘뤼아르의 시, 루이 다켕의 영화(〈삶의 전투〉La Bataille de la vie), 푸주롱의 그림 그리고 특히 피카소의 유명한 〈평화의 비둘기〉(Colombes de la Paix, 플레이엘 총회와 1950년 11월 바르샤바에서 열린 제2차 총회를 위해 그렸다)를 탄생시켰다.

지식인들의 지속적 또는 일회적인 활동에 힘입어, 평화운동은 일반 언론매체에 공산주의 논거를 쉽게 주입시킨다. 또한 독일의 재무장과 (소비에트블록의 대항체제로 간주되는) 유럽방위공동체에 반대하는 캠페인에서도 상당한 역할을 한다. 한국전쟁에서의 생화학무기 사용으로 비난받고 있던 미국의 리지웨이 장군('리지웨이 페스트')의 파리 체류가 기폭제가 되어 1952년 5월 28일 프랑스에서 일어난 냉전시기 가장 격렬한 데모에서도 평화운동은 주도적인 역할을 했다.

하지만 이즈음, 외부전략에 목표를 일방적으로 합치시키는 것은 발전의 원동력이라기보다는 방해가 되었다. 티토에게 호의적인 동조자들 상당수가 조직을 떠났으며, 완고한 평화주의자들은 플레이엘 총회에서 (충분히 '통제가 되지' 않는) 세계의 시민의 게리 데이비스와 '평화주의운동연합'의 대표가 제외되는 것을 보고 동요했다. 특히 이들은 소련이 핵무장 경쟁에 적극적으로 뛰어드는 것을 주목만 할 수 있을 뿐이었다. 플레이엘의 성명서가 무엇보다도 민주적 자유의 존중을 주장했다면, 제3차 세계총회는 스탈린의 마지막 대규모 '숙청'이라 할 수 있는 슬란스키와 클레멘티스의 재판 그리고 11차례의 처형이 이어지던 1952년 12월 빈에서 열린다. 이리하여 평화운동은 약체를 면치 못하면서 극단화되어 나가며, 피에르 코 같은 비공산주의자들이 주도한다.

한국전쟁을 전후한 2~3년 동안 평화투쟁은 인텔리겐치아를 동원하는 강력한 주제였음은, '졸리오 퀴리 사건'과 같은 극단적인 사례에 의해 증명된다. 노벨상수상자인 졸리오 퀴리는 원자력 고위감독관 직책이 생긴 이래 그 자리에 있었으며, 이 자격으로 프랑스 최초의 원자로의 '아버지'라 일컬어졌다. '중수(重水) 전투'[3]의 레지스탕스 활동가이기도 한 그는 민족전선 의장을 지냈으며, 이런 과학자와 애국자로서의 그의 지위 때문에 그를 함부로 손댈 수 없었던 것만큼이나 그의 공산당참여는 오랫동안 비밀에 부쳐져 있었다. 이런 그가 제12차 총회에서 스톡홀름의 호소문보다 한층 더 앞서가는 발언을 함으로 해서, 모든 것이 급작스럽게 변화한다. "진보주의 과학자, 공산주의 과학자는 소련에 대한 전쟁을 위해서는 자신의 과학을 최소한도도 제공하지 않을 것이다." 그로부터 한 달도 채 안 되어 비돌정부는 전격적으로 그를 고위감독관 직위에서 해임시킨다. 이에 대해 공산당과 그 동조진영을 제외하고는 일체의 항의도 없었다는 사실은 당시 학자공동체 내의 정치적 대립상황을 정확하게 드러내준다. 이 사건은 그 이전 앙리 왈롱의 은퇴와 국립과학연구소 소장 조르주 테시에의 해임이나 그후 3년 동안 앙리 르페브르를 포함한 12명의 연구원이 국립과학연구소에서 추방되고 원자력위원회로부터 11명의 연구원들이 쫓겨난 것과 같은 맥락에서 이해되어야 한다.

'아메리카는 미쳤다'

평화캠페인이 '리지웨이 페스트'에 대한 격렬한 고발로 변화한 것은 냉전시기 공산주의 인텔리겐치아 논쟁의 기본적인 분위기를 잘 설명해 준다. 특별히 이런 방향으로 유도하지 않았음에도 공산주의계열 지식인들은 가장 가까이에 있는 적, 미국문화를 공격하는 것이 최우선 목표라고 간주했다. 미국문화는 코카콜라에서부터 헨리 밀러의 작품에 이르기까지 모두 다 공격대상이 되었다. 그리고 몇 가지 '사건'이

---

3) 2차대전 때 독일의 원자폭탄 개발을 저지하기 위해 노르웨이에서 전개된 연합군의 첩보 및 특공 작전.—옮긴이

지식인들을 자극하면서 이와 같은 공격은 결속력과 지속성을 가졌다.

　문제점과 전개방식 면에서 대표적인 예인 블럼-번스조약과 로젠버그부부의 사건이 두 가지 유형을 잘 보여준다. 첫번째 사건은 종전(終戰) 직후의 역사에 뿌리를 두고 있는데, 1946년 5월 28일 체결된 미국의 프랑스에 대한 긴급 재정지원을 골자로 하는 이 조약에는 프랑스영화 보호주의에 치명적인 영향을 끼치는 조항이 추가되었다. 그런데 공산주의계열 예술가와 기자들이 볼 때, 블럼-번스조약이 문화식민지화 의미를 띠게 된 것은 냉전 때문이었다. 두번째 사건은 동서진영으로의 양극화와 관련된다. 미국에서 소련'첩보원'으로 의심을 받은 에설과 줄리우스 로젠베르크가 유죄인지 무죄인지, 결과적으로 최고형 집행을 둘러싼 논쟁이 사건의 핵심이었다.

　두 사건을 계기로 공산당은 자신의 영향권을 뛰어넘어서 동원할 수 있게 되었다. 그것은 로젠베르크부부의 유죄가 불확실하다면, 최고형 집행은 더욱더 논란의 여지가 있다는 상대적이지만 확실한 자료들 때문이었다. 그리고 수입쿼터의 감소로 크게 위협받고 있던 프랑스영화는 마침내 조약의 수정과 지원법률 채택이라는 성과를 얻어냈다. 이러한 상황들이 공산당의 추동력을 획득하는 기회가 되는 것은 지식인의 오랜 전통과 관계가 있다. 여기서 오랜 전통이란, 희생자를 위한 매우 윤리적이고 휴머니즘적인 투쟁이라 할 수 있는 '드레퓌스의 영향'과 1941년 이래 국가의 문화적 정체성을 특히 염려하면서 방어를 기초로 폭넓게 재구성된 민족전선이라는 "'신성불가침연합' 효과"이다.

　이에 따라 지식인들은 동맹과 가담 같은 가장 적극적인 참여형태를 취한다. 클로드 오탕 라라와 앙리 장송, 루이 주베는 특히 블럼-번스조약에 공격을 화살을 퍼붓는다. 그리고 장 폴 사르트르가 로젠베르크부부의 처형 이튿날 『리베라시옹』의 지면에 다음과 같은 집단적인 경고문을 던지면서, 반미주의는 절정에 달한다. "우리가 유럽의 이쪽 끝과 저쪽 끝에서 '조심! 아메리카는 미쳤다'라고 소리칠 때 너무 놀라지 마십시오." 이런 점에서 미국이라는 이슈는 공산주의 인텔리겐치아가 폭넓게 여론의 지지를 받을 수 있었던 주제에 속한다. 좀더 온건한 형태나 다른 주장을 하는 공산주의 인텔리겐치아에 대해서는, '프랑스민족연합'의 일부 지식인들과 '경기병'의 구성원들조차도 부정적인 눈길을 보냈다. 그리고 범대서양주의 지식인의 펜 아래서 미국 사회에 대한 전적인 찬사가 나오기를 기대하는 것은 훨씬 더 드문 일이었다.

무대 위의 결투

휴머니즘적 전통이라는 대원칙의 수호와 외세지배에 대한 모호한 비판이 뒤섞인 다양한 형태의 공격에서, 범대서양주의 인텔리겐치아들은 방어나 응수만 하는 데 만족하지 않았다. 상대방이 규칙을 제시한 싸움에서 이와 같은 방식은 한순간에 그들을 수세에 빠뜨릴 게 뻔하기 때문이었다. 그들은 주도권을 장악하고자 했으며, 이는 소비에트모델을 효과적으로 공격함으로써 가능하다고 판단했다. 이러한 관점에서 크라프첸코-루세사건의 실패는 당시의 역학관계를 정확하게 보여준다.

제련 엔지니어인 빅토르 안드레이비치 크라프첸코는 구매업무차 미국에 머물던 중 1944년 서방으로 넘어갔다. 그리고 1946년 미국기자 유진 리용의 도움을 받아 『소비에트 고위관료의 공적 생활과 사생활』(*La Vie publique et privée d'un haut fonctionnaire soviétique*)을 출판했다. 2년 전이었다면 주목을 받지 못하고 사라졌을 법한 이 책은 불과 몇 년 사이에 20여 개국 언어로 번역되었으며, 500만 권이 팔렸다. 프랑스에서도 우파의 한 영세한 출판사에서 『나는 자유를 택했다!』(*J'ai chosi la liberté!*)는 제목으로 출판되어 약 50만 권이 판매되는 성공을 거두었다.

그럼에도 비평계는 신중했고, 다비드 루세는 저자를 "전쟁을 충동질하는 사람"이라고 혹평했다. 하지만 현실적인 상황(프랑스어 판은 1947년 4월에 나왔다)은, 정확한 사실들에 근거한 이 증언을 「『영과 무한』(*Le Zéro et l'infini*)의 구체적인 설명」(뤽 에스탕, 『라 크루아』 *La Croix*)으로 받아들였다. 특히 두 진영은 정상적인 대립의 구실로 삼는 데 동의하는 듯했다. '심 토마스'라는 이름으로 발표된 기사에서 크라프첸코는 『프랑스인의 편지』의 허수아비에 불과하며 완전히 미국이 조작해 낸 자서전의 가짜 저자에 불과하다고 비난을 받았다. 공산주의 쪽의 주장은 이 분야에서 예측 가능한 수사학을 크게 벗어나지 못했다. 그런데 전혀 예상치 못한 일이 크라프첸코에 의해서 발생하였다. 궁지에 몰린 그는 프랑스법정에 『프랑스인의 편지』를 명예훼손으로 고소를 한 것이다. 사건이 1949년 1월 센 주의 제18호 경범죄법정으로 넘어갈 때까지, 양측에게는 충분히 과격해지고 무기를 다듬을 수 있는 시간이 있었다.

그런데 주간지에 대해 상징적인 손해배상을 하라는 판결이 1949년 4월에 결정되고 이듬해 상소심에서 확정된데다 세세하게 증명하기 힘든 크라프첸코의 이야기가 이후에 충분히 확인되었음에도 불구하고, 이 극적인 대립에서 공산주의가 승리했다는 인상을 지울 수 없었다. 아니 인텔리겐치아의 승리, 특히 동조자들의 승리라고 말해야 할 것이다. 고소인이 내세운 증인들은 모호할 뿐더러 종종 분열되기까지 했지만, 이에 맞선 피고인들은 엠마뉘엘 다스티에 드 라 비주리,

알베르 베이에, 카수, 졸리오 퀴리, 마르탱 쇼피에 등 지식인 레지스탕스의 모든 이름을 내세우는 데 아무런 어려움도 없었다. 대부분 비공산주의 유명인사들인 이들은 이미 당과의 관계가 미묘한 상태였지만, 반나치투쟁의 연대가 위협받는다고 판단되면 기꺼이 협력할 준비가 되어 있었다. 1949년 2월 3일 이들은 '프랑스에 반대하는 크라프첸코'라는 대규모 집회에 초청을 받았고, 이렇게 해서 단번에 두 가지 명제가 증명되었다. 첫째로 지식인은 순전히 권위와 과시(공산주의 레지스탕스, 구체적으로는 당, 더 구체적으로는 소련의 도덕성을 나타내는 증인들)의 역할을 하는 것일 수 있고, 둘째로 1950년 무렵의 강경한 통합운동은 이탈하려는 세력을 제압했다는 점이다.

이처럼 강고한 요새는 그로부터 몇 달 후, 다비드 루세가 『프랑스인의 편지』의 피에르 데를 상대로 제기한 명예훼손재판에서 여실히 증명되었다. 1949년 11월 12일 루세는 크라프첸코 사건에 의해 촉발된 토론에서, 과거 유대인 포로수용소에 함께 있었던 친구들을 향해 소비에트 집단수용소의 전모를 파헤치는 조사위원회를 구성할 것을 촉구하는 호소문을 내어놓았다. 그러자 피에르 데는 격렬한 용어로 응답했다. 여기서도 역시 명예가 훼손된 쪽의 법적 승리는 아무 소용이 없었다. 루세는 크라프첸코 사건을 거울삼아 유명인사들만 법정에 세우는 신중함을 보였다. 그렇지만 이 가운데 기자인 레미 루르만을 제외하고는, 그런 대로 이름난 지식인은 한 사람도 나오지 않았다. 결국 재판은 귀머거리의 대화 같은 꼴이 되었다. 『집단수용소의 세계』(L'Univers concentrationnaire)의 저자이자 강제수용되었던 루세와 '마우타우젠 수감번호 59807'의 피에르 데가 대립했다. 스탈린체제에 대한 소위 무분별한 처사라는 비난이 루세에게 가해진 데 대해, 『프랑스인의 편지』는 그 내용을 실은 것은 주간지 『르 피가로 문학』이라는 이유를 들어 루세의 자주적 행동에 타격을 입혔다. 으레 그렇듯이, 루세 자신은 그 뒤로 드골주의로까지 변화를 거듭하면서 배수의 진을 쳤다. 결국 이렇게 해서 그는 소비에트의 예로 주눅들은 지식인사회에서 1949년 자신의 투쟁으로부터 얻은 신용의 일부를 잃었다.

진정한 파탄

결정적인 동요는 오직 체제 내부로부터 일어날 수 있었다. 게다가 가장 설득력 있는 반발은 소련의 심장부, 더 정확하게는 소련공산당에서부터 제기되어야 했다. 이와 같은 조건이 갖추어지기까지 반대자들은 엄격한 통제를 받았다. 티토의 분열주의가 그랬다. 그전까지만 해도 확고한 공산주의자이며 혁명적 엄격성의 교훈이라 일컬어졌던 티토가 1949년부터 공개적으로 망신을 당했다. 전전(戰前)의 모스크바재판에서 볼 수 있었던 급격한 방향전환에 비한다면 새로운 현상은 아니었다. 그렇지만 프랑스지식인들에게는 자아비판과 제명이라는 고전적 과정에서 벗어난 '죄인'이 새롭게 여겨졌다. 정통노선에 충실하면서 반대진영에 존속할 수 있다는 것이 새로웠다.

프랑스공산당이 이런 지식인들의 변화를 중요하게 생각지 않고 또 거기에 내재된 위험을 간파하지 못했다는 것은 티토를 반박하는 비난의 장에 파견된 인물들에 의해 증명된다. 젊은 여류기자 도미니크 드장티(『티토와 추종자들의 가면과 얼굴』*Masques et visages de Tito et des siens* 1949)와 2류 자유기고가 르노 드 주브날(『배신자들의 인터내셔널』*L'Internationale des traîtres* 1948~52;『티토, 배신자들의 총사령관』*Tito, maréchal des traîtres* 1950)이 그들이다. 그러나 이와 반대로 그 즈음에 당에 가입했거나 단순한 동조자였던 지식인들 사이에서는 동요가 컸다. 특히 마르크스-레닌주의가 아니라 반파시스트 투쟁을 주요 판단기준으로 삼는 사람들에게는 티토가 자신들의 영웅이었기 때문에 동요는 더욱 컸다. 이 가운데 일부는 이미 유고슬라비아를 알고 있었고, 자신들의 확신을 시험하고자 기꺼이 현장으로 달려갔다. 1949년에 그들은 인민민주주의국가의 최고책임자들이 무엇보다도 티토주의라는 죄목으로 체포되는 것을 보고 자신들의 견해가 옳다는 확신을 얻었다. 바로 이것은 소련지도자들이 유고슬라비아의 예에서 그 추종자들이 생겨날지 모른다고 우려한 현실적인 두려움의 변형된 이미지였다. 카수와 베르코르처럼 명실상부한 레지스탕스 참여자들이 12월 『정신』지에 "민중을 속여서는 안 된다"는 성명서를 발표했을 때 이들에게는 이와 같은 이중성이 자리잡고 있었는데, 피고인들을 옹호할 때는 여전히 프랑스 공산당에 대한 충성의 맹세가 따랐다.

이러한 균형감각은 비판에 대응해야 하는 조직 내부의 지식인들보다 비판적인 지식인들에게서 더욱 빈번하게 나타났다. 그리고 이것은 이 기간 내내 사실상 스탈린주의와 자신을 동일시하지 않는 진보주의 인사들의 불편한 심기를 대변해 주었다. 순전히 티토와 관련해서는, 양적 손실보다 질적 손실이 발생했던 것 같다. 세포조직에 의한 추방이든(로베르 앙텔므, 마르그리트 뒤라스, 디오니 마스콜로), 자진해서 떠났든(장 뒤비뇨, 피에르 카스트, 에디트 토마), 세력권으로부터 점차 멀어졌든(클로드 아브린, 장 카수, 베르코르), 이 모든 것이 곧 극우반공주의 진영으로 넘어갔다는 것을 의미하지는 않는다.

좀더 일반적으로, 한 공산주의 지식인의 '사임'이라는 문제——한동안 자신의 삶을 형성하고 인도해 주던 가족과 희망과의 고통스러운 결별이라는 문제——는 다음 두 가지 측면을 살펴봄으로써 명확해질 것이다. 하나는 조직과 개인의 관계에 대한 고찰이고, 또 하나는 국제 역학관계에 대한 그 개인의 평가를 살펴보는 것이다. 공산주의 지식인은 조직과 느슨한 관계를 유지할 때 쉽게 떠날 수 있다. 그리고 도미니크 드장티가 서방인으로서는 드물게 코스토프 재판의 비극[4]을 목격하였음에도 당에 남아 있을 수 있었던 것은 그 반대의 이유 때문이었을 것이다. 다시 말해 문제의 지식인의 특별한 이해관계에 대한 투자 그리고 삶과 인간과 사회에 대한 개인적인 문제해결이, 일시적이고 특수하고 상황적인 범주에 구속받는 의혹보다 더 크게 작용한다는 것이다. 다른 한편 설령 소비에트체제가 가지는 한계를 발견했다 하더라도, 그것은 국내외적으로 발생하는 냉전의 극적인 사건에 의해 보상되거나 파묻혀버린다. 그리하여 인민민주주의 국가들의 재판은 긴급을 요하는 한국전쟁에 가려져 버리고, 동베를린의 봉기는 '리지웨이 페스트' 사건에 대한 반대투쟁에 파묻혀버렸다.

이러한 조건에서는 신념에 대한 결정적인 타격은 위로부터 올 수밖에 없고, 미망에서 깨어난 신자는 바로 자신이 최초의 희생자가 되어 있는 기만극을 발견함으로써 비로소 교회와의 결별을 느끼게 될 것이다. 이 과정의 두 기간은 서로 긴밀하게 연결된다. 소비에트연합의 직접적인 조율 없이 개별적인 자아비판에 대한 폭로는 몇몇 개인에게만 영향을 미칠 뿐, 그룹이나 세대에 대해서는 영향을 주지 못한다. 그렇기 때문에 개별적인 인식은 명확한 결별이라기보다, 은퇴나 유보 등과 같은 형태로 나타난다. 예컨대 마르셀 프르낭처럼 자신의 정치적 노선이 확실함에도 불구하고 이를 멘델의 법칙보다 우선시하기를 거절했다는 이유로 당으로부터 처벌받은 경우에는 당 내부에서만 통용되는 '비판적 공산주의' 입장으로의 후퇴 이상으로

---

4) 불가리아에서 점차적으로 권력을 장악한 공산당은 반대세력을 제거하고, 당 내부에서 정화작업을 감행한다. 모든 반대세력에 대한 제거작업은 스탈린식 재판과 뒤이은 코스토프의 교수형으로 절정에 달한다.─옮긴이

나아가지 못한다. 그런가 하면 스탈린의 '과오'와 '범죄'를 공식적으로 인식할지라도 공산주의 지식인들의 집단적인 탈출은 일어나지 않는다. 조직 스스로 개혁할 능력을 가지고 있다는 이들의 믿음이 더욱 강화될 뿐이다. 연령 면에서 이들은 레지스탕스운동이나 종전 이후에 나온 지식인부대의 주력보다 더 나이가 많거나 젊은 세대에 속한다.

가장 타격을 받은 지식인은 예술가·대학교수·기자 집단에서 찾아볼 수 있다. 반파시즘과 스탈린주의의 동일성이 참여의 동기가 되었던 이들은 1953년부터 모스크바로부터 스탈린체제의 오류가능성과 강압적인 성격에 관한 증거들을 입수했다. 스탈린이 죽고 한 달 뒤에, 스탈린의 암살을 시도했다는 이유로 고발당했던 소련의 유태인 의사와 의료인들에 대한 복권은 전체적인 과정을 함축적으로 잘 보여준다. 소련과 프랑스 공산당 간부들은 자신들의 과오를 인정하였고, 희생자들의 복권이 뒤따랐고, 그리고 자아비판을 할 수 있는 체제에 대한 찬양이 있었다. 한편 몇 달 전에 '당(黨性)'으로 자신들 동료의 재판을 지지하는 성명에 서명할 것을 부탁받았던 프랑스의사들은 수치심과 분노와 혼란에 휩싸였다. 하지만 당시는 소련과 프랑스에서 반미캠페인이 가장 강한 시기(로젠베르크와 리지웨이 사건)였기 때문에, 이 사건은 이슈화된 기간이나 대상 면에서 큰 파장을 일으키지 못한다. 1955년 소련과 유고슬라비아의 성대한 화해는 스탈린에 대한 직접적인 비난 없이는 불가능했던 터라 훨씬 더 혼란스러운 그 무엇을 담고 있었고, 이는 티토의 파문에서부터 인민민주주의국가들에 대한 재판에 이르기까지 냉전시기의 전반적인 공산주의 담론과 관계가 있었다. '기만을 당한' 것은 일부 전문가들이 아니라, 블록을 형성하고 있던 인텔리겐치아 전체였다.

그런데 1956년 들어와서 사태가 더욱 심각해진 것은, 훨씬 더 큰 범주에서——그리고 새로운 차원에서——1953년의 상황이 재현되었기 때문이다. 1953년 의료인들의 복권이 제20차 총회에서의 흐루시초프의 장문의 보고서로 대체되었고, 동베를린의 봉기가 11월 부다페스트에서 짓밟힌 봉기로 대체되었을 뿐이다. 그리고 대제사장들은 우상을 비난했고, 그 결과 신앙 자체가 무너질 위기에 처했다. 흐루시초프 자신과 그를 지지하는 세대들의 완벽한 권력탈취를 위해서는 반드시 필요했던 흐루시초프의 보고서가 자본주의 '전도대상국'의 성직자들 사이에서는 파국적인 결과를 초래했다고 주장하는 데는 그 나름대로 충분한 이유가 있다. 예컨대 1948년 프라하나 1953년 동베를린이 그냥 지나친 지점에서 부다페스트는 문제가 되었던 것이다. 물론 같은 시기에 폴란드의 항의는 국민들의 의식을 안심시키기에 충분한 '내적인' 방식(고물카가 축출되고 비에루트가 그 자리에 들어섰다)으로 해결되었다.

가장 조직적인 지식인들은 성벽에 머물러 있게 되는데, 가령 조르주 코니오 같은 일부 지식인들은 추호도 흔들림 없는 모습을 보인다. 다른 지식인들은 탈스탈린주의를 이데올로기로 변형시키고, 아라공 같은 이는 자아비판을 충성심을 공고히 하는 도구로 만들게 된다. 마지막으로, 1961년 '정통성에 대한 회의'를 토로하는 소설 『붉은 광장』(*La Place rouge*)을 출판한 피에르 쿠르타드 기자와 같은 몇몇 지식인들은 거의 혼란에 가까운 극심한 불안감을 표출하게 된다. 하지만 하부조직으로 갈수록 동요가 심해졌음에도 불구하고, 당에 대한 신뢰를 버리지 않고 당이 지시하는 방향으로 일상투쟁을 전개해 나가는 창작자와 중재인들이 여전히 많이 존재했다. 어느 날 갑자기 스탈린주의에 대해 비난을 퍼붓는다고 해서, 자동적으로 사회가 덜 불공정해지는 것은 아니다. 지식인들의 개별투쟁은 계속된다. 그리고 개개인의 특별한 각성, 즉 자신의 천칭저울 이쪽저쪽의 위치가 바뀌는 순간, 지식인의 결별은 가시적으로 드러난다. 로제 바이앙은 스탈린의 초상을 떼어버리고 조용히 멀어진다. 하지만 그는 '당원증을 다시 받아' 1959년까지 지니게 된다. 도미니크 드장티는 1957년 당원증을 획득하지만 자신의 세포조직에 더 이상 발을 들여놓지 않고, 세포조직은 그를 추방하지 않으면서 그의 결별을 인정한다. 클로드 루아는 "노동자계급과 인민의 적, 반동에게 득이 되는 행동을 했다"는 이유로 공식적으로 쫓겨났다. 많은 동료들의 모델인 장 폴 사르트르는 1956년 11월 9일 『렉스프레스』지에 프랑스공산당과의 결정적인 결별을 의미하는 헝가리에 관한 글을 싣는다. 그 상황에서 지식인이 할 일이 없지 않은 것은 사실이다. 이 시기는 프·영 원정대가 수에즈로 출발한 때였고, 냉전에서 프랑스의 식민지전쟁으로 전선은 가까워오고 있었다. 그리고 그 어느 때보다도 참여의 성격보다 원칙을 의심하는 것이 문제였다.

제9장
알제리전쟁과 그 이후(1956~68)

시몬 드 보부아르는 『사물의 힘』에서 이렇게 쓰고 있다. "알제리전쟁이 나의 생각과 수면, 나의 기분을 침범하게 내버려둔 것은 좋아서 그런 것은 아니다." 개중에는 과장된 것도 있고 또 회고 성격의 것도 없지 않지만, 일부 프랑스 인텔리겐치아의 '생각' 속에 북아프리카 사건들은 여전히 깊은 흔적을 남기고 있다. 알제리전쟁에 반대한 지식인의 저항이미지가 정당해서가 아니다. 어쨌든 5년여 동안 알제리전쟁은 수많은 지식인들을 '글의 전쟁'에 뛰어들게 했다.

그 결과, 알제리전쟁 이후의 몇 해는 얼마간 거리를 두고 보면 불확실한 시기처럼 보인다. 이 기간 동안 지식인들은 전쟁에서 물러나 자신들의 일로 돌아가는 듯했지만, 심층적으로는 외부와 단절된 상태에서도 사회학과 이념 면에서 커다란 변화를 꾀한다. 특히 공산당의 측면에서 출현한 극좌파는 뒤이은 시기들을 특징짓게 된다. 국제상황이 변화하고 이데올로기의 교체와 세대교체가 이루어지면서, 1968년 5월 이전에 이미 고립의 단계는 막을 내린다. 특히 국제적으로는 '데탕트'와 미국이 베트남내전에 점점 깊이 개입하는 상황이 전개된다.

바뀌지 않은 정세?

1956년 알제리상황의 악화로부터 1968년 봄의 열광을 갈라놓은 시기는 지식인과 참여의 역사에서 결정적이다. 그러나 파리가 해방된 지 24년, 1947년의 대분열이 있은 지 21년이 지난 1968년의 새로운 세대의 슬로건과 정치적 기준점이 독일점령 시기와 냉전에서 엄청나게 멀어진 듯했을지라도, 지식인을 둘러싼 정세의 윤곽은 1939~45년의 혼란과 뒤이은 '대분열'이 그려놓은 모습을 그대로 유지한다.

계속된 전쟁의 흔적

2차대전이 종결된 지 10년이 넘었지만 여전히 우파는 주변부에 머물고 있는 상황에서, 전쟁의 후유증은 폭넓게 감지된다. 과거 협력주의자들은 소외되고 있었고, 작가와 대학교수들로부터도 의심을 사고 있었다. 15년 전 국가혁명에 대한 적극적인 지지와 전후 전범재판의 기억이 줄곧 그들을 옥죄고 있었는데, 무엇보다도 다음 두 가지 단서가 이를 잘 말해 준다. 1954년, 열렬한 페탱주의자였으며 전쟁시기에 포로수용소에서 '국가혁명연구모임'을 주도했던 장 기통이 1954년 소르본대학 철학사교수로 임명된다. 이 임명은 개강과 더불어 공산주의 학생들에게 조직적인 소요의 빌미를 제공하며, 지식인공동체를 분열시킨다. 작가 질베르 세브롱은 철지난 싸움에 다시 불을 지피는 소르본의 '애늙은이들'의 데모를 비난했다면, 반대로 클로드 아브린은 '진정한 젊은이들'을 옹호한다. 50년대 중반 소르본의 이 임명은 1939~45년에 일어났던 사건의 영향을 받는다.

아카데미 프랑세즈처럼 정치적으로 우파성향을 보이는 기관에서조차 전쟁의 여파는 오랫동안, 특히 폴 모랑의 입후보시기에 감지된다. 전후에 필립 페탱을 비롯한 여러 회원들이 축출되었지만, 우파의 페탱파는 여전히 활동을 하고 있었다. 또 프랑스 아카데미 회원들은 장 기통이 분노와 소란으로 들끓는 소르본에서 강의를 시작했을 때 그에게 문학대상을 수여했고, 7년 후에는 일곱번째 의석에 그를 선출하기까지 했다! 그런가 하면 1958년 비시정권에서 루마니아와 스위스 대사를 지냈던 폴 모랑이 1958년 후보로 나서 엄청난 반향을 일으키고 결국 실패로 끝난 곳 또한 콩티가의 아카데미 프랑세즈였다. 전후에 사면이라는 혜택을 누렸던 이 소설가에게는 전쟁시기 그의 지위뿐 아니라 점령군에게 이로운 행동을 했다는 비난이 쏟아졌다. 아카데미 회원 다니엘 롭과 피에르 브누아, 자크 드 라크르텔의 강력한 지지를 받아, 1957년 9월에 그는 아카데미 회원에 후보로 나선다고 발표했다. 그해 겨울, 향후 선거를 둘러싸고 사방에서 음모가 꾸며졌다. 종전 직후 프랑스 아카데미 회원으로 선출된 드골파의 루이 파스퇴르 발르리 라도 의사가 모랑의 출마에 반대하는 그룹의 선두에 섰으며, 특히 작가 쥘 로맹과 조르주 뒤아멜, 프랑수아 모리악이 주요 멤버였다. 마침내 1958년 5월 28일 반대그룹은 모랑의 회원선출을 저지하는 데 성공했다. 한 표가 부족했다! 폴 모랑은 10년을 기다려, 파리해방 24년 후인 1968년에 비로소 프랑스 아카데미 회원으로 선출된다.

'친구', 인텔리겐치아의 양지와 음지

　2차대전의 여파가 지식인의 판도에 계속 영향을 끼쳤다면, 다른 요소들은 이와 같은 판도, 특히 두 진영의 단절을 장기적으로 고착시키는 데 일조한다. 전후 수십 년 동안, 정치적 판세의 변화에도 불구하고 파리고등사범학교 시절 절친한 '친구'였던 장 폴 사르트르와 레이몽 아롱은 대립하는 두 진영을 각각 대표하게 된다. 2차대전이 발발하기 전부터 두 사람은 크게 차이를 보였으며, 이들의 행보는 갈라졌다. 우선 '직업' 면에서 레이몽 아롱은 대학의 길을 선택하고 박사학위를 준비하고 전쟁 직전에 대학강의를 얻는 데 비해, 사르트르는 고등학교교사로 남았으며 준비하고 있던 철학책과 병행하여 자신의 성찰 일부를 단편소설이나 연극처럼 쉽게 접근할 수 있는 장르를 통해 전달하는 쪽을 선택한다. 사르트르는 1938년에 『구토』를 발표하고 이듬해에 『벽』을 출판한다. 대중들에게 쉽게 다가갈 수 있는 이와 같은 방식이 사르트르의 몇 가지 주제를 훨씬 대중적인 주제로 변화시키는 데 기여했을 것이라는 점은 의심의 여지가 없다. 특히 정치적 차원에서, 전전(戰前)의 시기는 아롱과 사르트르가 서로 다른 길을 걷는 중요한 계기가 된다. 여느 젊은 철학자들과 마찬가지로 두 사람 다 30년대 초에 당시 전통이라 할 수 있었던 독일여행을 한다. 하지만 라인 강 저편의 체류는 아롱에게 더 많은 영향을 주었다. 이때부터 아롱에게는 그후 변하지 않는 몇 가지 특성이 결정적으로 형성되는데, 자기 고유의 영역에서 벗어나 정치·경제·국제관계에 관심을 기울이기 시작하였고 30년대부터 대두한 전체주의에 대해 깊이 사고하게 되었으며 이로부터 점차 자유주의로 기울어지면서 마침내 평생 자유주의를 추구하게 된다. 1936년까지만 해도 아롱은 사회주의 쪽에 표를 던졌으나, 이 시기의 사르트르는 정치적으로 아직 성숙되어 있지 않았다. 앞에서 보았듯이 사르트르는 1936년 투표에 참여하지 않았다.

어쨌든 2차대전 때까지는 두 사람 다 명성이 그리 높지 않은 30대의 젊은 교수들이었으며, 아롱은 런던에서 『자유프랑스』(*La France libre*)에 기고하며 전쟁시기를 보낸다. 그후 수십 년 동안 사르트르와 아롱은 모든 면에서 서로 대립되는 두 진영의 대변인이 된다. 그들이 함께

1945년 가을에 창간한 『현대』의 편집위원회에 두 사람 다 참여한 시기에서부터 사르트르가 죽기 몇 달 전인 1979년 베트남난민을 위한 공동행진에서의 늦은 만남에 이르기까지 30여 년 동안 두 사람은 직·간접적으로 논쟁을 벌이게 된다.

우리는 장 폴 사르트르가 전후에 어떻게 그토록 빨리 큰 명성을 얻고 지식인참여의 상징이 되었는지 앞에서 살펴보았다. 이때부터 10여 년 동안 사르트르는 프랑스공산당과 복잡한 관계를 유지하며, 프랑스공산당은 지식인계층에게 실질적인 영향력을 꾸준히 행사하게 된다. 사르트르는 처음에 당으로부터 격렬한 비난을 받지만, 그후 『공산주의자들과 평화』(*Les Communistes et la paix*)의 출판과 더불어 적어도 4년 동안 이어지는 동조자단계에 접어든다. 그리고 1947년 『사상』지는 그를 '파괴자' 혹은 '천한 사람'으로 취급하며, 이듬해 『프랑스인의 편지』는 "더러운 손을 가진 자는 사르트르이다"고 선언한다. 공산당과의 동조자 관계는 『렉스프레스』(1956. 11. 9)의 인터뷰를 통해 그가 공산당과 거리를 갖게 되는 헝가리사건 때까지 유지된다. 이 단계에서 그는, 같은 시기에 레이몽 아롱이 이데올로기가 만든 아편연기라고 정의한 것에 취한 지식인의 전형을 구현한다.

제4공화국 내내 흐름을 거스르며 소외되어 있던 레이몽 아롱은 좌파지식인들과 싸우며, 1955년에는 『지식인들의 아편』에서 마르크스주의와 공산주의가 지식인들을 사로잡는 매력에 대해 고발한다. 당시 두 사람의 명성은 크게 차이 났음에도 불구하고, 1955년까지 10여 년 동안 대학을 떠나 있었던 레이몽 아롱과 장 폴 사르트르는 전후 수십 년의 지식인구도에서 두 진영의 커다란 축을 이룬다. 물론 당시 아롱의 진영은 음지에 해당한다. 앞장에서 살펴본 제20차 총회와 가을의 헝가리사태 등 잇따른 충격이 이와 같은 판도를 지속적으로 깊숙이 뒤흔들기는 하지만, 그렇다고 전체적인 구조가 그만큼 변화한 것은 아니었다. 1956년 이후에도 좌파지식인들은 수적으로 상당한 우세를 보이고 마르크스주의는 한동안 헤게모니를 유지하는 데 비해, 우파는 방어적인 전투에 그친다. 그렇다면 전후시기에 비해 상황이 전혀 바뀌지 않았단 말인가? 물론 그렇지는 않다. 전체적인 구조는 여전히 그 상태를 유지했지만, 두 진영의 지형은 바뀌기 시작했다. 특히 한편으로는 새로운 세대의 출현과 또 한편으로는 식민지문제가 전국적인 논쟁의 최대 이슈로 등장하면서 변화의 과정을 가속화하게 된다.

망데스세대

이러한 관점에서, 이 시기의 망데스주의 그리고 특히 젊은 지식인들과의 관계는 좋은 예가 될 것이다.[1] 망데스주의와 젊은 지식인들의 관계에 대한 연구는 이 시기 무대에 등장한 지식인세대의 단면을 잘 보여준다.

물론 피에르 망데스 프랑스는 당시 수많은 지식인들을 매혹시켰고 그들의 지지를 받았다. 하지만 이러한 사실은 문제를 해결하기보다 더 많은 문제를 제기하게 된다. 어떤 면에서는, 지식인들의 망데스 지지는 독특하다. 대부분 극단주의로 치달았던 지식인들이, 자신들의 도움을 전혀 받지 않고 12년 동안 의원으로 재직하고 있던 급진파 국회의원이자 국무회의 의장인 망데스에게 이끌린다. 이와 같은 지식

---

1) 우리는 이미 『피에르 망데스 프랑스와 망데스주의 *Pierre Mendès France et le mendésisme*』에 서 이 관계에 대해 좀더 길게 분석했다(프랑수아 베다리다와, 장 피에르 리우 엮음, 파이아르출판사, 1985. pp. 87~100).

인들의 태도는 지식인유형론 그 자체를 뒤흔들어놓으며, 지식인역사의 거대 시각을 변질시키게 된다. 현상에 대한 연구는 매우 미묘해서 좀더 심층적으로 들여다보면 또 다른 모순이 드러나게 마련이다. 물론 지식인들의 상당수가 이 외르 출신 국회의원의 정치적 행동에 대해 동질감을 가졌지만, 당시 저명한 지식인들은 대부분 그의 부름에 응답하지 않았으며, 이때까지만 해도 전문가적 자질이나 명성이 아직 선명하게 드러나지 않던 젊은 지식인들이 망데스의 단체를 만드는 데 주로 참여했다.

이데올로기적 우울증

사실 이와 같은 외형적 모순은 무엇보다도 세대라는 용어로 분석해야 한다. 신세대 지식인의 각성은 당시 이데올로기적 우울증이 팽배해 있던 프랑스에서 시작되었다. 당시 마르크스주의의 강한 압력은 조금씩 힘을 잃어갔는데, 좀더 정확하게 이러한 퇴조는 레지 드브레의 용어를 빌린다면 '상층 인텔리겐치아'의 일각에서부터 일어났다. 물론 지식인의 현상은 유행과 결합되기보다는 이데올로기적 체류성이 강하고 변화가 더디기 때문에, '상층 인텔리겐치아'의 다른 일각에서는 여전히 마르크스주의가 전파되고 있었다. 다시 한번 드브레의 용어를 빌리자면, '단순전문직의 지식인'들 속에서 그러했다. 어쨌든 마르크스주의가 한동안 상황의 주도권을 가지고 있었던 것은 분명하지만, 더 이상 종전 직후와 같은 흡인력을 가지지 못한 것 또한 사실이다. 마르크스주의의 퇴조는 지식인계층 내에서 공산주의자들의 입지를 침식해 나갔다.

그렇다고 다른 좌파단체가 이러한 이데올로기의 공백을 채워나갈 수 있었던 것은 아니었다. 1946년 국제노동자동맹 프랑스지부는 레옹 블룸과 다니엘 마이에가 『인간의 척도로』(*A l'échelle humaine*)에서 옹호하고 있는 주제들을 사회주의계열에 불어넣고자 한 시도가 실패로 끝난 후, 극복할 수 없는 모순——즉 무기력과 퇴조——속에 빠졌다. 1951년 이래의 반대요법도 이런 원론적인 공허함을 메울 수 없었다. 그리고 급진사회당 역시 피에르 망데스 프랑스가 일시적으로 장악하기 전까지는 그리 호소력 있는 지적 기반을 제시하지 못했다. 물론 이 무렵 『사회주의 또는 야만』(*Socialisme ou Barbarie*)이나 얼마 후의 『논거』(*Arguments*)처럼 이데올로기의 선명성을 강조하는 시도들이 여기저기서 이루어졌지만, 좀더 폭넓게 출판(『정신』 *Esprit*, 『기독교인의 증언』 *Témoignage chrétien*, 『프랑스 오브세르베퇴르』 *France-Observateur*, 『렉스프레스』 *L'Express*)과 몇몇 '모임'을 통해서 자아를 모색한 것은 비공산주의 좌파계열이었다. 더욱이 그 뒤 지식인의 장을 크게 변화시키게 되는 갖가지 인문과학적 공헌이 이때 싹트기 시작한다. 그리고 이데올로기적 우울증의 개념은 가장 폭넓은 의미로 이해되고 상대적으로 해석되어야 할 것이다. 이데올로기적으로 방향을 잃고 정치적으로 매력을 상실한 좌파, 바로 그 속에서 새로운 지식인세대가 몸을 털고 일어나야 하리라는 점은 변함이 없다. 전쟁종식과 함께 자신들에게 쏟아진 불신으로부터 아직 회복하지 못한 우파지식인들처럼, 이 세대도 현존하는 모델이 아니라 다른 곳에서 자신들의 불안과 열망과 가치에 대한 대답을 찾아야 했을 것이다.

이 시기 프랑스는 이중적 정체성의 위기에 직면하여 선택의 기로에 서 있었기 때문에, 우파의 침묵과 좌파의 이데올로기적 혼란은 더욱 심각하게 다가왔다. '제국'은 갈가리 찢겨졌고, '영광의 30년'의 시작은 지난날의 정치적·사회적 분석 대부분을 무용지물로 만들어버렸다. 이러한 상황에서 망데스주의는 빈 공간을 채워주었다. 새로운 지식인

세대가 특히 망데스주의에 민감하게 반응한 것은 공백을 메우는 그 역할 때문이었다. 물론 개중에는 새로운 형태의 정치적 만남의 추구가 더 크게 작용한 젊은이들도 없지 않았다.

이 젊은이들만이 망데스주의로부터 영향을 받은 것은 아니다. 프랑수아 모리악부터 20대의 파리고등사범학교 학생까지, 전쟁 전부터 데카당스 주제에 몰입되어 있던 루비에르 시장의 동년배들에서부터 국립행정학교의 학생들에 이르기까지, 다양한 연령층이 망데스주의에 동질감을 가졌다. 한마디로 당시 지식인계층의 세대간 단절은 매우 두드러졌으며, 가장 젊은 세대가 망데스의 부름에 가장 많이 응답했다.

연령피라미드

1955년 무렵의 지식인집단 연령피라미드를 한번 조사해 보자. 가장 높은 연령에 속하는 모리악의 경우가 잘못 해석되어서는 안된다. 1953년 11월 14일자 『렉스프레스』에 실린 논단 「구혼자들」(Les Prétendants)이나, 특히 1954년 4월에 작성된 그의 「메모지철」(Bloc-notes)은, 이미 나이가 많고 재능이 입증된 작가들이 집단적으로, 아니 상당수가 피에르 망데스 프랑스가 이끄는 정치에 합류한 것을 의미하지 않는다. 당시 모리악은 68세였고, 노벨문학상을 받은 지 얼마 안 되었다. 이 경우 그의 태도는 특별한 지식인세대, 즉 1885년경에 태어나 2차대전 이전부터 인정받고 명예를 얻은 세대의 태도라기보다, 식민지 전쟁을 계기로 해서 일부 가톨릭지식인들의 피에르 망데스로의 합류와 공화인민단체가 동시에 겪는 무관심을 표현한다고 보는 것이 타당할 것이다. 1955년 12월 23일 『르 몽드』에 실린 선언문은 가톨릭신자들이 "좌파에 투표할 수 있다"고 천명한다.

세기초에 태어난 세대 역시 집단적으로 합류하지 않았다. 오히려 이와 관련해서는, 장 폴 사르트르와 레이몽 아롱이 각각 자신들의 성채에서 보여준 대립이 중요한 역할을 한다. 물론 모리스 메를로퐁티도 지대한 관심을 보인다. 사실 피에르 망데스 프랑스 주변에서 단체의 효과가 실질적으로 감지되기 시작하는 것은 1915년경에 출생한 다음 세대의 지식인들 속에서이다. 일간지 『르 몽드』팀이 그랬고 작가 알베르 카뮈도 그러했다. 하지만 일반적으로 "하나의 사건은, 세대를 발생시킨 이전의 사건에 노출되지 않은 사람들에게서만 세대를 생성하는 역할을 할 수 있다"(피에르 파브르). 전쟁 전에 공산당에 매료된 경험이 있고 독일점령과 전쟁 이후에 『투쟁』의 서정적 환상으로부터 영향을 받았던 알베르 카뮈 역시 비록 실질적으로 젖어들거나 그 가치를 높이는 일을 하지는 않았지만, 망데스주의를 경험했다.

반대로 알제리전쟁이 일어나기 전의, 위기에 빠진 프랑스의 이중적 정체성과 날로 증폭하는 체제와 정치계급에 대한 불신은 2차대전 이전 10여 년 사이에 태어나 1954년 무렵에 대학생이 되거나 직업전선에 뛰어든 젊은이들의 일부에게 근본적인 사건으로 작용했다. 한 연령세대의 지식인과 위기의 만남은 감성에 공통적인 흔적을 남겼으며, 위기에 대해 서로 비슷한 인식을 하고 동일한 열망을 품게 했다.

이전 세대의 이데올로기적 기준들은 뒤섞였고, 1955년에 '18~25세'의 젊은이들에게는 정치에 등을 돌리는 한이 있더라도 새로운 징후들을 찾는 것이 필요했다. 이렇듯 이들은 대부분 망데스주의의 그늘에서 각성되어 나갔다. 어떤 이들에게는 망데스주의가 연합의 중심이었고, 또 어떤 이들에게는 설혹 그것과 투쟁하더라도 기준점이 되었다. 세대의 효과가 집단적인 기억으로 자리잡을 만큼, 수많은 젊은이들이 망데즈주의와 직·간접적으로 연결되었다. 이와 관련해서는 비록 동일한 현상은 아니지만, 적어도 수적인 면에서는 60년대 말에 대학생계층을 중심으로 해서 형성된 1968년의 '좌파주의'가 연상된다.

물론 당시의 현상이 1935년을 전후해서 태어난 세대에게 국한되는 것은 아닐 것이다. 그것은 예컨대 『공화국연구』(*Les Cahiers de la République*)나 『렉스프레스』의 '포럼'란에 글을 쓰거나 1958년 5월 이후 '클럽 장 물랭'에 합류하는 30~40대 대학교수들에게도 영향을 끼치는데, 이들은 이 클럽에서 1955년 무렵에 외르의 국회의원에게 매료된 고위공무원들을 만나게 된다. 이처럼 지식인의 연령층이나 계파 측면에서, 망데스주의는 몇 년 전만 해도 공산당에 이끌려 주요 구성원이 되었을 젊은 대학인들과 일시적으로 결합된 일종의 성운(星雲)이었다. 지식인계층의 일부 연령층에서는 자신과 피에르 망데스 프랑스를 동일시하는 것은 곧 정치로 나아가는 입문 역할을 하기도 했다. 또 구조 면에서는, 물론 통계적 사실의 검증을 받아야 하겠지만 망데스주의는 학위를 소지한 새로운 계층의 출현이라는 상황 속에서 재위치지어질 수 있을 것이다.

하지만 상황 측면에서 망데스주의는 시기적으로 구체화되는데, 특히 1954년 여름부터 1956년 사이에 나타난다. 젊은 지식인들에게 망데스주의는 정치에 접근하는 경사로였다면, 이와 동시에 이들에게서 '망데스 효과'가 사라진 다음에는 이 젊은 지식인들을 프랑스전국학생연맹 같은 대학생조직이나 소규모 '신좌파'정당으로 재배치시키는 회전문 역할을 하였다. 그후 뿔뿔이 흩어진 망데스주의자들은 제5공화국 시기에 들어와서 이따금 정치에서 매우 멀어진 사람들을 중심으로 조직을 형성한다.

알제리의 영향 아래

그 사이, 정치적 상황은 알제리전쟁의 확대, 사르트르의 영향력 회복, '신좌파' 출현, 제5공화국 형성 그리고 극좌파 탄생 등으로 급속도로 변화했다. 망데스주의의 영향력과 관련해서, 1958~60년에 20세가 된 젊은 지식인들은 1954~56년에 20세가 된 젊은 지식인들과 똑같은 방식으로 정치에 눈을 뜨지는 않는다. 오히려 이들은 알제리전쟁의 그늘 아래서 전쟁에 대한 명확한 준거에 따라 정치교육을 받았다고 할 수 있다. 이와 같은 분위기는 자연스럽게 젊은 지식인계층을 뛰어넘어서 지식인계층 전체 혹은 대부분에게 직·간접적으로 확산되어 나간다.

전국적 규모의 비극

몇 년 전의 인도차이나전쟁은 온 국민의 의식을 뒤흔들어놓을 정도는 아니었다. '더러운 전쟁'을 폭로한 공산주의자들을 제외하고는, 대부분의 정당들과 여론은 모든 것이 소진되고 디엔비엔푸에서 돌발사건이 일어난 후에 비로소 이 전쟁에 관심을 기울였다. 인도차이나가 지리적으로 멀리 떨어져 있고 그곳에 프랑스인거주민이 없고 또 직업군인들만 인도차이나의 진창에 빠졌다는 사실 등이 인도차이나전쟁에 대해 관심이 쏠리지 않은 이유를 설명해 줄 수 있을 것이다. 그러나 동일한 이유들이 이번에는 전혀 반대의 측면에서 1954년부터의 알제리전쟁에 적용될 수 있다. 파리와 마르세유에서 비행기나 배로 몇 시간 거리인 지중해의 다른 쪽 해안에 100만이 넘는 유럽인들이 살고 있었다. 징집된 군대가 곧 파견되었고, 그리하여 많은 가족들이 그곳에 아들이나 동생 혹은 남편이나 약혼자를 두게 된다.

이러한 상황에서 참여지식인들은 날로 커져가는 일반인들의 혼란의 울림을 증폭시켜 주는 공명상자일 뿐이었는가, 아니면 논쟁을 통해 문제점을 도출해 내고 논쟁의 결과를 선명하게 함으로써 시민분열의 근원이 되었는가? 이것은 위기 때마다 민족공동체의 심층 속에서 활성화되어 나오는, 어떤 생각이 숨겨져 있는 고전적인 질문이다. 어떤 이들에게, '존경하는 교수님들'은 고의적으로 프랑스의 전쟁수행을 방해했고 승리에 대한 모든 가능성을 뒤흔들어놓은 존재로 비쳤다. 모리스 부르제 모누리는 프랑스군대의 고문자행을 고발하는 글 「프랑스 나의 조국」(France, ma patrie, 『르 몽드』의 '자유로운 견해'란, 1956. 4. 5)을 발표한 역사가 앙리 마루를 이렇게 정의했다. 또 다른 이들에게, 지식인들은 8년의 식민지전쟁으로 부패하고 폭력적인 탄압과 고문자행으로 얼룩진 조국의 명예를 구한 존재였다. 그러한 어느 쪽을 선택하는가는 역사학의 문제가 아니라 의식의 문제였으며, 그런 만큼 상처는 아직도 아물지 않았다.

누구에게나 선택은 고통스러웠다. 예컨대 알제리 출신의 알베르 카뮈는 1956년부터 고통스런 침묵 속으로 빠져들었다. 그럼에도 그는 세티프와 콩스탄티노플 사건[2]이 일어났던 1945년에 『전투』지에 '정의'를 호소하는 사설을 발표했으며, 페르하 아바스[3]가 제시한 몇 가지 요구를 지지했다. 그리고 11년이 지난 1956년, 그는 알제리에서의 '휴전'을 호소했다. 이는 그가 알제리전쟁에 대해 언급한 마지막선언 가운데 하나일 것이다. 시민들에 대한 테러와 폭력에 강한 혐오감을 가졌던 그는 과격해져 가는 양쪽 진영 중 어느 쪽에도 전적으로 참여할

---

2) 나치독일의 몰락을 경축하기 위해 거리에 나선 알제리 민족주의자들이 알제리독립을 외치자, 이에 경찰이 시위대를 향해 총격을 가한 사건 – 옮긴이
3) 알제리의 독립운동가이며 정치가(1899~1985)이다. – 옮긴이

수 없었다. 10년 넘게 프랑스 알제리과격파들의 목표가 되었던 그는 그때부터 4년 동안, 1960년 1월 자동차사고로 세상을 떠날 때까지 '진보주의'지식인들로부터도 욕을 먹는다. 이미 보았듯이 그들은 1952년의 『반역자』(*L'Homme révolté*)를 잘못 이해하였고, 논쟁에 참여한 사르트르가 카뮈에 비해 옳다고 결론지었다. 그리고 1957년 12월, 스톡홀름의 노벨문학상 시상식에 참석한 카뮈가 알제리전쟁에 대해 "나는 정의를 믿는다. 하지만 나는 정의보다 어머니를 보호할 것이다"라고 발언하자, 지식인들은 분노한다. 대부분 잘못 해석되고 변질되어 버린 카뮈의 이 표현은 불확실과 혼란을 지적한 용감한 고백 그 이상도 이하도 아니었다. 이해받지 못하고 비난의 세례를 받은 카뮈는 침묵으로 돌아갔다.

이데올로기적 성격의 토론?

이때를 즈음하여 논쟁은 더욱 격렬해지고 지식인들은 더욱 빈번하게 개입하기 시작했다. 이와 같은 지식인의 역할 증대는, 전쟁이 국가 차원의 비극이 되어버린, 즉 역사적으로 지식인들이 참여하기에 적합한 상황에서만 비롯되는 것은 아니다. 훨씬 깊은 원인, 지식인들 고유의 원인이 존재한 듯하다. 탈식민화의 충격파를 둘러싸고 두 가지 지각이 대립하였으며, 지식인들은 그에 대한 논거를 제공할 것을 요청받았다. 알제리사태는 탈식민화의 프랑스 측면을 고스란히 보여주고 있었던 것이다.

좌파의 경우, 마르크스-레닌주의에서 자양을 얻고 역사의 필연적인 법칙이라고 확신한 반식민주의 이데올로기는 개선이 불가능하다고 판단되는 체제를 가차 없이 비난했다. 이 점이 중요한데, 왜냐하면 세대간 단절의 출현을 이 차원에서 설명하기 때문이다. 가장 젊은 지식인들은 경제적 착취라는 분석의 관점에서 '식민주의'를 폭로했으며, 비마르크스주의자들의 경우는 윤리의 이름으로 식민주의를 비판했다. 반대로 양차대전 사이에 교사공화국을 형성했던 가장 나이 많은 지식인들 가운데 이와 같은 추론을 하는 사람은 드물었다. 좀더 깊숙이 들여다보면, 좌파지식인들은 알제리전쟁을 계기로 실제로 알려진 것보다 훨씬 더 분열되었다. 역사가 특히 좌파 내 독립지지자들의 투쟁을 기억했다면, 프랑스령 알제리 지지입장을 옹호하는 데 앞장선 좌파들도 많았다. 그리고 이런 입장차이가 이유가 되어, 기 몰레의 사회당정부와 일부 좌파지식인들 사이에 결별이 일어나지는 않았다. 그들은 합리적인 좌파문화의 토대에 대한 집착을 버리지 않았으며, 그 결과 정치적으로 반동적인 알제리민족주의 투쟁보다 동화와 교육을 통한 점진적인 해방의 미덕을 믿었다. 정교분리 원칙을 지향하는 대투쟁 속에서 태어난 이 세대에게도 이슬람적 요인은 특별히 진보적으로 보이지 않았다. 결국 이러한 이유로 해서, 폴 리베나 알베르 바이에 같은 좌파들도 우파지식인들과 크게 다르지 않았다.

좌우의 분열이 알제리비극에 대한 지식인들의 입장을 부분적으로 설명해 주는 것이라면, 세대적 요인 또한 반드시 고려되어야 한다. 이럴 때 예컨대 피에르 비달 나케가 '짐꾼들'에 관한 책의 서문에서 "내 세대의 많은 사람들에게 기 몰레에 대한 기억은 예컨대 프랑코에 대한 기억과 같은 이름으로 비난을 받는다"라고 쓴 것을 더 잘 이해할 수 있을 것이다.

칼과 펜, 또다시?

대립이 감정적 차원으로 뛰어넘어서 치달으면서, 식민지화에 대한 이데올로기적 논쟁에 윤리적 고찰이 첨가되었다. 윤리적 고찰은 '식민주의'의 본질뿐 아니라, 좀더 구체적으로 전쟁의 수행방식까지 대상으로 한다. 혹자는 국가를 이유로 내세워 사용된 수단을 정당화했으며, 혹자는 그에 대항하여 도덕과 자유를 내세웠다. 전쟁에 사용된 수단을 둘러싼 대립은 드레퓌스사건을 연상시키지만, 드레퓌스사건은 좌파지식인들을 하나로 묶었다면 알제리는 이들을 분열시켰다. 그럼에도 적어도 다음 세 가지 점에서 공통된 특징을 발견할 수 있다. 두 경우모두 싸움이 시작된 것은 커다란 원칙 때문이었다. 1898년에는 정의와 진실이 대원칙이었다면, 50년대 후반에는 인권과 민족자결권이 원칙으로 내세워졌다. 두 차례의 이 싸움에서 전위에 선 것은 지식인이다. 1898년 지식인들은 특히 군사제도에 맞섰으며 칼과 펜은 '공화국에서의 고문'을 둘러싸고 대립하였다. 1958년, 예컨대 미뉘출판사는 공산당기자 앙리 알레가 자신이 체포된 과정과 프랑스공수부대에 의한 고문을 폭로한 『질문』(*La Questions*)을 출판했다. 책은 곧 바로 압수되었고, 출판인 제롬 랭댕은 군대의 도덕성을 침해했다는 이유로 체포되었다.

이 전쟁에 우파지식인도 참여했다. 우파지식인의 공격력이 좌파지식인들보다 약했지만, 그들의 논거는 국익이나 총체적 제국의 유지에 국한되지 않았다. 그들 중 상당수는 공산주의와 이슬람에 의해 이중적으로 위협받는 서구 기독교문화의 수호라는 이름으로 동원되었다. 이렇게 해서 만들어진 논거들과, 알제리전쟁이 첨예해졌을 때 많은 장교들이 취했던 태도의 지적 토대 사이에 어떤 상호연관성이 있는지 살펴보아야 할 것이다.

어쨌든 좌파지식인들과 마찬가지로 우파지식인들도 일사불란한 진영을 갖추지 못했다. 우파진영 내에서도 알제리 항거에 대한 태도가 다양하게 나타났다. 특히 가톨릭지식인들은 정치적 입장에 대해 일정한 거리를 유지했다. 프랑수아 모리악은 모로코의 혼란이 발생한 후 『르 피가로』에서 『렉스프레스』로 옮겨갔는가 하면, 가령 클로드 부르데가 「알제리의 당신의 게슈타포」(Votre Gestapo d'Algérie, 『프랑스 오브세르바퇴르』)에서 "역사와 여론 앞에서 책임질 사람은 망데스 프랑스와 미테랑이다"라고 선언했을 때 그 역시 「질문」(『렉스프레스』 1955. 1)을 통해 고문행위를 고발했다. 피에르 앙리 시몽은 『르 몽드』의 지면과 자신의 책 『고문에 반대하며』(Contre la torture)를 통해 단호한 투쟁을 전개했다. '자유주의'지식인들도 분열되었다. 이를테면 레이몽 아롱은 『알제리의 비극』(La Tragédie algérienne)에서 알제리의 독립은 인구통계학적으로나 경제적인 이유로 필연적인 것이라고 말한다. 하지만 아롱의 이러한 논거는 프랑스령 알제리를 조장하는 사람들에 의해 정반대의 의미로 사용되었다. 그들은 사하라의 탄화수소 발견이 공표됨으로써 자신들의 분석이 확인되었다고 믿었다.

우파나 좌파 그리고 '진보주의적' 해결방식을 주장하는 사람들과 마찬가지로, 프랑스령 알제리의 지지파에게 북아프리카전쟁에서 지식인의 역할은 한마디로 "글의 전쟁"(미셸 크루제)이었다. 『에스프리』 『현대』처럼 제2의 청년기를 맞은 잡지들 주변에서 특히 정치주간지들이 자신들의 목소리를 냈다. 전후에 우후죽순 생겨난 『전투』 등의 일간지들에 뒤이어 50년대 전반에 주간지 두 개가 창간되었으며, 이 주간지들은 발행부수보다 지식인계층에 대한 영향력으로써 중요한 비중을 차지하게 된다. 1950년 클로드 부르데와 로제 스테판, 질 마르티네가 창간한 『로브세르바퇴르』(1954년 『프랑스 오브세르바퇴르』로 개칭)는 '비동맹주의'와 '식민지해방투쟁' 노선을 중심으로 형성되었다. 그리고 1953년 5월에 등장한 『렉스프레스』는 피에르 망데스 프랑스에 대한 지지와 알제리전쟁에 대한 태도로써 비공산주

의 좌파 내에서 가장 많이 읽힌 투쟁지가 되었다. 1955년 10월에
『렉스프레스』는 외르의 국회의원을 국무회의 의장에 앉히려는 희망
속에 일간지로 바뀌었다가 1956년 3월에 다시 주간지로 돌아갔다.
지하에서 탄생한 『기독교인의 증언』 역시 알제리전쟁 시기에 중요한
역할을 했다. 이상 세 개의 주간지와 『르 몽드』는 1957년 자크 수텔에
의해 '프랑스 역선전의 4대 잡지'로 지칭되었다.

지식인들이 이 정치주간지들의 지면에서 중요한 역할을 하였다면,
그것은 이 매체들이 지닌 짙은 문화적 농도 때문이었을 것이다. 더욱이
이 시기의 상황이 전혀 새로운 것은 아니었다. 이미 양차대전 사이에
『마리안』이나 『캉디드』 같은 신문들이 그때까지 잡지가 담당해 오던
역할까지 감당하면서 문학, 특히 소설과 단편소설에 지면을 할애했
다. 전후에 주간지들은 대체로 문화적 색채를 띠고 있었지만, 그러면
서도 별도의 지면을 통해 순수문학에서 철학과 인문과학으로 점차
대체해 나간다.

'신좌파'의 탄생

알제리전쟁이 지식인사회를 심각하게 분열시키고 또 이 분열이
'글'을 통해 증폭된 것은, 이 전쟁이 국민들의 의식을 송두리째 뒤흔들
어놓았고 특히 젊은이들에게 깊은 흔적을 남겼다는 것을 잘 설명해
준다. 이와 같은 혼란의 시기에 젊은이들은 시민토론 속에서 각성되어
나갔다. 게다가 이미 강조했듯이, 정치의 장에서는 알제리전쟁이
망데스주의보다 신세대에게 더 큰 역할을 했다고 보는 것은 결코
지나친 생각이 아니다. 그리 세밀하게 분석하지 않고도 우리는 30년대
에 태어난 알제리전쟁의 세대에 관해 말할 수 있다. 북아프리카 사건들
에 동원된 젊은이들은 몇 해를 지중해 저편에서 보냈다. 소집된 병사들

이나 재소집된 병사들 혹은 제대가 연기된 병사들, 수많은 젊은이들이 1914~18년 군인들의 상처와 결코 다르지 않은 깊은 전쟁의 상처를 간직하게 되었다.

특히 이 연령층의 '지식인'집단에게 상처는 중요했다. 물론 대학생 계층은 징집유예로 알제리사건의 영향을 즉각적으로 받지는 않았지만, 이들 내에서도 전쟁은 급격한 변화를 초래했다. 1956년에 프랑스 전국대학생연합은 '소수파'가 장악하게 되었고, 대학생조직의 운명을 짊어진 새 집행부는 알제리전쟁에 반대하는 정치적 입장을 밝혔다. 그후 집행부가 교체되고 기독교대학생청년회 출신으로 구성된 새로운 대학생층이 윤곽을 드러냈으며, 이들은 스스로를 "이상한 전쟁을 수행한 세대"(자크 쥘리아르)라고 간주했다. 이 대학생층이 점차 늘어나서 마치 독립적인 하나의 세대를 형성한 듯했다. 바로 이들이 60~70년대에 30대의 나이로 출판과 저널리즘 그리고 대학 등지에서 지식인계층으로 등장한다. 이들의 정치적 각성과정과 사회에서의 위치는 이들의 입지를 더욱 공고히 해준다. 그리고 1971년 에피네 총회[4] 이후에 다시 출현한 비공산주의 좌파의 일종의 '정치적 묘판' 역할 또한 이들을 하나로 뭉치게 한다.

많은 젊은 지식인들을 비공산주의 좌파로 이끌었던 망데스주의 이후, 북아프리카 사건들은 몇 년 뒤에 이 세대 속에 공산주의에의 관심을 다른 쪽으로 돌리게 하는 새로운 우회로를 형성했다. 특히 대학생계층에서 충원된 이 시기의 '신좌파'는 식민지전쟁에 대한 책임 문제로 비난을 받았던 국제노동자동맹 프랑스지부(구 프랑스사회

---

4) 1971년 6월 11일부터 13일까지 에피네 쉬르 센에서 열린 국제노동자동맹 프랑스지부 제58차 총회의 통칭. 사회주의계열이 단합하고 혁신하는 계기가 되는 총회였다.─옮긴이

당)와 공산당에 대한 무관심을 그 연원으로 하고 있다. 물론 1956년의 혼란은 이러한 현상에 결정적인 역할을 했다. 흐루시초프의 보고서와 헝가리의 잇따른 충격은 불과 몇 달 사이에 수많은 지식인들이 당을 떠나는 계기가 되었으며, 탈당을 유보한 사람들도 당내에서 '반대파'의 역할을 하게 되었다. 이미 그 영향력을 도전받고 있던 프랑스공산당은 알제리전쟁 반대투쟁에서의 미온적인 태도로 말미암아 더욱더 심한 타격을 받았다. 프랑스공산당에서의 이탈이 '신좌파'의 탄생을 용이하게 했을 뿐 아니라 공산당 언저리에서의 극좌파 탄생을 가능하게 했기 때문에, 충격은 더욱 컸다. 특히 극좌파는 공산당이 좌파지식인계층 내에서 실질적인 헤게모니를 상실하는 결정적인 요인이 되었다. 망데스파에 접목한 '신좌파'는 그로부터 몇 년 후 통일사회당에 자양분을 공급하고, 70년대 들어와서는 사회당 속에서 다시 출현하게 된다.

우리는 「121인 선언문」을 이와 같은 재생의 상징으로 보아도 좋을 것이다. 1960년 9월, 121인의 작가와 대학교수·예술가는 '알제리전쟁 불복종의 권리'를 천명하고 "우리는 알제리민족을 향해 무기를 드는 걸 거부하는 것을 존중하며 정당하다고 판단한다"고 결론짓는다. 프랑스공산당을 침묵케 한 이 선언문은 10여 명의 저명한 좌파인사들로부터 서명을 받는다(처음의 121인 핵심 인사들에 새로운 이름들이 추가된다). 알제리전쟁 말기에 이렇게 간접적으로 태동하고 있었던 것은 다름아니라 60년대에 성장하고 1968년 5월에 스포트라이트 속에서 모습을 드러낸 가장 넓은 의미에서의 '좌파'경향이다. 물론 절정의 시기에 이 좌파경향에 몸담게 되는 대부분의 연령층이 알제리전쟁으로부터 직접적으로 영향을 받은 것은 아니다.

'짐꾼'과 '테러의 밤'

이와 반대로, 이들의 선배들은 1962년까지 계속 전쟁에 동원되었다. 물론 1958년 5월[5]에 그들 중 상당수가 "경악에 빠졌다"(장 폴 아롱). 1958년 5월 25일, 카슬러·슈바르츠·얀켈레비치·리쾨르·로댕송·마돌 교수를 중심으로 공화국수호전국대학위원회가 조직되었어도 소용이 없었다. 사흘 후, 좌파정당·노조와 함께 나시옹에서 레퓌블릭광장까지 행진한 교사·교수 지식인들은 예정보다 일찍 치러진 제4공화국의 장례식에 참여했다. 이같은 정치적 배경의 변화에 더하여, 이듬해에는 이데올로기적 기준점에 혼란이 일어났다. 우파로 분류되고 '쿠데타'로 비난받던 군인들이 앞장서서 민족자결을 제안하며, 머지않아 군인들은 프랑스령 알제리를 주장하는 사람들의 적이 되고 표적이 된다.

전쟁 말기는 지식인들의 입장이 극단화되는 것으로 특징지을 수 있을 것이다. 예컨대 점차 불복종은 상당수 젊은이들을 사로잡게 되며 1960년 전국프랑스대학생연합의 총회에까지 파고든다. 같은 해 여름, 불복종의 원칙을 지지하는 선언문이 121인의 서명을 받는다. 게다가 이 선언문은 "억압받고 있는 알제리인들을 프랑스민족의 이름으로 돕고 보호하는 것이 자신의 의무라고 여기는 프랑스인들의 행위는 정당하다"고 판단한다. 9월 5일, 6명의 알제리인과 18명——대부분이 지식인이다——의 '짐꾼'[6]에 대한 재판이 열린다. 그들은 외부로부터 국가안보를 침해했다는 이유로 군사재판에 회부되었다. 알제경시

---

5) 드골과 함께 제5공화국이 출범한다.—옮긴이
6) 철학가 프랑시스 장송과 공산당원인 앙리 퀴리를 중심으로 만들어진 이 단체는 알제리 정치지도자들의 은닉과 국경통과, 외국에 거주하는 알제리인들의 모금운동, 인쇄 등을 주된 활동으로 하였다.—옮긴이

청의 전 경시청장 태장은 '고문'이 있었음을 증언하였으며, 피고인들과 연대한 장 폴 사르트르의 편지가 법정에서 낭독된다. 조직의 우두머리인 프랑시스 장송은 궐석재판으로 형을 선고받으며, 그 밖의 조직원들 대부분이 무거운 징역형을 받는다.

재판과 (알제리민족해방전선에 대한 직접적인 지원을 포함해서) 이들에게 가해진 비난을 계기로 이들은 무대의 전면에, 특히 알제리전쟁에 반대하는 지식인저항의 전위에 나서게 된다. 그러나 이 '짐꾼'조직은 북아프리카에서의 군사적 탄압에 적대적이었고 알제리독립의 입장을 점차 지지했지만, 이런 태도를 취하지 않는 계층까지 대표한 것은 아니었다. 그럼에도 '짐꾼'조직의 이와 같은 태도는 20여 년의 흐름 속에서 지식인의 극단화 경향의 징후이자 상징이라고 할 수 있었다.

다른 쪽의 입장 역시 경직화된다. 1960년 6월 20일 벵센에서 "알제리는 프랑스영토이며, 공화국의 일부로 남아야 한다"는 것을 상기시키기 위한 학회가 열렸을 때, 비도와 부르제 모누리, 뒤셰, 라코스트, 라파이, 모리스, 수텔 등의 정치인 곁에는 대학을 대표한 지라르데·외르공·푸르캥·무니에·푸알리에 등이 앉아 있었다. 그해 10월 7일, 벵센의 학회에 참석했던 일부 지식인이 포함된 「프랑스지식인선언문」(manifeste des intellectuels français)은 쥐엥 원수 뒤에서 '121인'을 공격한다. '배신자교수들'을 고발하는 사람들의 명단은 결코 얇지 않았으며, 예컨대 앙투안 브롱댕, 롤랑 도르줄레, 로제 니미에, 피에르 노르, 쥘 로맹, 미셸 드 생 피에르 등 많은 지식인들이 부름에 응답했다. 그로부터 사흘 후, 애국투쟁전국대학인 단체는 공개적으로 같은 태도를 취하며 "지식인계층에 속하는 121명이 알제리의 불복종을 정당화시키려 한 터무니없는 선언문을 배신행위로 비난한다."

한편 비밀군사단체는 '진보적' 지식인에 대해, 선언문 싸움과는 전혀 다른 방식을 사용한다. 파리에서 조직된 '테러의 밤'은 특히 지식인계층을 표적으로 삼았다. 1962년 1월과 2월에 위베르 뵈브메리 편집장을 포함한 『르 몽드』의 공동제작자들은 파리에서 플라스틱폭탄 테러로 희생된다. 마스테로서점과 정기간행물 『정신』도 급진파의 희생양이 된다. 이렇듯 비극적인 시기에 지식인들이 상황을 실질적으로 주도하지 못하는 속에서 부분적으로 역사가 이루어졌듯이, 역설적으로 지식인들은 역사의 주역이면서 표적이기도 했다.

관객으로 머물러 있던 사람들에게조차 '식민지 반대'는 종종 "정체성의 역사적 이유"(미셸 위녹)가 되었다. 알제리전쟁의 종식은, 드레퓌스사건으로 시작되었고 양차대전 사이에 확대되었으며 2차대전 이후 15년의 영광을 경험한 참여지식인의 황금세대에 종말을 고했는가? 새로운 시대의 문턱에서 어떤 이들은 그렇게 생각한다. 그리고 강단과 실험실과 작업대로 걸음을 옮기는 지식인들의 회귀는 그것이 옳음을 보여주는 듯하다.

1962년 이후, 일시적인 후퇴

물론 알제리전쟁의 잘못 봉합된 상처는 1962년 이후 지식인계층에게서 드러난다. 예컨대 1966년 4월 르노-바로 극단이 오데옹에서 초연한 장 주네의 알제리를 무대로 한 연극 〈병풍〉(Les Paravents)이 상연될 때는, 서구와 북아프리카 퇴역군인들의 극좌파단체들이 극장 주위에서, 때로는 극장 안에서 난동을 부리며 폭력적인 시위를 벌였다. 그렇지만 무엇보다도 역사가들을 놀라게 한 것은 비전제시에 있어서의 갑작스러운 공백현상이었다. 사람들이 클럽 내로 후퇴하고 서명활동이 둔화되고 새로운 좌표를 모색하는 등, 배경이 갑자기 변화하는 징후들이 크게 늘어난다.

클럽의 창궐

'클럽 장 물랭'은 레지스탕스에 참여했던 다니엘 코르디에, 스테판 헤셀, 필립 비아네가 주축이 되어 제5공화국 출범일인 1958년 5월 13일 다음날에 탄생한다. 이때는 '파시즘'에 저항한다는 뚜렷한 목표를 천명하였다. 그렇지만 잇따른 사건들이 더 이상 실질적인 위협으로 다가오지 않았기 때문에, 계획된 저항단체인 클럽은 "시민의 기본적인 자유를 위한 정치·사회 생활의 새로운 길"을 모색하는 실험실이 되었다. 1961년 말 쇠이으출판사에서 펴낸 『국가와 시민』(*L'État et le citoyen*)의 성공으로 고무된 클럽은 60년대 초 지식인판도에서 중요한 일익을 형성하게 되며, 루아오몽에서 열리는 클럽의 심포지엄은 유명한 행사가 된다. 조르주 쉬페르, 조르주 브델, 올리비에 슈브리옹 등의 핵심 멤버들을 중심으로 고위공직자와 법학교수·기자 들이 심포지엄의 주요 참석자들이었다.

물론 회원 500명이 채 안 되는 이 클럽의 중요성을 과장하지 않는 것이 바람직할 터이다. 게다가 이 클럽은 선거를 둘러싼 대립을 극복하지 못했으며, 특히 1963년에는 차기 대통령선거를 겨냥하여 가스통 데페르를 입후보로 나서도록 독려한다. 그럼에도 대부분의 지식인회원들은 클럽을 당파를 초월한 조직으로 간주했으며, 이와 같은 이유로 새로운 형태의 정치적 만남을 찾아 클럽에 합류했다. 알제리전쟁이 끝나고 제도적인 문제와 드골 이후의 문제가 지식인들의 주요 관심사가 된 시기에, 이 클럽은 반파시즘 레지스탕스운동에 참여한 지식인들, 망데스주의자들(비록 클럽이 초기의 '신망데스주의 예배당'이라는 색채가 바뀌었을지라도), '좌파가톨릭'을 비롯하여 다양한 층의 지식인들의 집결소 구실을 하였다. 새로운 제도와 보통선거에 의한 공화국대통령의 선거라는 원칙을 실현하는 일종의 문화적응의 통로가 되었던 것이다.

수평적 뇌전도

어떤 면에서 장 물랭 클럽과 이 시기에 출현한 그 밖의 100여 개 클럽은, 동원에서 해제되었지만 시민토론과는 단절되지 않은 지식인들의 자성적 조직이라 할 수 있다. 왜냐하면 1962년 이후에 지식인들의 후퇴, 즉 자성의 시기가 도래하기 때문이다. 지식인들의 이러한 후퇴는 계량화할 수 있는데, 『르 몽드』의 조사에 따르면 드골장군의 두 차례에 걸친 대통령임기 동안(1958~69) 488개의 선언문이 발표되었다. 그런데 선언문이 1958~62년에 집중적으로 쏟아져 나왔고 그후 "베트남에 관한 첫 선언문이 나오는 1965년 2월까지 공백기간"(도미니크 피에르 라르제)이 있다는 데 주목해야 한다. 이 기간은 의견통합의 시기로서, 이전시기와 대조를 이룬다. '경영(經營) 드골주의'는 승승장구하는 경제성장을 잘 관리해 나가며, 드골의 대외정책은 내부를 분열시키기보다 결집시키기 시작한다. 지식인들의 시민토론 참여 리듬은 국내공동체의 맥박강도와 직접적으로 비례하며, 프랑스 인텔리겐치아의 뇌전도 진동은 모든 시민단체의 뇌전도 진동과 일치한다는 관찰이 다시 증명된다. 그렇다면 60년대 초의 뇌전도가 수평적이었다는 말인가? 물론 그것은 아니다. 앞에서 보았지만, 지리적 이동과 이데올로기의 교체현상이 즉각적으로 작용한다. 하지만 지식인의 참여강도가 약화된 것은 분명하다.

변화하는 지식인

　알제리전쟁 종식 후 지식인들의 특성으로서, 참여강도의 약화만 나타난 것은 아니다. 이 시기에 지식인계층의 외형이 변화한다. 아니 좀더 정확하게 말하면 지식인계층 내의 역학관계가 변화하고 이 변화가 확인된다. 바야흐로 작가들에서 교수들로 대체되고 교수집단이 주류가 되었던 듯하다. 드골공화국 시기에 『르 몽드』가 수집한 488개 선언문에 서명한 160명의 주요 서명자 중 교수는 63명인 데 비해 작가는 42명에 불과하다. 전직교사이자 작가인 장 폴 사르트르가 91회의 서명으로 1위를 차지하며, 수학자 로랑 슈바르츠는 77회의 서명으로 72회의 시몬 드 보부아르와 69화의 장 마리 도무나크를 앞서면서 사르트르를 뒤쫓는다. 이어 대학교수 블라디미르 얀켈레비치와 알프레드 카슬러가 각각 63회와 61회를 기록하며, 지리학자 장 드레쉬와 역사학자 피에르 비달 나케도 상위 15명 서명자에 포함된다.

　앞에서 살펴보았듯이 이러한 변화는 정기간행물과 주간지의 문화면에서 이미 감지되고 있었다. 순수문학이 철학과 인문과학으로 점차 대체된 이 변화는 작가들이 무대의 전면을 철학가들, 좀더 폭넓게 인문과학연구자들에게 내준 지식인사회의 변화와 일치한다. 그리고 이 시기에, 전후(戰後) 사상의 두 축을 이루던 마르크스주의와 '실존주의'는 '구조주의'에 자리를 내주게 된다. 구조주의(이 용어는 1960년 무렵에 정착하면서 60년대 지식인들의 논쟁에 영향을 미친다)가 제기한 통제된 호칭의 문제를 뛰어넘어서——그리고 정의와 계통 문제를 혼란에 빠뜨리게 될 매체의 확대현상을 고려해 보건대, 일부 상층인텔리겐치아들이 레비스트로스, 바르트, 라캉, 알튀세 그리고 푸코의 '시대'로 들어가는 것을 인정하도록 하자. 이들의 저작에 쏟아진 관심은 매우 중요하다. 젊은 지식인세대는 자신들의 선배들과는 다른 바탕에서 출발하고자 한다. 철학은 더 이상 모든 이데올로기구조의 핵심을 이루지 않으며, 인류학과 민속학 그리고 특히 언어학 같은 '인문과학'이 헤게모니를 장악하게 된다. 한 세대가 이전세대의 주요 사상을 던져버리는 것, 이 교차는 단순히 연령층의 교차 이상의 의미를 지닌다. 젊은 지식인들이 초대된 곳은 진정한 의미의 갈아내기의 장이었다. 이 시대의 몇몇 선도적인 저작은 주체와 휴머니즘 그리고 역사의 죽음을 고하는 일종의 부음이다. 언어 그 자체는 층위와 말해지지 않은 것을 드러낼 것을 요구받는다.

비록 인쇄매체에 국한되어 나타난 현상이라 할지라도, 그렇다고 해서 그 중요성이 덜해지는 것은 아니다. 이러한 현상이 초기의 협소한 모태로부터 급속도로 퍼져나가기 때문에 더욱 그러하다. 인문과학에 의해 풍부해진 거대 사조들의 대중화는 대형주간지들의 발행부수 증가로 이어지며, 학위소지자들이 하나의 새로운 계층을 형성하면서 대형주간지들은 간접적으로 폭넓은 대중들과 관계를 맺어나가게 된다. 뿐만 아니라 이 두 가지 현상은 상호 밀접하게 연결되어 있다. 『렉스프레스』의 경우, 발행부수가 1953년 6만 부에서 1967년 50만 부로 급증하며, 이와 더불어 주요 독자층도 바뀐다. 처음에는 교사나 학생들을 비롯하여 자유직종의 '고전적' 지식인들이 주로 읽던 주간지는 『타임』(Time)지나 『슈피겔』(Spiegel)로부터 자극을 받아 '뉴스매거진'으로, 그리고 이어서 매체를 통해 경영기술과 '구조주의'의 최근 업적을 얻고자 하는 '간부사원들'의 잡지로 변화의 길을 걸었던 것으로 보인다. 다른 잡지들도 이 과정을 밟는데, 1964년 11월 19일 『프랑스 오브세르바퇴르』의 과거 편집진 일부와 『렉스프레스』 출신 기자들이 결합해서 『르 누벨 오브세르바퇴르』 창간호를 발행한다. 1965년 말이 되면 『르 누벨 오브세르바퇴르』의 발매부수는 10만 부를 오르내리게 되며, 3년 사이에 발행부수가 2배로 증가한다. 그 전신인 『로브세르바퇴르』는 1950년 발행초기에 2만 부 정도 팔렸다. 두 주간지의 변모과정과 성장시기는 중요한 의미를 갖는다. 3년 동안, 프랑스는 적어도 국가공동체의 상당 부분에 영향을 끼친 알제리전쟁의 망령을 떨쳐버렸다. 물론 그 기간 동안 초기의 『렉스프레스』는 영광의 시기를 구가했다. 그리고 프랑스는 '영광의 30년' 시기에 경제성장의 열매를 맛보았으며, 혁신된 『렉스프레스』가 이를 구현하게 된다. 그러나 60년대 중반 들어와서 소비사회의 가치들에 대한 비판의 싹이 움트기 시작한다. 60년대 말과 그후에 지적 열광의 시기가 강력하게 전개될 때, 어떤 면에서 대형 정치주간지의 반체제적인 면을 대표하고 1968년 5월 이후의 몇 가지 주제들의 (통계적으로 유의미한) 확산을 담당하는 것은 『르 누벨 오브세르바퇴르』이다.

그렇다고 『르 누벨 오브세르바퇴르』가 그 사이 『렉스프레스』를 외면한 교사와 대학생 등 '고전적' 지식인 독자층을 사로잡았다고 결론지을 수 있을까? 통계자료에 근거한 정확한 연구만이 두 주간지의 독자층을 말해 줄 것이며, 그로부터 우리의 가설이 타당성을 가지는지 혹은 설득력이 떨어지는지 밝혀질 것이다. 그렇지만 어찌 되었든 중요한 것은 다른 곳에 있다. 대학이 폭발적으로 늘어나고 새로운 층을 형성한 학위소지자가 수적으로 증가하면서 그 산물로서 나타난 것이 바로 『르 누벨 오브세르바퇴르』와 『렉스프레스』라고 할 수 있다. 60년대 들어와 베이비붐 시대의 제1세대가 대학에 진학하면서 대학생계층은 팽창하게 된다. 하지만 이미 그전의, 2차대전시기와 정반대의 추세를 보이는 인구동향과 50년대의 중등교육 확대가 60년대 말의 대학생수의 괄목할 만한 증가를 가져왔다고 볼 수 있다. 1957~63년에 소르본대학의 재학생은 1만 8천에서 3만으로 늘어나며, 그 이후로 고등교육은 더욱더 성장한다. 불과 20년도 안 되는 사이에 대학생수는 1950년 14만에서 1967년 57만으로 4배나 늘어나는가 하면, 30년 전인 2차대전 직전의 프랑스 대학생수는 7만 5천에 불과했다. 이와 같은 대학의 팽창을 경험하는 60년대에서 '구조주의'의 비약은 더한층 눈에 띄며, 대중화에 성공한 대형주간지들과 더불어 대학은 인문과학의 급성장에 가장 큰 역할을 하게 된다.

관련인구의 변동이 미치는 영향은 60년대의 통계상 급등 전에도 쉽게 확인된다. 1954년과 1962년의 인구조사 결과비교에서 확연히 드러나는데, '교수, 문학 및 과학 종사자'가 1954년 약 8만에서 62년 12만 5천으로 늘어나며 증가율도 연5.7%에서 가속적으로 증가하여 1962~68년(21만 5천 명)에는 연9%를 넘는다. 14년 사이에 이 부문은 250% 이상 증가하였으며, '엔지니어'와 '고위관료'의 수도 35만에서 65만 명으로 거의 2배로 늘어난다. '지식인'의 범주를 좀더 넓게 잡아서 의료·사회봉사 종사자, 성직자·교사·예술가까지 포함시킨다면, 지식인은 1954년 경제활동인구의 5.5%인 100만에서 1975년 약 12%인 200만으로, 즉 20년 사이에 지식인의 비중이 2배가 되었다. '교수, 문학 및 과학 종사자'에 국한시킨다 해도, 같은 기간 동안에 경제활동 인구 규모는 거의 변동이 없음에도 4배로 증가했다.

'친구들 안녕' 세대

1960년대 들어서서 급격히 증가하는 대학생층은 1968년 5월 이후의 표상 아래 가로놓여 있는, 60년대 말의 상황에 비추어서 판단되어야 할까? 물론 여기에는 회고적 투사로 인한 관점의 오류가 있을 수 있다. 1962년 이후에 오히려 청년세대는 지식인계층과 마찬가지로 선배세대인 알제리전쟁 세대의 참여 같은 매우 '이데올로기화된' 참여로부터 벗어나는 듯하다. 어쨌든 프랑스여론연구소의 여론조사와 '프랑스포럼'으로부터 얻은 결론은 그러하다. 이 여론조사와 토론은 1961~63년에 '16~24세'에 해당하는 젊은이들이 '정치에 대해 무관심'하다고 밝히고 있으며, 여론조사의 한 해설자는 "우리의 시대는 이데올로기가 사라진 시대이다"라고 단언한다. 이처럼 여론조사가 강조하고 있듯이, 공적인 일에 관심이 없는 청년층의 전체적인 이미지가 젊은 지식인들에게도 적용되는지 알아봐야 할 것이다.

젊은 프랑스인들에 대해, 역사가 라울 지라르데는 자신이 보기에 '친구들 안녕의 세대'라고 언급하는 것이 '결코 부당하지 않은 듯하다'고 말한다. 이렇게 문화적으로 한정된 음악적 현상을 준거로 삼는 것이 놀랍게 보일 수 있다. 하지만 많은 요소들이 이 지적에 동의하게 하며, 그런 세대가 존재한다는 결론에 이르게 한다. 앞에서 보았듯이, 바로 전세대는 그 토대를 이루는 사건과의 결합 속에서 자기 세대의 구성요소를 찾았다는 의미에서 '정치적' 세대라 할 수 있다. 30년대의 위기와 1940년 6월의 패배 시기 사이에 태어난 알제리전쟁 세대는 몰락해 가는 제3공화국의 저출산율의 세대와 뒤섞였고, 독일점령기의 결핍과 불안 속에서 어린 시절을 지냈으며, 경제성장의 열매가 아직 여물지 않은 50년대에 사춘기를 보냈다. 1957년 가을에 『렉스프레스』의 '누벨바그'에 관한 조사는 프랑스 젊은이들이 대중적 소비와 여가의 시대에 아직 들어서지 못했다고 쓰고 있다. "물질적 차원에서 부족하다고 느끼는 것이 있느냐?"는 질문에, 젊은이들은 가장 욕구불만을 느끼는 것으로 바캉스, 사적 교통수단, 오락 등을 꼽았다.

60년대 초가 되면, 새로운 세대가 '영광의 30년' 시기의——종전 20년이 지나고 알제리사태의 비극으로부터 벗어난——프랑스에서 기지개를 편다. 알제리전쟁에 '소집된 병사'보다 불과 몇 살 적은 이들은 경제성장의 열매를 수확하는 시기에 사춘기를 보내며, 결핍세대인 선배들보다 겨우 5년 뒤에 테파즈와 솔렉스 세대[7]를 형성하게 된다. '정치적' 세대라기보다 '사회적' 세대인 이들은 역사의 격랑이 아니라 시대적 분위기와 동시대성으로부터 태어난다.

이와 같은 이유와 또 토대가 되는 사건이 부재함으로 해서, 이 세대의 젊은 지식인들은 선배세대보다 덜 '정치적'이고 '지식인세대'를 형성하지 못했다고 보아야 하는가? 그 대답은 물론 다양한 뉘앙스를 포함한다. 평온한 시기에서도 지식인세대는 태어나고 성장한다. 한편으로 이 차원에서는 역사적 평온이라는 개념이 아무런 의미를 갖지 못한다. 물론 일반적으로 혼란의 시기에 지식인은 대중토론에 앞장서고, 그 속에서 '전형적인' 새로운 세대가 탄생한다. 하지만 레이몽 아롱이 『사회적 사상의 단계』(Les Étapes de la pensée sociologoque)에서 지적하고 있듯이, "'위기'를 살고 있다 혹은 '전환기'에 있다는 의식을 가지지 않은 세대는 거의 없다. 16세기 이후에 가장 찾기 어려운 것은 안정된 시대를 살고 있다고 믿는 세대이다." 다른 한편으로 시대의 지적 분위기와 거대 이데올로기의 흐름은 젊은 지식인들이 각성의 시기에 접어들면서 그 모두에게 영향을 미치며 간접적으로 그들을 가르치고, 전세대와 그들을 구별지어 준다.

1962년 이후 안정된 시기에 20세가 된 베이비붐 세대의 '지식인'집단은 60년대 말의 소요 속에서 역사와 접목되기에 앞서서, 그 시대의 정치적 분위기 속에서 상대적인 통일성을 획득했다. 당시의 분위기를 특징짓는 요소로는 좌파지식인 영역이 전체적으로 유지되고 있었던 점, 공산당의 일각에서 극좌파가 생겨난 점 그리고 지리적으로 혁명의

---

7) 전축과 자전거·오토바이를 즐기던 세대를 일컬음.─옮긴이

견인축이 이동한 점 등을 들 수 있다.

소생

60년대의 지평에 구조주의라는 새로운 성운이 나타났다고, 마르크스주의가 대부분 지식인들의 길을 비춰주던 역할은 서서히 소멸되어 간다고, 한마디로 60대 중반의 "마르크스주의의 쇠락"(루치오 콜레티)에 대해 말하는 것이 가능할까? 이 시기 지식인의 정체성 형성에서 정치가 차지하는 비중이 다시 커지기 때문에, 그만큼 중요한 질문이다.

베트남의 그늘에서

베트남전쟁은 지식인들이 1965년부터 다시 관심을 쏟기 시작한 분야 가운데 하나이다. 그해 2월 24일 한 지식인선언문은 '베트남에 관한' 회의를 열 것을 요구하며, 가을에는 '미 제국주의'에 반대하는 대규모 데모가 처음으로 열린다. 1년 후인 1966년 10월에는 베트남민족위원회가 창립된다. 많은 대학생들과 고등학생들이 이 전쟁의 그늘에서, 특히 '베트남기초위원회'에서 정치적 훈련을 받게 된다. 베트남기초위원회는 1968년 5~6월의 일련의 사건이 일어나기 전부터——그리고 그 소용돌이 한가운데서——고등학교와 대학의 선동조직 역할을 한다. 새로운 세대, 좀더 정확히 말하면 그 세대의 한 부류가 베트남이라는 표상 아래서 집단적인 삶에 눈을 뜨게 된다.

그리고 어떤 면에서, 전후에 여러 세대의 좌파지식인들이 동질감을 가진 장 폴 사르트르는 이 새로운 연령층과 다시 공감대를 형성하게 된다. 그 또한 1966년 여름부터 '러셀재판'에 합류했다. 프랑스 철학자가 1964년에 노벨문학상을 수상했기 때문에——당시 그는 수상을 거부하였다——그의 이같은 연대는 결코 비중이 작지 않다. '전범죄'를 다루기 위해 구성된 이 재판은 1966년 8월 초에 미국지도자들은 '전범'이며 그러한 사실로 재판받아야 한다고 결론 내린다. 사르트르는 1967년 5월에 '테러적' 폭격을 고발하며, 같은 해 11월에는 미국이 '집단학살'을 자행했다는 글을 씀으로써 발 빠르게 호흡을 맞추었다. 이때부터 '베트남인들은 모든 인간을 위해' '미군은 모든 인간에 반하여' 싸우는 것이기 때문에, '베트남의 승리'는 "인간이 사물에, 즉 이익과 그 하수인에게 반대하는 것이 가능하다"는 것을 증명하는 것이 된다. 이제 분석은 제3세계라는 좀더 넓은 범주로 옮겨가게 된다. 지식인계층 내부에서의 이데올로기적 지형이동에 의해, 제3세계는 이 시기에 전면으로 부각된다.

이데올로기적 재결빙

1961년, 옛 공산주의자와 그 동조자들이 일부 참여한 잡지 『논거』는 폐간의 변(辯)으로서, 에드가 모랭의 글을 통해 '이데올로기적 재결빙'이라는 논리를 내세웠다. 제20차 전당대회와 헝가리사태가 간접적으로 마르크스주의의 입장을 뒤흔들어놓은 지 몇 년이 지난 후 그리고 새로운 사상의 흐름이 전개되는 60년대의 문턱에서 내놓은 이 논리는 일견 놀라운 확인이다. 하지만 여러 가지 요인들이 반대방향으로 작용함으로써, 마르크스주의의 후퇴과정을 지연시킨다. 우선 구조적 원인을 들 수 있다. 좌파연합시기 급진주의의 예에서 이미 보았듯이, 상층지식인들은 하나의 이데올로기부터 멀어지고 있는데도 '단순직종의 지식인들'은 여전히 그 이데올로기로부터 영향을 받는 것은 흔히 볼 수 있는 괴리현상이다.

다음으로, 상황적 요인이 마르크스주의의 후퇴를 지연시키게 된다. 이 시기에 제3세계주의는 프랑스 인텔리겐치아 내부에서 점차 소비에트연합을 대체하게 되며, 프랑스 인텔리겐치아에게 식민지해 방을 쟁취한 신생국가들은 오랫동안 선진산업국가의 노동자계급에 게서 찾았던 혁명에 대한 희망을 구현할 실체로 간주된다. 그리고 이 희망은 동일한 이데올로기적 바탕을 가지고 있다. 제3세계는 '프롤 레타리아'국가들로 구성되어 있고 그리고 프롤레타리아계급의 구원 자의 역할은 변함이 없기 때문에, 제3세계는 혁명적이다. 인민주의가 내팽개친 혁명의 봉화를 치켜든 '프롤레타리아적' 제3세계와 '제국주 의'의 대립이 프롤레타리아트와 부르주아지의 적대의식을 대신할 것이다. 장 폴 사르트르는 "유럽은 끝났다"고 쓰고, 독립한 알제리는 '사회주의국가'가 되며, 아바나(쿠바의 수도—옮긴이)는 라틴아메리카 의 혁명적 돌풍의 진원지가 되기에 이른다. 알제리와 쿠바에 대한 사르트르의 선언은 60년대 초의 희망의 폭을 가늠케 해주며, 레지 드브레의 라틴아메리카에 관한 텍스트들은 프랑스지식인들의 지리 적·감정적 이동을 확인시켜 준다. 특히 중국은 이들의 열망의 일부를 실현시켜 주게 된다. 묘한 전이를 통해, 중국은 정치적·경제적으로 는 독립했으나 농업국가이면서 식량부족과 싸워야 하는 국가들에게 '가난한 사람들의 공산주의'의 모델과 경제발달의 모델이 될 뿐 아니라 서구의 현실에 적용할 수 있는 사회주의 건설의 한 형태로 인식된다. 게다가 1968년 5월사태의 1년 전에, 장 뤽 고다르의 〈중국여자〉(La Chinoise)는 프랑스좌파들이 중국모델에 대해 품었던 매력을 묘사한 다. 파리사범고등학교에서 루이 알튀세의 몇몇 제자들이 모택동주의 신봉자가 되는 것은 시대적 흐름을 잘 보여주는 징후이다. 역사가 엠마뉘엘 르 루아 라뒤리가 자신의 정치적 전기 『파리 몽펠리에』(Paris-Montpellier)에서 증언하고 있듯이 20년 전에 윌름가의 수많은 학생들은 프랑스공산당에 이끌려 참여하였다면, 1968년에 존재했던 친중국계 정당은 마르크스-레닌공산주의청년연합, 마르크스-레닌프랑스공산당이라는 놀라운 이름을 내건다.

60년대 중반에 알랭 크리빈처럼 공산당대학생연합과 결별하고 트로츠키주의자 된 일부 젊은이들까지 포함한다면, 미래의 1968년 5월 주역들 상당수가 여전히 마르크스주의를 추종한 것은 분명하다. 바로 여기에서부터, 70년대를 이해하기 위한 중요한 질문이 나온다. 프랑스지식인들이 마르크스주의와 맺고 있는 복잡한 관계 속에서, 1968년 봄은 이 이데올로기가 동부유럽에서 경험한 실망에도 불구하고 다시 뛰어오르는 도약대가 되었는가 아니면 사형대 역할을 했는가?

1965년의 전환점

60년대를 인텔리겐치아집단 내에서의 마르크스주의의 위상 문제로만 국한시키는 것은 관점을 왜곡시킬 수 있다. 60년대 중반은 프랑스 사회·문화사에서 주목할 만한 휴지기를 형성한다. 물론 이 휴지기가 지식인영역에만 나타난 것은 아니지만, 지식인들도 그 영향을 받게 된다.

한 발 물러나서 보면, 1965년은 60년대 말의 대격동을 예고하는, 일종의 첫번째 간극인 것 같다. 이와 관련해서는 두 가지 증후가 중요하다. 오랫동안 절약과 예측을 중요한 미덕으로 실천해 오던 사회에 쾌락주의적 가치와 행동이 서서히 등장한다. 게다가 닮음을 통한 동화에 대한 열망과 부인할 수 없는 보수주의가 부분적으로 사회조직을 공고하게 떠받쳐주고 있는 정신세계에, 차이라는 주제와 그에 대한 권리요구가 나타난다. 총체적인 이론이라고까지 말할 수는 없지만, 권위——규범과 금기——즉 가치에 맞서는 새로운 태도가 싹트기 시작한 것이다. 다양한 징후 가운데서도 한 가지만은 확실하다. 산업과 도시 문명의 가치에 대한 합의를 바탕으로 해서 공고해지고 풍요로워진 사회에서, 하나의 근간을 이루는 사건 이상의 의미를 지니는 1968년 5월은 일찍이 볼 수 없었던 변화를 드러낼 뿐 아니라 계시자 혹은 촉매처럼 보이게 된다.

마찬가지로 이데올로기적 상황에서도, 1968년의 사건들이 남긴 흔적은 60년대 전체의 산물이다. 그 흔적이 깊음에도 불구하고, 그것이 지닌 무정부주의적이고 마르크스주의적 양면성 때문에 해석하기가 매우 어렵다. 지식인들의 5월 이전에, 지식인계층은 이데올로기적 교차로에 서 있게 된다.

다니엘 코엥 방디의 '3월 22일 단체' 같은 몇몇 좌파조직은 자본주의 체제에 대한 비판과 더불어 소비에트연합과 프랑스공산당 그리고 은폐된 교조주의적 바탕에 대해서도 비판을 가한다. 1968년 5월의 많은 주제들이 무정부주의의 개념을 정립해 나가며, 다시 이 개념은 5월 이후의 관습의 발전으로 이어진다. 이렇게, 알제리전쟁과 121인의 선언문에서 첫 징후가 보였고 1968~72년에 절정을 맞이하는 향후 20여 년 동안의 '좌파'계보가 암암리에 그려진다.

마르크스주의가 5월 직후 줄곧 용어에 영향을 끼치고 자신의 도약대를 완벽하게 활용했다면, 70년대에는 그렇지 못했다는 것을 보게 될 것이다. 한편으로 당시 프랑스사회가 체험하는 행동과 의식의 변화에 자취를 남기는 것은 마르크스주의라기보다 1968년 5월의 '무정부주의적' 성격이다. 특히 마르크스주의적 성향은 반역의 '새로운 철학가' 세대를 탄생시키게 되는데, 1975년부터 출현하기 시작한 가장 적극적인 마르크스주의 비방자들은 과거 모택동추종자 양성소

출신이었다. 이와 같이 1968년 5월의 위기는 직·간접적으로 프랑스 지식인사에서 또 하나의 중요한 날이 된다.

제10장
세기말?(1968~)

    지금까지 살펴본 그 어떤 시기도 이 시기처럼 지식인의 담론과
지식인에 관한 사회적 담론이라는 총체적 색조에서 급격한 변화를
경험하지 못했을 것이다. 이러한 단절은 세계대전이나 국내의 대규모
정치적 위기도 개입되지 않은 상황에서 발생했기 때문에 더욱 두드러
진다. 이 국가가 1929년의 공황보다 더 세계적인 규모의 경제위기를
겪지 못했거나, 한두 건의 중요한 정치적 '사태'(어떤 이들에게는
1968년 5월만이, 또 어떤 이들에게는 1981년만이, 그리고 대부분
사람들에게는 두 가지 다 주요 사태로 간주된다)를 겪지 않아서 그런
것은 아니다. 그럼에도 모든 상황이 마치 1898년의 전형적인 예를
다시 만난 것 같은 생각이 들게 한다. 전형적으로 프랑스적인 구체화
형태와 변화형태가 이런 생각을 가지게 하지만, 물론 그렇다고 해서
이로부터 외부적 요인들을 찾는 것이 금지된 것은 아니다.

지식인의 봄

우리 역사의 다른 모든 위기와 비교해 볼 때 1968년 5월의 독창성은 어떤 면에서 드레퓌스사건과 유사하다. 그 출발점이 그러하며, 처음과 마지막 형태로서의 지식인세계——좀더 정확하게 말하면 대학세계——고유의 위기가 존재했다는 점이다.

대부분의 경우에서 우리는 대학의 위기로 다시 돌아왔으며, 폭발을 이해하거나 설명하기 위해서는 이 대학의 위기를 귀납적으로 진단해야 했다. 우리는 이야기 전개를 위해 인텔리겐치아의 사회적 영역에 속하는 세 가지 모호한 사실, 즉 세 가지 역설만을 취할 것이다. 이 세 가지 역설로 인해 5월운동은 침체되기보다 오히려 그로부터 자양을 얻었다. 첫번째 역설은, 가장 공식적인 보호자들에 대한 젊은 지식인들의 반란이었다는 점이다. 그런데 명실상부한 몇몇 거장들의 예를 등에 업고 시작된 이 반란은 기존 상층인텔리겐치아의 여러 명사들의 합류를 이끌어냈다. 둘째로, 그것은 반파시즘운동과 냉전을 포함한 지금까지 언급된 상황보다 훨씬 국제적인 지식인상황의 엄밀히 프랑스적인 형태였다는 점이다. 마지막으로, 그것은 이데올로기적인 내용에서 두 가지 교조적 논리, 즉 일반적으로 화해시키기 힘든 마르크스적 열망과 무정부주의적 열망의 나약한 종합이었다는 점이다.

거장들의 국가

'68년 5월의 전야가 아니라, 60년대 말에 프랑스대학의 상황은 대혼란을 뛰어넘어서 그 특성들을 단일화시키는 과정에서 일종의 분수대와 같은 이미지를 확인시켜 준다. 1961년 23만 명이던 대학생이

7년 후 1968년에는 수적으로는 2배로 늘어났지만 이들을 관장하는 (물적·행정적·지적) 조직은 지난 세기말 이래 근본적으로 변화하지 않았다. 따라서 인텔리겐치아 양성의 장으로 선택받은 대학은 격렬한 긴장을 경험하지 않을 수 없었다. 양극화된 정치판도에서 사람들은 이 간극이 치명적인 것임을 재빨리 간파했지만, 사태의 추이과정에서 이 점을 부각시키지 못했다. 이 단계에서는 그 간극이 그렇게 중요한 것은 아니다. 중요한 것은 5월의 '소집단들'(완성된 형태는 아니었지만 하나의 '모델'로서 낭테르 캠퍼스에서 생겨난 '3월 22일 단체'를 그 원형으로 하고 있다)이 전개한 극단적인 비판의 바탕을 이루고 있는 것은, 다름아니라 자본주의 부르주아지의 '집 지키는 개'로서의 역할에 대한 거부였다. 자본주의 부르주아지는 교육과 대학 시스템을 수단으로 해서 자녀들이 이 역할을 충실히 할 수 있게 준비시켜 나간다고 보았다.

왜냐하면 이 현상이, 5월과 미래의 젊은 좌파운동가들을 쉽게 계량화해 볼 수 있는 두 개의 곡선——대학생 나이가 된 1945~59년 베이비붐 시대의 출생자 곡선과 바야흐로 바칼로레아의 경계를 집단적으로 넘어서는 고학력추세(중등교육의 폭발은 1930~60년에 일어난다)를 나타내는 곡선——이 교차하는 접점의 산물만은 아니기 때문이다. 또한 이들이 40여 년 동안의 젊은이에 관한 담론으로부터 깊은 영향을 받았다는 것도 중요한 요소이기는 하지만 이 현상을 충분히 설명해 주지는 못한다. 성인관찰자들이 당혹스러워하며 발견한 진정한 『젊은이들의 세계』(*Planète des jeunes*, 장 뒤비뇨, 1975)가 도래한 것은 대략 10여 년 전부터이다. 운동가들은 자신들을 '충실한 제자'가 되게 하고 혹은 '부친살해범'으로도 만드는 자기 고유의 지적 자원으로부터 에너지를 충원받는다. 60년대 말이 되면 명확한 차이, 더 나아가 선명한 대립에도 불구하고 휴머니즘의 탈신화화를 자처하는 인간사회에 관한 다양한 독서방식이 절정을 이룬다.

18세기에 베일과 칸트 사이에서 교화된 사상가들은, 예컨대 드레퓌스운동이 그들을 중심으로 형성되었음에도, 지적 창조의 주류세포들에 의해 위독하다 혹은 죽었다는 선고를 받는다. 바로 이 지점에서 마르크스에 대한 참조가 자리를 잡게 된다. 그리고 개인적으로 가장 강력한 영향력을 행사한 사람은 윌름가 파리고등사범학교의 연구부장인 루이 알튀세(1918)이다. 그는 우연적이고 구식이라고 판단되는 몇몇 이론을 비판하면서(『존 루이스에 회답하며』 *Réponse à John Lewis*, 1973; 『자본론을 읽고』 *Lire Le Capital*, 1971), 공산주의 원리를 토대로 한 새로운 방법론을 제시한다. 여기서, 향후 사회과학의 광범위한 분야를 물들이게 될 프로이트적 비평이 제기되었다. 같은 학교에서 1964년부터 세미나를 열고 있던 자크 라캉(1901~81)은 『글』(*Les Écrits*)을 출판(1966)하는 한편, 다양하게 언급된 프로이트적 비평에 대해 논란의 여지가 많은 해석을 가한다. 마르크스와 프로이트를 화해시키는 것은 곧 이 세대의 학문적 지평을 정의하는 것으로 간주된다. 다른 곳에서는, 클로드 레비스트로스의 작품에서 약간 과장된 라벨로 쓰인 '구조주의'라는 수식어가 모습을 보인다. 스승보다 더 형이상학적이거나 더 정치적인 레비스트로스의 제자들은 분열을 통한 인간의 죽음을 결론짓는다.

롤랑 바르트(1915~80)나 미셀 푸코(1926~84)의 매우 특별한 명성은 교차로에 놓여 있는 이들의 상황에서 비롯되었을 것이다. 1968년 5월이 이들을 발견했을 때 '구조주의적'이었던 바르트와 푸코의 작업은 그후 모든 변화의 한가운데 있게 된다. 동시대인들은 이로부터 사상보다는 '지식'의 서구적 체계의 해체를 받아들인다. 지시대상의 빈 공간을 향해 이쪽에서는 프롤레타리아가, 저쪽에서는 욕망이, 또 다른 곳에서는 구조가 답한다. 아마도 이러한 우연의 일치에 5월의 지식인들이 세 단어를 종합하는 노래를 제시하지 않을 수 없었던 '대중들'에 내린 평가를 부여해야 할 것이다.

다시 한번 이 시대의 지적 흐름의 중심에 서게 된 장 폴 사르트르는 그 누구보다도 대중들에게 귀 기울일 것을 주장한 사람 가운데 하나이다. 사르트르에게 있어서, 듣는다는 것은 종종 봉사의 성격을 띤다. 1965년 일본에서 가진 세 차례의 강연(『지식인을 위한 변명』*Plaidoyer pour les intellectuels*으로 출판, 1972)에서는 자신이 전개한 지식인역사에 관한 이론을 극단화시킨다. 또 1970년 9월 『국제적 바보』지와의 대담에서는 자신을 '진정한 문제를 즉각적으로 느낀' 대학생들의 제자로 자처한다. 그런데 "우리는 그들을 자본을 위한 임금노동자 아니면 기업을 더 잘 유지하게 할 경찰로 만들 것이다." 지식인이 모택동주의의 의미가 명확하게 드러나는 진정한 의미의 '재교육'(이에 관한 지침은 1968년 9월 중국과 그 밖의 지역에 배포된다)을 대가로 하여 지식인으로서의 자신을 지울 수 있는 것은 "우리 사회에서 지식인은 지속적인 모순 속에 있을 때, 자신이 원하는 것과 반대로 할 때 비로소 의미를 가질 수 있기" 때문이다. 이렇게 해서, 지식인들이 '지식의 기술자' 단계, '불행한 의식'의 단계 그리고 항상 '객관적으로 대중의 적'인 '인민세력의 극단적인 동조자' 단계 등 세 단계를 거치는 기나긴 역사는 막을 내렸다. 일반대중과 마찬가지로 5월의 대학생들에게도 사르트르는 두 차례의 상징적인 발언을 통해 전형적인 그의 제스처에 에피소드 하나를 덧붙인다. 하나는 1968년 5월 20일 학생들로 가득 찬 소르본의 대형 강의실에서 한 발언이고, 또 하나는 1970년 10월 21일 좌파지도자 알랭 가이스마의 재판을 맞이하여 비이앙쿠르 르노 공장 앞에서 한 연설이다. "반항하는 것이 옳다"(필립 가비 및 피에르 빅토르와의 대담, 1974)는 영원히 그의 코기토로 남을 것이다.

그러나 5월을 뒤잇는 몇 년 동안, 서로 다른 지적 정통성을 대표하는 세 인물, 기자를 대표하는 모리스 클라벨(1920~79), 철학가를 대표하는 미셸 푸코, 시인을 대표하는 장 주네(1910~86)가 공유한 이 사유는 역으로 세 인물의 작품에 영향을 미쳤다. 이 시기의 대표적인 관찰자인 장 다니엘 기자는 이렇게 말한다. "1968년 5월과 (5월 대학생들의) 외침을 해석하는 데 어려움이 없었더라면, 우리는 사르트르의 『플로베르』(*Flaubert*)의 몇 가지 측면이나 클라벨의 『누가 정신병자인가?』(*Qui est aliéné?*), 들뢰즈와 가타리의 『안티 오이디푸스』(*L'Anti-Œdipe*), 푸코나 미셸 드 세르토의 텍스트들도 얻지 못했을 것이다." (『남은 시간』 *Le Temps qui reste*, 1973)

이와 동시에 5월의 논리는 아래에서부터 가장 젊은 세대의 지식인들——이미 『프랑스내란』(알랭 가이스마, 세르주 쥘리, 에를린 모란, 1969)이라는 무기를 닦고 있었다——을 훨씬 더 과격한 입장으로 몰고 갔다. 그런가 하면 다른 이들은 자신들의 재교육을 더 이상 늦추지 않고 공장에 '정착하면서' 프롤레타리아계급 속으로 들어가고자 노력했다(전형적인 예가 프롤레타리아 좌파의 모험으로부터 광산에서의 투쟁적 실천을 거쳐, 『리베라시옹 비아』 *Liberation via*의 모험으로 옮겨간 세르주 쥘리이다).

준거의 인터내셔널

베트남전쟁 반대투쟁 속에서 조직화된 엄밀한 의미의 대학생운동이 비록 미국 캠퍼스의 반발을 그 '연원'으로 하지는 않았다 해도 적어도 그 영향을 받았던 것처럼, 모든 지적 산물과 행동은 국제적 사안들을 고려하지 않고서는 정확하게 이해될 수 없다. 1969년에 장 에데른 알리에가 좌파신문을 창간했을 때, 그 제호에 '바보'라는 충동적인 명칭과 함께 '국제적'이라는 수식어를 잊지 않고 붙인다. 그리고 영어판을 낸다. 프랑스의 5월을 전후한 시기는 20세기 역사에서 대외정치 해결책의 준거가 가장 다양했던 시기이다. 가장 유명한 사례만 들어도, 쿠바와 중국 그리고 이 나라들과 유사한 알바니아와 베트남이 있었으며 알제리와 팔레스타인을 비롯하여 유고슬라비아와 칠레 등이 있었다. 영화감독이자 운동가인 크리스 마커의 표현대로 〈하늘의 배경은 붉다〉(Le Fond de l'air est rouge, 1977).

이 모든 영역이, 개인적으로나 집단적으로 참여한 저명한 지식인들과 명확하게 연관성을 가진다. 가장 유명한 사례 두 가지를 든다면, 당시 가장 대중적인 신화의 하나는 직업혁명가가 된 의사 에르네스토 게바라의 삶이다. 쿠바혁명 후 장관이 된 아르헨티나 출신의 체 게바라는 볼리비아 게릴라전에 뛰어들며, 손에 무기를 들고 죽은 이론가이다. 또 하나는 홍위병이란 이름을 가진 새로운 형태의 지식인에게 권력을 부여한 '프롤레타리아대혁명'의 신화이다. 체 게바라의 행보는 프랑스의 젊은 지식인 레지 드브레(1941~)를 사로잡고도 남음이 있었으며, 마침내 드브레는 자유를 박탈당할 수 있는, 아니 생명까지 잃을지 모르는 위험을 무릅쓰고 볼리비아의 모험에 동반한다. 중국은 마르크스주의의 이데올로기적 경계를 뛰어넘어서 매력을 보인다. 1973년 서점가를 휩쓴 책 하나가 장관을 역임한 알랭 페르피트의 『중국은 언제 잠을 깰 것인가』(Quand la Chine s'éveillera)였다. 그는 (프랑스적 의미에서의) 자유주의계파 내에서 빼어난 에세이스트로서 작품을 시작한다. 그리고 성 도미니크회의 R. P. 카르도넬 수도사가 모택동주의 체제에 찬양의 노래를 바친 마지막 인물은 아니었다.

마리아 앙토니에타 마치오치는 드브레와 마찬가지로 국제적 지적 순환의 상징처럼 살면서, 새로운 약속의 땅으로부터 『중국론』(De la Chine)을 가져온다. 이 책은 일종의 성지순례자들을 생겨나게 하는데, 1974년 봄에 『텔 켈』(Tel Quel)지의 편집진을 중국순례의 길에 나서게 한 것이 가장 대표적이 예이다.

그리고 부차적으로 문화혁명의 잘못 알려진 교조적 이념성에 대항하여, 지극히 서구적인 유토피아를 제시한 에드가 모랭이나 장 프랑수아 르벨의 예고(『캘리포니아의 일기』Journal de Californie, 1970; 『마르크스도 예수도 아니다』Ni Marx ni Jésus, 1970)가 제시된다. 『일차원적 인간』(L'Homme unidimensionnel)이 상당한 호응을 얻었고 또 철학계보에서 구유럽에 속하는 헤르베르트 마르쿠제의 사상보다 더 문제가 되는 것은, 젊음으로 무장하고 선전가를 자임하는 지식인집단의 언더그라운드 문화이다. 좌파인텔리겐치아의 물질적·정신적 구조에 캘리포니아 모델이 던진 효과는 극단적 마르크스주의의 개혁효과보다 모호하기는 하지만 훨씬 더 심오했다. 무엇보다도 일련의 쾌락주의·정신주의 가치가 내부로 흘러 들어오며 소규모사회를 중심으로 한 전략을 수용하게 된다. 그리고 이것들은 머지않아 금욕주의나 물질주의 또는 제3세계에서 들어온 집산주의적 사례와 필연적으로 대립하게 된다.

1975년 10월에 상승가도를 달리던 월간지 『시사』(Actuel)가 폐간결정을 내린 것은 부분적으로 이와 같은 불균형의 심화에서 그 이유를 찾을 수 있다. 1970년에 몹시 어렵게 좌파잡지 형태로 시작하여, 1971년에는 저널리즘이나 선전 분야에 일가견이 있는 편집진으로 다시 출발한 잡지의 운명은 수수께끼 같다고 할 수 있다. 이에 관해서는 이 잡지에 깊이 관계한 장 프랑수아 비조의 『낙오자들』(Les Déclassés 1976), 『보헤미안 삶의 무대』(Scènes de la vie bohème), 『지식인들 이후

20년』(*Vingt ans après des Mandarins*)에서 묘사되고 있다.

이런 잠재적인 결별은 담론의 내용뿐 아니라 대변자들의 행동도 반영하는 5월 이데올로기의 이중적 성격을 잘 보여준다. 역사적으로 '3월 22일 단체'가 가지는 중요성은 기질이 완전히 다른 두 계파——다니엘 코앵 방디가 자처하는 무정부주의와 마르크스주의——의 종합을 위한 일시적이지만 매우 활동적인 장소였다는 데 있다. 5월의 중요한 지적 실험실이었던 '상황주의 인터내셔널'은 레닌주의와의 동조자관계에 대해 조심스럽게 거리를 두기 시작했다. 몇 해 전에 이미 자신들의 견해를 확립한 이 단체의 지지자들은 1967년부터 스트라스부르대학생협회를 부수기 위해 그 내에 들어가 상징적으로 '권력을 장악했다.' 이런 '상황주의 인터내셔널'이 1969년 무렵에 문을 닫은 것은 아마 자율에 대한 완강한 집착 때문일 것이다. 하지만 문화주의적 분석과 '혁명을 시에 활용하기 위해' 좌파적 전제를 뒤엎고자 한 노골적인 의지는, 마르크스주의의 준거가 더 이상 무대의 전면을 차지하지 않는 날을 위해 『공연의 사회』(*Société du spectacle*, 기 드보르, 1967)의 비평의 견고함을 유지하게 된다.

한편 모리스 클라벨 같은 극좌파 정신주의자는 단번에 확고부동한 독창성을 키웠다. 1970년부터 일부 젊은 좌파지식인들은 가장 두드러진 5월의 슬로건들 속에 담겨 있는 무정부주의적 논리를 클라벨의 극좌파 정신주의로 대체하려 했다. 소그룹 혁명만세(롤랑 카스트로, 필립 가비 등)가 기관지 『모든 것!』(*Tout!*, 1970~71)을 통해서 좌파 내에서 최초로 여성해방운동과 동성애문제를 다룬 것도 마찬가지이다. 이와 같이 각종 노선들이 교차하는 갈림길에 선 좌파지식인들의 상황은 앙리 르페브르——이들 가운데 가장 알려진 사람으로서 마르크스주의와 결별했다——의 표현을 빌리자면 『일상에 대한 비평』

(*Critique de la vie quotidienne*), 즉 문화문제로 옮겨간 사람들이나 혁명적
의미로 해석되고 있는 정신분석학의 영향을 받은 사람들로부터 공감
을 얻었다.

두번째 그룹은 68젊은이들 눈에 새로운 이상으로, 상대적으로 가벼
운 정치적 유산을 지닌 것으로 비친다. 이목이 집중된 스타로는 "자본
주의와 정신분열증"(Capitalisme et schizophrénie)이라는 부제가 붙
은 『안티 오이디푸스』(1970)의 질 들뢰즈와 펠릭스 가타리 그리고
이반 일리치가 있다. 한때 명성을 얻었던 이반 일리치의 책들은 대부분
이전 자료들을 대폭 간추려놓은 식인데, 『미래를 해방시켜라』(*Libérer
l'avenir*, 1970)는 서론에 해당하며 이어 학교(『학교 없는 사회』 *Une société
sans école*, 1971), 사회적 의사소통(『공생』 *La Convivialité*, 1973), 경제적
소비(『에너지와 평등』 *Énergie et équité*, 1975), 의학(『의학의 네메시스』 *Némésis
médicale*, 1975) 등이 그의 열정적인 질문의 대상이 된다.

지적 기술 속에서 전통과 혁신

1968년 5월이 목적이면서 출발점의 의미를 가졌다는 것은, 68세대
지식인들의 행동수단들에서 명확하게 드러난다. 행동수단은 고전주
의적일 수 있다. 당시 최고의 명성을 날리던 『르 누벨 오브세르바퇴르』
(1974년 30만 8천 부 발행)의 장 다니엘 같은 출판부장이나 출판사 그리고
프랑수아 마스페로나 클로드 뒤랑, 자크 쥘리아르——이 세 사람에게
는 쇠이으출판사의 '투쟁'과 '정치' 시리즈가 중요한 의미를 가진다——
등의 편집인 들은 좌파시대에 일찍이 엠마뉘엘 무니에와 페이르 빅토
르 스톡이 했던 것처럼 결정적인 역할을 한다. 시몬 드 보부아르는
추모의 글(『이별의 의식』 *Cérémonie des adieux*, 1981)에서, 동조자의 삶의
마지막 시간들을 묘사하면서, 그가 1977년 전반기에 했던 탄원활동을

간략하게 열거한다. 이는 사르트르를 비롯하여 프랑스 인텔리겐치아의 잘 알려진 이름들에도 적용되는 묘사이기도 하다. "1월 9일 어려움에 처한 『주간정치』(*Politique hebdo*)를 위한 호소문, 1월 23일 모로코의 탄압에 반대하는 호소문, 3월 22일 자신의 군인수첩을 돌려보냈다고 체포된 이방 피노를 지지하기 위해 라발법정의 재판장에게 보내는 편지, 3월 26일 나이제리아 한 가수의 체포에 반대하는 항의문, 3월 27일 아르헨티나의 자유를 위한 호소문, 6월 29일 이탈리아의 탄압에 반대하며 벨그라드회담에 보내는 탄원서, 7월 1일 브라질의 악화된 정치상황에 반대하는 항의문." 이러한 접근방식의 분명한 연속성을 뛰어넘어서, 우리는 국내문제보다 국외문제가 더 많이 다루어지고 있다는 데서 그의 관심대상의 변화를 확인할 수 있다. 마찬가지로 거리시위, 언론과의 대담이나 신문사설 등이 이 시기 프랑스지식인의 선동활동을 특징짓는다. 1971년에 푸코와 주네, 사르트르가 구트도르 지역을 행진한 것은 한 알제리인의 죽음에 항의하기 위해서였다. 1970년 12월 사르트르가 랑스에서 발언할 때, 그것은 연초에 16명의 사상자를 낸 탄광사고에 대해 극좌파가 구성한 인민재판의 이름으로였다. 바로 이 사르트르가 『나는 고발한다』(*J'accuse*)를 썼을 때, 그것은 좌파적 '르포르타주' 형식이었다.

이 시기의 가장 특징적인 점은 목표가 극단화되면서 방법 또한 극단화되어 나갔다는 점이다. 1970년 6월에 사르트르는 노동자집단의 긴급 상호부조 및 지원단체인 적색구조대를 공개적으로 지지한다. 자신의 저작에서 감금의 사회적 방식에 관심을 기울였으며 당시 교도시스템에 대해 연구(『감시와 처벌』 *Surveiller et punir*, 1975)하던 푸코는 마침내 "다른 이름, 즉 정의와 기술 그리고 과학과 객관성이라는 이름 뒤에 숨어 있는 강압적 권력에 대해 습격"할 것을 권장한다.

그리고 1971년 2월에는 사르트르, 역사가 피에르 비달 나케와 함께 교도소에 관한 정보단체를 후원하는 등, 제도권 밖의 행동을 정당화해 나간다. 클라벨과 주네와 미셸 레리스는 1970년 프랑스경영자전국평의회 건물을 점거하고 이민노동자들의 죽음에 대해 항의하는 사람들과 행동을 함께한다.

비교적 알려진 이름조차 그 사람을 전적으로 혹은 부분적으로 보호하지 못할 때, 적극적으로 실천하는 지식인들에게는 엄청난 탄압이 빗발칠 수 있다. 평의회건물의 점거가 풀렸을 때 유일하게 체포된 사람은 젊은 건축가이자 운동가인 롤랑 카스트로일 것이다. 한때 가장 중요한 교원노조를 이끌었고 그것이 계기가 되어 5월시기에 앞장을 섰던 대학교수 알랭 제스마르는 5월 이후에 가장 중요한 좌파 단체인 '프롤레타리아 좌파' 지도자의 한 사람이 되며, 1970년에는 18개월의 징역형을 받는다. 또 프롤레타리아 좌파의 기관지 『민중의 입장』(*La Cause du peuple*)의 편집장을 지낸 장 피에르 르 당테와 미셸 르 브리는 1970년 3월과 4월에 구금되었었다.

이와 같은 차별대우는 인텔리겐치아의 다양한 위상을 선명하게 드러내주며, 장 폴 사르트르는 자신의 면책특권을 활용하여 르 브리 이후의 『민중의 입장』과 1968년부터의 『상호투쟁』(*Interluttes*), 『프롤레타리아 수기』(*Les Cahiers prolétariens*), 『나는 고발한다』『전부!』『민중의 말』(*La Parole du peuple*) 등 좌파잡지들의 보증인으로 나선다. 시몬 드 보부아르와 미셸 레리스 역시 똑같은 정신에서 『민중의 입장』 동호회의 회장직을 수락한다.

일회적인 발언을 뛰어넘어서, 지식인들의 전체계획의 밑그림이 그려지게 된다. 5월사건 동안에 드러나듯이 이 계획은 '대중'과의 미약한 관계를 확고하게 하는 시스템을 만든다는 애초의 의도 이상으로 나아가기도 한다. 이에 관한 가장 야심적이면서 빼어난 시도로는 『국제적 바보』(*L'Idiot international*, 1969~72)를 들 수 있다. 『국제적 바보』에는 작가 장 에데른 알리에가 중심인물이 되어 시몬 드 보부아르가 공동경영자로 참여하였으며, 사르트르 역시 '기자들의 신문이 아닌' 신문이라는 자부심을 가진 편집진의 일원으로 참여한다. 아마 이런 이유 때문에, 이 신문은 화려하게 시작했음에도 불구하고 추구하고자 했던 문화전선을 형성하는 데 실패하는 것 같다.

이와 반대로, 1971년 6월에 클라벨과 사르트르의 후견으로 태어난 『통신사 리베라시옹』은 68세대 지식인들의 가장 지속적인 시도인, 동일 이름의 일간지의 실험실 역할을 하게 된다. 유명인사들이 설립에 참여한 이 신문은 세르주 쥘리의 경영권 강화에 힘입어, 이 분야에서 다른 좌파들이 번번이 실패했던 두 가지 시도——즉 정기적인 발간과 재정균형——을 성공적으로 이룩한다. 이 과정에서 인텔리겐치아의 구성과 목적은 신문 구조와 내용만큼이나 크게 변화하게 된다.

이러한 일관된 흐름에 상응하여, 수많은 계획과 신문 그리고 조직을 성급하게 포기한 좌파이데올로기는 점차 분열을 드러내게 된다. 일반적 좌파주의의 결과에 대한 계속된 실망과 피로감이 마침내 늘 요구되어 오던 좀더 세밀하고 '구체적'인 지식과 결합된다. 이리하여 1971년 (종종 인용되는 상징적인 날짜는 1972년 2월 운동가 피에르 오베르네의 죽음과 장례식 날짜이다) 무렵부터, 그때까지만 해도 명확하지 않은 단체들의 핵심을 이루는 상당수의 68세대 지식인들은 자신들의 역동성을 전문적 좌파주의라 부를 수 있는, 이를테면 소비자운동, 환경보호운동 그리고 소수 혹은 주변화된 범주들의 보호(지역주의, 여성해방운동, 성적 소수자 등)에 투여한다. 일반적 좌파주의의 주요 인물 몇 사람은 이런 분야들로 완전히 '전향한다.' 가령 이때부터 미셸 르 브리는 "우리는 지방에 살기를 원한다"를 이슈로 해서 투쟁한다. 또 피에르 푸르니에처럼 새로운 여론의 리더들이 등장했다가 금방 사라지곤 한다. 피에르 푸르니에는 프랑스 최초의 급진파환경단체 기관지인 『열린 아가리』(*La Gueule ouverte*, '세상의 종말을 알리는 신문')를 1972년 11월에 창간하지만, 이듬해 금방 사라진다.

난폭하고 비합법적인 방법론과 마찬가지로, 이와 같은 목표지향은 좌파의 스타일에 속한다. 행동영역 역시 이들 사이에 연관성이 없지 않다. 군대와 농민, 정치인, 지식인 운동가들 사이에서 논란이 된 석회질고원 라르작의 에피소드가 전형적으로 이를 잘 보여주고 있는데, 반군사주의와 평화주의, 환경보호주의, 지역주의가 이곳으로 수렴되었다.

비록 이 운동들이 제한적이기는 했으나 승리를 쟁취하는 듯했던 만큼 지식인들의 증언의지를 이끌어내었다. 이 운동들이 빠른 속도로 승리를 획득하는 것은 종종 인상적이기까지 하다. 가장 설득력 있는 예는 물론 여성해방운동이다. 그 어느 때보다 『제2의 성』(*Le Deuxième sexe*)의 저자로 인식된 시몬 드 보부아르가 대표하는 여성해방운동은 미국 여성해방론자들의 주장과 행동에서 새로운 에너지를 얻으며, 이들 미국 운동가들의 저술들이 프랑스어로 번역되기 시작한다(케이트 밀레, 『수컷의 정치』 *La Politique du mâle*, 1971). 5년 남짓한 기간 동안 급진적 여성해방운동의 본질적인 주장이 다양한 어조로 일련의 주목할 만한 책(마리 카르디날, 『그것을 말하기 위한 단어들』 *Les Mots pour le dire*, 1974, 38만 부 판매; 아니 르클레르 『여성의 말』 1974, 15만 4천 부 판매; 브누아트 그룹, 『그녀가 그렇게 되어지길』 *Ainsi soit-elle*, 1975, 34만 부 판매)과 시위(1970년 여성해방단체 출현; 1972년 반여성 범죄 고발의 날; 1973년 여성들의 축제 등)를 통해서 표출된다.

그러나 무엇보다도 대표적인 사례는 낙태합법화의 역사일 것이다. 공권력이 '불법적' 낙태를 탄압하는 법률을 폐지토록 하기 위해, '불법적' 낙태를 요구하는 1971년의 343인의 선언문과 함께 낙태합법화의 역사는 시작한다. 그리고 조금 뒤에 시몬 드 보부아르가 자신의 경우를 밝히듯이 이따금 상징적으로 진행되며, 1972년 보비뉘의 재판을 계기로 절정에 이른 이 투쟁은 대규모 시위를 통해서 사실상 낙태가 처벌대상에서 제외되는 결과를 얻어낸다. 그후 여성변호사 지젤 알리미가 설립한 '새로운 단체 선택하기'(시몬 드 보부아르가 공동의장이다)는 영화 〈낙태의 역사〉——처음에는 불법적으로——를 상영한다. 이런 다양한 투쟁이 1975년 베이 법[1]의 통과를 목적으로 했음은 의심의 여지가 없다.

그러나 이런 성공은 부정적인 측면 또한 수반한다. 성공을 이룩한 그때부터 옳고 그름을 떠나서 필연적으로 '자유방임'이라는 거대한 운동에 휩쓸려 들어갔으며, 그 속에서 일부 대표적인 운동가들의 의식약화가 초래되기도 했다. 뿐만 아니라 정통좌파의 전체적이고 체제전복적인 계획과 크게 동떨어진 일회적인 획득의 논리 속으로 빠져들었다. 뒤이은 사건들, 특히 이 단체들의 대부분 유명인사들의 이념적인 변화는 68투쟁의 지적 전제들의 진정한 수정과 관련 없이, 개혁적인 변화가 이미 시작되었음을 보여주게 된다.

불확실성의 시대로 돌입

이데올로기 자체가 내면화되기도 전에, 초기의 확실성에 대한 동요가 시·공간적으로 이중적인 우회에 의해 70년대 주류인텔리겐치아

---

1) 당시 보건사회복지부 장관이었던 시몬 베이는 낙태를 합법화시키는 법을 통과시킨다.—옮긴이

속을 관통하게 된다. 여기서 우회라 함은, 정치적 모델의 갑작스런 퇴조를 동반한 최근 30년 동안 프랑스지식인 역사를 포함하여 요즈음 국내역사의 탈신화적(또는 탈신화적으로 제시되는) 읽기를 말한다.

두 개의 대규모 회귀적 운동이 이 시기의 지적 생산물들을 물들인다. 첫번째 운동——관찰자들은 이 운동을 '복고풍'이라는 보다 넓은 범주에 포함시킨다——은 1944년 이래 온 나라가 '명예' 혹은 '오류'라는 엄격한 흑백논리로밖에 기억하지 못하는 다양한 지적 여정의 모호성을 규명한다. 한쪽에는, 단순히 '우익'으로 일률적으로 묶을 수 없는 파시즘과 반유대주의의 계보가 있다. 또 한쪽에는, 비극적으로 처벌받은 피에르 드리외 라 로셀의 사상과 작품들이나 과장된 언어적 혁명의 이름 아래 시도된 루이 페르디낭 셀린의 것들이 있다.

좌파의 정원에도 마찬가지의 돌들이 있다. 그렇지만 여기서는 같은 시기 과거 공산주의자들의 자아비판적 추억운동(거의 문학장르)의 폭을 고려해야 한다. 가장 대표적인 예가 1959년 에드가 모랭의 펜 아래 출판된 『자아비판』(Autocritiques)이며, 가장 대형의 작품이 나오는 것은 1974년(도미니크 드장티, 『스탈린파들』 Les Staliniens)부터이다. 결코 의도한 것은 아니었지만, 이것이 가져온 반교조적인 효과는 공산주의 영역에 국한되지 않고 이를 동심원으로 해서 레닌주의와 마르크스주의, 사회주의, 진보주의 전체로 퍼져나갔다.

이제 가장 최근의 지식인세대가 자신의 근본적인 수정을 인식하는 것이 남았다. 이것은 이를테면 롤랑 바르트와 필립 솔레르스가 모택동의 중국을 방문하는 시기와, 작가들이 지스카르 데스텡의 초대를 받아 엘리제 대통령궁에서 열린 1976년 12월 대규모 '지식인의 만찬'에 참석하는 시기를 나누거나 결합시키는 몇 달 동안에 이루어진다.

프랑스지식인의 위기, 역사적 읽기

70년대 말 프랑스사회는, 즉 중재자인 '여론'은 인텔리겐치아에 대한 비관적인 담론을 펼쳐 보이기 시작한다. 프랑스지식인들의 '위기' '퇴조' 혹은 '침묵'은 참조할 만한 정기간행물이나 신뢰받는 시평담당자들, 인기 있는 에세이스트의 새로운 주제가 된다.

흐트러진 이미지, 퇴색된 이미지

이러한 담론의 가장 간단한 자료들은 추도문 성격을 띤다. 커다란 참나무 몇 그루에 너무 이르게 죽음이 엄습한 거나, 훨씬 이전부터 프랑스문화에 뿌리내리고 있던 다른 몇 가지의 사라짐이 운동의 의미에 대한 실망스런 결산의 계기가 되었다.

문화세계의 위대한 인물 몇 사람이 동시에 사라진 것이 '한 세대의 종말'에 대한 향수어린 담론을 불러일으킨 것은 물론 처음이 아니다. 하지만 이번에는 연속되는 두 세대가 동시에 위대한 명성들을 잃었다. 2차대전 세대는 장 폴 사르트르(1980)와 레이몽 아롱(1983)을 잃었다. 이들의 죽음은 프랑스와 외국에서 수많은 해석을 낳았고 예외적인 추도식이 거행되었다. 프랑스에서 사르트르의 장례식은 5만 명을 움직였다. 60년대 세대는 자크 라캉의 죽음과 롤랑 바르트와 미셸 푸코의 너무 이른 죽음, 정치학자 니코 풀란차스의 자살 그리고 루이 알튀세의 지적 자살을 경험했다.

운명이 가한 타격에 해석자들의 타격이 더해졌다. 대부분이 슬픈 어조로 결코 돌이킬 수 없는 세기의 종말을 강조했다면, 몇몇 악의에 찬 사람들은 불손한 해석과 함께 슬픔의 고통을 감내하게 했다. 젊은 세대에서 가장 먼저 철학자 프랑수아 조르주가 라캉을 비웃기 위해 그의 죽음을 기다리지 않았다. 1966년 『실존주의자들과 정치』(*Les Existentialistes et la politique*)의 공동저자인 미셸 앙투안 뷔르니에는 전체적으로 부정적인 시각으로 『사르트르의 유언』(*Testament de Sartre*, 1982)을 일반인들에게 전했다. 아롱과 사르트르, 형제이며 적인 그들의 죽음에 뒤따른 해설들은 아롱의 자유주의 선택을 상대적인 정확성이라고 평가하면서 이와 대립시켜 사르트르의 변화의 폭——침묵 또는 오류——을 주장했다. 그러면서도 레이몽 아롱은 『회고록』(*Les Mémoires*)의 출판이 큰 비중을 차지하는 말년을 제외하고는 전투적 활동의 주역보다 훨씬 인정받지 못하는 「참여적 관객」(아롱과 장 루이 미시카, 도미니크 울통과의 대담, 1981)의 역사적 실패라고 결론지었다.

설득해야 할 실패와 모호한 매력의 대비에 대해 생각하지 않을 수 없는 일반인들은 또 한편으로 거장들의 최후의 불확실성을 맞닥뜨려야 했다. 베트남난민들의 입장을 옹호하기 위해 아롱과 함께 엘리제로 간 사르트르(1979. 6. 26), 롤랑 바르트의 말년 글들의 관능적인 분열, 비평에 의해 잘못 해석된 『성의 역사』(*Histoire de la sexualité*)에 대한 푸코의 미완성 질문 등이 사람들 앞에 놓여 있었다. 최후의 순간에 프로이트파의 와해를 예견한 자크 라캉만이 만족스럽게 "나는 파가 없다. 무리가 나를 추종한다"고 말할 수 있었다.

물론 중요한 것은 부수적인 정보들에 있는 것이 아니라, 이 정보들이 새로운 질문형태를 전제로 해서 이론을 전체적으로 강화시켜 주는데 있다. 지식인들은 자신들의 시민적 야망이 후퇴하면서 의식의 대혼란을 겪게 된다. 일반적으로 좀더 신중한 잡지인 『비평』(*Critique*)은 '철학과 정치의 해 1979년'을 결산하면서 "허무의 시대"(L'Ère du vide)라는 제목을 붙였다. 3년 후, 질 리포베츠키의 '현대 개인주의'에 관한 에세이의 제목은 "공허함의 시대: 더 이상 뜨겁지 않고 냉정한 소비사회의 두번째 단계"였다. 이 책에서 저자는 무엇보다도 '전위' 개념의 종말을 예언했다. 같은 해, 신우파의 잡지 『원칙』(*Éléments*)은 프랑스를 주제로 한 토론에서 자신들의 제안 이외의 것에 대해 '지적인 공허함'이라고 평가했다.

발언에 뒤따른 말의 위기는 주로 주류인텔리겐치아의 입장을 취한 좌파에게 영향을 미쳤다. 1979년 여름 『르 몽드』와 『르 누벨 오브세르 바퇴르』가 시작하여 모든 정치언론매체가 바통을 이어받은 언론캠페인은 앞의 신우파를 조명했는데, 여기서 신우파는 부동의 실재인 우파인텔리겐치아가 아니라 한 작품(알랭 브누아, 『우파에서 본』 *Vu de la droite*, 1977)과 한 행동(새로운 잡지 『피가로』의 편집장 루이 포웰의 행동)에서 갑작스럽게 나타난 경향이다. 『우파에서 본』에서 알랭 브누아는 전쟁 이래 진보적인 전제 속에서 상호 연결된 두 개의 거대 이데올로기, 즉 자유주의와 마르크스주의에 관한 질문들에 대해 보편적이고 새로운 시각을 제안한다. 그리고 루이 포웰은 브누아의 이와 같은 사고에, 광범위한 독자층에 빠른 속도로 뿌리내려 폭넓은 지지를 받고 있는 매체(1984년 50만 부 이상 판매)를 제공했다.

그러나 이것은 마르크스가 헤게모니를 쥐고 있던 수십 년이 흐른 후 또 한번의 반론의 표명일 뿐이었다. 그로부터 4년 후, 프랑스 인텔리겐치아들의 하계토론은 공산주의자들과 연합한 사회주의자들이 정치권력을 잡은 이래 이른바 '좌파'지식인들이 보여준 '침묵'을 다룬다. 좀더 가까이 다가가서 살펴보면, 처음 다루어지는 주제가 아니었다. 한 관찰자는 이러한 불안을 예고한 선거승리 이전의 분석들(예컨대 1981년 봄의 『오늘날의 정치』 *Politique aujourd'hui*)을 바탕으로 1981년 12월에 이미 '좌파사상의 실질적인 무기력'을 인정하는 의견이 폭넓게 형성되어 있음을 간파했다. 이 무기력은 또한 새로운 여당

편에 참여하기를 주저하는 지식인들의 모습으로 나타났다(장 드니 브르댕, 『르 몽드』). 1983년의 이 하계토론이 가지는 특성은, 장관인 막스 갈로(「지식인, 정치, 현대성」 Les intellectuels, la politique, la modernité, 『르 몽드』 1983. 7. 26)에 의해 토론이 시작되었고 지식인들이 주로 구독하는 신문에 의해 이어졌다는 점이다(막스 갈로의 글이 실린 다음날부터 필립 보지오 기자는 '좌파지식인의 침묵'에 관해 조사했다). 일간지 잡지 할 것 없이 모든 언론이 이듬해 1월까지 이 '침묵'에 대해, 그것이 인정되든 선포되든 혹은 비난받든 정당화되든 고발되든 개의치 않고 말하기 시작했다.

이 에피소드에는 다음과 같은 두 가지 중요한 역설이 담겨 있다. 한편으로, 1981년 사회당 국회의원이 되었고 몇 달 후 정부의 대변인이 된 역사가이자 소설가, 에세이스트인 토론주도자는 지식인의 완벽한 전형으로 간주될 수 있었다. 또 한편으로, 의식 혹은 좌파의 증언을 일깨우는 부름이기를 원하던 것("창조해야 한다. 하지만 지식인 없이 어떻게 할 수 있겠는가?")이 여당과 좌파에서의 이탈과 우파로의 참여를 정당화시키는 수많은 논평(『르 몽드』는 약 200여 편의 글을 받았고 그중 30여 편을 실었다)을 불러일으켰다.

논쟁의 마침표 찍기는 논쟁을 시작한 신문에 의해 철학자 장 보드리아르에게 주어진 듯했다. 9월 21일과 22일에 발표된 그의 두 편의 글은 전해에 출판된 "사회적인 것의 종말"이라는 부제가 붙은 『침묵하는 여당의 그늘에서』(À l'ombre des majorités silencieuses)의 논거를 다시 취하고 있다. 망설임의 진보로부터, 그에 따르면 그때까지 말없이 지켜보고 있던 공동체의 이름으로 말하기를 주장한 인간적 형태의 죽음을 결론지어야 했다. 지식인의 부재에서부터 출발하여 더 이상 사회적인 것은 없고, 사회가 존재하지 않으며, 그러므로 역사가 존재하지 않는다고 그는 말한다.

이 기간 동안에, 눈앞의 상황에 의존한 이러저러한 해석을 뛰어넘어서 분석적 문학이 활짝 꽃피게 된다. 분석적 문학은 인텔리겐치아의 이전(근원과 정당화과정)과 이후(이데올로기적 일관성과 사회적 영향)뿐 아니라, 결탁과 권력의 외피로 인식되는 중앙집중적 구조에 대한 깊은 회의를 표현한다. 여기서는 중요성에서 차이가 나는 두 가지 접근방식을 구별해야 한다. 관료적이고 자유주의 혹은 우파적인 성격의 반지식인주의 전통의 추구는 부차적인 것으로서, 이 목소리는 시간이 지남에 따라 작아진다. 경제적 위기는 새로운 '전문적 지성'——일상생활에 관한 정보에 커다란 도움에도 불구하고——에 대한 확신에 의문을 품게 한다. '지식인의 당'에 반대하는 1899년과 같은 노선('교회, 당, 마피아')에서 알랭 브누아(『세계의 공연』 *Le Spectacle du monde*, 1974. 11)를 분노하게 했던 우파의 비난은 지적 헤게모니가 그쪽에 유리하게 작용한다 싶을 때 사라졌다. 자유주의를 비롯한 모든 반대진영이 보기에, 마침내 사회주의좌파의 권력탈취는 '지적 투쟁'에 다시 모든 미덕을 부여했다.

사실 가장 고통스러운 타격은 한마디로 '인텔리겐치아의 사회학적 비평'이라고 표현할 수 있는 것들에 의해 고전적 이미지의 지식인에게 거듭 가해졌다. 분석가들은 고용인들의 연구에서 처음으로 사용되었던 묘사적이고 때로 수량화된 도구들을 모호한 이 그룹의 분석에 적용하려 했다. 1977년 2월 『르 몽드 교육』(*Le Monde de l'éducation*)의 전형적인 조사 '인텔리겐치아: 문화의 장인들 탐방'은 경의를 표하는 신중함을 보였다. 1981년 가을에 두 명의 조사자가 '상층인텔리겐치아'와 영합하지 않은 자신들의 '조사'를 "지식인주의"(Les Intellocrates)라는 제목을 붙여 신문에 실었을 때, 더 이상의 배려는 없었다. 지적 행보의 일대기, 권력 공간과 영향권에 관한 지도의 제작은 곁들여진 '사소한 사실들'에 힘입어 결코 이상적이지 않은 이미지를 닫힌 세계에 던지는 듯했다. 그리고 3년 후, 당시 가장 문제가 된 장소의 하나가 좀더 신중하고 덜 우화적인 연구의 대상이 되었다. 그러나 표현에서는 여전히 탈신화적이었다(「행동중인 지성」 L'Intelligence en action, 『르 누벨 오브세르바퇴르』, 루이 팽토). 세르주 카드뤼파니는 선배지식인들의 정치적 '위선과 오류 그리고 배반'을 상세히 검토하면서 같은 맥락으로 글을 썼다(『진실의 불운』 Les Infortunes de la vérité, 1981).

또 이 시기에 두 저자가 자신들의 사고의 상당 부분을 좀더 이론적이고 더 노골적이고 경멸적으로 '지식인권력'을 묘사하는 데 할애했다. 피에르 부르디외(대학사회에 관한 『호모 아카데미쿠스』 Homo academicus, 1984)가 그러했고, 특히 인텔리겐치아에 관한 거대 일반이론 혹은 『미디어론』(Traité de médiologie)을 예고한 레지 드브레가 그러했다. 이어 드브레는 지식인권력에 관한 준비작업(『프랑스지식인의 권력』 Le Pouvoir intellectuel en France, 1979)과 첫번째 종합단계(『사서』 Le Scribe, 1980)를 내어놓았는데, 그가 무엇보다도 이 문제에 관심을 가지게 된 것은 정치적 상황 때문이었다.

이와 같은 분석을 통해 제기된 주요 토론주제 하나는 발안자들의 입장이 담고 있는 모호함——그 생생한 증거가 부르디외의 『호모 아카데미쿠스』와 드브레의 미디어에 의해 '부패하지' 않은 지식인존재이다——을 반영하고 있었다. 두 비평가는 서로 거리가 먼 각각의 추론에도 불구하고, 공통적으로 과학적·윤리적 논리보다 경력을 위한 전략과 좀더 넓게 윤리 외적인 이익의 우위성을 결론으로 도출하였다. 레지 드브레는 이러한 그림에다 커뮤니케이션 기술이 '사서'를 보편적인 '무사주의'로 전락시키는 시대의 그림을 덧붙였다. '다른 것과 마찬가지인 문화권력'은 결국 '다른 사람의 시간을 차지하는 권력'에 지나지 않기 때문에, 상층인텔리겐치아는 전제적 미디어가 아닌 권력의 의미로서의 '미디어주의'에 몸과 마음을 바치게 되며 이로써 하부의 교사·연구자를 비롯하여 '하부조직'의 지도자들을 미디어에 종속시켜 나간다는 것이다 이와 유사한 논리는 프랑수아드 네그로니의 『지식인의 처세술』(*Le Savoir-vivre intellectuel*, 1985)에서도 전개되는데, 이에 따르면 지식인에서 '스타'로의 위상변화는 예속화과정의 귀결이라는 것이다. 그 결과 지식인은 드레퓌스사건 시대의 창조적이고 독창적인 역할과 거리가 먼, 단순한 '진보적 관습의 결정자'대열로 전락해 버린다는 것이다. 80년대 중반에, 모든 측면에서 프랑스지식인에게 제기된 소송이 그러했다. 누구보다 자신에 의해.

역사 속에서의 위기

대부분의 경우 판사가 편파적인 이 사건에서, 기소장의 표현들은 후에 확인한다는 조건하에서만 받아들여진다고 말할 수 있다.

우선 전부 다 그런 것은 아니지만 일부 논거는 이전의 시기에 적용될 수 있기 때문이다. 현대적 의미에서 지식인의 개념을 신문의 배포수단과 연결시켜서 정의하는, 이 글 내내 자주 인용되고 있는 모든 경우들로 돌아가지는 않을 것이다. 그리고 처음부터 우리는 이러한 입장은 '산업화 이전시기' 커뮤니케이션의 상황과 유기적인 관계를 계속 유지했다는 것을 전제로 했다. 하지만 레지 드브레가 특히 자주 인용한 TV의 문학프로그램을 사례로 해서 논의해도 충분할 것이다. TV의 문학프로 선택과정과 그에 의한 탁월한 형태는 구조적으로, 특히 사회적으로 살롱의 문학프로그램들과 다른가? 하룻저녁 시청률의 증가(아르코나티 비스콩티 후작부인의 '목요일'에 대해 말했듯이 베르나르 피보의 〈금요일〉)가 원칙의 변화를 가져올 수 있는가? 이와 같은 문제들에 대해 의심할 수 있어야 하며 멀리 떨어져 있는 것들에 대한 이상화를 경계해야 할 것이다.

지식인에 관한 질문이나 비난이 암묵적으로 과거의 비판과 동일한 입장——예컨대 줄리앙 방다의 비판과 똑같은 입장——을 취함에 따라 일부 주요 논거가 모호해지기 때문에 더욱 그럴 수 있다. 막스 갈로가 종합적인 정치제안(『세번째 연합: 새로운 개인주의를 위해』 *La Troisième Alliance. Pour un nouvel individualisme,* 1984)을 작성할 것을 명확하게 요청한 것("지드, 말로, 알랭, 랑쥬뱅은 오늘날 어디 있는가?")은 놀라운 일이 아니다. 하지만 같은 해 장 프랑수아 리오타르가 『지식인의 무덤과 다른 문서들』(*Tombeau de l'intellectuel et autres papiers*)이란 제목으로 자신의 생각들을 모았을 때, 그것은 말장난에 지나지 않는다. 여기서 언급된 많은 지식인들이 자신의 위상이나 행동을 바꾸기보다 오히려 이데올로기를 바꾸리라는 것은 너무도 명백하다. 회개나 신중함에서조차도 그들의 태도는 본보기가 되어야 한다.

마지막으로, 일부 논거는 당연히 확인이 불가능하다. 한 지식인의 이념적 견고함을 평가하는 일은 중·장기적으로 가치판단의 영역에 속한다. 특히 내적 위기의 문제는, 지적 공동체나 기존 정치성향의 지배를 받는 지식인들과 마찬가지로 자신들의 고유 경험을 가진 사람들에게서도 자주 제기되는 담론이 아닌가 물을 수 있다. 예컨대 외로운 우파지식인인 역사가 미셸 무르가 지식인의 퇴조를 예언한 것은 1955년 10월이며, 기자 조르주 쉬페르가 좌파지식인들의 퇴조(「선구자들은 피곤하다」 Les hérauts sont fatigués, 『증거』 *Preuves*)를 고한 것은 1962년 1월이다.

현상검증의 부분이 다른 차원, 즉 지식인 헤게모니의 재분배에 속하는 것은 아닌지 물을 수 있는데, 이 점에 대해 의견을 같이하는 두 개의 물결, 즉 새로운 철학자단체와 새로운 우파단체가 바로 그것을 보여줄 것이다.

전자단체의 운명은 1977년으로 거슬러 올라간다. 그러나 이 단체를 특징짓는 지적 현실은 대략 그보다 3년 전이다. 베르나르 앙리 레비 (1948~ , 『인간적 얼굴의 야만』 La Barbarie à visage humain, 1977), 앙드레 글룩스만(『요리사와 식인종』 La Cuisinière et le mangeur d'hommes, 1975), 크리스 티앙 장베와 기 라르드로(『천사』 L'Ange, 1976), 장 폴 돌레(1939~)를 중심으로 해서 장 마리 브누아(1942~ , 『사망한 유럽을 위한 파반 무곡』 Pavane pour une Europe défunte, 1976)와 필립 느모(1949~ , 『구조적 인간』 L'Homme structural, 1975) 등으로 일시적으로 구성된 단체가 인텔리겐치 아 속으로 들어오게 된 것이 1976~77년 『르 누벨 오브세르바뇌르』의 몇 차례에 걸친 캠페인 때문이라면, 최초의 충격은 1974년 알렉산드르 솔제니친의 『수용소군도』(L'Archipel du Goulag)의 출판이었다. 그해 3월 4일 『르 누벨 오브세르바뇌르』에 실린 글룩스만의 신랄한 논문 「마르크스주의는 귀머거리로 만드는가」(Le marxisme rend sourd)가 이를 증명해 준다.

여기서 중요한 것은 "우리 시대의 단테"(장베)로 일컬어지는 작가가 증언하는 내용이라기보다 그것을 받아들이는 방식이다. 광범위한 신문서명을 통한 언론매체의 호응, 과거 공산주의자였던 피에르 데와 장 다니엘, 글룩스만 그리고 솔제니친이 참여한 방송프로 〈아포스트 로프〉의 성공, 특히 모든 보편적 '미디어주의'의 이론은 섬세하게 표현되어야 할 필요가 있다는 것을 보여주기에 충분한 이데올로기적 환대가 있었다. 1949년 크라브첸코의 재판이 프랑스 지식인사회를 크게 뒤흔들지 못했던 데 비해, 하나의 은유적 표현인 수용소는 짧은 시간에 중요한 대사상가들과 젊은 세대를 연결시켜 주었다. 1977년에 한 관찰자는 "센강 좌안은 전부가 물고기떼처럼 방향을 바꾸었다"(장 클로드 길르보, 『고아의 시대』 Les Années orphelines, 1978)고 말할 정도이다. 당시 베르나르 앙리 레비가 자신의 동조자들에 비해 특별히 중요한 것은 무엇보다도 이데올로기 생산자(『신의 유언』 Le Testament de Dieu, 1979; 『프랑스적 이데올로기』 L'Idéologie française, 1981)인 그가 편집인과 기자로서 그룹의 사상과 관련하여 가장 뛰어난 중재자 역할을 한 데 있다.

이러한 새로운 상황은 적어도 프랑스 지식인역사를 고찰하는 데 있어서 결정적인, 반소비에트적인 비판운동에서 반마르크스주의 비판운동으로의 전환을 하나의 경향으로 포함하고 있었다. 그리고 진보주의처럼 다수의 지식인들이 받아들였던 몇 가지 확실성을 실추시키는 역할을 했으며, 모든 종합적인 시도를 전체주의로 의심했으며, '아방가르드'에 의해 '순진한 인도주의자'로 비난받았던 정치행위들의 명예를 회복시켜 주었다. 마지막 두 가지 점과 관련하여, 새로운 상황은 마르크스주의 좌파와 정반대 입장을 취했지만 근대성에 대한 비판에서는 1968년의 무정부주의적 경향의 논리를 펼쳤다.

순수하게 역사적인 측면에서, 새로운 철학자들의 동요는 소비에트연합의 부정적 이미지를 확실하게 일반화시켰다기보다, 마르크스주의의 대안모델에 대해 갑작스럽게 경멸적 의미를 부여하는 계기가 되었다. 예를 들어 임표의 숙청(1971)으로부터 시작된 마오쩌둥 사후(1976)의 중국이 그러했고 쿠바, 포르투갈의 극좌파(1874) 그리고 특히 인도차이나지역의 체제들(1975~79년의 크메르 루즈 독재, 1976년부터의 베트남난민사건)이 그러했다. 이로부터 시몽 레이스의 분석은 뒤늦은 효과를 발견하였고, 실망한 마오주의자들(클로디,

자크 브라이엘, 에브린 치르아르)의 저술『중국의 두번째 회귀』(Deux-ième retour de Chine, 1977)와 함께 완성된 세 가지 형태 중 하나인 자아비판 문학을 발견했다. 앞의 모든 체제들은 포위된 성채와 희생자라는 공통점을 제시했으며, 지배자로 인식되었던 기존의 열강진영으로 빠져들었다. 이와 같은 옷 갈아입기는 관용도 구원도 없는 것으로 간주된 제3세계 전체로까지 서서히 확대되었다(파스칼 브뤼크너,『백인의 오열』Le Sanglot de l'homme blanc, 1983).

난폭한 뒤흔들기는 새로운 우파의 출현에 의해서보다 오히려 존중할 만한 모습에 의해서 증폭되었다. 이 존중할 만한 모습은 전후(戰後) 지적 대중화의 몇 가지 개념에 대해 문제제기를 했다. 하지만 신우파가 진보주의에 대한 비판과 몇 가지 보편화된 이성주의에 대한 판단에서 새로운 철학자들과 같은 지반에 서 있었다고 한다면, 이 존중할 만한 모습은 전혀 다른 길을 통해 그 지반에 도달했고 그에 근거해서 극단적으로 반대되는 결론들을 이끌어냈다. 유럽문화탐구·연구단체(GRECE)의 기준이 되는 세계는, 초기 '평등주의'의 지적 세포로 간주되었던 유대주의나 기독교와 정반대였다. '신우파'는 생물학적이고 문화적인 민족과 서열들의 비환원성을 찬양하였으며, 파시즘과 전통주의의 정치적 패배 이래 거의 아무도 들어주지 않던 극단주의적 입장으로부터——특히 여기서 중요한 것은 지적 정통성이라는 그물 내에서의 강력한 활동으로부터——자신의 중요성을 도출해 냈다(공산주의와 자유주의 어느 쪽도 지지하지 않기). 알랭 드 브누아는 자신의 출판사 GRECE——줄리우스 에볼라에서부터 한스 위르겐 아이젱크에 이르기까지의 후배들과 예전의 피복권자 그리고 공생중인 '외국인들'의 책을 펴냈다——의 공식기관지인『원칙』뿐 아니라 이보다 경계가 더 불분명한 잡지『새로운 학교』(Nouvelle École)도 발간했다. 나아가

이 단체는 영향력이 좀더 높은 차원에서 잡지 『르 피가로』의 출판에 참여하여 적어도 초기에는 편집노선에 영향력을 행사하였으며, 여러 정치인들의 사고에 자양을 공급함으로써 그에 관한 책을 쓸 수 있게 했다. 이런 의미에서 알랭 드 브누아의 '초정치적'인 시도는 엄밀히 정치적인 결과들을 직접적으로 가져왔다.

많은 논쟁을 불러일으킨 초기의 '발견'시기를 거쳐 몇 명의 동조자들로부터 버림받고 인종차별주의와 파시즘이라는 비난에 답하기 위해 복잡한 정화작업을 해야 했던 신우파가 프랑스 지식인사회에서 놓여 있는 입지는 매우 협소했던 듯하다. GRECE는 엘리트주의와 생물학적 민족주의에 바탕을 둔 사상을 대중화시키는 데는 성공했으나, 기존의 지적 헤게모니를 뒤집어엎지는 못했다. 지적 헤게모니는 80년대의 전환기에 새로운 철학자들이 정리해 놓은 영역 위에서 자유주의적 전제들 그리고 무엇보다도 총론적인 현대자유주의(레이몽 아롱)나 과거 자유주의(알렉시 드 토크빌, 한나 아렌트) 논쟁으로 넘어갔던 것 같다. 『렉스프레스』(약 40만 부)에서 1981년까지 활동한 장 프랑수아 르벨(1924~)이나 1972년 『포인트』(*Le Point*)가 창간했을 때부터 1985년까지 일한 조르주 슈페르 같은 광범위한 독자층과 매체의 중개자 역할을 한 사람들은 마르크스주의와 그 지지자로 간주되는 사람들에게 날릴 중요한 펀치를 준비한다(르벨, 『전체주의의 유혹』*La Tentation totalitaire*, 1976). 기 소르망의 저작(『미국의 보수주의혁명』*La Révolution conservatrice américaine*, 1983)에는 앵글로색슨의 자유주의정치와 미국의 '무정부주의적' 사고가 영향을 끼쳤는데, 이와 같은 노선 위에 자리잡은 단체가 자유유럽을 위한 지식인위원회(CIEL)이다. 1978년에 설립된 지식인위원회는 이런 유의 단체나 행동이 더 이상 통하지 않을 것 같은 지식인사회에서 드물게 인텔리겐치아를 명확한 준거로 삼고 있었다. 마르크스주의적 전제에 대한 공통적인 고발을 뛰어넘는 긍정적인 이데올로기의 합일을 가지지도, 추구하지도 않았던 '새로운 철학'은 정치적 우파회원들(예를 들어 장 마리 브누아)을 다양한 형태의 극단적 자유주의로 인도하는 길과 또 과거 68세대 일부를 사회민주주의와 가까운 형태로 이끄는 길 등 여러 갈래로 나뉘었다.

그러므로 한 가지 정정되어야 할 공통된 증후가 있다. 80년대 중반에 프랑스지식인들은 침묵했다기보다 경청되지 못한 듯하다. 그것은 물론 지식인들이 자신들에게 익숙지 않은 모습——혼란의 모습——을 보였기 때문이고, 그들의 계속되는 성급한 리듬의 확신은 불확실성이라는 본질적인 특성을 더 이상 감출 수 없게 되었기 때문이다. 하지만 퇴락이라는 형태 이면에 심각한 정체성위기가 도사리고 있었다고 진단하게 되면, 그에 대한 몇 가지 해석을 찾지 않을 수 없다. 문제의 정체성위기가 좌파의 것인 동시에 전체 지식인의 것이기 때문에 더욱 그러하다.

상황?

일련의 외적 요인들에 의한 설명이 불가피해진다. 물론 여기에는 동원할 수 있는 '거대문제의 부재'라는, 이따금 제시되는 가설을 무시한다는 조건이 붙어야 할 것이다. 지식인은 문제를 만들어내기보다 오히려 문제가 지식인에게 강요되며 적어도 그것의 중요성을 결정하는 것이 지식인의 역할이라는 것이 그전의 문제로부터 명확히 도출된다. 마찬가지로 지식인의 주변상황은 지식인이 자신의 재능을 활용할 수 있도록 지속적으로 드레퓌스사건이라든가 각종 정치적 사건, 성전들을 제시한다.

정치적 상황논리가 가장 취약하기는 하지만, 아무튼 상황논리에 대한 좀더 세밀한 분석이 필요하다. 또한 1981년 좌파의 집권이라는 프랑스의 특수한 현상을 근거로 하고 있지만, 여러 경우에서 상호연관성은 쉽게 인지된다. 프랑스사회당과 유기적으로 연결된 지식인들의 경우는 국가기관에 흡수되었고, 원칙에 대한 토론보다 제도적 행위에 관심을 보였다. 몇몇 개인의 행보가 이 구조에 잘 들어맞는데, 이런 범주에서 가장 잘 알려진 이름들——자크 아탈리, 카트린 클레망, 레지 드브레, 막스 갈로 등——이 1981년 이후 사회토론을 지탱시켜 주는 지적 대상의 일부를 계속 산출했다.

권력과 관련된 입장은 엄격히 전략적인 방식으로 평가되는데, 우파가 다시 발언권을 갖게 되는 요인이 되었음은 부인할 수 없다. 1981~85년 프랑스정치의 연보만 고려해 볼 때, 양적으로 여당보다 야당의 주장이 지배적이다. 뿐만 아니라 이런 주장에 대한 미디어의 반응은 질적으로도 헤게모니의 전도가 이루어졌음을 확인시켜 준다. 이는 야당사상가가 '여유'가 더 있다거나 혹은 상대방이 권력을 잡고 있으므로 해서 끊임없이 이데올로기적 도전을 해야 함을 의미한다. 그러나 반대의 세력관계에 익숙해 있던 프랑스독자들에게 이것은 매우 새로운 것이었다.

단순히 사실에 대한 고찰은 지식인들을 결코 만족시키지 못했다. 늘 지식인들은 훨씬 더 근본적인 주제를 고려대상으로 삼았다. 우리가 이 책의 첫머리에서 살펴보았듯이, 그것이 지식인 자신들에 대한 정의와 관련되기 때문이다. 마오사상과 함께 커다란 포물선을 그린 후 본래의 자유주의로 돌아온 한 야당지식인은 이 점에 대해 다음과 같이 매우 명확하게 표현한다. "원래 지식인들은 물리적 필요성 때문에, 놀이삼아 야당에 가담한다."(필립 솔레르스, 잡지 『무한』 L'Infini을 내며, 1983). 1981년부터 장 보드리아르가 덜 거칠고 덜 자극적인 방식으로 그리고 덜 노골적인 우파 정치투쟁과의 연대 의지로써 작품에서 발전시킨 것은 바로 이런 관점이다. 그는 제도의 논리와 사고행위가 양립할 수 없다고 생각한다. 권력과의 모든 대화를 거부하지 않는 몇몇 좌파지식인들은 자신들의 절망과 비판을 전달할 때만 전통적인 표현방식을 사용한다(장 폴 돌레).

1981년 선거에서 이중적 승리가 가지는 특별한 측면은 거리를 유지하는 데 있어서 나름대로 역할을 했다는 점이다. 좌파연합의 원칙에 대한 존중, 1984년까지 공산주의자 장관이 정부 내에 존재한 점이 그것이다. 이때 인텔리겐치아의 중요한 접착제가 되었던 반공주의는 아프가니스탄전쟁과 폴란드위기로 강화되었으며, '전체주의'라는 의혹의 눈길 속에서 새로운 여당의 행위들은 검토되었다.

그러나 정치에 의한 해석의 한계가 드러나는 것은 바로 이 단계이다. 20세기의 역사는 인텔리겐치아가 야당의 동의어가 아니라는 점과 좌파인텔리겐치아가 분열 속에서도 다수당에 대한 지지를 표명할 수 있다는 점을 잘 보여준다. 1977년과 78년에 필요했던 것은 지식인이 아니라 죽어가는 여당이었다. 반대로 새로운 상황이 그것과는 반대로 한창 변화중인 사회에 기습한 것은 분명하다. 1977년의 프랑스 공산당과 사회당의 위기와 1978년 국회의원선거에서의 당연한 패배 이래로, 좌파가 승리할 가능성은 그 어느 때보다 낮아 보였고 그런 속에서 공산주의의 이미지는 점점 쇠퇴하였기 때문이다. 1981년, 실망한 좌파세대를 중심으로 형성된 주류인텔리겐치아는 좌파에 대해 반대입장을 취하였고 자신들이 아무런 도움도 주지 않은 좌파의 승리를 맞이했다. 악령이 그들로 하여금 승리자진영과 결코 결탁하지 못하게 하는 듯했다.

따라서 1981년 이후 진행된 정치 앞에서 지식인들의 '실망'은 전혀 없었고, 선택에 있어서 그들과 근본적으로 다른 여당의 정치 앞에서 지식인들의 회의주의만 있었다고 말할 수 있다. 좀더 멀리 거슬러 올라가야 할 것이다. 1973년부터 서구를 비롯하여 전세계를 덮쳤던 경제적 위기 그리고 그보다 몇 년 앞선, 장 푸라스티에가 프랑스적 시각으로 '영광의 30년'이라고 부른 상승과 낙관의 시대의 합의가치를 뒤흔든 문화적 위기로까지 올라가야 할 것이다.

70년대의 경제위기가 30년 동안 만들어진 지식인의 이미지를 약화시키는 데 기여했다고 주장하는 것은 조금 역설적일 수 있다. 모든 것이 '자본주의' '야만성' 또는 '공연의 사회'로 특징지어지는 기존 시스템의 종말을 예고하지 않았는가? 그럼에도 그렇게 말하는 것은 5월의 주역들의 강한 지적 통일성을 고려하지 않았기 때문이다. 이전의 성장곡선에 만족했든 성장이 낳는 복고와 모순과 불의를 고발했든, 지식인들은 경제위기에 관해 공통된 확신이 있었다.

경제위기는 두 개의 지배이데올로기——마르크스주의 좌파와 그에 대칭되는 자유주의 케인스학파의 낙관주의——에 정면으로 타격을 가했다. 미국과 마찬가지로 프랑스에서도 좌파 일반이 힘들어하는 모습을 보이던 때와 시기적으로 일치함으로 해서, 경제위기는 주변 지식인들의 불확실성을 증폭시키는 중요한 결과를 가져왔다. 이는 양극화를 가속화시켰던 1929년의 위기와 극명한 대조를 이루었는데, 이렇게 증가하는 불안을 보여주는 대표적인 것이 헤르베르트 마르쿠제의 사상이다. 마르쿠제의 프랑스어로 번역된 마지막 저서 『현실』 (*Actuels*, 1976)은 1969년에 나온 『자유를 향하여』(*Vers la liberté*)의 낙관주의와 크게 대비된다. 『르 누벨 오브세르바퇴르』의 사상가 미셸 보스케(일명 오르스트 또는 앙드레 고르)는 "예전과 다르게 지금의 위기는 아무것도 예고하지 않는다"는 전제를 제시한다.

현재의 경제적 위기를 예고한 문화적 위기가 전체적 상황을 좋지 않은 상태로 남겨놓았기 때문에, 위기는 아무런 예고도 없이 도래하였을 것이다. 세 개의 동심원이 70년대 내내 사회의 일반적인 변화와 그로부터 비롯된 좌파운동의 타격에 직접적으로 관련이 된 듯하다. 여기서 세 개의 동심원은 사회과학과 대학 그리고 문학을 바탕으로 한 문화개념을 말한다. 1968년 무렵의 대표적 지식인이 바로 이 세 가지 구성요소가 다양하게 결합된 생산물이 아니면 무엇이란 말인가?

가장 오래된 재판은 흔히 '이론적'이라 불리는 고전문화에 대한 재판이다. 이와 같은 문제제기가, 예술적 표현능력과 논리의 엄격성 면에서 아롱이나 메를로퐁티를 압도했던 것으로 보이는 사르트르나 카뮈의 명성은 위태롭게 할지 모르지만, 지식인의 위상과 역할을 건드리지는 않는다. 물론 시간이 지나봐야겠지만, 기껏해야 준거로서의 지식인의 모습에 영향을 미칠 것이다. 장 뤼르카나 프레데릭 졸리오 퀴리도 '문인'은 아니었기 때문이다. 1898년 세대에게 클레망소나 드뤼몽이——그리고 좀더 엄격한 사람들에게는 베르나르 라자르나 상스러움으로 특징지어진 '대중적' 작가 졸라조차도——문학적 범주에 들어갈 자격이 없는 것은 분명하다. 적어도 그들이 '작가' 취급은 받았을까? 물론이다. 하지만 이들을 지식인으로 정의하는 것은 표현의 성격보다는 이들의 (수단과 의지 두 가지 의미에서의) 표현능력을 인정하는 것이다. 이와 같은 조건 속에서는 록 가수나 뮤지컬 연예인도 결코 다르지 않다. 기 브로스[2]나 레오 페레[3]를 지식인으로 취급하지 않을, 설득력 있는 이유는 전혀 없다.

본래부터 대규모 지식인양성소인 대학은 1968년 이후 10여 년

---

2) 알제리 출신의 프랑스 코미디언이자 배우—옮긴이
3) 시인이며 음악가. 프랑스 샹송을 대표하는 인물—옮긴이

동안 충격상태에 빠져 있었다. 초기의 극단적인 반발에 이어, 예전의 규칙을 대신할 만한 교수법의 혁신에 난관과 어려움이 가로놓여 있음이 점차 발견되었다. 경제위기와 더불어 학위소지자의 대량실업이라는 우려스러운 전망이 커지면서, 대학은 광장과 강의실이라는 과거의 형태와는 거리가 먼 일종의 전쟁터를 방불케 했다. 단기적으로는 파리고등사범학교의 쇠락 또한 이런 형태변화에 일조했다. 암묵적인 그랑제콜의 서열에서, 파리고등사범학교는 고위직으로 나가는 길을 열어주는, 따라서 다분히 기술적 종합학교라 할 수 있는 국립행정학교에 추월당해 밀려났다.

결국 가장 혼란스런 위기는 옳건 그르건 '반체제적' 지식인들의 사고가 태어난 학문의 핵심——사회학을 비롯하여 인류학과 정치학, 사회심리학 그리고 경제학과 언어학의 전부 또는 일부——을 건드린 것이었다. 표본이 되는 시스템의 점차적인 분산과 개인적인 대립을 통해서 70년대 내내 표출되었던 위기는 미세분석을 지향하는 전략적 후퇴로 귀결된다.

하지만 이런 학과들 주변에서 철학과 역사가 잘 저항한 것은, 반대로 프랑스 지식인사회를 총체적으로 설명해 주는 요소, 즉 무관심의 시기로의 진입이라는 이 위기의 본질적인 요소를 제공해 준다.

경향?

4반세기가 지난 지금, 68년 5월은 더 이상 한 시대의 시작 혹은 끝이 아니라, 단순히 완전한 변화를 위한 중기적——10년 이상 유지되지 않을——경향의 절정처럼 보인다. 지식인들에 관해 충분히 말했으니, 이제 글을 마치기 위해 지식인역사에 대해 조금 생각해 보자. 다시 말해 그들의 사회적 현실에 리듬을 부여했다고 볼 수 있는 헤게모니의 연속을 살펴보자는 것이다. 이러한 조명에서는 60년대 중반부터 지금까지를 최소한 세 개의 시기와 두 개의 단절로 구분할 수 있다.

순수한 의미의 1968년보다 출발점이 몇 년 앞선 초기에는 극단주의적 가치들이 두드러지게 지배적이었다. 마르크스주의와 구조주의와 정신분석학은 자신들의 잇따른 문제제기 속에서 자본주의사회와 인본주의사회와 이성주의사회의 원칙들을 제시한다. 하지만 곧바로 마치 상대성원칙이 서서히 비평체계 자체가 되었던 것처럼, 모든 것이 진행된다. 바로 이것이 10년대나 40년대와 마찬가지로——그러나 덜 과격하게——초기와 말기의 현격한 대조를 제공하는 70년대의 흥밋거리이다.

70년대 중반부터 80년대 중반, 좀더 정확하게 말하면 1976년 '새로운 철학'의 봄부터 1986년 학생의 봄까지의 견해를 피력하는 이 시대는 전시대와 반대입장을 취한다. 중요한 해석 하나는, 역사의 주체/의미는 더 이상 제3세계의 프롤레타리아가 아니고 서구의 개인이라는 것이다. 1979년 좌파맥락의 마지막 변형인 이란의 이슬람혁명을 놓고, 일시적이지만 미셸 푸코를 비롯한 몇몇 프랑스지식인들이 서구상품에 대한 정신적인 것, 피지배계층의 복수라고 열광적으로 해석하는 것을 보게 된다. 이러한 전위적 입장이 70년대 초의 '마오주의' 입장으로부터 얼마나 멀어져 있는지를 충분히 말해 준다.

새로운 곡선의 정점은 물론 1981~84년 사회당과 공산당의 연립정부 시기이다. 하지만 새로운 경향이 불안정한 동요에 의해서 결정적으로 자리를 잡게 되었다고 결론짓는 사람들은 실망할 것이다. 1986년 가을, '거꾸로 된 68년'은 수천 명의 학생들을 여러 차례 집권세력에 반대하여 거리로 뛰쳐나오게 했고 마침내 집권세력을 물러나게 했다. 데모참여자들과 인종차별폐지단체가 천명한 가치는, 이들 선배들의 가치를 변증법적으로 뒤집었다는 의미에서 전도(顚倒)라고 말할 수 있었다. 이제부터 "선거, 바보들의 올가미"라는 슬로건은 국민의 대표에 대한 경의와 대립하고, 체제전복은 개혁주의와 대립하게 된다. 이렇게 해서 68년을 닮지 않고 76년으로 뚜렷이 되돌아서는 새로운 시대의 어조가 생겨났다. 한 시대의 관찰자는 곧바로 『도덕적 세대』(*Une génération morale*, 롤랑 조프랭, 1987)에 대해 말했다.

물론 1986년 '겨울 속에서 봄'의 메아리는 동유럽으로부터 들려오는 소란에 빠르게 묻혀버리게 된다. 1989~91년의 대사건들이 이 짧은 기간의 의미를 문제시하지 않았던 만큼, 정반대의 경향이 나타난다. 갑자기 관찰자 입장에 서게 된 지식인사회의 눈에, 대사건들은 정확하게 1차대전과 10월혁명으로 열린 한 세기의 장엄한 폐막을 구체화하는 것으로 비쳤다.

'무너진 장벽'은 독일통일과 동부·중부 유럽 공산주의체제의 몰락, 민족주의의 고조를 예고했고, 1985~88년 프랑스에서 감지된 조짐들을 부인하지 않았다. 포스트모던이라고 특징지어질 수 있었던 이전시기가 냉소적이고 자유주의적이고 국제적인 것에서, 새로운 10년은 시민적이고 민주적이며 민족적일 것이다. 여기서는 법과 정의(존 라울 등)에 대해 생각하는 정치철학(프랑수아 퓌레와 르네 레몽, 뤽 페리와 앙리 르노)과 역사의 복권 그리고 생명과학의 발달과 그 격차의 결과를 묻는 생명윤리학에 관한 질문(자크 뤼피에 등), 마지막으로 심각한 정체성 불안이 지배할 것이다. 특히 정체성에 관한 질문은 아날학파의 늙은 거장(페르낭 브로델, 『프랑스의 정체성』 *L'identité de la France*, 1986)의 미발표 문제제기에서까지 감지되지만, 에르베 르 브라나 엠마뉘엘 토드의 탐구라든가 제라르 누아리엘의 연구 그리고 기존 문화의 쇠퇴에 관한 미셸 앙리와 알랭 핑켈크로트, 마크 퓌마롤리의 논쟁에서 주로 제기된다. 그 밖에 이민문제, 코르시카사람들 문제, 독일의 재통일이나 이슬람문화를 둘러싼 논쟁들은 이러한 커다란 관심사의 굴절된 형태일 따름이다. 몇 해 전부터 프랑스 지식인토론에서 뚜렷이 나타나기 시작한 국제화추세는 『국제편지』(*Lettre internationale*) 같은 잡지나 대형 일간지에 의해 가속화되었으나, 이는 불안의 원인이자 결과, 그 징표라 할 수 있다.

알다시피 1985년 무렵의 변화는 1975년 무렵의 그것과 동일한 성격이 아니다. 전자가 종전 이후 프랑스 지식인역사를 특징짓는 그와 같은 대략 10년의 리듬을 확인시켜 주는 변동이라면, 후자는 한 체제에서 다른 체제로의 진정한 변화 그리고 전쟁종식과 함께 시작된 30년 세월의 종말을 나타낸다. 이와 같은 관점에서, 최근 50년을 시대구분한다면 전체적으로 커다란 경제지표곡선에 따라 움직인——이데올로기와 미학적 의미에서의——진보주의적 경향으로 구별해 볼 수 있다. 그 가운데서 '전쟁의 10여 년'(지나갔지만 자주 제기된 세계대전, 미래의 환상적 세계대전 그리고 항상 함께했던 '냉전' 등)과 '근대성의 10여 년'(프랑스영토에서 일상적인 성장은 탈식민화 및 제5공화국의 지극히 혼란스러운 정치적 현대화와 변증법적으로 대립한다) 그리고 5월의 10여 년이 두드러진다.

이로써 경제적 상황으로부터 시작된 70년대 중반의 명실상부한 단절, 기존의 진보적 가치들에 대한 집단적 비난을 불러일으킨 '영광의 30년'의 종말을 설명하고 싶은 충동이 강하게 인다. 그렇다고 지적 범주의 변화가 사상의 움직임과 전혀 관계없다고 주장한다면 일관성이 없는 게 될 것이다. 따라서 5월의 이데올로기적 체계 그리고 이것이 마르크스주의와 결합되면서 나타난 무정부주의적 의미를 고려대상으로 삼아야 할 것이다.

마르크스주의적 경향에 대한 이와 같은 우위가 발생하는 이유는 무엇일까? 외국모델의 고갈이 유일한 설명은 아니다. 설명은 솔직히 동어반복의 모든 특성을 가질 것이다. 사람들이 더 이상 그 설명을 믿지 않기 때문에, 새로운 약속의 땅은 더 이상 없을 것이다. 그런데 왜 사람들은 더 이상 그것을 믿지 않을까? 금욕적이라기보다 쾌락적인 행동을 낳는, 서구 일상생활에서 가속화된 개별화를 고려해야 한다. 이 모든 것이 실망한 옛 교조주의자들의 회의주의에 고유한 논리로 대체되어서 하나의 보편적인 논리형태를 띠게 되었다.

이 논리는 두 가지 움직임을 중심으로 유기적으로 구성된다. 하나는 그 이전에 지배했던 추상적인 체계를 구체적인 서술을 바탕으로 한 준거체계로 바꾸려는 움직임인데, 1970년의 잡지 『영화연구』와 1990년의 『영화연구』의 차이가 그 예이다. 또 하나는 피해의식과 관련될 수 있을 것이다. 과거에 하나 혹은 여러 경우에 참여하여서 기만당했다고 생각하는 지식인들은 새로운 동원──그것이 부차적인 영역이든 상대적인 영역이든──일체를 거부하게 된다.

이와 같은 변화의 결과, 선구자들의 긍정적인 이미지는 그때까지 주변적이었던 두 가지 이데올로기 범주, 즉 레이몽 아롱 같은 자유주의 지식인 범주와 후기마르크스주의자라고 정의할 수 있는 지식인범주에 들어가게 된다. 특히 후자범주는 코르넬리우스 카스토리아디스나 클로드 르포르처럼 마르크스주의 전제에서 출발하여 공산주의체제에 대한 극단적인 비판에 도달한 사람들이다. 두 그룹 모두 수적으로는 늘 소수이고 취약했지만, 중요하다.

이렇게 해서 전통으로의 회귀 혹은 진보적 가치로의 회귀가 지배하는, 아무것도 정해지지 않은 새로운 시대가 열리게 된다. 물론 아무것도 이 시기에 30년이라는 범위를 부여하지 않았지만, 또한 반진보적인 반동의 단계가 1986년 이후의 프랑스 지적 토론을 결정하지 않았기 때문에 이전시기와 마찬가지로 10년주기가 반복되리라는 것을 부정하기도 어렵다. 좀더 신중하게 몇 가지 가설을 제시할 수 있을 것이다.

그중 몇몇 가설은 명확히 정치영역에 속한다. 1986년 국회의원선거에서 우파가 다수당이 되면서 다시 한번 권력을 잡게 된다. 또 몇몇 가설은 문화영역에 속한다. 나치 집단학살을 부인하는 사람들이 그 일부를 이루는 세기말의 수정주의적 경향이 그러하다. 마지막으로 또 일부는 앞의 두 영역에 포함되는데, '민족전선'의 민족적 민중주의의 고조에서부터 정교분리원칙의 경계를 둘러싼 사건들——마틴 스코르의 『예수의 마지막 유혹』(*Dernière tentation du Christ*, 1988) 사건과 샐먼 루시디의 『악마의 시』(*Les Versets sataniques*, 1989) 그리고 학교에서 이슬람여학생들의 차도르 착용금지(1989)로부터 시작된다——의 초기까지가 이에 속한다. 이 모든 경우가 동일한 방향으로 진행된다는 것은 위대한 지식인이 아니라도 알 수 있다. 즉 인종평등과 종교적 관용, 지적 자유주의 등에 관한 과거의 합의를 문제삼는 모든 세계관에 맞서는 주류지식인(그리고 미디어)에 의해 제시된 한계이다.

여기저기에서 '사상의 패배'라는 진단으로 더욱 악화된 '이데올로기의 위기'에 대해서는 조심스럽게 판단해야 한다. 그리고 1990년에 미국인 후쿠야마에 의해서 너무 일찍 예견된 역사의 종말까지 가서는 안 될 것이다. 한편으로, 우리로 하여금 지적 창조가 종말을 고한 시대로 들어섰다고 생각하게 하는 것은 아무것도 없다. 내일이라도 인간과 사회 전체를 고려하는——그것이 종교적인 것이든 비종교적인 것이든——새로운 이론들이 나타날 것이고 이 이론들을 둘러싸고 지식인들은 대립할 것이다. 우리는 지난 70년대 중반에 과거의 비판담당자들이 수정되거나 전도된 주장으로 전향하여서 점차 (지적) 권력을 장악하는 것을 보았다. 그리고 그 시기는 지배적 입장과 수정에 의해 이중적으로 경고를 받은 새로운 세대가 총체적인 거대체제에 대해 일정한 거리를 두는 시기이기도 했다.

그러나 다른 한편으로 이와 같은 거리두기——그리고 프랑스사회에서 합의의 발전 혹은 『중도공화국』(*République du centre*)의 창설에 관한 주장(프랑수아 퓌레, 자크 쥘리아르, 피에르 로장발롱, 1988)——는 더 이상 이 나라에서는 지적 토론이나 이데올로기가 존재하지 않는다는 것을 의미한다기보다, 단순히 온건한 성향이 지배적이라든가 혹은 지식인들이 이른바 합의의 본질에 대해 확고하게 반대할 수 있다는 것을 의미했다. 더욱이 새로운 상황은 절대적인 것(전통, 이성, 혁명 등)에 대한 고전적인 게릴라식 대응방식이 아니라, 상대적인 것에 대한 테러리스트 대응방식(대사상가나 일상성 속의 전체주의를 고발하는 것)을 요구하게 될 것이다.

지식인은 훨씬 더 밝은 모습으로 조명될 것이다. 물론 그럼에도 불구하고 어두운 또 다른 측면에 놓일 가능성이 있다. 이러한 무대장치의 변화 혹은 특이하거나 극적인 전환은 또 다른 회의주의, 즉 지식인에 대한 사회의 회의주의를 부추기게 된다.

이와 같은 반작용은 두 가지 사실에서 자양을 얻을 것인바, 만약 이 두 가지가 세기말의 변화 속에서 확인된다면 그것들은 실존의 세기에 거의 변화하지 않은 고전적 형태의 지식인에 대해 종말을 고하게 할 수 있을 것이다. 한 가지 사실은, 그 탄생과정을 지켜본 토양, 다시 말해 프랑스문화와 밀접한 관계가 있음을 전제로 한다. 이로부터 한 가지 질문이 드물게 제기된다. 지식인의 위기 혹은 쇠퇴가 있다면, 무엇보다도 프랑스정체성의 위기 혹은 쇠퇴가 있지 않았을까? 조직망과 문제점에 있어서 지방화와 세계화로 나누어지는 프랑스는 센강 좌안의 열정이나 결정을 다른 국가들에게 충분히 강요할 수 있을 만큼 명성을 누리고 있지 못하다. 두번째 사실——이 또한 일시적이지만——은 서구에서의 한 시대의 종말이라는 예측을 포함한다. '포스트모던'이라고 일컬어지는 사회가 불가지론——개인주의의 커플——을 선택하는 순간부터, 지식인들은 일정한 형량을 선고받는 것이 아닐까? 지식인은 성스러운 것 혹은 공동체가 필요하고 전달해야 할 말을 가져야 하기 때문이다.

하지만 이러한 적색 선을 넘어서서 회복 불가능한 상태가 되지 않는 한, 많은 변화는 여전히 가능하다. 그리고 프랑스 중심주의의 배격은 모든 모험적인 일반화를 경계하게 한다. 파리의 지식인이 아프다고 해서, 세계의 지식인들이 사경을 헤매게 되는 것은 아니다. 더군다나 정말 그렇게 병이라도 들었는가? 지식인 스스로 두려움에서 벗어나기 원한다면, 자신의 침묵이 오히려 사회를 시끄럽게 하고 두통증세를 일으키기까지 한다고 생각해야 한다.

맺음말

    지식인의 역사, 혹은 좀더 정확하게 한 세기 동안의 지식인에 관한 묘사들은 상호 매우 대조를 이루는 듯하다. 한쪽에는 여러 가지 면에서 경건한 이미지에 가까운 집단과 윤리에 대한 해석이 존재한다. 여기서 지식인들은 20세기의 거대 투쟁과 목적을 위해 나선 기사들이었을 것이다. 그 반대쪽에는 20세기 반지식인주의라는 해석이 존재하며, 지식인을 사회부패의 주범 또는 민족와해의 효소로 간주했다. 이처럼 편파적인 열정의 프리즘을 통과하면서 굴절된 시각들 때문에, 당분간 지식인계층에 대한 연구는 쉽게 이루어지지 못할 것이다. 지식인역사에 관한 좀더 나은 지식을 허락할 수 있는 것이라고 해야, 예전에 프랑스역사학교가 실시한 19세기 지역사와 1914년 이전의 국제관계, 양차대전 사이의 정치생활에 관한 조사연구 정도이다. 지금 상태에서 완벽하고 학문적으로 흠잡을 데 없는 종합적인 연구를 기대하기란 힘들다. 그럼에도 불구하고 최초의 접근이기도 한 우리의 이 작업이 가능성을 제시하고 연구의 물꼬를 틀 수 있다면 그 나름대로 목표를 이룬 것이라 하겠다.

작업중인 역사를 위한 도구들

정치와 사회 그리고 문화의 역사가 교차하는 분야에서는 다음 세 가지 도구가 특히 유용할 것이다. 행적에 관한 연구, 구조와 사회성에 대한 관찰 그리고 세대 조명하기가 세 가지 도구이다.

행적? 한 세기를 횡적·종적으로 비교연구하게 되면, 급경사선(한 시기에 지배적인 이데올로기들), 양적 증가(지식인의 참여시기), 최저수위(지식인들이 본업으로 돌아가는 시기), 분류 그리고 재출현 등으로 지식인참여에 관한 값진 지도를 점점 그려나갈 수 있을 것이다.

사회성? 모리스 아귈롱이 제안했듯이, 이 용어를 통해 가족과 시민공동체 사이의 '중간적 영역'을 한번 말해 보도록 하자. 물론 이 영역은 시대와 연구대상에 따라 변화하겠지만, 지식인 쪽에서 볼 때는, 장 폴 사르트르의 표현을 빌리자면 '작고 좁은 세계', 몇몇 사회성의 구조를 통해 관계가 맺어지는 작은 세계를 형성한다. 일상적 언어로는 흔히 '인맥'이라는 용어와 맥을 같이한다. 확실히 19세기에 살롱은 사회성의 중요한 요인이었고, 마찬가지로 프랑스의 최근역사에서 클럽은 지식인 놀이의 중요한 부분이었다. 정기간행물 또한 가입(그것이 암시하는 우정과 변함없는 사랑 그리고 그것이 행사하는 영향력)과 배척(입장선택, 논쟁, 분열발생)의 적대적인 구조를 통해 지식인의 장을 형성한다. 그리고 "하나의 항의에 대해 숫자를 헤아릴 수 있게"(샤를르 모라스) 하는 탄원서는 지식인공동체에 균열의 선을 그린다. 이와 같은 것들에 대한 조사와 연구는 공동체를 휩쓰는 동요와 파장 그리고 진동을 드러내어 주며, 측정 가능한 훌륭한 지진계[1]를 그려준다. 이로부터 역사가에게 본질적인 질문이 나온다. 독서위원

---

1) Jean-François Sirinelli, *Intellectuels et passions françaises. Manifestes et pétitions au XXᵉ siècle*, Paris: Fayard, 1990.

회와 편집부, 지지단체들과 탄원서 서명자명단은 어떻게 형성되는가?

이러한 '인맥' 자체가 구분하기 힘든 요소들 위에 놓여 있기 때문에 복잡한 질문이다. 예컨대 모든 소집단에서 그러하듯이 호감과 우정 혹은 이와 반대되는 경쟁의식과 적대감, 원한과 시기심, 분열과 다툼이 때로는 결정적인 역할을 한다. 따라서 이처럼 감정적 요소들이 뒤섞여 있는 '인맥'은 대개 뿌리를 가지고 있으며, 그 뿌리의 위치를 확인하기 위해서는 출신지나 나이, 학업의 상관성까지 거슬러 올라가야 한다. 지적 · 정치적 각성의 근원을 찾아가는 회고적 접근방식에서는 사상가들이 위치한 교차로와 선각자들이 활동하는 무대 뒤편 등을 지식인지도에서 찾아낼 수도 있다.

그러나 사회성은 다른 방식으로 이해될 수도 있다. '인맥'은 특별한 소규모 기류를 형성하며, 따라서 이 낱말은 이러한 관점에서 형성되는 '망'과 그 지식인집단을 특징짓는 '소규모 기류'라는 이중적 의미를 가진다. 그렇기 때문에 집단에 대한 묘사와 구조의 분석에서는 부품들이 섬세하게 분해되고 부품들의 배열이 확연히 드러날 것이 요구된다. 이런 구성부품들 속에서 종종 나이의 연대성이 등장하는데, 사회성에 관한 관찰이나 교차하는 행적에 관한 관찰 못지않게 지식인세대는 종종 연구의 중요한 도구가 된다.

물론 사용하기에 불편한 도구임에는 틀림없다. 마크 블로크의 '긴 세대'와 '짧은 세대'의 구분은 연구자들의 관심을 모았지만, 세기적인 대변동 아래서 '짧은 세대'로 재빠르게 차별화되는 현상이 나타났다. 이와 같은 현상은 층위를 이룬 보다 넓은 범주의 큰 세대를 형성하기 어렵게 만들며, 지식인계층이라는 공명상자 안에서 특히 예민하게 반응한다. 한마디로 몇 개의 연령층을 포함한 '짧은 세대' 각각은 하나의 온전한 다발을 이루지 못하는 것이다. 전체적으로 무질서하고 불분명한 윤곽과 구멍이 숭숭 뚫린 칸막이로 이루어진 지식인세대들은 오히려 외적으로는 20세기 내내 가변적인 모습을 보인다. 그럼에도 현장연구를 통해서 그 가운데 몇몇 세대의 위치를 확인하고 정체성을 부여할 수 있게 되었다. 더구나 한 시기의 지식인집단은 누적된 세대들로 형성되며 이와 동시에 세대간의 권력관계와 교체, 의사소통 불능 등과 같은 복잡한 현상을 구성하기 때문이다.

결국 지식인의 역사는 방법론에서 세밀해야 하고, 목적에 있어서 야심적이어야 한다. 즉 측지학이라는 계획을 바탕으로 해서 세기의 대여정을 나타내는 지도를 완성시킬 수 있어야 한다. 동시에 지식인의 역사는 고고학이며 지리학이며 계통학이다. 한 시기 인텔리겐치아의 지리학을 밝히고 출신지의 연대의식과 세대적 층리현상을 밝힌다는 면에서는 고고학이다. 반면에 영향력의 탐구――따라서 소속관계의 탐구――라는 면에서는 계통학이다. 이 역사는 도시의 삶 속에서 압력단체로서, 다양한 전체를 이루는 지식인의 역할을 묘사하는 데 국한될 수 없다. 이 단체들이 어떻게 형성되었고 그 내적 구조는 어떠한지에 관한 연구 또한 지식인역사의 몫이다.[2]

그때 비로소 우리는 부실한 조사나 혹은 반대로 마녀재판을 뛰어넘어서 '지식인의 권력'은 존재하는가라는, 20세기 프랑스를 이해하는 데 있어서 근본적인 질문에 대답할 수 있을 것이다. 이 질문은 지식인 역사가가 이 책에서 일관되게 던지고 있는 두 가지 근본적인 물음을

---

2) 이런 가능한 연구수단의 사용과 지식인역사의 '시대구분' 문제에 관해서는 다음의 글들에서 자세히 언급하고 있다. Jean-François Sirinelli, «Le hasard ou la nécéssité? Une histoire en chantier: L'histoire des intellectuels,» *Vingtième Siècle. Revue d'histoire* no. 9, janvier 1986, pp. 97~108; «Les intellectuels,» *Pour une histoire politique*, sous la direction de René Rémond, Paris, Le Seuil, 1988.

밝히는 것이기도 하다. 지식인들의 개입의 본질과 양식은? 그 효용성은? 결국 이런 것이다. 지식인들은 사건에 영향을 미쳤는가? 그들은 정치적 논쟁에서 확실한 주역이었는가? 혹은 잘 보호된 무대 위의 전사들을 펜과 언어로 독려하는 선구자일 뿐이었는가?

세기의 경향?

어쨌든 주역이었든 관객이었든, 지식인들은 이러한 논쟁으로 점철된 역사를 살았다. 지식인의 개입곡선이 전체적으로 상승곡선이었다면, 지식인 역할이 강화되는 단계는 국가공동체의 위기와 일치했고 둔화되는 단계는 상대적으로 안정된 시기와 일치했다. 우리가 몇 차례 지적했듯이, 지식인사회의 뇌전도의 진동은 대부분의 경우 시민집단의 심전도의 진동과 일치한다. 시민단체가 발열하면, 지식인의 진동파는 상승한다. 그리고 지식인은 역사라는 맥박과 함께 뛴다. 그러한 불규칙한 호흡을 넘어, 우리는 단계를 구분할 수 있고 순환적 역사의 용어로 추론할 수 있으며 지식인참여라는 커다란 파동의 시대구분을 그려낼 수 있다.

실로 드레퓌스사건은 지식인들과 관련해서, 정치적 영역에서 개입의 증가라는 거의 세기적인 경향의 출발점이 되었다. 그렇다면 이때부터 지식인의 개입이 규칙적인 성장을 경험했다는 것인가, 아니면 휴지기나 후퇴를 동반했다는 것인가? 이에 대한 대답은 드레퓌스사건이 지식인계층에 대해 실질적으로 어느 정도 영향을 끼쳤는가 하는 점과 관련된다. 지식인이 역사의 주역으로 출현하는 데 있어서 이 사건이 지니는 중요성은 새삼 다시 언급할 필요가 없다. 그러면서도 회고하면서 통계적인 중요성을 과장하지 않는 것이 바람직할 것이다. 이때 지식인들은 자신들의 참여를 지나치게 과대평가한 나머지, 뒤이은 사반세기 동안 대중토론 속에서의 자신들의 역할을 둘러싸고 분열되었고 그 결과 퇴조의 시기를 경험하였다. 그러나 현실은 전혀 달랐다. 물론 '드레퓌스사건'에 대해, 지식인들은 대중토론 속에서 자신들의 몫을 수행한다. 하지만 어떤 면에서 19세기 말의 변화는 실재보다 확대되었다. '보편적' 가치를 위해 참여한 지식인들은 계몽주의 노선에 따라 투쟁을 전개했다. 그리고 그들의 상대방은 당시 프랑스의 각종 우파이데올로기로 무장했다.

한편 양차 세계대전은 새로운 시대를 열었다. 이 시기 동안 지식인들은 새로운 가치의 이름으로 혹은 새로운 적대세력에 반대하면서 좀더 집단적으로 개입했다. 1차대전의 충격, 파시즘과 공산주의의 출현 그리고 지식인들 내에서의 반파시즘과 반공주의의 고조는 정치토론의 기준점을 변화시켰고, 참여의 토대를 바꾸어놓았다. 지적·정치적 하늘의 변동과 함께 코페르니쿠스적인 혁명이 일어난다. 계몽주의로부터 물려받은 가치는 뒤흔들렸고, 새로운 가치를 만들어야 할 필요성과 역사적으로 지식인들에게 매우 호의적인——이들을 사상가의 반열에 올려놓는——상황은 30년대의 위기에 의해 더욱 활기를 띠었다. 이때부터 2차대전의 종식에서 70년대 후반부의 재검토까지의 단계는 점점 더 알기 쉬워진다. 이 단계는 30여 년에 걸친 지식인들의 적극적인 참여의 시기와 일치한다. 그렇지만 '영광의 30년'을 준비하고 그 바탕을 형성하는 것은 1898~45년, 특히 1919~45년 시기이다.

잃어버린 패러다임

얼마간 뒷걸음질쳐서 우리가 한 세기를 조망할 수 있었다면, 반대로 또 다른 질문에 대답하기 위해 지금의 역사가 우리에게는 필요하다. 지난 10년 동안 지식인영역에서 관찰된 문제점은 세기의 경향의 종말을 나타내는 것인가? 아니면 또 다른 퇴보의 단계에 접어드는 것을 의미하는가? 아니면 좀더 평범하게 대략 10년을 주기로 한 하나의 사이클, 즉 일시적인 후퇴인가?

질문은 순환적 역사의 표현으로써만 제기되는 것이 아니라, 이제부터는 지식인계층에 진행중인 가능한 변화의 표현으로 제기될 수 있다. 혹은 좀더 정확하게, 적어도 고려해야 할 가정이 그것이다. 한 이데올로기를 선택하면서, 그 이데올로기의 수탁자 또는 메가폰 역할을 하면서 지식인이 추구하는 것은 무엇인가? 그것은 종종 확신과 합일이다. 또 그것은 한편으로는 세상에 대한 명확한 원칙, 다른 한편으로는 한 집단에 속함으로써 얻게 되는 정체성의 원칙으로도 설명할 수 있다. 그런데 15년 전부터 프랑스 지식인계층은 이중적인 위기[3]에 직면했다. 심각한 이데올로기적 위기는 무엇보다도 그때까지 깊이 정착해 있던 세계관을 문제 삼는 것이었다. 이러한 문화적 위기는 문화인인 지식인들의 정체성의 위기를 초래했다. 이데올로기적 위기는 몇 가지 지속적인 동요에 의해 촉발되었는데, 1974년부터 '솔제니친 효과'와 70년대 후반 베트남난민들의 베트남 귀향이 가져온 충격, 특히 캄보디아의 비극이 주요 원인이었다. "고아의 시대"(années orphelines, 장 클로드 길르보), 좌파지식인들이 점점 다른 징후들을 찾아야 하는 시기가 시작되었다.

마르크스주의의 후퇴, 전체주의 현상에 대한 고찰, 소비에트연합의 대안으로 간주되었던 혁명적 모델들의 침식 등, 이것들은 이데올로

---

3) 이중적 위기와 관련하여, 여기서 다루는 분석들을 다른 곳에서 전개시킬 기회가 있었다(«La fin des intellectuels français?,» Revue européenne des sciences sociales, tome XXVIII, 1990, no. 87(thème du numéro: «Les intellectuels: déclin ou essor»). Cf. aussi Beliefs and Identity in Modern France, Martin Cornick éd., Loughborough, 1990.

기 장에서——좀더 넓게는——정치의 장에서 볼 수 있는 패러다임들이다. 이러한 패러다임은 문법에서 동사의 어미변화의 용례로서 주어졌다. 하지만 몇 년 전부터, 아니 동유럽권 공산주의체제의 폭발 이전에 조차 더 이상 혁명적 어미변화의 대상이 되지 않고 있다. 과학철학이 '패러다임의 변화', 즉 기본적 전제에 대한 문제제기라고 일컬어질 만한 것이 만들어진 듯하다. 잃어버린 패러다임이 남긴 공간이 1983년 '좌파지식인의 침묵'이라고 명명된 것의 원인인가, 그리고 이렇게 '침묵'에 대해 말해야 하는가? 반대로, 몇십 년 동안 외면당하다가 뒤늦게 레이몽 아롱이 누린 혜택은 자유주의사상의 일종의 엇갈림을 보여주는 것인가?

이로부터 10여 년이 지난 후, 우리는 좌파지식인들이 오랫동안 외쳐왔던 대부분의 모델들이 분명히 쇠약해졌다고 결론지을 수 있다. 그리고 이러한 침강은 그때까지 감히 손댈 수 없던 정치적 표상들을 뒤흔들어놓았다. 라캉과 사르트르, 바르트와 알튀세(그리고 좀더 뒤에 푸코) 같은 프랑스사상가들의 육체적·지적 사라짐은 관점의 효과를 더욱 뚜렷이 한다. 일부 프랑스문화는 갑작스럽게 기대를 저버린 희망과 사상가들을 잃고, 고아가 되었다. 그리고 이렇게 해서 생겨난 빈 공간은 엄청난 흡인력을 발휘하여 그때까지 주변에 있던 사상의 흐름들을 프랑스 이데올로기의 장으로 빨아들였다. '신우파' 는 비록 접목에 성공하지 못했지만, 70년대에서 80년대로 넘어가는 길목에서 그것의 돌출은 프랑스문화라는 천애 '고아의 시대'에 의해 만들어진 찢김의 표시이다. '새로운 우파'가 몇 가지 이슈를 제기하는 것은, 좌파지식인들이 지적 헤게모니를 가지고 있었을 때는 생각할 수 없던 일이다. 이 횃불이 다시 꺼졌을지라도, 빈 공간의 흡인력을 이용한 다른 흐름, 즉 자유주의 흐름은 전혀 다른 방식으로 진행되었다. 이후 몇 년 동안 자유주의 흐름은 확고한 위치를 확보하였다.

그 결과 80년대는 지식인계층의 이데올로기가 점차 재구성되는 단계였다. 또 이 시기는 정체성의 위기라는 상황에 놓여 있었다. 1987년 알랭 핑켈크로트의 『사상의 패배』(*La Défaite de la pensée*)가 맞닥뜨린 반향은 시사하는 바가 크다. 문화의 본질을 가지고 시작한 토론에서는 문화주역들의 정체성, 그 배경으로서의 창조적 인간과 사상유포의 인간, 즉 지식인의 역할을 정의하는 것이 쟁점이 되었다. 주변문화의 상대주의(문화를 구성하는 스펙트럼은 비디오필름에서부터 주류예술에 이르기까지를 포괄할 것이다)와 시청각미디어의 역할 증가는 지식인들에게 이중적인 충격을 안겨주었다. 지식인들은 자신들의 정체성을 구성하는 요소이자 모호한 정의의 희생양이 되어버린 문화를 잃어버렸다는 느낌을 받았다. 자신들보다 미디어에 강한 것들에 밀려나자, 지식인들은 민족적 의식이 큰 위기를 맞이할 때마다 자신들이 담당했던 선각자로서의 역할을 대부분 상실해 버렸다. 레지 드브레가 『미디어개론』(*Cours de la médiologie générale*, 1991)에서 제안한 용어를 빌리자면, 바야흐로 세계는 문자권과 담화권(인쇄와 글쓰기)이 사라지고 비디오권 시대로 들어설 것이다.

그렇다고 지식인의 종말을 고해야 할까? 구조적으로 대중문화의 상승을 그 특징으로 하는 사회에서 문화의 주역들은 변화과정에 있다. 오랫동안 이들은 주류예술 또는 문학적·과학적 글과의 관계 속에서 정의되었다. 그렇다고 해서 미디어적 명성이 지적 명성을 대체하고 있다고 말할 수 있을까? 어쨌든 많은 지식인들이 불안을 느끼고 있으며, 그 불안감은 이데올로기적 위기와 정체성 위기라는 이중적 동요를 반영한다고 볼 수 있다.

정체성의 위기는 여전히 진행중이다. 현장에서의 진단은 복잡하고, 그리고 그러한 이유로 모든 진단을 금지시킨다. 반대로, 이데올로기는 현재 재구성 과정에 있다. 우파의 경우, 80년대 초에 크게 고조되었던 자유주의사상은 '극단적인' 자유주의의 물결 앞에서 80년대 중반이 되면 주춤하게 된다. 그렇지만 우파자유주의는 이데올로기 지형에서 중요한 구성요소가 되었고, 그 위상 또한 지금까지의 주변적인 위상과 전혀 달라졌다. 비공산주의 좌파지식인들은 80년대 초의 이른바 침묵 이후에 점점 활기를 띠어가고 있다. 새로운 길의 모색, 몇몇 사상가들이 좌파지식인에게 부여한 임무——프랑스사회의 깊은 변화에 대한 사유——, 틈새로 우파에서 스며들어온 자유주의 흐름의 현실적 유효성 등 이와 같은 특성들은 90년대 초 이들의 모습이 황혼기라기보다 지적 변화의 시기에 놓여 있음을 말해 준다.

참고문헌

참고문헌은 주로 연구서를 중심으로 실었다. 따라서 이 책의 주제와 관련하여 많은 내용을 제공하는, 동시대 텍스트들의 모음집(예: Maurice Barrès, *Scènes et Doctrines du nationalisme*)이나 회고록(예: Julien Benda, *La Jeunesse d'un clerc*)은 제외되어 있다.

머리말

Bodin Louis, *Les Intellectuels*(PUF, collection "Que sais-je" no. 1001/2èd., 1964, p. 127)은 질문에 대한 총체적인 그림을 제공하며, 그것은 *Revue française de science politique*(특별호)에서 상당한 반응을 얻는다("Les Intellectuels dans la société française contemporaine," 1959. 12). 이에 관해서는 Pascal Ory, *Dernières questions aux intellectuels*(Orban, 1990) 참조.

역사적 조망에 관해서는 Le Goff Jacque, *Les Intellectuels au MoyenAge*(Le Seuil, rééd, collection "Points", 1985, p. 225); Mandrou Robert, *Des Humanistes aux hommes de science(16 et 17 siècles)*(Le Seuil, collection "Points", sèrie "Histoire de la pensée" no. 3, 1973, p. 254); Darton Robert, *Bohême littéraire et révolution: le monde des livres au 18 siècle*, Gallimard/ Le Seuil, 1983, p. 208); Roche Daniel, *Les Républicains des lettres. Gens de culture et Lumières au 18 siècle*, (Fayard, 1988); Ritaine Évelyne, *Les Stratèges de la culture*(Presses de la Fondation nationale des sciences politique, 1983, p. 189) 참조.

국가적 차원의 현상에 관해서는 외국의 문화적 공간을 고찰한 Venturi Franco, *Les Intellectuels, le peuple et la révolution. Histoire du populisme russe au 19 siècle*, (2vols., Gallimard, 1972, p. 1170); Konrad György, Szelenyi Ivan, *La Marche au pouvoir des Intellectuels. La cas des pays de l'Est*(tr. fr., Le Seuil, 1979, p. 249); Université de Toulouse-Le Mirail Groupe de recherches sur l'Amérique latin, *Intellectuels et État au Mexique au 20 siècle*(Édition du CNRS, 1979, p. 149); Laroui Abdallah, *La Crise des intellectuels arabes: traditionalisme ou historicisme?*(François Maspero, 1974, p. 223); Oda Makoto, *Les Intellectuels japonais*(tr. fr., Publications orientalistes de France, 1979, 182) 참조.

중요한 종합에 해당하는 다음의 책들은 논쟁적 장르에 포함된다. Aron Raymond, *L'Opium des intellectuels*, Calmann-Lévy, 1955. rééd. Gallimard, collection "Idées", 1968, p. 447; Belkhir Jean, *Les Intellectuels et le pouvoir. Essai sur la domination des manuels par les intellectuels*, Anthropos, 1982, p. 283; Benda Juien, *La Trahison des clercs, Grasset, 1927*. rééd Livre de poche, collection "Pluriel", 1977, p. 411; Bourricaud François, *Le Bricolage idéologique*, PUF, 1980, p. 271; Debray Régis, *Le Pouvoir intellectuel en France*, Ramsay, 1979, p. 280; Debray Régis, *Le Scribe. Genèse du politique*, Grasset, 1980, p. 309; Gramsci Antonio, *Cahiers de prison 10, 11, 12, 13*, tr. fr., Gallimard, 1978, p. 550(이 책들에 주제와 관련된 중요한 텍스트들이 집합되어 있음); Sartre Jean-Paul, *Plaidoyer por les intellectuels*, Gallimard, 1972, p. 127; Sourau, R., *Le Lapsus des intellectuels*, Toulouse: Privat, 1981, p. 293.

20세기 내내 물론 부침은 있었지만 언론은 지식인표현의 가장 특별한 수단의 하나임에 틀림없다. *Histoire générale de la presse française*(PUF, 1972~76, ch. 3, 4, 5)를 비롯하여 정치사상사 개론서인 Touchard Jean dir., *Histoire des idée politiques*(2t., *Du 18 siècle à nos jours*, Paris: PUF, coll. Themis, dernière éd, 1981, pp. 384~870); Ory Pascal dir., *Nouvelle histoire des idées politiques*(Hachette, 1987); 프랑스문학사와 전기사전인 Maîton Jean, *Dictionnaire biographique du mouvement ouvrier français*(Paris: Éditions ouvrières) 참조

몇 가지 연구도구의 목록으로는 Sirinelli Jean-François, "Le hasard ou la nécessité? Une histoire en chantier: l'histoire des intellictuels"(*20 Siécle. Revue d'histoire*, 1986. 1~3, pp. 97~108); R. Remond, "Les intellectuels"(*Por une histoire politique*, Le Seuil, 1988, pp. 199~231) 참조.

제1장

드레퓌스사건을 통해 파악된 대부분의 지식인공동체에 관해서는 소개하는 책들의 검토에서부터 대표적인 전기, 사회학적 통계분석을 연구대상으로 했다.

대학생과 그랑제콜 학생들에 관해서는 Cahm Éric, "Pour et contre Émile Zola: les étudiants de Paris en janvier 1898"(*Bulletin de la Société d'étude jaurésiennes*, 1978. 11~12, pp. 12~15); Smith Robert J., "L'atmosphère politique à l'École normale supérieure à la fin du 19 siècle"(*Revue d'histoire moderne et contemporaine*, 1975. 4~6, pp. 248~68) 참조.

역사가들에 관해서는 Rebérioux Madeleine, "Histoie, historiens et dreyfusisme"(*Revue historique*, 1976. 4~6, pp. 407~32) 참조.

에밀 뒤르켕을 중심으로 한 사회학자들에 관해서는 "A propos Durkheim"(*Revue française de sociologie* numéro spécial, 1976. 4~6); "Les Durkheimiens"(*Revue française de sociologie* numéro spécial, 1979. 1~3) 참조.

귀스타브 랑송을 중심으로 한 문학사가들에 관해서는 Compagnon Antoine, *La Troisième république des lettres, de Flaubert à Proust*(Le Seuil, 1983, p. 381) 참조.

전체 문인들에 관해서는 Delhorbe Cécile, *L'Affaire Dreyfus et les écrivains français*(Neuchâtel/Paris: V. Attinger, 1932, XII, p. 361); Charle Christophe, "Champ littéraire et champ du pouvoir: les écrivains et l'Affaire Dreyfus"(*Annales ESC*, 1977. 3~4, pp. 240~64); "Naissance des intellectuels contemporains(1860~1898)"(pp. 177~89); Le Goff Jacques, Kopeczi Bela dir., *Intellectuels français, intellectuels hongrois, 18-20 siècle*(Budapest: Akademiai Kiado, Paris: Éditions du CNRS, 1985, p. 324); Leroy Géraldi dir., *Les Écrivains et l'Affaire Dreyfus*(Actes du colloque organisé par le Centre Charles Péguy et l'université d'Orléans, PUF, coll. "Université d'Orléans, no. 2, 1983, p. 300) 참조.

그리고 다음 장을 위해서 모리스 바레스, 레옹 블룸, 뤼시앙 에르, 에두아르 에리오, 샤를르 페기, 조르주 소렐 등의 저명인사에 관한 책들을 참조했는데 대표적으로 Rebérioux Madeleine, "Zola, Jaurès et France: trois intellectuels devant l'Affaire"(*Cahiers naturalistes* 54, 1980, pp. 266~81)가 있다.

당시 결정적인 매체였던 언론에 관해서는 Ponty Janine, "La presse quotidienne et l'Affaire Dreyfus en 1898-1899. Essai de typologie"(*Revue d'histoire moderne* et contemporaine, 1974. 4~6, pp. 193~220) 참조.

그러나 결코 소홀히 해서는 안 될 상대적으로 은밀한 사교의 장과 지적 영향력의 공간에 관해서는 Baal Gèrard, "Un salon dreyfusard des lendemains de l'Affaire Dereyfus à la Grande Guerre: la marquise Arconati-Visconti et ses amis"(*Revue d'histoire moderne et contemporaine*, 1981. 7~9, pp. 433~63) 참조.

자발적인 집결의 장에서 인권연맹이 여전히 자신의 역사가 씌어지기를 기다렸듯이 당시 두 개의 특별한 단체에 관해서는 Rioux Jean-Pierre, *Nationalisme et conservatisme: la Ligue de la patrie française 1899-1904*(Beauchesne, 1977, p. 117); Mayeure Jean-Marie, "Les catholiques dreyfusards"(*Revue historique*, 1979. 4~7, pp. 337~61) 참조.

전체적인 연구를 위해서는 Charle Christophe, *Naissance des "intellectuels" 1880-1900*(Minuit, 1990) 참조.

제2장

세기의 전환점에서 젊은 지식인들에 관해서는 Cohen Yolande, "Avoir vingt ans en 1900: à la recherche d'un nouveau socialisme"(*Le Mouvement social* no. 120, 1982. 7~9, pp. 11~29); Smith Robert J., 앞의 글; Sirinelli Jean-François, "Action française: main basse sur le Quartier latin"(*L'Histoire* no. 51, 1982. 12, pp. 6~15) 참조.

주제에 연대기적 깊이를 더하기 위해서는 Caron Jean-Claude, "La jeunesse des écoles à Paris(1815-1848). Approche statistique d'un groupe social"(*Sources. Travaux historique* no. 1, 1985, pp. 31~45) 참조.

민족주의에 관해서는 Remond René, *Droites en France*(Paris: Aubier-Montaigne, 1982, ch. 7~8; les éditions précédentes ch. 6~7) 참조. 바레스의 경우는 Sternhell Zeev, *Maurice Barrès et le nationalisme française*(Paris: Armand Colin, Cahiers de la fondation nationale des sciences politique, 1972, p. 396)를 근거로 분석하였으며, 모라스의 경우는 아름다운 책인 Nguyen Victor, *Aux origines de l'Action française. Intelligence et politique à l'aube du 20 siècle*(Fayard, 1991)를 대상으로 했다.

그리고 1964년에 번역된 Weber Eugen, *L'Action française*는 최근 다시 출판되었다(Paris: Fayard, 1985). 노라 피에르에 관해서는 "Les deux apogées de l'Action française"(*Annales. Économies. Sociétés. Civilizations* no. 1, 1964. 1~2, pp. 127~41) 참조. 샤를르 페기의 정치·사회적 사상은 1977년 발표된 르루아 제랄디의 논문에서 이 제목으로 연구되었다(Lille Ⅲ, 1980. 요약본은 Paris: Presses de la Fondation nationale des sciences politiques, 1981, p. 294).

또 다른 드레퓌스지지파의 우파행보에 관해서는 Guiral Pierre, "Daniel Halévy. Esquisse d'un itinéraire"(*Contrepoint* no. 20, 1976, pp. 79~97) 참조.

급진파 공화국대학의 기반에 관해서는 Charle Christophe, *Les Professeures de la Faculté des lettres de Paris. Dictionnaire biographique 1809-1908*(Paris: INRP-Éditions du CNRS, 1985, p. 181); 공화국의 가장 순수한 산물의 하나인 에두아르 에리오에 관해서는 Berstein Serge, *Édouard Herriot ou la République en personne*(Paris: Presses de la Fondation nationale des sciences politiques, 1985, p. 327); 덜 알려졌지만 승승장구하던 장학생 오귀스트 뷔르도에 관해서는 Sirinelli Jean-François, "Littérature et politique: le cas Burdeau-Bouteiller"(*Revue historique* t. 272, 1985, pp. 91~111) 참조.

사회주의세력의 지식인들에 관해서는 Lacouture Jean, *Léon Blum*(Paris, Le Seuil, 1977, p. 599); Lindenberg Daniel et Meyer Pierre-André, *Lucien Herr. Le socialisme et son destin*(Paris: Calmann-Lévy, 1977, p. 318); Sand Shlomo, *L'Illusion du politique. Georges Sorel et le débat intellectuel 1900*(Paris: Découverte, 1985, p. 281) 참조.

이러한 세력권 전체에 관해서는 Prochasson Christophe, *Place et rôle des intellectuels dans le mouvement socialiste français(1900-1920)*(thèse, 2vol. dact., Paris I, 1989, p. 565) 참조.

제3장

Becker Jean-Jacques의 분석 중에서도 특히 *Les Français dans la Grande Guerre*(Paris: Laffont 1980, p. 317); "Les écrivains, la guerre de 1914 et l'opinion publique"(*Relations internationales* no. 24, 1980/hiver, pp. 425~42, Colin Geneviève와 협력) 참조.

'다른 전선'에 관해서는 *Cahier du Mouvement Social*(Paris: Les Éditions Ouvrières, 1977, Frindenson Patrick 주도의 연구들)을 중심으로 연구하였다.

로맹 롤랑에 관해서는 Kempf Marcelle, *Romain Rolland et l'Allemagne*(Paris:

Nouvelles Éditions Debresse, 1962, p. 303）; Cheval René, *Romain Rolland, l'Allemagne et la guerre*(Paris:, PUF, 1963, p. 770) 참조.

문학 속의 전쟁흔적에 관해서는 Rieuneau Maurice, *Guerre et révolution dans le raman français 1919-1939*(Paris: Klincksiek, 1974, p. 629) 참조.

제1차 세계대전 시기 지식인들의 행동에 대해 좀더 완전한 접근을 위해서는 원전을 참고해야 할 것이다(특히 고문서, '국립고문서보관소의 F7 시리즈'와 '증언문학').

제4장
'교사공화국'에 관해서는 Thibaudet Albert, *République professeurs*(Grasset, 1927, p. 265) 참조. 그리고 Dogan Mattei, "Les filières de la carrière politique en France"(*Reveue française de sociologie* 1967. 10~12, pp. 468~92)는 현상에 관한 통계적인 분석자료를 제공한다. 그 밖에 Gerbod Paul, *Les Enseignants et la politique*(Paris: PUF, 1976, p. 162); Sirinelli Jean-François, "Des boursiers conquérants? École et promotion républicaine sous la IIIᵉ République"(S. Bertein et O. Rudelle dir., *Le Modèle républicain*, PUF, 1992) 참조.

악시옹 프랑세즈의 제2전성기에 관해서는 Weber Eugen, 앞의 책; Nora Pierre, 앞의 글 참조. 그리고 Ariès Philippe, Un Historien du dimanche(Paris: Le Seuil, 1980, p. 221)에서는 증언과 동시에 분석을 제공한다. 1920년대 샤를르 모라스의 단체가 고등학생들에게 행사했던 매력에 관해서는 Faure Edgar, *L'Ame du combat*(Paris: Fayard, 1970, p. 350) 참조. 모라스에 대한 종합적인 연구는 1971년 이루어졌다(Nguyen Victor, "Situation des études maurrassiennes: Contribution à l'étude de la presse et des mentalités," *Revue histoire moderne et contemporaine* 1971. 10~12, pp. 503~38 참조).

모라스세력권의 '선각자'에 관해서는 Sirinelli Jean-François, "Biographie et histoire des intellectuels: Le cas des 'éveilleurs' et l'exemple d'André Bellosort"(*Sources, Travaux historiques* no. 3~4, 1985("Problèmes et méthodes de la biographie"), pp. 61~73); 모라스단체의 '반대파'에 관해서는 Serant Paul, *Les Dissidants de l'Action française*(Paris: Copernic, 1978, p. 323) 참조.

지식인집단의 평화주의에 관해서는 특히 Sirinelli Jean-François, *Génération intellectuelle. Khâgneux normaliens dans l'entre-deux-guerres* Fayard, 1988) 참조.

1920년대 공산주의 지식인에 관해서는 Racine Nicole et Bodin Louis, *Le Parti communiste français pendant l'entre-deux-guerre*(Paris: Armand Colin, Fondation nationale des sciences politiques, 1972, p. 310의 지식인에 관한 부분); Bernard Jean-Pierre A., *Le Parti communiste français et la question littéraire 1921-1939*(Presses universitaires de Grenoble, 1972, p. 343); Morel Jean-Pierre, *Le Roman insupportable. L'Internationle littéraire et la France(1920-1932)*(Paris: Gallimard, 1985, p. 488) 참조.

앙드레 말로(라쿠튀르 장)와 아라공(데 피에르), 폴 니장(코앙 솔랄 안니, 오리 파시칼)의 전기는 이후 10년의 공산주의지식인이나 그 동조자지식인의 집단을 특히 밝혀준다(Caute David, *Le Communisme et les intellectuels français 1914-1966*, Paris: Gallimard, 1967; *Les Compagnons de route 1917-1968*, Paris: Robert Laffont, 1979도 참조).

좀더 넓게, 좌파지식인 전체에 관해서는 *Dictionnaire biographique du mouvement ouvrieur français*(ch. 4, 1914~39, vol. 17ff, 주. 1982년 이후는 출판중) 참조.

'1930년대의 정신'에 관해서는 선구적인 커뮤니케이션 속을 파헤친 Touchard Jean, "L'esprit des années 1930: Une tantative de renouvellement de la pensée française"(*Tendances politiques de la vie française depuis 1789*, Paris: Hachette, 1960, pp. 143, 90~120); 그 부검을 한 Loubet del Bayle Jean-Louis, *Les Non-conformistes des années 30*(Paris: Le Seuil, 1969, p. 496) 참조.

잡지 『에리프리』에 관해서는 Winock Michel, *Histoire politique de la revue 'Esprit', 1930-1950*(Paris: le Seuil, 1975, p. 448) 참조.

제5장

제4장에서 인용된 대부분의 연구들은 이 장과도 관련된다. 이와 반대로 이하의 개인 · 집단 전기들은 1933년 이후 이들의 진정한 지적 출발점을 확인시켜 준다. Coutrot Aline, *Un courant de la pensée catholique, l'hebdomadaire 'Sept'(1934. 3-1937. 8)*, préface de René Rémomd, Édition du Cerf, 1961, p. 335; Tucker William R., *The Facist Ego: A political biography of Robert Brasillach*, Berkeley/London, Univ. of California, 1975, pp. 10~331; Lottman Herbert R., *Albert Camus*, tr. fr., Le Seuil, 1978, rééd. col. "Points", 1985, p. 694; Gibault François, *Céline*, Mercure de France, 3vols., 1977, 1981, 1986; Fauré Michel, *Le Groupe octobre*, Christian Bourgois, 1977, p. 405; Dioudonnat Pierre-Marie, *'Je suis partout' 1930-1944. Les maurrassiens devant la tentation faciste*, La Table ronde, 1973, p. 472; Vandromme Pol, *Rebatet*, Éditions universitairs, 1968, p. 127.

이상의 자료들과 그외 자료들이 다음의 파노라마 속에서 다루어졌다(Lottman Herbert R., *La Rive gauche, du Front populaire français à la guerre froide*, tr. fr., Le Seuil, 1981, rééd, "Points", 1984, p. 560).

인민전선의 문화 · 정치 속에서 좌파지식인의 역할에 관해서는 Ory Pascal, *La Politique cuturelle du Front populaire français(1935-1938)*(thèse, 5 vol., dact., p. 1848, Paris X, 1990) 참조.

매우 전략적인 위치에 있는 두 개의 좌파단체의 분석에 관해서는 Nicole Racine, "*L'AEAR*"(*Le Mouvement social* 1966. 1~3, pp. 29~47); "Le Comité de vigilance des intellectuels antifascistes(1934-1939). Antifascisme et pacifisme" (*Le Mouvement social* 1977. 10~12, pp. 87~113) 참조.

제6장

대독협력 인텔리겐치아에 관한 연구는 70년대에 특히 활기를 띠어서 매우 세밀하게 연구되었다. 이에 관한 종합적인 연구로는 Cotta Michèle, *La Collaboration 1940-1944*(Armand Colin, Coll. "Kiosque", 1964, p. 335); Ory Pascal, *Les Collaborateurs*(Le Seuil, 1977, coll. "Points", 1986, p. 338)가 있다.

그리고 주석이 달린 그 시대의 텍스트모음집으로는 Ory Pascal, *La France allemande. Paroles du collaborationisme français(1933-1945)*(Gallimard, coll. "Archives", 1977, p. 276); Veillon Dominique, *La Collaboration*(Livre de poche, 1984, p. 480)이 있으며, Loiseaux Gérard, *La Littérature de la défaite et de la collaboration, d'après 'Phönix oder Asche?' de Bernhard Payr*(Publications de la Sorbonne, 1984, p. 570)은 40년대 초 프랑스 문학공화국에 대한 독일의 시선을 명확하게 밝혀준다.

브라지아크, 드리외와 르바테에 관해서는 이미 언급한 연구 이외에도 Lévy Claude, *'Les nouveaux Temps' et l'idéologie de la collaboration*(Armand Colin, 1974, pp. 9~260); Brice Catherine, *'Collaboration'(1940-1944)*(Mémoire de maîtrise, Université de Paris I, 1978, p. 227); Dioudonnat Pierre-Marie, *L'Argent nazi à la conquête de la presse française 1940-1944*(Jean Picollec, 1981, p. 309)에서 다루어지고 있다.

지식인의 저항에 대한 초기 연구는 아직 증언에 가깝다(Debu-Jacques, *Les Éditions de Minnuit*, Éditions de Minnuit, 1945, pp. 3~100; Seghers Pierre, *La Résistance et ses poètes: France 1940-1945*, Seghers, 1974, p. 661 참조).

이를 보충해 주는 전기로는 Ferrières Gabrielle, *Jean Cavaillès, un philosophe dans la guerre 1903-1944*(Le Seuil, 1982, p. 220); Yelnik Odile, *Jean Prévost: Portrait d'un homme*(Paris: Fayard, 1979, p. 257); 논문으로는 Bédarida Renée, '*Témoignage chrétien*', *1941-1944*(Éditions ouvrières, 1977, p. 378)가 있다.

그러나 당시 주류를 이루었던 비시정권의 인텔리겐치아들에 관해서는 Faure Christian, *Littérature et société(1940-1944): La mystique vichssoise du 'retour à la terre' selon l'œuvre d'Henri Pourrat*(Mémoire de maîtrise, Université de Lyon II, p. 117)의 앙리 푸라 외에는 현재 연구되어 있는 것이 없다.

연대기적 시각에서 재정립한 제2차 세계대전 시기에 관해서는 Lindenberg Daniel, *Les Années souterraines 1937-1947*(Le Découverte, 1990) 참조.

제7장

지식인숙청에 관해서는 Aron Robert, *Histoire de l'épuration*(tome 3/vol. II, Paris: Fayard, 1975, p. 421); Assouline Pierre, *L'Épuration des intellectuels*(Bruxelles: Éditions Complexe, 1985, p. 175); Novick Peter, *L'Épuration française. 1944-1949* (Paris: Balland, 1985, p. 365) 참조.

최근 전기의 주제가 된 장 폴 사르트르에 관해서는 Cohen-Solal, *Sartre*(Paris: Gallimard, 1985, p. 728) 참조.

공산주의 지식인과 관련하여, 기초가 되는 저서로는 Verdès-Leroux Jeannine, *Au service du Parti. Le parti communiste, les intellectuels et la culture(1945-1956)*(Paris: Fayard-Éditions de minuit, 1983, p. 5850; '동조자' 세력에 대해서는 Caute David, 앞의 책; '스탈린의 두번째 동결'에 관해서는 Morin Edgar, *Autocritique* (Paris: Julliard, 1959, rééd, Le Seuil, 1975, p. 255) 참조.

제8장

드레퓌스사건과 그 이후 시기 다음으로 고려된 시기는, 지식인의 역할에 대한 고찰이 가장 많이 동시대적·회고적 해석대상이 된 시기이다. 하지만 이 고찰들은 종종 회고록 장르에 속하는데, 여기서는 이러한 증언에 본보기적·

집단적 가치를 부여할 만한 두 가지 전형만 언급하고자 한다(Morin Edgar, 앞의 책; Desanti Dominique, *Les Staliniens*, Fayard, 1974, rééd. Marabout, 1976, p. 544).

순수하게 역사적인 연구는 아직 그리 많지 않지만, 이런 외면에도 불구하고 공산주의 인텔리겐치아가 주로 연구대상이 되었다(Legendre Bernard, *Le Stalisme français, Qui a dit quoi?(1944-1956)*, Le Seuil, 1980, p. 320; Dioujeva Natacha, George François, *Staline à Paris*, Jean-Pierre Ramsay, 1982, p. 327; Verdès-Leroux Jeannine, 앞의 글).

공산주의단체의 중심인물의 전기에 관해서는 Desanti Dominique, *Les Clés d'Elsa. Aragon-Troilet*(Jean-Pierre Ramsay, 1983, p. 422) 참조.

스탈린주의 활동이 응축된 세 순간에 관해서는 Goulemont Jean-Marie, *Le Clairon de Staline: De quelques aventures au Parti communiste français*(Le Sycomore, 1981, p. 161); Lazar Marc, "Les 'Batailles du livre' du Parti français(1950-1952)" (*Vingtième Siècle. Revue d'histoire*, 1986. 4~6, pp. 37~50); Buican Denis, *Lyssenko et le lyssenkisme*(PUF, 1988); Buican Denis, *Histoire de la génétique et de l'évulutionnisme en France*(PUF, 1984) 참조.

막 연구되기 시작한 범대서양주의 진영에 관해서는 Sommer René, "'Paix et liberté': La IVe République contre le PC"(*L'Histoire* 1981. 12, pp. 26~35); Grémion Pierre, "'Preuves' dans le Paris de guerre froide"(communication au colloque 'De l'anti-américanism à l'américanophilie', 1984. 12, polygraphié, p. 36ff) 참조.

제9장

1950~60년대 지식인 상황에 관해서는 Aron Jean-Paul, *Les Modernes*(Paris: Gallimard, 1984, p. 318); Aron Raymond, *Mémoires*(Paris: Julliard, 1983, p. 778); Colletti Lucio, *Le Déclin du marxisme*(Paris: PUF, 1984, p. 176); Grémion Pierre, *Paris-Prague. La gauche face au renouveau et à la régression tchécoslovaque(1968-1978)* (Paris: Julliard, 1985, p. 367); Winock Michel, "Les affaires Dreyfus"(*Vingtième Siècle. Revue d'histoire* no. 5, 1985. 1~3월, numéro spécial 'Les guerres franco-français', pp. 19~37); Winock Michel, "L'âge d'or des intellectuels"(*L'Histoire* no. 82, 1985. 11, pp. 20~34) 참조.

지식인들과 알제리전쟁에 관해서는 Rioux Jean-Pierre et Sirinelli Jaen-François dir., *La Guerre d'Agérie et les intellectuels français*(Bruxelles: Complexe, 1991）; Hamom Hervé et Rotoman Patrick, *Les porteurs de valises*(Paris: Le Seuil, coll. 'Points', 2e édition augmentée, 1982, p. 440）; Liauze Claude, "Les intellectuels français au miroir algérie"(*Cahiers de la Méditerranée 3*, 1984, pp. 1~179）; Crouzet Michel, "La bataille des intellectuels français"(*La Nef* 1962. 11.~1963. 1, pp. 47~65） 참조.

드골공화국 시기에 발표된 탄원서는 Larger Dominique-Pierre, *Les Manifestations et déclarations de personnalité sous la Cinquième République(1958-1969)*(mémoire, Fauculté de droit et de sciences économiques, Université de Paris, 1971, p. 128） 참조.

대학생계층에 관해서는 Monchabon Alain, *Histoire de l'UNEF de 1956 à 1968*(Paris: PUF, 1983, p. 208）; Winock Michel, *La République se meurt Chronique 1956-1958*(Paris: Le Seuil, 1978, p. 255） 참조. 그리고 Julliard Jacques, *La IVᵉ République*(Paris: Calmann-Lévy, 1968, p. 377）는 어떤 면에서 알제리전쟁 세대에 관한 증언이라고 할 수 있다.

좀더 넓게 젊은이들에 관해서는 Duquesne Jacques, *16-24ans*(Paris: Le Centurion） 참조.

제10장

1968~81년의 문화적 발달에 관해서는 Ory Pascal, *L'Entre-deux-Mai. Histoire cuturelle de la France, mai 1968――mai 1981*(Le Seuil, 1983, p. 218）; 68년 이데올로기에 관해서는 Ferry Luc, Renaut Alain, *La Pensée 68, essai sur l'antihumanisme contemporain*(Gallimard, 1985, p. 298）; 기존 지식인사회의 '편파적인' 측면에 관해서는 Hamon Hervé, Rotman Patrick, *Les Intellectuels. Expédition en haute intelligentsia*(Jean-Pierre Ramsay, 1981, p. 331）; 대학세계에 관해서는 Bourdieu Pierre, *Homo academicus*(Éditions de Minuit, 1984, p. 302） 참조.

그 밖의 논문으로는 Pinto Louis, *L'Intelligence en action: 'Le Nouvel Observateur'* (Anne-Marie Métailé, 1984, p. 275） 외에 많지 않지만, '지식인재판'에 관해서는 머리말의 참고문헌에서 밝힌 책들 외에 Quadruppani Serge, *Catalogue du prêt-à-penser français depuis 1968*(Balland, 1983, p. 359）; Bleitrach Danielle, *Le Music-hall des âmes nobles*(Éditions socials, 1984, p. 190) ; Negroni Français de, *Le Savoir-vivre intellectuel*(Olivier Orban, 1985, p. 284)가 있다.

그 결과 사르트르적인 본보기는 얼마 동안 부정적인 것이 되었다(Burnier Michel-Antoine, *Le Testament de Sartre*, Olivier Orban, 1982, p. 203 ; Broyelle Claudie, *Les Illusions retrouvées: Sartre a toujours raison contre Camus*, Grasset, 1982, p. 333 참조).

그 밖에 잡지 *Esprit*와 *Le Débat*도 지식인계층에 관한 분석을 추구해 왔다.

맺음말

한 세기 동안의 지식인역사에 관해서는 Sirinelli Jean-François, *Intellectuels et passions français. Manifestes et pétitions au 20siècle*(Fayard, 1990) 참조.

세대의 현상에 관해서는 특히 Sirinelli Jean-François dir., "Générations intellectuelles. Effets d'âge et phénomènes de génération dans le milieu intellectuel français"(*Cahiers de l'IHTP* no. 6, 1987) ; Sirinelli Jean-François, "Génération et histoire politique"(*Vingtième Siècle. Revue d'histoire* no. 22, 1989) ; Favre Pierre, "Génération: Un concept pour les sciences sociales?"(Table ronde 'Génération et politique', congrès de l'Association française de science politique, Paris, 1981, p. 19, dact.) ; Girardet Raoul, "Du concept de génération à la notion de contemporanéité"(*Revue d'histoire moderne et contemporaine* 1983. 4~6, pp. 257~70) ; Kriegel Annie, "Le concept politique de génération: apogée et déclin"(*Commentaire* 1979. automne, pp. 390~99) 참조.

지식인계층의 최근 변화에 관해서는 Sirinelli Jean-François, 앞의 책 ; "La fin des intellectuels français?"(*Revue européenne des sciences sociales* 28/87, 1990. *Beliefs and Identity in Modern France*, Cornick Martyn ed., Loughborough, 1990) 참조.

찾아보기

라무르 Lamour P., 126, 137
라베르뉴 Lavergne A., 86
라벨 Ravel M., 57
라보리 Labori F., 21, 30
라브당 Lavedan H., 57, 98
라블레 Rabelais F., 247
라비스 Lavisse E., 14, 49, 58〜59, 61, 84,
    100
라스테리 Lasteyrie (de) R., 44
라신 Racine N., 130
레나크 Reinach J., 32, 48
라자르 Lazare B., 24, 358
라캉 Lacan J., 314, 329, 342〜43, 374
라코스트 Lacoste R., 310
라쿠튀르 Lacouture J., 383
라크루아 Lacroix J., 137
라크루아 Lacroix M., 252
라크르텔 Lacretelle (de) J., 291
라파이 Lafay B., 310
랑 Ranc A., 48
랑글루아 Langlois C.-V., 58
랑글레 Langlais (de) X., 195
랑송 Lanson G., 14, 54, 58〜60, 100〜101,
    379
랑주뱅 Langevin P., 149, 151, 211, 240
랭댕 Lindin J., 304
러셀 Russel B., 320
레닌 Lénine, 128, 130
레리스 Leiris M., 163, 337
레몽 Rémond R., 73, 361
레미 Rémy C., 48
레비 Lévy B.-H., 350〜51
레비 브륄 Lévy-Bruhl L., 71
레비-스트로스 Levi-Strauss C., 120, 210, 31
    4, 329

레스퀴리 Lescurie (de) P., 214
레이 Lewy C., 120
레이노 Reynaud P., 177
레이스 Leys S., 351
레제 Léger F., 241, 275
로댕송 Rodinson M., 309
로덴바슈 Laudenbach R., 267
로랑 Laurent J., 265〜66
로맹 Romains J., 116, 119, 128, 139, 170,
    210, 262, 291, 310
로브로 Laubreaux A., 161, 182, 199
로슈포르 Rochefort H., 48
로장발롱 Rosanvallon P., 365
로젠베르크 Rosenberg E. et J., 279, 286
로장탈 Rosenthal L., 101
로티 Loti P., 107
롤랑 Rolland R., 62, 102, 104〜105, 108〜
    109, 146〜47, 152, 176, 382
루 Rous J., 254
루르 Roure R., 282
루세 Rousset D., 254〜55, 262, 272, 280〜
    83
루시디 Rushdie S., 364
루아 Roy C., 126, 185〜86, 232, 240, 288
루안 백작부인 Loynes(comtesse de), 53〜
    54
루이스 Louÿs P., 57
루주몽 Rougemont (de) D., 137, 260〜62,
    264
룩셈부르크 Luxembourg R., 128
뤼니에 포에 Lugné Poe, 56
뤼르카 Lurcat J., 165, 358
뤼박 신부 Lubac(père de), 214
뤼셰르 Luchaire J., 203
뤼셰르 쥘리앙 Luchaire Julien, 97

392